रामशरण शर्मा

रामशरण शर्मा का जन्म 1 सितम्बर, 1920 को बरौनी बिहार में हुआ।

उन्होंने पटना कॉलेज से एम.ए. किया और लंदन विश्वविद्यालय से पी-एच.डी. की उपाधि प्राप्त की।

उन्होंने आरा, भागलपुर और पटना के कॉलेजों में प्राध्यापन किया। पटना विश्वविद्यालय में इतिहास के प्रोफेसर एवं विभागाध्यक्ष, दिल्ली विश्वविद्यालय में प्रोफ़ेसर तथा विभागाध्यक्ष रहे। भारतीय इतिहास अनुसंधान परिषद के अध्यक्ष, भारतीय इतिहास कांग्रेस के सभापति, यूनेस्को की इंटरनेशनल एसोसिएशन फ़ॉर स्टडी ऑफ़ कल्चर्स ऑफ़ सेंट्रल एशिया के उपाध्यक्ष रहे। बम्बई एशियाटिक सोसायटी के 1983 के 'कैंपवेल स्वर्णपदक' से सम्मानित हुए। अनेक समितियों-आयोगों के सदस्य और भारतीय इतिहास अनुसन्धान परिषद के नेशनल फ़ैलो भी रहे।

उनकी प्रमुख प्रकाशित पुस्तकें हैं—'विश्व इतिहास की भूमिका', 'आर्य एवं हड़प्पा संस्कृतियों की भिन्नता', 'भारतीय सामंतवाद', 'प्राचीन भारत में राजनीतिक विचार एवं संस्थाएँ', 'प्राचीन भारत में भौतिक प्रगति एवं सामाजिक संरचनाएँ', 'शूद्रों का प्राचीन इतिहास', 'भारत के प्राचीन नगरों का पतन', 'पूर्व मध्यकालीन भारत का सामंती समाज और संस्कृति' आदि।

हिन्दी और अंग्रेज़ी के अतिरिक्त प्रो. शर्मा की पुस्तकें अनेक भारतीय भाषाओं और जापानी, फ्रांसीसी, जर्मन तथा रूसी आदि विदेशी भाषाओं में भी प्रकाशित हुई हैं।

निधन : 20 अगस्त, 2011

भारत के प्राचीन नगरों का पतन

(लगभग 300 ई. से लगभग 1000 ई.)

रामशरण शर्मा

अनुवाद

सीताराम राय

राजकमल पेपरबैक्स

पहला पुस्तकालय संस्करण
राजकमल प्रकाशन प्राइवेट लिमिटेड द्वारा
1995 में प्रकाशित

राजकमल पेपरबैक्स में
पहला संस्करण : 2022
दूसरा संस्करण : 2024

राजकमल पेपरबैक्स : उत्कृष्ट साहित्य के जनसुलभ संस्करण

राजकमल प्रकाशन प्रा.लि.
1-बी, नेताजी सुभाष मार्ग, दरियागंज
नई दिल्ली-110 002
द्वारा प्रकाशित

शाखाएँ : अशोक राजपथ, साइंस कॉलेज के सामने, पटना-800 006
पहली मंजिल, दरबारी बिल्डिंग, महात्मा गांधी मार्ग, प्रयागराज-211 001
1, अनमोल सोराबजी संतुक लेन, धोबी तलाव, मरीन लाइंस, मुम्बई-400 002
वेबसाइट : www.rajkamalprakashan.com
ई-मेल : info@rajkamalprakashan.com

बी.के. ऑफसेट
नवीन शाहदरा, दिल्ली-110032
द्वारा मुद्रित

मूल्य : ₹399

BHARAT KE PRACHIN NAGARO KA PATAN
by Dr. Ram Sharan Sharma

ISBN : 978-93-95737-59-3

विषय-सूची

चित्रांकनों की सूची

अनुप्रस्थ काट (सेक्शंस)

चित्र 12 कटरागढ़, के टी जी XI, उत्तराभिमुख काट, सीताराम राय (अप्रकाशित) के अनुसार।

चित्र 13 महाबीरघाट, उत्तराभिमुख काट, बी. पी. सिन्हा और एल. ए. नारायण, **पाटलिपुत्र एक्सकेवेशंस 1955-56**, पटना, 1970, चित्र 3 के अनुसार।

चित्र 14 राजगीर 1950, खाते की काट, ए. घोष "राजगीर 1950", **ए आइ**, सं. 7, 1951, प्लेट XXIX के अनुसार।

चित्र 15 चंपा 1978-79, स्थल सं. 2 सी, बासुदेव नारायण (अप्रकाशित) के अनुसार।

चित्र 16 उज्जैन 1956-57, रेखांकित रूपरेखा, परकोटे और खंदक की आरपार काट, यू जे एन-4, **आइ ए आर**, 1956-57, चित्र 10 के अनुसार।

चित्र 17 नगर 1963-65, टीला-3, खाता IV, आर. एन. मेहता और डी. आर. शाह, **एक्सकेवेशन ऐट नगर**, बड़ौदा, 1968, चित्र 3 के अनुसार।

चित्र 18 पौनी 1969, पश्चिमाभिमुख काट, एस. बी. देव और जे. पी. जोशी, **पौनी एक्सकेवेशन (1969-70)**, नागपुर, 1972, चित्र 4 के अनुसार।

चित्र 19 भोकर्दन 1973, पूर्वाभिमुख काट, खाता-इ, एम डी-1, बी के डी, एस. बी. देव और आर. एस. गुप्ते, **एक्सकेवेशंस ऐट भोकर्दन (भोगवर्धन) 1973**, नागपुर, 1974, चित्र 3 के अनुसार।

चित्र 20 चंद्रवल्ली, काट सी एच 43, आर. इ. एम. ह्वीलर, "ब्रह्मगिरि एंड चंद्रवल्ली 1947 : मेगालिथिक एंड अदर कल्चर्स इन द चितलद्रुग डिस्ट्रिक्ट, मैसूर स्टेट", **ए आइ**, सं. 4, 1947-48 के अनुसार।

चित्र 21 सतनीकोटा 1978, काट ए-बी का अंश, एन. सी. घोष, **एक्सकेवेशंस ऐट सतनीकोटा**, नई दिल्ली, 1986, चित्र 28 के अनुसार।

चित्र 22 केसरपल्ली 1962, काट के एस पी-II, एच. सरकार, "केसरपल्ली 1962," **ए आइ**, सं. 22, 1966, चित्र 3 के अनुसार।

चित्र 23 अरिकमेडु : दक्षिणी काट ए के-IV, काट इ-7, आर. इ. एम. ह्वीलर, ए. घोष तथा कृष्णदेव, "अरिकमेडु : ऐन इंडो-रोमन ट्रेडिंग स्टेशन ऑन द ईस्ट कोस्ट ऑव इंडिया," **ए आइ**, सं. 2, 1946, प्लेट XVII के अनुसार।

आरेख

उत्खनित स्थलों पर शहरी चरण की अवधि

मानचित्र

1. सिन्धु-गांगेय मैदानों और उनके पड़ोसी क्षेत्रों में शहरी स्थलों की स्थिति
2. भारतीय प्रायद्वीप में शहरी स्थलों की स्थिति

अनुप्रस्थ काटों में प्रयुक्त संकेत

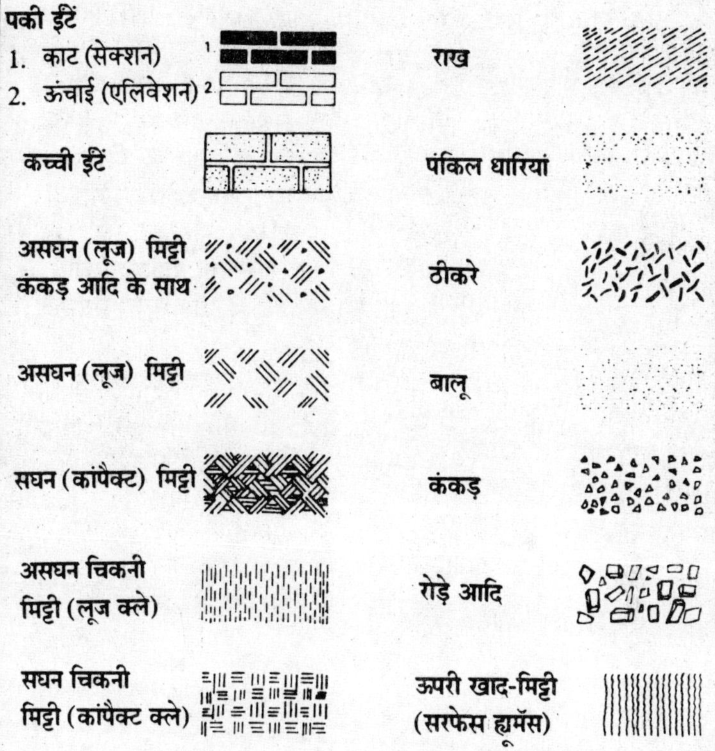

पकी ईंटें 1. काट (सेक्शन) 1 2. ऊंचाई (एलिवेशन) 2		राख	
कच्ची ईंटें		पंकिल धारियां	
असघन (लूज) मिट्टी कंकड़ आदि के साथ		ठीकरे	
असघन (लूज) मिट्टी		बालू	
सघन (कांपैक्ट) मिट्टी		कंकड़	
असघन चिकनी मिट्टी (लूज क्ले)		रोड़े आदि	
सघन चिकनी मिट्टी (कांपैक्ट क्ले)		ऊपरी खाद-मिट्टी (सरफेस ह्यूमॅस)	

प्राक्कथन

1983 की गर्मियों की बात है जब मैंने अपनी पुस्तक **भारतीय सामंतवाद** का एक पूरक ग्रंथ प्रकाशित करने के उद्देश्य से अपनी कुछ प्रकाशित कृतियों का उन्नयन और पुनर्गठन आरंभ किया। प्रस्तुत पुस्तक इसी प्रक्रिया की देन है, और यह गुप्त और गुप्तोत्तरकालों में गांगेय नगरों के पतन पर 1972 में प्रकाशित एक आलेख पर आधारित है। नगरों के पतन के विचार को अनेक विद्वानों ने स्वीकारा और आगे बढ़ाया है, लेकिन कुछ ने इसमें संदेह भी व्यक्त किए हैं, कुछ ने क्षेत्रीय भेदों की ओर इशारा किया है और कुछ ने तो इसके कारणों पर भी बहसें की हैं। अपनी प्रस्थापना को विकसित और पुष्ट करने के उद्देश्य से मैंने 1970 के बाद के पुरातात्त्विक तथ्यों को देखना और पहले की रिपोर्टों को नए सिरे से पढ़ना शुरू किया। देशभर के 130 से अधिक स्थलों का सर्वेक्षण इसका परिणाम रहा। स्पष्टता और सुविधा के लिए प्रत्येक उत्खनित स्थल में विकास और ह्रास के संकेतों की अलग-अलग पहचान की गई है। फिर भी विभिन्न क्षेत्रों में नगरों के अंतःसंबंधों और साथ ही उनकी समानताओं और भिन्नताओं के उदाहरण प्रस्तुत किए गए हैं।

लम्बवत् उत्खनन की अपनी सीमाएं होती हैं। फिर भी किसी सीमित क्षेत्र में सांस्कृतिक पुरावशेषों की गुणवत्ता का अंतर आबादी की प्रकृति की जानकारी देता है। नगरीय स्थलों पर भौतिक संस्कृति के स्तर-क्रम को तुलनात्मक दृष्टि से देखें तो हम उत्तर-प्राचीन और आरंभिक मध्यकालों में अर्थव्यवस्था और समाज की मुख्य प्रवृत्तियों को समझ सकते हैं। धातु-मुद्रा के विनिमय पर आधारित शिल्पीय और वाणिज्यिक गतिविधियों के संकेत देनेवाले भौतिक पुरावशेष पुरातात्त्विक दृष्टि से उसे एक नगरीय चरित्र प्रदान करते हैं। लेकिन अगर पुरावशेषों से आकार, संरचना और जनसंख्या, और खासकर व्यापार, दस्तकारियों और धातु-मुद्रा के उपयोग में स्पष्ट कमी के संकेत मिलते हैं तो यह नगरीय पतन का सूचक है। मैंने यह दिखाने की कोशिश की है कि जब आरंभिक मध्यकालीन गैर-कृषक आबादियों से प्राप्त पुरावस्तुओं और हस्तनिर्मित वस्तुओं की तुलना प्राचीनकाल से प्राप्त ऐसी वस्तुओं से की जाती है तो उससे सामंती और धार्मिक अभिलक्षणों की वृद्धि के संकेत मिलते हैं।

नगरों के पतन को उत्पादन के एक नए ढर्रे का अभिन्न अंग माना जाता है जिसकी विशेषता कृषि का प्रसार है। नई व्यवस्था में भूमिभोगी सरदारों, सामंतों, ब्राह्मणों, मंदिरों और मठों ने राजकीय अधिकारियों और कर-संग्राहकों का स्थान ले लिया और सीधे-सीधे किसानों और दस्तकारों से अधिशेष, सेवाएं और वस्तुएं ग्रहण करने लगे। भृत्य और दस्तकार जातियों को भूमिदानों के द्वारा या फसल कटने पर जिंस के रूप में पारिश्रमिक दिए जाते थे, और इस व्यवस्था में विनिमय की अर्थव्यवस्था के संचालन और नगरीय कार्यों के निष्पादन की कम ही गुंजाइश पाई जाती थी। बड़े भूमिभोगियों ने राजसत्ता के तंत्रों पर अपना प्रभुत्व जमाए रखा और उपसामंतीकरण (सबइनफ्यूडेशन) के द्वारा सामाजिक विभेदीकरण को और प्रखर बनाया।

चूंकि मैं कोई उत्खननकर्त्ता नहीं हूं, इसलिए यह पुस्तक लिखते हुए मैंने उन सभी की कठिनाइयों का ध्यान रखा है जो पुरातत्त्व से सरोकर नहीं रखते। मुझे उनकी और पुरातत्त्वविदों की प्रतिक्रियाएं जानकर प्रसन्नता होगी। इस बीच मुझे आशा है कि पुस्तक में विवेचित प्रश्न प्रागाधुनिक नगरीय इतिहास के छात्रों और आरंभिक मध्यकालीन सामाजिक संरचनाओं के छात्रों के लिए भी रोचक होंगे। जो लोग भारत के आरंभिक ऐतिहासिक काल के उत्खनित स्थलों के नगरीय स्वरूप के बारे में बुनियादी जानकारियां पाना चाहते हैं, उनके लिए यह पुस्तक एक संदर्भग्रंथ का काम भी कर सकती है।

रामशरण शर्मा

दिल्ली
जून 1987

आभारोक्ति

इस पुस्तक के लेखन में मुझे अनेक लोगों की सहायता मिली। श्री आर. के. चट्टोपाध्याय और डॉ. बी. पी. साहू ने चित्रांकनों के लिए सामग्री का संग्रह किया। श्री विजयकुमार, श्री वी. एस. मणि, ज्ञानप्रकाश, बच्चीराम और जस्सूराम से मुझे तकनीकी सहायता मिली। प्रो. सूरजभान, डॉ. एच. सरकार, डॉ. ए. के. सिन्हा, प्रो. के. के. सिन्हा और प्रो. पी. डी. त्रिपाठी ने विभिन्न चरणों में पांडुलिपि को पढ़ा और अपने सुझाव दिए। चित्रांकनों पर मुझे श्री जे. पी. जोशी, डॉ. सी. मार्गबंधु और डॉ. सीताराम राय से परामर्श प्राप्त हुए। श्री अनिल कुमार ने संदर्भसूची की तैयारी में सहायता की और प्रो. के. एम. श्रीमाली ने अनुक्रमणिका की तैयारी बहुत सावधानी के साथ और कष्ट उठाकर की। मैं इन सभी व्यक्तियों का आभारी हूं। मैं विशेष रूप से जवाहरलाल नेहरू केंद्र, बंबई का आभार व्यक्त करता हूं जहां मैंने 1983 में भारत में आरंभिक मध्यकाल में नगर और ग्राम के विषय पर एक वार्त्ता प्रस्तुत की थी।

संक्षिप्तावली

ए आइ	**एंशिएंट इंडिया**, नई दिल्ली
ए आर ए डी	**एनुअल रिपोर्ट ऑव द आर्कियोलॉजी डिपार्टमेंट**, लेखक : ए. एस. गदरे, बड़ौदा राज्य, 1938-39
ए आर डब्ल्यू एम	**एनुअल रिपोर्ट ऑव द वाट्सन म्यूजियम**, राजकोट, 1922-23
ए एस	**अर्थशास्त्र**, कौटिल्य कृत
ए एस आर	**आर्कियोलॉजिकल सर्वे (ऑव इंडिया) रिपोर्ट्स**
बी पी	**बुद्धिप्रकाश** (गुजराती), गुजरात विद्यास्थान, अहमदाबाद
सी आइ आइ	**कार्पस इंस्क्रिप्शनम इंडिकारम्**, लंदन और ऊटकमंड
सी पी एस आइ	**अं कलेक्शन ऑव प्राकृत एंड संस्कृत इंस्क्रिप्शंस**, संपादक : पीटर पीटरसन, भावनगर पुरातत्त्व विभाग, भावनगर
इ आइ	**एपिग्राफिका इंडिका**, कलकत्ता और दिल्ली
एच आइ जी	**हिस्टारिकल इंस्क्रिप्शंस ऑव गुजरात**, दो भागों में, संपादक : जी. वी. आचार्य, बंबई, 1933-35
आइ ए	**इंडियन एंटिक्वैरी**, कलकत्ता
आइ ए आर	**इंडियन आर्कियोलॉजी : ए रिव्यू**, नई दिल्ली
आइ एच आर	**इंडियन हिस्टारिकल रिव्यू**, नई दिल्ली
आइ आइ बी एस	**इंपार्टेंट इंस्क्रिप्शंस फ्रॉम द बड़ौदा स्टेट**, खंड I, लेखक : ए. एस. गदरे, बड़ौदा, 1943
जे ए एस बी	**जर्नल ऑव द एशियाटिक सोसायटी ऑव बंगाल**, कलकत्ता
जे आइ एच	**जर्नल ऑव इंडियन हिस्टरी**, त्रिवेंद्रम
जे एन एस आइ	**जर्नल ऑव द न्यूमिस्मेटिक सोसायटी ऑव इंडिया**, वाराणसी
जे यू बी	**जर्नल ऑव द यूनिवर्सिटी ऑव बांबे**, बंबई
एन बी पी	उत्तरी काली पालिशदार मृद्भांड (उ. का. पा. मृ.)
पी जी डब्ल्यू	चित्रित धूसर मृद्भांड (चि. धू. मृ.)
पी आर ए एस,	**प्रोग्रेस रिपोर्ट ऑव द आर्कियोलॉजिकल सर्वे,**
डब्ल्यू सी	**वेस्टर्न सर्किल**
एस बी इ	**सैक्रेड बुक्स ऑव द ईस्ट**

अध्याय 1

ऐतिहासिक पुरातत्त्व और शहरी इतिहास की समस्याएं

सुव्यवस्थित रूप से ऐतिहासिक स्थलों के उतखनन और अन्वेषण को आरंभ हुए सौ साल से अधिक हो गए हैं। शहरी इतिहास के छात्र उन प्रारंभिक उत्खननकर्त्ताओं और अन्वेषकों के प्रति कृतज्ञ हैं, जिन्होंने प्राचीन ग्रंथों में उल्लिखित महत्त्वपूर्ण नगरों और कस्बों की खोजबीन की है। उन्होंने बड़े पैमाने पर खुदाई की और बड़ी-बड़ी इमारतें खोज निकालीं। एलेग्जांडर कनिंघम ने, जिन्होंने पुरातात्त्विक सर्वेक्षक (1862-66) और फिर भारतीय पुरातत्त्व सर्वेक्षण के महानिदेशक (1870-85) का काम किया, अनेक प्राचीन नगरों की पहचान आजकल के स्थानों के साथ की, जैसे बसाढ़ के साथ वैशाली की और बड़गांव के साथ नालंदा की। उनके बाद के विद्वानों ने इस प्रक्रिया को जारी रखा। प्राच्यविदों ने धर्म और अध्यात्म के देश के रूप में भारत की छवि का प्रचार किया था। बौद्ध नगरों के बारे में चीनी यात्रियों के वृत्तांतों के प्रकाशन से यह छवि और भी गहरी हुई। इसलिए उत्खननकर्त्ताओं ने अपना ध्यान स्तूपों, चैत्यों, मंदिरों, (बौद्ध) विहारों आदि तक ही सीमित रखा। भौतिक संस्कृति के उदय और विकास में भारतीयों का क्या योगदान था, इसकी अवहेलना की गई, और उनकी सर्जनात्मक क्षमता में संदेह व्यक्त किया गया। 1945 में भारत के कुछ प्राचीन नगरों पर लिखते हुए स्टुअर्ट पिगॉट ने भारत की अपरिवर्तनशील प्रथाओं और भौतिक संस्कृति की चर्चा की। उनका कहना है कि "भारतीय इतिहास में प्रगति का न कोई अंतर्निहित तत्त्व है और न हमें ढूंढ़ना चाहिए—बदलती हुई मानवीय आवश्यकताओं के अनुरूप संस्थाओं का कोई जीवंत उद्‌विकास नहीं दिखाई देता, भौतिक संस्कृति में कोई प्रगति नहीं मालूम पड़ती और निरंतर बढ़ती हुई आबादी के अनुपात में उच्चतर जीवनस्तर का क्रमिक प्रसार नहीं दृष्टिगोचर होता।[1] स्वभावतः अंग्रेज पुरातत्त्वविदों ने भारत की भौतिक संस्कृति पर और खासकर इसकी कला और स्थापत्य पर ईरानी[2], यूनानी[3] अथवा रोमी प्रभाव खोजा। फिर, राजनीति और सैनिक इतिहास से मनोग्रस्त रहने के कारण उन्होंने राजमहलों और मोर्चाबंद परकोटों की खोज की। पाटलिपुत्र पर ए. एल. वाडेल की 1896 की रिपोर्ट और कुम्रहार पर डी. वी. स्पूनर की 1913-14 ई. की रिपोर्ट में यह बात उभरकर आती है।

निराली तथा सुंदर मूर्तियों और कलाकृतियों को खोज निकालने में प्रारंभिक

यूरोपीय और मुख्यतः अंग्रेज पुरातत्त्वविदों की गहरी रुचि रही। इनमें से अधिकांश मूर्तियों और कलाकृतियों को ब्रिटिश म्यूजियम और अन्य विदेशी संग्रहों को समृद्ध करने के लिए बाहर भेज दिया गया। उस समय भारतीय संग्रहालयों को अतीत के अद्भुत अवशेषों का भंडार समझा जाता था। वे जादूघर और अजायबखाना कहलाते थे। 'छोटी-मोटी उपलब्धियों'[4] की पुरातात्त्विक दृष्टि से उपेक्षा की जाती थी। यदि सावधानीपूर्वक इनका संरक्षण और विश्लेषण किया जाता, तो शहरी जीवन के अध्ययन के लिए वे बहुत महत्त्व की सिद्ध हो सकती थीं। वास्तव में साधारण शहरी बस्तियों की तुलना में मठों, मंदिरों और महाविहारों को अधिक महत्त्व दिया गया।

वर्तमान शताब्दी के तीसरे और चौथे दशकों में भारतीय पुरातत्त्वविद् बहुत कुछ सक्रिय हुए, लेकिन अंग्रेजों के निर्देश में काम करने के कारण वे अपने को औपनिवेशिक धारणा से पूरी तरह मुक्त नहीं कर सके। व्यापक उत्खननों के द्वारा उन्होंने देश की सांस्कृतिक विरासत के बहुत बड़े हिस्से को बचा लिया, यद्यपि इसमें अधिकांशतः धार्मिक इमारतें ही थीं। कुछ पुरातत्त्वविदों ने विदेशी प्रभाव को ठीक ही नकारा, लेकिन इतिहासकारों के साथ मिलकर उन्होंने मिथकों का भी सृजन किया। गुप्तकाल का स्वर्णयुग इसका एक उदाहरण है।

मॉर्टिमर ह्वीलर (1944-48) के संरक्षण में, क्षेत्र-उत्खनन की प्रचलित तकनीक की जगह स्तरीकृत उत्खनन (स्ट्रेटीफाइड एक्सकेवेशन) ने ले ली, जिसमें भौतिक संस्कृति के क्रमिक विकास का सर्वेक्षण महत्त्वपूर्ण हो उठा। यद्यपि अरिकमेडु एकल संस्कृतिवाला स्थल था, फिर भी रोम के प्रभाव की खोज की चाह में ह्वीलर को स्तरानुक्रम-उत्खनन की ओर प्रेरित किया।[5] उनके भारतीय शिष्यों ने भी इसी तरह के उत्खनन-कार्य प्रारंभ किए। अब कोई भी किसी प्राचीन शहर के उदय, विकास और पतन को स्पष्टतः समझ सकता था।

हाल के वर्षों में पुरातात्त्विक कार्य की दिशा के बदलने के कारण ऐतिहासिक पुरातत्त्व पीछे रह गया है। गत तीस वर्षों में प्रागैतिहास और आद्य-इतिहास का पता लगाने की होड़ लग गई है। पुरावशेष जितना प्राचीन होता है, उसके अन्वेषक को उतना ही सम्मान मिलता है। पाकिस्तान के बन जाने के कारण मुख्य हड़प्पाई स्थल भारत के बाहर चले गए हैं। अतएव देश में ऐसे स्थलों को खोजकर ही इस हानि को पूरा किया जाना है। इसके अतिरिक्त, भारत को ही आर्यों का मूल निवास ठहराने की आकांक्षा भी पाई जाती है जिसके फलस्वरूप अनंत पुरातात्त्विक खोजें हो चुकी हैं।[6] इन प्रयासों से प्रस्तर-युग, ताम्र-पाषाणयुग, हड़प्पा संस्कृति और चित्रित धूसर मृद्भांडों का प्रयोग करनेवालों के बारे में काफी सामग्री सामने आई है।

लेकिन यह उपलब्धि ऐतिहासिक पुरातत्त्व की कीमत पर हुई है। इस प्रकार के पुरातत्त्व को देश में उपलब्ध सीमित साधनों और विशेषज्ञता का समुचित हिस्सा नहीं मिला है। उन स्थलों में, जहां प्रागैतिहासिक और ऐतिहासिक, दोनों तरह के अवशेष मिलते हैं, प्रागैतिहासिक काल की रिपोर्टों और विवेचनाओं पर अधिक ध्यान दिया गया है। मसलन, चिरांद के कुछ खातों (ट्रेंचेज) में प्राप्त नवपाषाण और ताम्र-पाषाणकाल की सामग्री को, जिसमें हड्डी के औज़ार भी शामिल हैं, जरूरत से अधिक महत्त्व दिया गया

है। दकन और मध्य भारत के अनेक स्थलों में ताम्र-पाषाणीय और ऐतिहासिक, दोनों तरह की संस्कृतियां मिलती हैं, और उन दोनों के बीच लगभग छः सौ वर्षों का अंतराल है। यद्यपि दोनों संस्कृतियों को एक ही रिपोर्ट में रखा गया है, तथापि ताम्र-पाषाणीय संस्कृति पर अधिक ध्यान दिया गया है।

यद्यपि ऐतिहासिक पुरातत्त्व में प्राचीन नगरों को महत्त्व मिला है, फिर भी उसकी परिधि में अथवा अन्यत्र पड़नेवाले प्राचीन ग्रामीण स्थलों का उत्खनन नहीं के बराबर हुआ है। औद्योगिक क्रांति के पहले, परिवहन की कठिनाइयों के कारण, शहर को खाद्यान्न आदि के लिए अपने पड़ोस के प्रदेश पर निर्भर रहना पड़ता था। इसलिए निकटवर्ती पृष्ठप्रदेश के अन्वेषणों और जांच-उत्खननों के बिना किसी शहर और उसके पोषक कृषिक आधार के संबंध का स्वरूप नहीं समझा जा सकता।

मध्ययुगीन स्थलों के पुरातत्त्व की दुखद उपेक्षा की जाती है। फलस्वरूप हमें मध्यकाल की बस्तियों के जीवन के बारे में कम जानकारी है। **इंडियन आर्कियोलॉजी 1982-83 : ए रिव्यू** में 'आरंभिक ऐतिहासिक' (अर्ली हिस्टॉरिक), 'आरंभिक मध्ययुगीन' (अर्ली मेडिवल) और 'उत्तर-मध्ययुगीन' (लेट मेडिवल) पारिभाषिक शब्दों का इस्तेमाल किया गया है। यह निश्चय ही पुरातत्त्व में काल-निर्णय संबंधी पहले के प्रयासों को आगे बढ़ाता है और इसे इतिहास के निकट लाता है। लेकिन इन तीन कालों का क्या तिथिक्रम है, इनकी क्या अवधारणा है और प्रत्येक काल की भौतिक संस्कृति कैसी है, इसे स्पष्ट करना अभी बाकी है।

अंतिम बात। शहरी इतिहास के संदर्भ में क्षैतिज उत्खनन की प्रासंगिकता विचारणीय है। व्यापक पैमाने पर किए गए उत्खनन से किसी नगर के आकार और उसकी आबादी के बारे में जानकारी मिल सकती है। कांस्ययुगीन स्थलों में मोहनजोदड़ो का उत्खनन बड़े पैमाने पर हुआ जो हड़प्पा के आकार से पांच गुना बड़ा था। इस उपमहाद्वीप में व्यापक संख्या में उपलब्ध आरंभिक ऐतिहासिक स्थलों में केवल तक्षशिला, कौशांबी, अहिच्छत्रा और नागार्जुनकोंडा का बड़े पैमाने पर उत्खनन हुआ। अतरंजीखेड़ा, राजघाट, खैराडीह और चिरांद का उत्खनन भी यथेष्ट हुआ है। लेकिन मथुरा जैसे अतिमहत्त्वपूर्ण स्थल की अभी तक समुचित खुदाई नहीं हुई है।[7]

इन सीमाओं के बावजूद, पहले के व्यापक उत्खननों और हाल की लम्बवत् तथा क्षैतिज खुदाइयों के आधार पर शहरी इतिहास लिखने के प्रयास किए गए हैं। 1973 में प्रकाशित अपने विद्वत्तापूर्ण प्रबंध में अमलानंद घोष ने आरंभिक इतिहासकालीन शहरीकरण की समस्या से जूझने की कोशिश की।[8] उनके अनुसार प्रशासनिक और व्यापारिक संगठन नगर के अस्तित्व के लिए अत्यावश्यक हैं।[9] घोष से पहले यज्ञदत्त शर्मा ने 1953 और 1964 में प्राचीन शहरों के अवशेषों का सर्वेक्षण किया।[10] इन स्तुत्य प्रयासों के बावजूद अभी भी नगरों के पतन की समस्या पर[11] शोध आवश्यक हैं।

अध्ययन नगरीकरण का हो या नगरों के पतन का, शहरों की शिनाख्त आवश्यक है। इसके लिए क्या मापदंड हो सकते हैं? चाइल्ड की शास्त्रीय परिभाषा में शहरी क्रांति की विशेषताओं में विशाल इमारतों और घनी आबादीवाली बड़ी-बड़ी बस्तियों का होना

आवश्यक है। इसके अतिरिक्त खाद्योत्पादन से अलग रहनेवाले वर्ग (शासक, शिल्पी, सौदागर इत्यादि) तथा कला, विज्ञान एवं लेखन का संवर्धन होता है। कांस्य युग की शहरी क्रांति के ये सारे लक्षण माने गए हैं।[12] अनाज पैदा नहीं करनेवाले शहरवासियों को पोसनेवाले शिल्प-विशेषज्ञों की उपस्थिति और उत्पादकों से कर के रूप में प्राप्त अधिशेष के महत्त्व पर चाइल्ड ने बहुत बल दिया। एडम्स के अनुसार विस्तृत आकार और घनी आबादी नगरीकरण के निर्णायक कारक हैं, और प्राथमिक शहरी आवश्यकताओं में विशिष्ट शिल्पों का योगदान नगण्य होता है।[13]

ये विचार आरंभिक इतिहासकालीन लौहयुगीन शहरों के संदर्भ में भी व्यापक रूप से उपयोगी हैं। लेकिन विशाल इमारतों की उपस्थिति और शिल्पों की निरर्थकता के तत्त्व आरंभिक ऐतिहासिक शहरों में नहीं पाए जाते। अत्यधिक वर्षा, आर्द्र स्थितियां और निरंतर की बाढ़ से नदियों से बने अनेक मैदानी इलाकों में बड़ी इमारती संरचनाएं नहीं टिक सकती हैं। वस्तुतः मिट्टी के मकानवाले शहरों का अभाव कभी नहीं रहा है। हमारे विचार में शहर की वास्तविक पहचान केवल आकार और आबादी से नहीं होती, बल्कि भौतिक जीवन की गुणवत्ता और व्यवसायों के स्वरूप से होती है। यद्यपि पृष्ठप्रदेश से प्राप्त अधिशेष किसी शहर के अस्तित्व के लिए अनिवार्य है, फिर भी केवल गैर-कृषकों की बस्तियों को शहरी केंद्र नहीं माना जा सकता। शिल्पों का संकेंद्रण और मुद्रा-आधारित विनिमय का प्रचलन शहरी जीवन की उतनी ही महत्त्वपूर्ण विशेषताएं हैं। स्थापत्य विषयक ग्रंथों में निगम अथवा शहर को सभी वर्गों के लोगों और बहुसंख्य शिल्पियों की बस्तियों के रूप में ठीक ही परिभाषित किया जाता है।[14] ग्यारहवीं शताब्दी के वैयाकरण कैयट के अनुसार नगर (निगम) को ऐसी बस्ती के रूप में परिभाषित किया जाता है जो दीवार और खाई से घिरा हो और जहां शिल्पियों और सौदागरों के संघों के कानून और रिवाज का प्रचलन हो।[15]

अब हम पुरातात्त्विक तथ्यों के आधार पर शहरों की पहचान के चिह्नों पर कुछ विस्तारपूर्वक विचार करेंगे। बस्ती का आकार महत्त्वपूर्ण विचारणीय बिंदु है। एक टीले अथवा एक-दूसरे से सटे हुए अनेक टीलों से, जो माप में एक वर्गमील हों, घनी और बड़ी आबादी का संकेत मिलता है। चूंकि रिपोर्टों में इस प्रकार की मापें प्रायः नहीं दी जातीं, इसलिए न तो आकार और न आबादी का आकलन किया जा सकता है। जहां तक मुझे जानकारी है, अभी तक किसी ने किसी आरंभिक ऐतिहासिक काल के शहर की आबादी का आकलन नहीं किया है, यद्यपि चित्रित धूसर मृद्‌भांडवाले आद्य-ऐतिहासिक स्थलों के बारे में अनेक अनुमान लगाए गए हैं।[16]

मकानों की सघनता से घनी आबादी का संकेत मिलता है, लेकिन सीमित उत्खनित क्षेत्र के कारण ऐसे दृष्टांत बहुत कम हैं। यदि शहर किसी नदी के तट पर नहीं बसा है तो तालाबों और छल्लेदार कूपों की अधिकता से यह संकेत मिल सकता है कि किसी बड़ी आबादी को इनके जल की जरूरत पड़ती थी। सोख्ता गड्ढों के रूप में प्रयुक्त छल्लेदार कूपों से घनी बस्तियों के संकेत मिलते हैं। जो भी हो, अब तक किए गए उत्खननों से इस संदर्भ में अधिक सहायता नहीं मिलती।

गैर-कृषकों की बहुसंख्या शहरी आबादी का विशिष्ट लक्षण है। ऊर्ध्व उत्खननों से प्राप्त लोहे के औजारों तथा अन्य शिल्पोपकरणों से उनके प्रयोक्ताओं के व्यवसाय के बारे में कुछ जानकारी मिल सकती है। शिल्पोपकरणों से शिल्पीय तथा अन्य गतिविधियों का पता चलता है। इन उपकरणों में केवल कुल्हाड़ियां, बसूले, छेनियां आदि ही नहीं, बल्कि कुठालियां, चूल्हे, भट्ठियां, रंगाई के हौज आदि भी शामिल हैं। इनके सामाजिक और आर्थिक निहितार्थों की जांच आवश्यक है। कृषि के औजारों की कमी से कृषि की घटती हुई भूमिका का आभास मिलेगा। निस्संदेह फावड़ों, कुल्हाड़ियों, हंसियों और बसूलों का इस्तेमाल शिल्पों और कृषि, दोनों में हो सकता है। लेकिन हल के फाल की उपस्थिति अथवा अनुपस्थिति अपना महत्त्व रखती है। हो सकता है कुछ कृषक नगरों में बसे रहे हों, लेकिन उनकी संख्या अत्यधिक नहीं रही होगी। फिर भी, कृषकों की प्राथमिक आवश्यकताओं की पूर्ति के लिए लोहे के औजार शहरों में बनते थे। इसलिए शहरी स्थलों के उत्खनन में इस प्रकार के शिल्पोपकरणों के मिलने की आशा बंधती है। लेकिन ऊर्ध्व उत्खननों में खुदाई सीमित होने के कारण बहुत कुछ भाग्य पर निर्भर करता है।

सीमित उत्खननों से शहर में रहनेवाले शिल्पीगण तथा अन्य विशेषज्ञों के ठिकानों का पता लगाना कठिन है। लेकिन जहां कहीं आंवों, चूल्हों, भट्ठियों, लौह मलों, सिक्के ढालने के सांचों, मनके, मोहरें और मोहरछापे ढालने के लिए सांचों, आभूषणों, मृण्मय वस्तुओं (टेराकोटा) जैसी वस्तुएं मिलती हैं, उनसे विभिन्न प्रकार के शिल्पियों के होने का संकेत मिलता है। विविध प्रकार के और प्रचुर संख्या में मृद्भांडों की उपलब्धि तरह-तरह के कुम्हारों का पता देती है।

आरंभिक ऐतिहासिक काल के शहरों में शहरीकरण के कई ऐसे चिह्न हैं जो हड़प्पाई शहरों में नहीं पाए जाते। ऐतिहासिक शहरों में संगठित तथा वैयक्तिक शिल्पियों और सौदागरों के अस्तित्व का पता सुपठ्य मोहरों और अभिलेखों से चलता है। यहां भीटा, वैशाली और पहाड़पुर की मोहरों के उदाहरण दिए जा सकते हैं। इनके अलावा इस प्रकार के शहरों के उत्खनित स्तरों में कुछ सिक्के भी मिलते हैं। शिल्पियों और व्यापारियों की गतिविधियों से जुड़ी हुई धातु-मुद्रा की उपलब्धि निश्चय ही ऐसे स्थलों को शहरी रंग प्रदान करती है। सिक्कों के ज्ञात हुए भंडार बतलाते हैं कि धातु-मुद्रा के माध्यम से माल-विनिमय होता था। ध्यातव्य है कि लगभग तीन दर्जन आरंभिक ऐतिहासिक स्थलों से सिक्के ढालने के सांचे मिले हैं। जिन समुद्रतटीय स्थलों पर जहाजी मालघाटों अथवा मालगोदामों का पता लगा है, उनका नगर होना स्पष्ट है। अरिकमेडु और कावेरीपत्तनम् इनके अच्छे दृष्टांत हैं।

लगता है कि कीमती और कम कीमती पत्थरों, परिष्कृत मृण्मय वस्तुओं, पतली दीवारोंवाले तथा चमकीले मिट्टी के बरतनों जैसी मूल्यवान, प्रतिष्ठापरक अथवा विलासिता की वस्तुओं का इस्तेमाल ऐतिहासिक काल के शहरों के उच्चवर्गीय लोग करते थे। विंध्य पर्वत के दक्षिण स्थित स्थलों से प्राप्त शीशे के बरतनों, हाथीदांत की वस्तुओं और विभिन्न प्रकार के रोमी मृद्भांडों के बारे में भी यही सच मालूम पड़ता है। छत-छाजन करने में खपड़ों का इस्तेमाल भी आबादी के धनी वर्गों तक सीमित रहा

होगा।लंबवत् उत्खननों के आधार पर हम इस प्रकार के सुझाव दे सकते हैं और इनसे प्राक्-औद्योगिक काल के उपभोक्ता वर्ग पर प्रकाश पड़ता है। लेकिन प्राचीन शहरों में जो विलासिता की वस्तु थी वही आरंभिक मध्ययुग में ग्रामीण उच्च वर्गों के लिए आवश्यकता बन गई होगी। आरंभिक मध्ययुगीन ग्रामीण स्थलों के उत्खनन से यह बात साबित हो सकती है।

चाइल्ड के मतानुसार विशाल इमारतें अधिशेष की खपत की प्रतीक होती हैं, यद्यपि इनसे जनसाधारण पर शासकों की शक्ति और प्रतिष्ठा का रोब जमता है। लेकिन आश्चर्य की बात है कि ऐसी इमारतें आरंभिक ऐतिहासिक नगरों में नहीं पाई गई हैं। पकी ईंटों के मकान लगभग 300 ई. पू. के आसपास प्रकाश में आए और एक शताब्दी बाद महत्त्वपूर्ण हो गए। लेकिन शहरों को केवल ईंट के मकान के साथ जोड़ना गलत होगा। मध्य एशिया के अंतर्गत अफरासियाब में मिट्टी के मकानोंवाला शहर पाया गया। भारत में ईंट अथवा पत्थर की बनी विशाल इमारतें, जिनमें किले, मंदिर और बौद्ध विहार शामिल थे, आरंभिक मध्ययुग में व्यापक रूप से पाई जाती थीं। लेकिन उन नगरों की जनसंख्या की जानकारी नहीं है। उनको खाद्यान्न, शिल्पोपकरण और तरह-तरह की सेवाएं कैसे मिलती थीं, इसका अभी तक पता नहीं है। यदि मध्य-गांगेय मैदानी इलाकों जैसे अनेक कछारी मैदानों की आर्द्र, बरसाती जलवायु को ध्यान में रखा जाए तो अच्छे पैमाने पर पकी ईंटों के मकान बड़े महत्त्व के मालूम पड़ते हैं और वे शहरों की विशेषता बन जाते हैं। मध्य एशिया की शुष्क जलवायु में मिट्टी के मकान टिकाऊ हो सकते हैं और वहां केवल ऐसे मकान ही नगरों का निर्माण कर सकते हैं। पर कछारी मैदानों की आर्द्रता में वे अधिक दिनों तक नहीं ठहर सकते। आर्द्र जलवायु में पकी ईंट के मकान मिट्टी के मकानों से अधिक ठहर सकते हैं।

दकन के अनेक स्थानों में और अन्य ऐतिहासिक स्थलों पर कोठार और अन्नभंडार पाए गए हैं। जाहिर होता है कि इनमें शहरी आबादी के पोषण के निमित्त अधिशेष खाद्यान्न संचित होते थे। यह पक्के तौर पर नहीं कहा जा सकता कि ये अनाज सौदागर लाते थे अथवा राज्य उन्हें कर के रूप में प्राप्त करता था। धुलिकट्ट (आंध्रप्रदेश) में अन्नभंडारों से सिक्के बरामद हुए हैं, जिनसे अनाज की खरीद-बिक्री साबित होती है। बहरहाल अन्नभंडारों से पता चलता है कि खाद्यान्न वहां देहाती इलाकों से लाए जाते थे। इन भंडारों से देहातों पर शहरों की निर्भरता का संकेत मिलता है।

गलियों, दुकानों, नालियों और किलेबंदियों से शहरी बस्तियों के बारे में अच्छी जानकारी मिल सकती है। कहीं-कहीं किलेबंदियों का कुछ हद का पता लगाया गया है, लेकिन विद्यमान कच्ची मिट्टी की दीवारों और पकी ईंटों के परकोटों से संकेत मिलता है कि वे सुरक्षा के लिए बनाए गए थे, और ये कौटिल्य के **अर्थशास्त्र** के 'दुर्गनिवेश' अथवा 'दुर्गविधान' शीर्षक परिच्छेद में वर्णित अनुदेशों का आंशिक पालन करते हैं। फिर भी, प्राचीनकाल में केवल राजसत्ता और प्रशासन के स्थानों की ही घेराबंदी की जाती होगी।

अनेक स्थलों में नालियां और कहीं-कहीं गलियां मिलती हैं। नालियों और सफाई के प्रबंधों से घनी आबादी का संकेत मिलता है। पूर्वी उत्तरप्रदेश के बलिया जिले में

स्थित खैराडीह जैसे दृष्टांतों में पकी ईंटों से पाटी हुई अथवा कच्ची सड़कों से और मकानों की कतारों के बीच की गलियों से दुकानों और बाजार के होने का पता चलता है। दुकानों के स्पष्ट संकेत भीटा में पाए जाते हैं।

पूर्व से पश्चिम और फिर दक्षिण की ओर बढ़ने पर चिरांद, बक्सर, खैराडीह, मसोन, सोहगरा, भीटा, अतरंजीखेड़ा, कोंडापुर, वडगांव-माधवपुर, अरिकमेडु इत्यादि जैसे अनेक शहरी स्थलों को पहचानने में हमें अपने मानदंडों से सहायता मिलती है। इनका उत्खनन हो चुका है, लेकिन प्राचीन ग्रंथों में इनका पता लगाना कठिन है। उसी क्रम से खोजने पर प्राचीन ग्रंथों में वैशाली, पाटलिपुत्र, वाराणसी, कौशांबी, शृंगवेरपुर, श्रावस्ती, हस्तिनापुर, अहिच्छत्रा, मथुरा, इंद्रप्रस्थ, उज्जैन, भोगवर्धन, कावेरीपत्तनम् इत्यादि अनेक शहरों का उल्लेख मिलता है। इनका पूर्णतः उत्खनन नहीं हुआ है। इनमें से अनेक का वर्णन चीनी यात्रियों ने किया है।

जो लोग शहरी व्यवस्था के लिए आकार और आबादी के घनत्व को निर्णायक मानते हैं, उनके लिए लम्बवत् उत्खनन शहरों की शिनाख्त के लिए काफी नहीं होता। लेकिन हमारी दृष्टि में किसी जगह के निवासी जिन शिल्पोकरणों और अन्य वस्तुओं का प्रयोग करते हैं उनसे उनके जीवन की गुणवत्ता का पता चलता है और इसका महत्त्व उस जगह के आकार से कहीं अधिक होता है। कुषाण, क्षत्रप और सातवाहन संस्कृतिवाले अनेक टीलों के सदृश एक ही संस्कृतिवाले स्थल में लंबवत् उत्खनन से उस टीले के पूरे क्षेत्र में रहनेवाले प्राचीन निवासियों की जीवन-पद्धति का अनुमान मिल सकता है। यही बात बड़े सांस्कृतिक स्थलों पर लागू होती है। लेकिन यहां फिर ग्रामीण और शहरी क्षेत्रों की भौतिक जीवन-पद्धतियों के बीच अंतर करना पड़ेगा। यह तभी संभव होगा जब आरंभिक ऐतिहासिक काल के ग्रामीण स्थलों के पुरातत्त्व में कुछ प्रगति हो। अभिलेखीय भूमि-अनुदानों में अनेक गांवों की चर्चा मिलती है, और उनमें से अनेक गांवों की शिनाख्त हो चुकी है। उन्हें उत्खनन तथा अन्वेषण के निमित्त चुना जा सकता है।

इस बीच हम लम्बवत् उत्खननों से अधिक-से-अधिक लाभ उठा सकते हैं। एक-दूसरे से दूर स्थित कई स्थलों से भी यदि उत्खनन के द्वारा समान शिल्पों और प्रौद्योगिकी का संकेत मिलता है, तो इस तथ्य को स्थानीय महत्त्व से कहीं अधिक महत्त्व प्राप्त होता है। एक ही संस्कृति-क्रम में, दूर-दूर स्थित स्थलों में लम्बवत् उत्खननों से प्राप्त सामग्रियों के पूर्णयोग से शहरीकरण की सामान्य धारणा बन सकती है, हालांकि यह कोई बहुत अच्छी विधि नहीं है। लम्बवत् उत्खननों द्वारा अनेक स्थलों पर शहरी जीवन की विशेषताएं प्रदर्शित होती हैं, यदि वे क्षैतिज उत्खननों द्वारा उद्घाटित विशेषताओं से मेल खाती हैं, तो शहरी इतिहास के लिए इसका महत्त्व और भी बढ़ जाता है।

अब तक लगभग एक सौ चालीस शहरी स्थलों का उत्खनन हुआ है। जो स्थल ह्वीलर की पद्धति से खोदे गए हैं, उनमें से अधिकांश की रिपोर्टें **इंडियन आर्कियोलॉजी : ए रिव्यू** में मिलती हैं। लेकिन इन रिपोर्टों में पाठकों के उपयोग के लिए काट-संबंधी रेखांकित रूपरेखा (स्कीमैटिक सेक्शन) के द्वारा स्थल के समावेशक चित्र बहुत कम मिलते हैं। जिन उपलब्ध काटों (सेक्शंस) और विद्यमान रिपोर्टों में गुप्त शासकों और

उनके बाद के काल के शहरी पतन के स्पष्ट संकेत मिलते हैं, उनकी संख्या अधिक नहीं है। लम्बवत् उत्खननों के द्वारा प्रदर्शित उजाड़ से शहरों के पतन के विषय में अनुमान लगाया जा सकता है। लेकिन उसकी आलोचना में यह दलील दी जा सकती है कि टीले के जिन भागों में खुदाई नहीं हुई, उनमें भी आबादी के चिह्न मिल सकते हैं। लेकिन यहां हमें उत्खननकर्त्ता के विवेक पर भरोसा करना होगा जो अपने उत्खनन-स्थल की जानकारी रखता है। इससे भी अहम बात यह है कि जब अनेक स्थलों पर बारंबार पतन और उजाड़ के चिह्न मिलने लगते हैं तो उनसे किसी प्रतिरूप (पैटर्न) का अनुमान हो जाता है जिसकी उपेक्षा नहीं की जा सकती। उत्खनन चाहे लम्बवत् हुआ हो अथवा क्षैतिज, लम्बवत् उत्खननों से प्राप्त सारे निष्कर्ष फाहियान और ह्वेन सांग के, जो शहर के किसी खास भाग का नहीं बल्कि पूरे शहर का वर्णन करते हैं, प्रेक्षणों से संपुष्ट होते हैं। चीनी तीर्थयात्री ऐसे ज्यादातर बौद्ध नगरों के पतन का वर्णन करते हैं जिनको उन्होंने पांचवीं और सातवीं शताब्दियों में स्वयं देखा था ।

शहरों के विकास और पतन का व्यापार के इतिहास के साथ घनिष्ठ संबंध है। भारत और रोम के आपसी व्यापार के लिए एकतरफा पुरातात्त्विक साक्ष्य मिलता है, क्योंकि प्रायद्वीपीय भारत में प्राप्त रोमी सामानों की तुलना में रोमी साम्राज्य से कुछ ही, छिटपुट भारतीय वस्तुओं के मिलने की सूचना मिली है। भारत मुख्यतः रोमी मिस्र और पश्चिमी एशिया से व्यापार करता था, मगर वहां मुश्किल से किसी भारतीय वस्तु के प्राप्त होने की खबर मिलती है। निस्संदेह बेगराम (अफगानिस्तान) में उत्खनन के फलस्वरूप पहली-दूसरी शताब्दियों के भारतीय हाथीदांत मिले हैं।[17] इसी प्रकार, यद्यपि भौतिक अवशेषों के वैज्ञानिक परीक्षण से वस्त्रों, खाद्यान्नों इत्यादि के अस्तित्व के बारे में पता लग सकता है, फिर भी कुषाणकाल में भारत और मध्य एशिया के आपसी व्यापार में किन-किन पण्य-वस्तुओं का इस्तेमाल होता था, इसकी जानकारी नहीं है।

दक्षिण-पूर्व एशिया के साथ भारत के व्यापार के संबंध में ऐसी ही पुरातात्त्विक स्थिति पाई जाती है। दक्षिण भारतीय शहरी स्थलों में प्राप्त चीनी मिट्टी के बरतन का मूल स्रोत चीन रहा होगा, जैसाकि वास्तव में नवीं शताब्दी अथवा बाद के काल के काही (सेलडॉन) बरतनों के मामले में है। लेकिन दक्षिण-पूर्व एशिया के अंतर्गत कुछ स्थानों के उत्खनन में सिर्फ शीशे और अन्य सामग्रियों के भारतीय मनके पाए गए हैं।[18] यदि चौथी और दसवीं शताब्दियों के बीच भारत के साथ दक्षिण-पूर्व एशिया का सक्रिय व्यापार होता था, तो पुरातत्त्व में इसका प्रदर्शन होना चाहिए। जहां तक जानकारी है, दक्षिण-पूर्व एशियाई और खासकर हिंद-रोमी व्यापार ने ईसा की तीसरी शताब्दी तक इस प्रायद्वीप में शहरों के विकास में ठोस योगदान किया। सुदूर स्थलमार्गीय तथा समुद्रपारी व्यापार को क्षति पहुंचते ही शहरी केंद्रों का ह्रास आरंभ हो गया।

नगरों के पतन की परिभाषा करना आवश्यक नहीं है। नगरीकरण के ठोस लक्षणों का संकेत ऊपर किया जा चुका है। यदि किसी शहरी स्थल पर ये लक्षण अनुपस्थित हों अथवा निरंतर ह्रासोन्मुख अवस्था में हों, तो नगरों के पतन की सजीव कल्पना की जा सकती है। इससे अनेक प्रश्न खड़े होते हैं। विनगरीकरण के व्यापक तथ्य की प्रक्रिया को

कैसे समझा जाए? क्या इसे केवल भारतीय समाज की आंतरिक गतिकी के आधार पर स्पष्ट किया जा सकता है? शहरों में केवल शासक, सैनिक तथा धार्मिक और विद्वान लोग ही नहीं बसते थे, अपितु वहां शिल्पी, सौदागर और अनेक सेवक वर्ग भी रहते थे। यदि शहरों का पतन हुआ तो नगरवासियों का क्या हुआ, और वे अपनी आजीविका कैसे अर्जित करते थे? क्या नगरों के ह्रास ने शासक वर्ग और राज्य के चरित्र को प्रभावित किया? शिल्पियों के हुनर का क्या उपयोग हुआ और उनके पारिश्रमिक का भुगतान कैसे होता था? नगरों के पतन ने कृषि के विस्तार की कहां तक सहायता की? सौदागरों और व्यापारियों ने किस हद तक और कब तक अपने परंपरागत व्यवसायों को छोड़कर नए धंधे अपनाए? मठ, महाविहार और किलेबंद फौजी छावनियां (गैरिसन), जिनमें गैरकृषकों की प्रधानता थी, किस प्रकार आरंभिक ऐतिहासिक काल के नगरों से भिन्न थीं? सबसे बढ़कर यह कि नगरों के ह्रास और मध्यकाल के आरंभ में उभरती हुई सामंती व्यवस्था के बीच किस प्रकार का संबंध था? हम प्रत्येक उत्खनित स्थल के पतन के चिह्नों की शिनाख्त करने और इन प्रश्नों में से कुछ के उत्तर देने का प्रयत्न करेंगे।

टिप्पणियां

1. स्टुअर्ट पिगॉट, **सम एंशिएंट सिटीज ऑव इंडिया,** पृ. 1-2.
2. दृष्टांत के लिए डी. बी. स्पूनर, 'द जोरोएस्ट्रियन पिरियड ऑव इंडियन हिस्टरी', **द जर्नल ऑव द रॉयल एशियाटिक सोसाइटी ऑव ग्रेट ब्रिटेन एंड आयरलैंड,** 1915, पृ. 63-82 देखें
3. सर जॉन मार्शल रचित **टैक्सिला** (तीन जिल्द) में यूनानी प्रभाव पर आवश्यकता से अधिक बल दिया गया है, यद्यपि अन्यथा यह उत्तम रिपोर्ट है।
4. बुलंदीबाग (पटना) के बारे में लिखते हुए स्पूनर कहते हैं : "यह स्थल स्पष्टतः छोटे-छोटे पुरावशेषों में समृद्ध है", **एनुअल रिपोर्ट ऑव द आर्कियोलॉजिकल सर्वे ऑव इंडिया, ईस्टर्न सर्किल, फॉर 1914-15,** सुपरिंटेंडेंट्स रिपोर्ट, बांकीपुर, 1915, पृ. 49; लेकिन वे इन पर ध्यान नहीं देते।
5. ए. घोष और कृष्णदेव के लेखन-सहयोग के साथ आर. इ. एम. व्हीलर, 'अरिकमेडु : एन इंडो-रोमन ट्रेडिंग स्टेशन ऑन द ईस्ट कोस्ट ऑव इंडिया,' **एंशिएंट इंडिया,** सं. 2, 1946, पृ. 17-124.
6. आर. एस. शर्मा, **मैटीरियल कल्चर एंड सोशल फॉर्मेशंस इन एंशिएंट इंडिया,** अध्याय 2-4 और परिशिष्ट III.
7. देश की विशालता को ध्यान में रखते हुए प्राचीन भारतीय शहर संख्या में बहुत अधिक नहीं लगते। रोमी साम्राज्य में लगभग 1500 शहर थे, जो इटली, आइबेरिया के प्रायद्वीप, पूर्वी प्रांतों और मिस्र को छोड़कर उत्तरी अफ्रीका के समुद्रतटीय क्षेत्र में फैले हुए थे (कीथ हॉपकिंस, 'इकॉनॉमिक ग्रोथ एंड टाउंस इन क्लासिकल एंटिक्विटी,' **टाउंस इन सोसाइटीज,** फिलिप एब्रम्स और इ. ए. रिग्ले, सं., पृ. 70)। यद्यपि यह सूची अपूर्ण मानी जाती है, लेकिन भारत की तुलना में इससे भी कम संख्या चौंका देनेवाली लगती है। यह संभव है कि यदि केवल पुरातत्त्व का ही सहारा लिया जाए, तो रोमी शहरों की संख्या बहुत कम हो जाएगी। भारतीय साहित्यिक साक्ष्य से सहायता नहीं मिलती। सिकंदर ने अरिस्टोबुलुस को उस क्षेत्र में

अधिकारी बनाकर भेजा था, जो सिंधु नदी के पूरब की ओर हट जाने से खाली हो गया था। अरिस्टोबुलुस ने वहां लोगों से भरे एक हजार से अधिक शहरों और गांवों के अवशेषों को देखा। यह संख्या अतिरंजित हो सकती है, लेकिन फिर भी भारत और पाकिस्तान को उन बस्तियों के अवशेषों की शिनाख्त के लिए अपने प्रयासों को तेज करना होगा। भारतीय पुरातत्त्व में संरक्षण की व्यवस्था भी खराब है। "गच की हुई (पेव्ड) सड़कें, आदमकद प्रतिमाएं, छायादार स्तंभावलियां, मंदिर, व्यायामशालाएं, स्नानागार, झरने, नाट्यशालाएं, खुली रंगभूमियां और कृत्रिम जलसेतु प्राचीन नगरों के स्मारक अवेशष" माने जाते हैं। लेकिन इनकी तुलना में भारत के प्राचीन नगरीय स्मारक बड़े कंगाल दिखाई पड़ते हैं।

8. ए. घोष, **द सिटी इन अर्ली हिस्टॉरिकल इंडिया।**
9. वही, पृ. 20-21.
10. वाइ. डी. शर्मा, 'एक्सप्लोरेशन ऑव हिस्टॉरिकल साइट्स,' **ए आइ,** सं. 9, 1953, स्पेशल जुबली नंबर, पृ. 116-69, 'रिमेंस ऑव अर्ली हिस्टॉरिकल सिटीज,' **आर्कियोलॉजिकल रिमेंस, मान्युमेंट्स एंड म्यूजियम्स,** सं. : ए. घोष।
11. इस समस्या पर निम्नांकित रचनाओं में कुछ ध्यान दिया गया है : आर. एस. शर्मा, 'डिके ऑव गैंजेटिक टाउंस इन गुप्त एंड पोस्टगुप्त टाइम्स', **प्रोसीडिंग्स ऑव द इंडियन हिस्टरी कांग्रेस,** तैंतीसवां अधिवेशन, मुजफ्फरपुर, 1972, पृ. 94-104; बी. डी. चट्टोपाध्याय, 'ट्रेड एंड अर्बन सेंटर्स इन अर्ली मेडिवल इंडिया', **आइ एच आर,** I, 1974, पृ. 203-19, 'अर्बन सेंटर्स इन अर्ली मेडिवल इंडिया : एन ओवरव्यू', **सिचुएटिंग इंडियन हिस्टरी,** सं. : एस. भट्टाचार्य और रोमिला थापर, 1986, पृ. 8-33; आर. एन. नंदी, 'क्लायंट, रिचुअल एंड कॉनफ्लिक्ट इन अर्ली ब्राह्मणिकल ऑर्डर,' **आइ एच आर,** VI, 1979-80, पृ. 103-9; वी. के. ठाकुर, **अर्बनाइजेशन इन एंशिएंट इंडिया,** 1982; कामेश्वर प्रसाद, 1984, **सिटीज, क्राफ्ट्स एंड कॉमर्स अंडर द कुषाणाज।**
12. वी. गॉर्डन चाइल्ड, 'द अर्बन रिवॉल्यूशन', 1950; ग्रेगरी एल. पॉस्सेल (सं.), **एंशिएंट सिटीज ऑव द इंडस,** पृ. 12-17.
13. रॉबर्ट मैक एडम्स, 'द नेचुरल हिस्टरी ऑव अर्बनिज्म,' 1968, पॉस्सेल (सं.) : **एंशिएंट सिटीज ऑव द इंडस,** पृ. 18-26 में संकलित।
14. **मयमत,** X, पृ. 34-35, यह शब्द **बहुकर्मकारयुक्तम् है। मानसार,** X, पृ. 42 भी देखें, जहां **बहुकर्मकारैर्युक्तं निगमं तदुदाहृतम्** लिखित **है। निगम** का अर्थ हाट अथवा सौदागरों का दल/कारवां है, मोनियर विलियम्स, **संस्कृत-इंगलिश डिक्शनरी,** प्रविष्टि 'निगम' देखें।
15. प्रकारपरिखान्वितं श्रेणिधर्मसंयुक्तं संस्थानम्; पाणिनि पर कैयट का भाष्य, VII, 3.14. I; इस हवाले के लिए मैं बी. एन. एस. यादव का आभारी हूं।
16. ब्रह्मदत्त, **सेट्लमेंट्स ऑव द पेंटेड ग्रे वेयर इन हरियाणा,** अप्रकाशित पीएच. डी. शोध-प्रबंध, कुरुक्षेत्र विश्वविद्यालय, 1980.
17. ज्यानीं अबोयर, 'एंशिएंट इंडियन आइवरीज फ्रॉम बेगराम, अफगानिस्तान,' **द जर्नल ऑव द इंडियन सोसाइटी ऑव ओरिएंटल आर्ट,** XVI, पृ. 34-46.
18. एच. बी. सरकार, **कल्चरल रिलेशंस बिटविन इंडिया एंड साउथ-ईस्ट एशियन कंट्रीज,** अध्याय 11, पृ. 248 देखें। मलाया, पूर्वी जावा और उत्तरी बोर्नियो में प्राप्त अनेक मनकों को ईसा के पूर्व की सदियों के रोमी, हित्ती, फोनिशियाई और दक्षिण भारतीय स्रोतोंवाला माना जाता है। भारतीय मनकों का व्यापार ईसवी सन् की प्रारंभिक शताब्दियों में जारी था, जैसाकि पांडीचेरी के निकट अरिकमेडु अथवा वीरपतनम् और कोचीन चीन के ओक इयो से बरामद पुरावशेषों से प्रमाणित होता है। भारतीय सौदागर को बदले में क्या मिलता था, इसकी जानकारी नहीं है।

अध्याय 2

उत्तर में शहरी विकास और पतन

आरंभिक इतिहासकालीन पंजाब, हरियाणा और पश्चिमी उत्तरप्रदेश की शहरी बस्तियों के अध्ययन में अनेक कठिनाइयां हैं। यद्यपि बहुत स्थलों के अन्वेषण हो चुके हैं, फिर भी उनमें से कुछ ही स्थलों की खुदाइयां हुई हैं, और वह भी लम्बवत् पद्धति से। हस्तिनापुर को छोड़कर शेष उत्खननों की केवल छोटी-छोटी रिपोर्टें प्रकाशित हुई हैं। अतरंजीखेड़ा की रिपोर्ट पुस्तक के रूप में प्रकाशित हुई है,[1] लेकिन यह मुख्यतः स्थल के चित्रित धूसर मृदभांडवाले चरण पर ही संकेंद्रित है।[2] यद्यपि अहिच्छत्रा और मथुरा में बड़े पैमाने पर खुदाइयां हुई हैं, फिर भी इन स्थलों की पूरी रिपोर्ट उपलब्ध नहीं है। इस इलाके में मध्ययुग का आरंभ हर्षवर्धन के शासनकाल में होता है, लेकिन थानेसर और कन्नौज की खुदाई किसी पैमाने पर नहीं हुई है जबकि ये उसके प्रभुत्व के केंद्र थे।

अनेक सीमाओं के बावजूद कुषाणकालीन चरण की पहचान भौतिक अवशेषों के आधार पर की जा सकती है। यह चरण अपने नगरीकरण के लिए विख्यात था। यद्यपि उत्तरी क्षेत्र में शहरी तत्त्वों की शुरुआत मौर्यों के समय में, बल्कि कुछ पहले हुई, फिर भी कुषाणकाल में इनका विकास पराकाष्ठा पर पहुंच गया। पहले-पहल कुषाणों ने सोने के बहुसंख्य सिक्के जारी किए और अनेक तांबे के सिक्कों को टकसालों से निकाला जिनका प्रचलन शताब्दियों तक जारी रहा। अन्य शासकों तथा अधिकारियों ने भी बहुसंख्य तांबे के सिक्के जारी किए। उत्तरी क्षेत्र में सिक्के ढालनेवाले, मिट्टी के बने अनेक सांचे मिले हैं जो ईसवी सन् की प्रायः पहली तीन सदियों के हैं। इनमें बहुत-से जाली हैं, पर उनसे सिक्के के महत्त्व पर प्रकाश पड़ता है। इस युग में शीशे और हाथीदांत की वस्तुओं का निर्माण अपनी चरम सीमा पर पहुंच गया। लोहे की अनेक कुठालियां और भट्ठियां इसी काल की हैं, और पहले के युगों की अपेक्षा लोहे के उपकरण और औजार अत्यधिक विविध और बहुसंख्य हैं। शक और कुषाणयुगीन स्तरों में ईंटों के बने बड़े-बड़े ढांचे मिलते हैं, तथा छत-छाजन और फर्श बनाने के लिए पहले-पहल पके खपड़ों के इस्तेमाल का पता चलता है। कुल मिलाकर आरंभिक ऐतिहासिक युग में कुषाणकालीन भौतिक अवशेषों से अधिकतम नगरीकरण का पता चलता है। लेकिन कुषाणोत्तर अथवा गुप्तकालीन भौतिक अवशेषों से नगरीकरण की झलक धुंधली या लुप्त हो जाती है। उत्तरी क्षेत्र के स्थलों के सर्वेक्षण के क्रम

में हम इस तथ्य को उजागर करने का प्रयत्न करेंगे।

यद्यपि हाल की रिपोर्टों के न मिलने के कारण पाकिस्तान के आरंभिक ऐतिहासिक नगरों को छोड़ दिया गया है, फिर भी तक्षशिला पर जॉन मार्शल की अति समृद्ध रिपोर्ट की उपेक्षा नहीं की जा सकती। आधुनिक रावलपिंडी नगर से बीस मील उत्तर-पश्चिम स्थित तक्षशिला नगरी उत्तर-पूर्वी भारत, पश्चिमी एशिया और कश्मीर एवं मध्य एशिया से आनेवाले तीन बड़े व्यापारिक मार्गों को जोड़ती थी।[3] पहली तक्षशिला की स्थापना एक अनियमित योजना के आधार पर लगभग पांचवीं सदी ई. पू. में भीर टीले (माउंड) पर हुई जिसका क्षेत्र उत्तर से दक्षिण 12000 गज और पूरब से पश्चिम 730 गज था।[4] इसका वास करीब-करीब मौर्य-शासनकाल में हुआ।[5] दूसरी तक्षशिला की शिनाख्त सिरकप नगर से की जाती है। दूसरी सदी ई. पू. में बैक्ट्रिया के यूनानियों ने आधुनिक भीर टीले के नगर से उत्तर में इसकी स्थापना की। इसकी योजना यूनानी शहरों के ठेठ शतरंज-पट्टवाले नमूने पर आधारित थी। कुछ उपनगरीय अंश को छोड़कर इसकी दीवारें 3.5 मील लंबी थीं।[6] तीसरी तक्षशिला नगरी का, जिसे अब सिरसुख कहते हैं, निर्माण कुषाणकाल से प्रारंभ होता है, और यह पारंपरिक मध्य एशियाई नगर की तरह बसी है।[7] सिरकप नगर के उत्तर में स्थित प्रायः तीन मील की परिधि से घिरा यह नगर एक प्रकार का समानांतर चतुर्भुज है।

इन तीनों नगरों के अतिरिक्त तक्षशिला में बहुसंख्य बौद्ध स्तूप और विहार बिखरे पड़े हैं, जिनमें धर्मराजिका स्तूप[8] सबसे अधिक प्रभावशाली है। ऐसा प्रतीत होता है कि सिरसुख[9] नगर और बौद्ध विहार ईसवी सन् की पांचवीं सदी तक उजड़ गए थे।

खुदाइयां बतलाती हैं कि तक्षशिला में पांचवीं सदी ई. पू. से लेकर ईसवी सन् की पांचवीं शताब्दी तक शहरी जीवन बरकरार रहा। लेकिन सिरकप में नगरीकरण दूसरी सदी ई. पू. और इसवी सन् की दूसरी शताब्दी के बीच चरम सीमा पर पहुंच गया, और शकों और पह्लवों[10] ने इसे यूनानी प्रभाव में विकसित किया। इसकी मुख्य गली के उत्खनित अंश की माप उत्तर से दक्षिण 2000 फुट है।[11] गली के दोनों तरफ दुकानों की कतारें हैं; ये दुकानें एक-दो कमरेवाली एकमंजिली इमारतें हैं।[12] दुकानों के बीच यहां-वहां मंदिर बने हुए हैं, और इन दोनों के पीछे अमीरों के बड़े-बड़े मकान स्थित हैं।[13] इनका औसत क्षेत्रफल लगभग 15000 वर्गफुट है।[14] सिरकप में दो महल हैं—एक महल निचले नगर (लोअर सिटी) में और दूसरा 'महल' नामक हथियल पर्वत-श्रेणी के पश्चिमी छोर पर चट्टानी रीढ़ों के बीच ऊंचे धरातल पर स्थित है। अभी तक प्रकाश में आए इस आवास के अवशेष उत्तर से दक्षिण 310 फुट और पूरब से पश्चिम 240 फुट के क्षेत्र में फैले हुए हैं।[15]

ये ढांचे चूना-पत्थर के पिंडों से और कहीं-कहीं ईंटों के बने हैं।[16] भीर टीले में अनेक सोख्ता गड्ढे थे, लेकिन सिरकप में सफाई का प्रबंध खराब था।[17] यह स्पष्ट नहीं है कि गंदे पानी का निकास कैसे होता था,[18] यद्यपि यहां पानी की नलकियां मिली हैं।[19]

भारतीय, यूनानी और पश्चिमी एशियाई[20] पुरावशेषों से सिरकप के शहरी जीवन का पर्याप्त संकेत मिलता है। दस्तकारी को इस नगर ने जोरों से बढ़ाया। बढ़इयों और

धातुकारों के उपकरण, सांचे तथा मिट्टी के बरतन, कपड़ों के ऊपर छाप लगानेवाले ठप्पे, एवं सिक्कों और आभूषणों को गढ़नेवाले धातु के ठप्पे इस बात की पुष्टि करते हैं।[21] उत्पादन के उपादानों में सिक्के ढालने के सांचे,[22] कुठालियां,[23] भाथी की नलियां[24] और धातुकारों की जहां-तहां ले जाई जानेवाली भट्ठियां[25] शामिल हैं। कम मूल्यवान पत्थरों की अनेक मोहरें और शीशे के बने बहुसंख्य आलंकारिक मनके मिलते हैं।[26] भीर टीले पर शीशे के बने मनकों समेत 1763 मनके और सिरकप में 5534 मनके मिले हैं।[27] निस्संदेह शीशे के मनके और खपड़े तक्षशिला में बनते थे।[28] प्रसाधन के उपकरणों में तांबे/कांसे के दर्पण, हड्डी और हाथीदांत के बने कंघे तथा पत्थर की बनी प्रसाधन-किश्तियां (ट्रे) शामिल हैं।[29] सिरकप और भीर टीले, दोनों जगह शरीर को रगड़नेवाले सामान पाए जाते हैं।[30] प्रसाधन के उपकरणों के साथ सोने और चांदी के आभूषणों के शानदार संग्रह[31] समृद्ध वर्ग के अस्तित्व का संकेत देते हैं। घरेलू बरतन अधिकतर मिट्टी के बने हैं।[32] इनमें कुछ मेसोपोटामिया के शराब के दोहत्था-कलश (वाइन-ऐम्फोरा) शामिल हैं।[33] ध्यान देने की बात है कि तांबे और कांसे के साथ-साथ कभी-कभी चांदी, लोहे और पत्थर के भी बरतन मिलते हैं।[34] तांबे के, भोजन बनाने के बड़े-बड़े बरतन[35] पाए गए हैं। एक कमरे से दूसरे कमरे में आग ले जानेवाली पहिएदार अंगीठियां मिलती हैं।[36] मिट्टी और धातु की बनी कलमें और दावातें पाई जाती हैं।[37] पिसाई की चक्कियां भी मिलती हैं जो एक नया आविष्कार मालूम होती हैं।[38] इन पुरावशेषों की सूची यद्यपि पूर्ण नहीं है, फिर भी ये सिरकप को विभिन्न दस्तकारियों के प्रमुख केंद्र के रूप में प्रमाणित करने के लिए पर्याप्त हैं।

सुदूर देशों से व्यापार का प्रमाण केवल मथुरा के बलुआ लाल पत्थर[39] की उपलब्धि से ही नहीं, अपितु रोमी दोहत्था-कलशों (एम्फोरा) से भी मिलता है। मध्य भारत के साथ संबंध का भी पता लगाया जा सकता है।[40] सिक्के और सिक्के ढालने के सांचे तक्षशिला के प्राचीन व्यापार और विनिमय के अत्यंत महत्त्वपूर्ण अवशेष हैं। सिक्के ढालने के मिट्टी के सांचों का प्रयोग केवल अधिकृत टकसाल अधिकारी ही नहीं, बल्कि जालसाज भी करते थे।[41] इनमें से प्रत्येक सांचे से छः से लेकर बारह सिक्कों को निकाला जाता था। तक्षशिला बहुत बड़ा टकसाल-केंद्र था।[42] सिरकप से उपलब्ध कुल 7665 सिक्कों में लगभग छियानवे प्रतिशत सिक्के शक-पह्लवों के परवर्ती स्तरों से मिले हैं। इनमें पुराने आहत (पंच-मार्क्ड) सिक्के, तक्षशिला के स्थानीय सिक्के, यूनानियों और प्रारंभिक शकों द्वारा जारी सिक्के, तथा साथ ही साथ परवर्ती शकों, पह्लवों और कुषाणों के सिक्के शामिल हैं।[43] यदि हम प्रत्येक राजवंश और प्रत्येक राजा के सिक्कों की किस्मों की जांच करें तो इन सिक्कों की सैकड़ों किस्में निकलेंगी। उदाहरणार्थ, शकों के सिक्कों के बयालीस प्रकारों का उल्लेख है।[44]

परवर्ती कुषाण सिरसुख में आकर बसे। यह स्थल थोड़े विषम आयत जैसा है। इसकी उत्तरी और दक्षिणी भुजाएं लगभग 1500 गज, और पूर्वी और पश्चिमी भुजाएं 1100 गज की हैं।[45] सिरसुख की केवल आंशिक खुदाई हुई है। इसकी किलेबंदियों से प्राप्त वस्तुएं बहुत थोड़ी और कम महत्त्व की थीं।[46] फिर भी, उत्खनित सामग्रियों[47] से

संकेत मिलता है कि सिरकप के साथ इसकी अधिक समता नहीं है। तथापि उत्खनन के छोटे क्षेत्र की दृष्टि से सिक्कों की संख्या अधिक थी।[48]

मार्शल के मतानुसार हूणों ने सिरसुख नगर और बौद्ध स्मारकों[49] का विनाश किया जिसका समर्थन अंशतः मानवीय अवशेषों[50] की प्रकृति से और अंशतः भामला विहार के कक्षों एवं आंगन में पाई गई जली मिट्टी की भारी मात्रा से मिलता है। जिस आग ने इस नगर का विनाश किया वह बड़ी भयानक रही होगी।[51] मार्शल का निष्कर्ष है कि बौद्ध स्तूपों और विहारों का संपूर्ण विनाश पांचवीं शताब्दी की अंतिम चौथाई[52] में हुआ। लेकिन वे इस तथ्य पर भी बल देते हैं कि तक्षशिला तीन बड़े-बड़े व्यापारिक मार्गों के संगम पर स्थित थी जिससे उसका उदय और उत्तरोत्तर विकास हुआ। वे यह भी कहते हैं कि जब विदेशों से व्यापारिक संपर्क अवरुद्ध हो गया, तब अंततः तक्षशिला का महत्त्व समाप्त हो गया।[53]

मार्शल की रिपोर्ट से स्पष्ट संकेत मिलता है कि तक्षशिला पांचवीं शताब्दी के बाद शहरी केंद्र नहीं रही। सिरकप के सिक्के वस्तुतः विम कदफिसस (द्वितीय) के आते ही समाप्त हो जाते हैं। सिरसुख में उत्खनन-कार्य अधिक नहीं हुआ है, लेकिन विहारों और स्तूपों के निकटवर्ती स्थलों से हिंद-सासानी तथा मध्यकालीन सिक्कों के साथ कुषाणों के बहुत-से तांबे के सिक्के मिले हैं।[54] संयोग से लगभग 750 ई. से लगभग 1000 ई. के बीच के, कश्मीरी शासकों के सिक्के मिले हैं,[55] लेकिन ये प्रायः 1000 ई. के बाद के स्तर से प्राप्त हैं जिससे पता चलता है कि यह समय सिरसुख के वास का अंतिम चरण था।[56] निस्संदेह ओहिंद के हिंदू राजाओं के कुछ सिक्के मिलते हैं।[57] लेकिन सिक्के और ढांचे, दोनों बतलाते हैं कि पांचवीं शताब्दी के बाद तक्षशिला उजाड़ हो गई। मार्शल के अनुसार ह्वेन सांग सिरसुख में ठहरा था, जहां आरंभिक मध्यकाल के बहुसंख्य ढांचे अभी भी मिलते हैं।[58] लेकिन ये बौद्ध स्मारक[59] थे, इसलिए इनसे किसी शहरी चरित्र का संकेत नहीं मिलता। फिर भी, तक्षशिला के अधिकतम संघाराम, जिनमें कुणाल-स्तूप का विहार भी शामिल है, आक्रमण के द्वारा विनष्ट हो गए।[60]

जम्मू और कश्मीर में किए गए अन्वेषणों के फलस्वरूप बहुसंख्य कुषाणकालीन स्थल प्रकाश में आए हैं। ऐसे एक ही संस्कृतिवाले तेईस स्थल जम्मू जिले में पाए गए हैं।[61] इन स्थलों में कुषाण संस्कृति की पूर्ववर्ती अथवा अनुवर्ती, कोई अन्य संस्कृति नहीं पनपी। कुषाणकालीन स्तरों के बाद अधिकांशतः ऐसा आवासवाला स्तर मिलता है जिसमें मुस्लिम चमकीले बर्तन पाए जाते हैं।[62] उसी जिले में और अधिक कुषाणकालीन स्थल मिले हैं जहां कुषाण संस्कृति के बाद परवर्ती मध्यकाल के अवशेष मिलते हैं।[63] बारामुला जिले में अनेक कुषाणकालीन स्थल खोज निकाले गए हैं,[64] और ऐसी बस्तियों में प्रायः मध्ययुग के आगमन तक लंबा अंतराल दिखता है।[65] यद्यपि रिपोर्टों में आरंभिक मध्यकाल की तिथि निर्धारित नहीं है, लेकिन अन्वेषणों से स्पष्ट है कि ईसा की तीसरी सदी में या उसके बाद अधिकांश बस्तियां उजड़ गईं।

अनंतनाग जिले में, श्रीनगर से अड़तालीस किलोमीटर दूर सेमथन नामक उत्खनित स्थल में ईंटों का बना फर्श और पत्थर की नाली आरंभिक ऐतिहासिक काल की विशेषता

थी।[66] उत्तरी काली पालिशदार मृद्‌भांडवाले चरण के दो अनुवर्ती कालों में लोहे और तांबे की वस्तुओं के अतिरिक्त अनेक फर्श, सिक्के, मृण्मय मनके और मूर्तियां एवं एक मिट्टी का मोहरछापा मिलती है।[67] कश्मीर में पांचवें काल अथवा वास के अंतिम चरण को मंदिरों और पत्थर की मूर्तियों की प्रचुरता के युग में रखा जाता है।[68] इन कालों की तिथि निर्धारित नहीं है, लेकिन पांचवें काल में गुप्त और गुप्तोत्तर युग आ जाते हैं जब इस स्थल का चरित्र प्रधानतया धार्मिक हो गया था।

पंजाब में कुषाणों के समय बहुत-से स्थल आबाद हुए और उनके शासन के अंत तक उजड़ गए। लुधियाना के अन्वेषित इक्कीस कुषाणकालीन स्थल इसी कोटि में आते हैं।[69] कुछ एकल संस्कृतिवाले स्थल हैं, और अन्य स्थलों में कुषाण और मध्ययुग[70] (अथवा मुस्लिम काल) के बीच अंतराल का संकेत मिलता है।

जालंधर की फिल्लौर तहसील में अन्वेषणों के फलस्वरूप दस स्थल प्रकाश में आए हैं, जहां कुषाणकालीन लाल मृद्‌भांड के बाद 'मुस्लिम' युग के चमकीले बरतन मिले हैं।[71] इनमें से तीन स्थलों में केवल कुषाणकालीन और मुस्लिम बरतन मिलते हैं, और शेष कुषाणकाल से बहुत पुराने मालूम पड़ते हैं।[72] यदि टीलों के आकार पर ध्यान दिया जाए तो इनमें से कम-से-कम दो को शहर कहा जा सकता है।[73]

लुधियाना जिले में संघोल के उत्खनित स्थल पर एक खाते (ट्रेंच) में गुप्तोत्तरकाल की मामूली आबादी का संकेत मिलता है जिसमें प्राग्मुगलकालीन चमकीले बरतन और अन्य वस्तुएं मिलती हैं।[74] लेकिन कुल मिलाकर अधिकतम पुरावशेष कुषाणकालीन हैं। हमें हिंद-पहलवों, कुषाणों और अर्धजनजातीय राज्यों के सिक्के मिलते हैं। गोंदोफरनीज के सिक्के ढालने के मृण्मय सांचे बतलाते हैं कि संघोल शहर में टकसाल थी।[75] संघोल मथुरा कला की, सफेद चित्तियोंवाले लाल बलुआ पत्थर की बहुसंख्य सुंदर कुषाणकालीन मूर्तियों के लिए विख्यात था। गुप्तयुग से ऐसे पुरावशेषों के प्राप्त होने की सूचना नहीं है। गुप्तकाल की जो कुछ सामग्री मिली है वह रक्षा प्राकार (डिफेंस कंप्लेक्स) के स्तरों में पाई गई है जिसे उत्खननकर्त्ता ने 50 से 500 ईसवी तक का माना है।[76] खड़ी दीवार से सटे स्तर से लाल पालिशदार बरतन, गुप्तयुगीन मृण्मय नारी-मूर्तियां और पांचवीं सदी की गुप्त-ब्राह्मी लिपि की एक मोहर मिली है।[77] इन सबसे गुप्तकालीन वास का संकेत मिल सकता है, लेकिन उत्खननकर्त्ता ने किसी गुप्तयुगीन ढांचे का उल्लेख नहीं किया है। गुप्तपूर्वकाल की तुलना में गुप्तयुगीन स्तर पतले हैं, और गुप्तकाल के बाद आबादी कम होती जाती है। मध्यकालीन अथवा 1200 ई. के बाद की परतें मोटी लेकिन अस्तव्यस्त हैं जिनसे चमकीले बरतन के ठीकरे, लाल बरतन और अन्य पुरावशेष मिलते हैं।[78] स्पष्ट है कि गुप्तयुग में, और खासकर गुप्तोत्तरकाल में, पतन शुरू हो गया था। इसके बाद लगभग 1000 ई. तक आबादी का कोई चिह्न नहीं दिखाई देता।[79]

इस स्थल के हाल के उत्खननों से पता चलता है कि कुषाणकाल के प्रारंभ में यह विकसित हुआ, उत्तर-कुषाण और गुप्तकाल में इसका ह्रास हुआ और गुप्तोत्तरयुग में यह उजड़ गया। आरंभिक इतिहासकालीन संघोल में ढांचों के छः चरण मिलते हैं जो हिंद-पहलवों अथवा प्रारंभिक कुषाणों के समय के हैं।[80] उनमें कच्ची और पकी, दोनों

प्रकार की ईंटों का प्रयोग है। ठप्पेवाले घड़े मिले हैं, और मनके तथा मृण्मय पशु-मूर्तियां पाई गई हैं। कम कीमती पत्थर और हाथीदांत के कंघे भी मिलते हैं।[81] गोंदोफरनीज और विम कदफिसस के सिक्के पाए गए हैं।[82] सोटर मेगस के कुछ सिक्के भी मिले हैं।[83] स्तूप संभवतः आरंभिक कुषाणकाल का है।[84] इस समूह में (बौद्ध) विहार के कक्ष थे, और वहां से तांबे की छेनी और बानवे छोटे-छोटे बेलनाकार, सोने के मनके मिले हैं।[85] ऐसा लगता है कि कुषाणकाल में संघोल एक समृद्ध नगर था।

संघोल गांव के पूरब तरफ का टीला शायद कुषाणकाल में आबाद हुआ। इसमें गुप्तकालीन पकी ईंटों के ढांचे और मोहरछापे मिलते हैं।[86] ऐसा प्रतीत होता है कि यहां गुप्तयुग में आबादी का ह्रास हुआ, और गुप्तोत्तरकाल में वह लुप्त हो गई।

लुधियाना जिले के सुनेत में लगभग 200 ई. पू. में नगरीकरण प्रारंभ हुआ, और ईसवी सन् 300 तक वह पूर्ण विकसित नगर के रूप में बरकरार रहा। सुनेत-I और सुनेत-II के तीन खातों में इस काल के व्यापक आवासीय ढांचे मिलते हैं। सुनेत-II में ढांचों के कुल सात चरण मिलते हैं। सुनेत-I के अंतर्गत चौदह खातों में भी ढांचों के सात चरण पाए जाते हैं जिनमें भंडारगृहों और विस्तृत जल-निकास की व्यवस्था है।[87] कच्ची ईंटों के बने कुछ मकान नौकरों के घर प्रतीत होते हैं।[88] पानी छिड़कनेवाले सुराहीनुमा हज़ारे (स्प्रिंक्लर्स) मिलते हैं। मृण्मय मनकों और चूड़ियों के अतिरिक्त हड्डी के पासे और हाथीदांत की चूड़ियां भी पाई जाती हैं। कुषाणकालीन अभिलिखित मृण्मय मोहरें और मोहरछापे भी मिले हैं।[89]

वस्तुतः सुनेत सिक्कों के सबसे बड़े संचय के लिए प्रसिद्ध है, यद्यपि उत्खनन से तांबे के सिक्के, कुषाण राजा वासुदेव और हुविष्क के सिक्के तथा पदकों के सांचे मिले हैं।[90] सबसे महत्त्वपूर्ण उपलब्धि ऊपरी सतह में तीस हजार सिक्के ढालने के सांचों का जखीरा है, जिन पर 'यौधेयगणस्यजय'[91] अर्थात् यौधेयों की विजय अंकित है। स्थल संख्या-4 में सतही अन्वेषण के फलस्वरूप बहुसंख्य मोहरें, मोहरछापे तथा सिक्के ढालने और आभूषण बनाने के सांचे मिले। तीस हजार सांचे बतलाते हैं कि सुनेत में केवल टकसाल ही कायम नहीं थी, बल्कि वह सिक्के ढालने के सांचों को बनाने का केंद्र भी था। यदि तीस हजार सांचों से बने सिक्कों की संख्या का अंदाज लगाया जाए, तो मालूम पड़ेगा कि लुधियाना जिले और पास के क्षेत्रों में मुद्रा-अर्थव्यवस्था का व्यापक प्रचलन था।

ऐसा लगता है कि ईसवी सन् लगभग 300 से 600 के बीच के काल में कोई निर्माण-कार्य नहीं हुआ। इसमें गुप्तकालीन लाल पालिशदार बरतन मिलते हैं।[92] उसी युग की कुछ मिट्टी की मोहरें भी पाई जाती हैं।[93] लेकिन कुल मिलाकर सुनेत में गुप्तकाल तीव्र ह्रास का चरण है।

काल-VI (600-800 ई.) में 'कोटा' के बहुसंख्य सिक्के और फीके लाल-चिकने मृद्भांड (डल रेड-स्लिप्ड पॉटरी) मिले।[94] मकान पुरानी ईंटों के दोबारा इस्तेमाल से बने थे। पुरावशेषों में हाथीदांत के कंगन और कम कीमती पत्थर के मनके शामिल थे।[95] लेकिन रिपोर्ट से स्पष्ट है कि यह ह्रास का युग था। सुनेत-II में इस कालखंड का

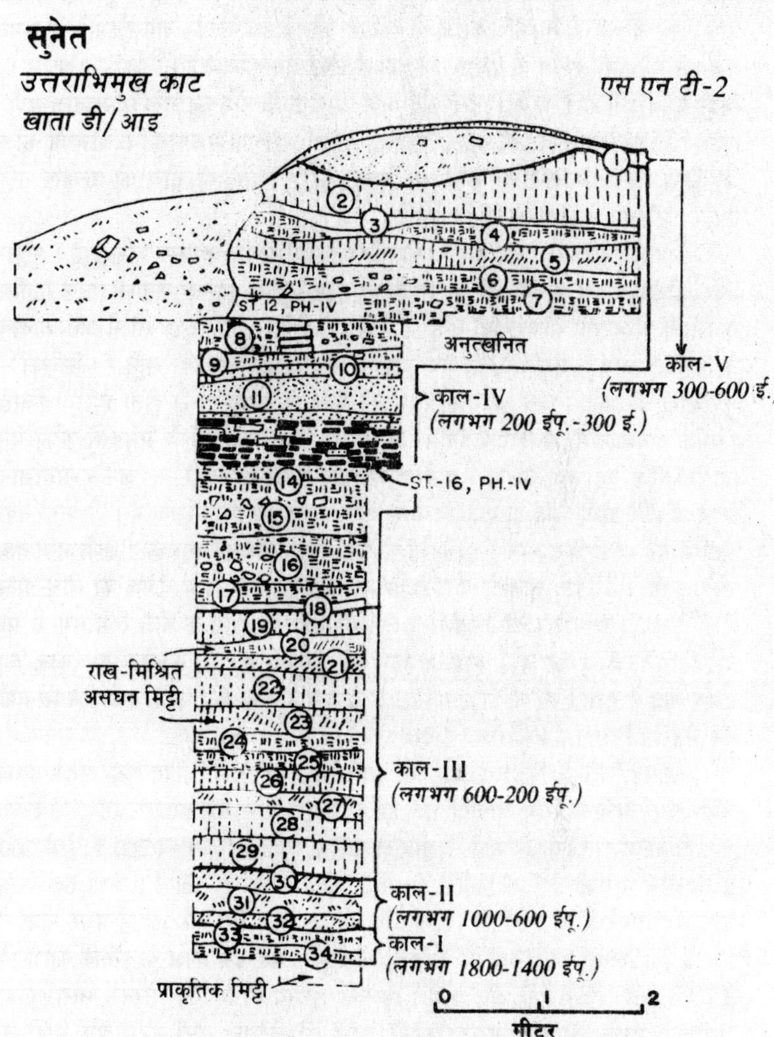

चित्र 1. सुनेत, उत्तराभिमुख काट, खाता डी/एस एन टी-2; **आइ ए आर**, 1983-84, चित्र 7 के अनुसार।

प्रतिनिधित्व नहीं था।[96] (चित्र 1 देखें।)

पटियाला जिले के घुरम में ईसा पूर्व दूसरी शताब्दी से ईसा की पहली शताब्दी तक शहरी जीवन बरकरार रहा। ऐसा प्रतीत होता है कि वहां औदुंबरों के सिक्कों और मिलिंद (मिनांडर) के सिक्के ढालने के सांचों का प्रचलन था।[97] स्पष्टतः घुरम टकसाली नगर था। कच्ची ईंटोंवाली इमारतों में शायद सोनार का मकान शामिल है[98]। उनमें बड़े-बड़े मर्तबान, अनाज के कोठार और ब्राह्मी लेख-युक्त मोहरें हैं।[99] विभिन्न प्रकार के मिट्टी के बरतनों से ईसा की पहली सदी तक आबादी के होने का संकेत मिलता है।[100] लेकिन उत्खननकर्त्ता ईसा की पहली शताब्दी और 'आरंभिक मध्ययुग' के बीच के काल की, जिस समय के किलाबंद शहर हमें मिलते हैं,[101] किसी भी चीज का उल्लेख नहीं करता। मुस्लिम काल इसके बाद आता है।[102]

रोपड़ जिले का रोपड़ शहर गुप्तपूर्वकाल के सिक्कों के लिए प्रसिद्ध है। मथुरा और औदुंबर प्रकार के सिक्कों के अतिरिक्त, हिंद-यूनानी शासक अपोलोदोतस द्वितीय के सिक्के से बनाया सांचा पाया गया।[103] ढांचे नहीं मिले, लेकिन छः सौ से अधिक तांबे के सिक्कों का बड़ा जखीरा पाया गया जिसमें अधिकतम कुषाणों के नमूने हैं। सिक्कों में गुप्तकाल का प्रतिनिधित्व चंद्रगुप्त प्रथम की एकमात्र स्वर्णमुद्रा से होता है।[104] किसी धार्मिक अनुष्ठान में व्यवहार के निमित्त बने चांदी के तीन बरतनों के समूह से तत्कालीन शिल्पकारिता का पता चलता है। ईसा की पांचवीं-छठी सदियों के अनेक मोहरछापे मिले हैं।[105] इसके बाद दो शताब्दियों से अधिक का अंतराल मिलता है।[106] प्रायः नवीं सदी में यह स्थल फिर आबाद हुआ, लेकिन इस समय आबादी नगर के दक्षिणी भाग तक सीमित रही।[107] इस आबादी में ईंटों के बने बड़े-बड़े भवनों से वैभव का बोध होता है।[108] यद्यपि इस काल को ईसवी सन् लगभग 800 से 1000 के बीच रखा गया है, पर इस तिथि-निर्धारण का कोई स्पष्ट आधार नहीं मिलता है।[109] संभवतः इस काल का प्रारंभ बाद में हुआ। जो भी हो, इस काल के समाप्त होने के बाद पुनः प्रायः तीन सौ वर्षों का अंतराल मिलता है।[110] (चित्र 2 देखें।)

रोपड़ जिले के सिंहभगवानपुर में लगभग 700 ई. पू. में चित्रित धूसर मृद्भांड का प्रयोग करनेवालों के साथ आबादी शुरू हुई और 400 ई. पू. तक बरकरार रही।[111] इसके बाद दो शताब्दियों तक आबादी में अंतराल मालूम पड़ता है। लगभग 200 ई. पू. से 200 ई. के बीच में पकी ईंटों की बनी 1.80 मीटर ऊंची दीवार मिलती है। अभी तक अन्य ढांचे नहीं मिले हैं।[112] लेकिन विभिन्न किस्मों के लाल मिट्टी के बरतन प्रचुर मात्रा में मिलते हैं। 'लाक्षणिक' चिह्नों से अंकित, स्कंधयुक्त घड़े इस काल के संकेत कहे जाते हैं।[113] कुछ हिंद-यूनानी और कुषाण सिक्कों, मृण्मय अंगमर्दकों (स्किन-रबर्स), लंबी धारीवाले मनके बनाने के मृण्मय सांचों, कांसे की छेददार छोटी घंटी, और मिट्टी के बरतनों पर छाप लगानेवाले दो तथाकथित ठप्पों की प्राप्ति से इस स्थल को शहरी रूप मिलता है।[114]

लगभग 200 ई. के बाद यह स्थल उजड़ गया। कहा जाता है कि लगभग 900 ई. से 1400 ई. के बीच फिर यह स्थल आबाद हुआ।[115] लेकिन चिलम (कटोरा), हुक्के के

रोपड़ टीले की आरपार काट की रेखांकित रूपरेखा

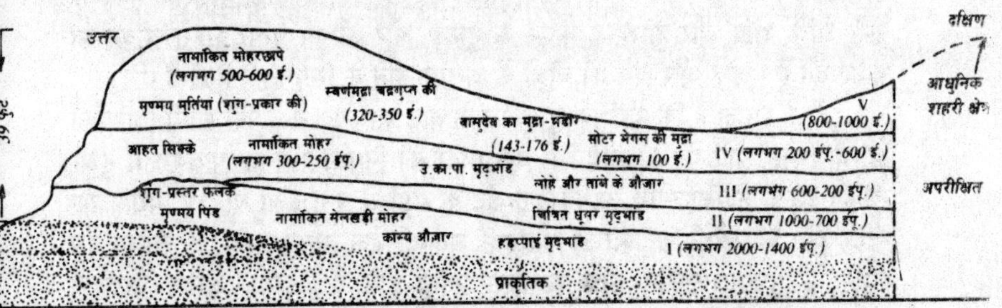

चित्र 2. रोपड़ टीला 1953 की आरपार काट की रेखांकित रूपरेखा (स्कीमैटिक सेक्शन), वाइ.डी. शर्मा, एक्सप्लोरेशन ऑव हिस्टारिकल साइट्स', ए आइ, म. 9, 1953, चित्र 3 के अनुसार।

जलपात्र, बड़ी दावात, और हरी, नीली और उजली मीनाकारीवाले चमकीले बरतन के ठीकरे[116] बतलाते हैं कि बारहवीं शताब्दी के लगभग इस जगह पर दूसरी बार आबादी शुरू हुई।

अंबाला जिले में सुघ नामक स्थान की आबादी उत्तरी काली पालिशदार मृद्भांड के आगमन से आरंभ हुई। सीमित उत्खनन से जानकारी मिलती है कि मृण्मय मूर्तियों को छोड़कर शुंग-कुषाण चरण में किसी क्षेत्र में कोई विशेष प्रगति नहीं हुई। यहां शुंग-कुषाणकालीन मृण्मय मूर्तियों की प्रचुरता थी, जो उत्तरी भारत के अनेक शहरों की विशेषता मानी जाती है।[117] हमें मृण्मय पशु-मूर्तियां, तांबे के वृषभ-सिरनुमा बोतल के काग, कीमती पत्थर के मनके और कुछ तांबे के लेखरहित ढलवें सिक्के मिलते हैं।[118] मिला-जुलाकर इन सभी उपलब्धियों से शहरीकरण के तत्त्वों का संकेत मिल सकता है। इस स्थल से प्रायः 1.6 किलोमीटर पश्चिम में आरंभिक ऐतिहासिक काल की पकी ईंटों की बनी बड़ी आयताकार इमारत के अवशेष मिले हैं। यह किला अथवा किसी (बौद्ध) विहार का घेरा मालूम पड़ता है।[119] कुछ भी हो, आरंभिक ऐतिहासिक काल के बाद संभवतः ईसा की तीसरी सदी में यह स्थल उजड़ गया।

अंबाला जिले के बारा नामक स्थान में निचली परतें कुषाणकालीन और ऊपरी परतें मध्ययुगीन हैं।[120] 'मध्ययुग' शब्द संभवतः उस काल का सूचक है जिसका आरंभ (तुर्क-अफगानी) सल्तनत की स्थापना से होता है। कुछ भी हो, गुप्तकालीन परतों की सूचना नहीं मिली है।

हिसार जिले के अगरोहा में प्रायः 100 ई. पू. से लगभग 400 ई. के बीच शहरी तत्त्वों का विकास हुआ। इमारतों के अवशेषों में कच्ची और पकी, दोनों तरह की ईंटें मिलती हैं।[121] परवर्ती कुषाणकाल से लेकर गुप्तकाल के प्रारंभ तक ईंटों के ढांचों में पांच चरण मिलते हैं।[122] फिर भी, मकान अपेक्षाकृत प्राचीनतर काल की दोबारा प्रयुक्त ईंटों से बने थे।[123] मिट्टी के लाल बरतनों में कटोरे, सुराहीनुमा हजारे (स्प्रिंक्लर्स) और

कोनदार हांडी शामिल हैं।[124] ईसा की तीसरी-चौथी शताब्दी का मिट्टी का लेखयुक्त मोहरछापा मिला है। इसके अतिरिक्त, मिट्टी की खेलनेवाली गाड़ी, मंडलक (डिस्क), पासे, सांचे, शंख और शीशे के कंगन के टुकड़े, और कीमती पत्थर शहरी जीवन का संकेत देते हैं। लोहे और तांबे की चीजों के अलावा तांबे के सिक्के भी मिले हैं।[125]

ऐसा लगता है कि प्रारंभिक गुप्तकाल के बाद इस स्थल ने अपनी शहरी विशिष्टता खो दी। यहां पाए गए दो मंदिरों में एक मंदिर का निर्माण संभवतः गुप्तयुग में हुआ, लेकिन इसका प्रदक्षिणा-पथ अधिकांशतः ईंट के रोड़ों से बना हुआ था।[126] यद्यपि यह मंदिर ईसा की चौथी शताब्दी से ग्यारहवीं शताब्दी तक बरकरार रहा,[127] लेकिन इस स्थल के गुप्तोत्तरकालीन ढांचे साधारण प्रतीत होते हैं। इसके अंतिम चरण में गुर्जर-प्रतिहार शैली की कुछ प्रस्तर-मूर्तियां मिली हैं।[128] स्पष्ट है कि गुप्त अथवा गुप्तोत्तरकाल में इस स्थल का शहरी चरित्र जाता रहा।

कुरुक्षेत्र जिले के दौलतपुर में परवर्ती हड़प्पा चरण के बाद आबादी में अंतराल आया, पर उसके बाद चित्रित धूसर मृद्भांड के काल से लेकर अपने मध्ययुगीन उजाड़ के समय तक यह लगातार आबाद रहा।[129] इसके आरंभिक ऐतिहासिक काल की पहचान ठेठ मृद्भांड से होती है, जिसमें ईसवी सन् की प्रारंभिक शताब्दियों का लाल पालिशदार बरतन शामिल है। इस काल में मिट्टी के मनके, पहिये, थपके (डैबर), गोले और पशु-मूर्तियां मिलती हैं जिनमें घोड़े और ऊंट की मूर्तियां भी शामिल हैं। शीशे और कम कीमती पत्थर के मनकों के साथ शीशे और शंख के कंगन भी मिलते हैं। लोहे की चीजों में हंसिया, छुरी के टुकड़े, अंगूठी और पक्षी-मूर्ति शामिल हैं। तांबे के कुछ सिक्के भी पाए गए हैं।[130] इसके बाद के काल में कुछ मिट्टी के बरतन और लोहे के थोड़े सामान हैं।[131] तीन बार की खुदाइयों से जानकारी मिलती है कि यह स्थल गुप्तयुग के बाद उजड़ गया।

कुरुक्षेत्र में राजा कर्ण का किला 400 ई. पू. से 300 ई. तक आबाद था। यहां ईसवी सन् से प्रारंभ होनेवाले अंतिम काल से लाल पालिशदार बरतन, आरंभिक इतिहासकाल के तांबे के सिक्के और विभिन्न प्रकार के घरेलू सामान मिले हैं। इसमें सामान्यतः कच्ची ईंटों के बने ढांचों में सात चरण पाए गए, लेकिन ऊपरी स्तरों में पकी ईंटें थीं।[132] उत्खननकर्त्ता 300 ई. के बाद के किसी पुरावशेष का उल्लेख नहीं करता।[133] अनेक उत्खननों से इसकी पुष्टि होती है कि यह स्थल परवर्ती मध्यकाल तक उजड़ा रहा।[134]

नई दिल्ली के पुराने किले के उत्खननों से कुषाणकालीन समृद्ध आबादी के चिह्न मिलते हैं। शक-कुषाणकाल की पहचान पकी ईंटों के ढांचों से होती है। यहां सुव्यवस्थित रूप से ईंटों के बने ढांचों के अवशेष मिले जिनमें चार-पांच चरण हैं। एक मकान के भीतर ईंटों से खड़ंजा किया हुआ फर्श मिलता है।[135] लाल बरतन में कुषाणकालीन कटोरे और सुराहीनुमा हजारे हैं। अन्य पुरावशेषों के साथ मथुरा के राजाओं, कुषाणों और यौधेयों के तांबे के सिक्के मिले हैं।[136] (धातु गलाने के निमित्त बनी मिट्टी की) कुठालियां (क्रुसिबिल्स), अंगमर्दक और हाथीदांत की मूठ भी मिली

है।[137] यद्यपि गुप्तयुग में ईंट के बने ढांचों के अवशेषों में तीन से चार चरण हैं, लेकिन मकान प्राचीनतर काल की दोबारा प्रयुक्त ईंटों से बने हुए थे।[138] गुप्तोत्तरकाल में थोड़े ही ढांचे थे जिनमें कुछ की झोलदार दीवारें ईंटों के दोबारा प्रयोग से बनी थीं। लाल बरतन उस समय का प्रमुख मृद्‌भांड था।[139] यद्यपि इसकी पकी ईंटों के ढांचेवाले अवशेष में तीन चरण हैं, लेकिन इनमें प्रयुक्त ईंटें टुकड़ों-टुकड़ों में थीं और वे स्थल के प्राचीनतर मकानों से निकाली गई थीं।[140] राजपूतकाल में दोबारा प्रयुक्त पकी ईंटों और कच्ची ईंटों के ढांचे के पांच चरण निकले और साथ ही किलेबंदी की दीवार प्रकाश में आई।[141]

पश्चिमी उत्तरप्रदेश के अंतर्गत मेरठ और मुजफ्फरनगर जिलों में अठारह अन्वेषित स्थलों में कुषाणकालीन मिट्टी के लाल बरतन का अनुवर्ती मृद्‌भांड मध्ययुगीन था। कुछ टीले बहुत बड़े हैं,[142] जिनमें शहरी अवशेष मिल सकते हैं। सहारनपुर जिले के पंद्रह अन्वेषित स्थलों में शुंग-कुषाणकाल के मृद्‌भांड के बाद मध्ययुग के बरतन पाए गए।[143] एटा, बुलंदशहर और मुरादाबाद जिलों में अन्वेषणों के फलस्वरूप अनेक ऐसे स्थल प्रकाश में आए हैं जहां आरंभिक ऐतिहासिककालीन मिट्टी के लाल बरतन का अनुवर्ती मृद्‌भांड मध्ययुगीन है।[144] एटा जिले में यमुना के दाहिने तट पर स्थित चकन्नगरखेड़ा में चित्रित धूसर मृद्‌भांड और उत्तरी काली पालिशदार मिट्टी के बरतन के साथ-साथ ईसवी सन् के आरंभिक काल की मृण्मय मूर्तियां मिलीं।[145]

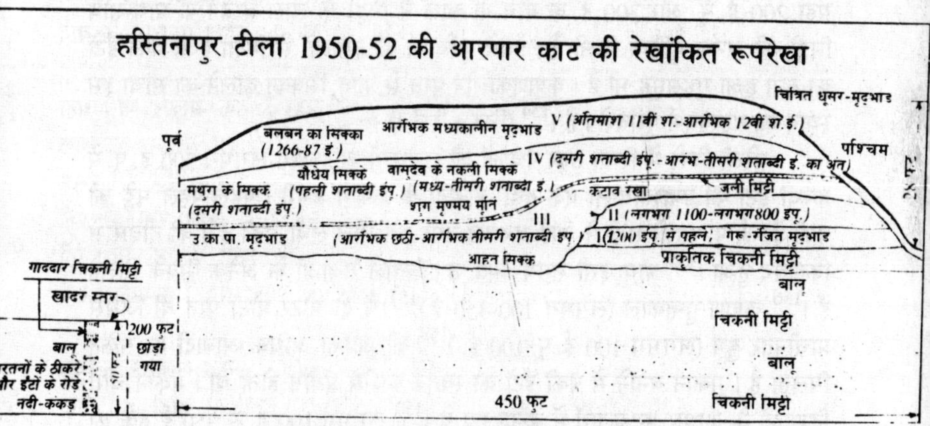

चित्र 3. हस्तिनापुर टीला 1950-52 की आरपार काट, बी.बी. लाल, 'एक्सकेवेशन ऐट हस्तिनापुर एंड अदर एक्सप्लोरेशंस इन द अपर गंगा एंड सतलज बेसिंस 1950-52' ए आइ 10-11. 1954-55, चित्र 2 के अनुसार।

मेरठ जिले में हस्तिनापुर चित्रित धूसर मृद्‌भांडवाले स्थल के रूप में प्रसिद्ध है। लगभग 200 ई. पू. से 300 ई. के बीच यहां केवल लाल मृद्‌भांड का उद्योग मिलता है। इस काल में ढांचे के सात उपकालों में निरपवाद रूप में पकी ईंटों के बने मकान मिले हैं। उनसे मोटा-मोटी चारों दिशाओं के अनुकूल गृह-योजना बनाई गई है।[146] इस काल में ई. पू. दूसरी शताब्दी के मथुरा के शासकों के सिक्के, ईसवी सन् के यौधेयों के सिक्के और लगभग 250 ई. के कुषाण राजा वासुदेव के नकली सिक्के मिले हैं। प्रायः 300 ई. से 700 ई. के बीच यहां काल को निर्धारित किया गया है, पर इस काल के पुरावशेष हस्तिनापुर में नहीं पाए जाते।[147] यह स्थल ईसा की चौथी शताब्दी में उजड़ गया, और ग्यारहवीं शताब्दी तक वैसा ही बना रहा। (चित्र 3 देखें।)

एटा जिले के अतरंजीखेड़ा टीले में, जो उत्तरप्रदेश के चार सबसे बड़े टीलों में है,[148], ईसा की चौथी शताब्दी के बाद कोई अंतराल नहीं मिलता। लेकिन लगभग 50 ई. पू. से प्रायः 350 ई. के बीच के काल की कही जानेवाली परतों की तुलना में 350 ई. से 1100 ई. के बीच पाई गई परतें कहीं अधिक पतली हैं। स्पष्टतः यह तीव्र ह्रास का युग था।[149] टीले की माप 3700 × 1350 फुट है, पर खुदाई से पता चलता है कि इसके अधिकांश भाग में अतरंजीखेड़ा के पतन की प्रक्रिया चल रही थी।[150] उत्खननकर्त्ता के अनुसार यह स्थान उत्तरी काली पालिशदार मृद्‌भांड के आगमन के समय शहर बन गया था। लेकिन असल में उत्खननकर्त्ता की रिपोर्ट लगभग 50 ई.पू. में ही समाप्त हो जाती है। फिर भी ध्यातव्य है कि इस स्थल में शुंग, कुषाणों और गुप्तों के समय के पुरावशेष पाए गए,[151] लेकिन गुप्तयुग की पुरावस्तु व्यावहारिक दृष्टि से नगण्य है।[152] केवल पत्थर की कुछ उत्तम प्रतिमाएं गुप्तकाल की मानी जाती हैं।[153] महत्त्व की बात यह है कि यहां 200 ई. पू. और 300 ई. के बीच के काल में मिट्टी के लाल बरतन के साथ-साथ मिट्टी की अनेक मूर्तियां मिली हैं। इसमें पूर्वकाल की इमारतों से मिला हुआ पकी ईंटों का बना हुआ गृहसमूह भी है। कुषाणकालीन परत से प्राप्त, सिक्का ढालने का सांचा इस स्थान का महत्त्वपूर्ण पुरावशेष है।[154] (चित्र 4 देखें।)

बरेली जिले में स्थित उत्तर पंचालों की राजधानी अहिच्छत्रा लगभग 300 ई. पू. में कच्ची ईंटों की इमारतोंवाली एक बड़ी आबादी के रूप में उभरी। पहले-पहल भट्ठे की पकी ईंट ई. पू. पहली सदी में आई जब यह नगर 3.5 मील लंबी, पकी ईंटों की दीवार से किलेबंद हुआ।[155] प्रायः इसी समय 'मित्र' उपाधिवाले राजाओं के अनेक सिक्के मिलते हैं।[156] कुषाण-गुप्तकाल (लगभग 100-350 ई.)[157] में दो मीटर मोटी परत थी जिससे प्राचीनतर युग (लगभग 100 ई. पू.-100 ई.)[158] की अपेक्षा अधिक आबादी का संकेत मिलता है। मकान बनाने में पकी ईंटों का स्वतंत्र रूप से प्रयोग होता था। मकान चारों दिशाओं के आधार पर कतारों में बनाए गए थे।[159] लगभग 100 ई. से 350 ई. तक की अवधि की परत-4 में नगर में भवन-निर्माण की प्रगति अत्यधिक है।[160] इसमें कुषाणकालीन कटोरे, सुराहीनुमा हजारे, दावात, ढक्कन आदि पाए जाते हैं।[161] लोहे और तांबे की वस्तुओं के अतिरिक्त कुषाणों, पंचालों और अच्यु के तांबे के सिक्क मिलते हैं।[162] अच्यु की शिनाख्त अच्युत से की जाती है, जिसको लगभग 350 ई. में समुद्रगुप्त

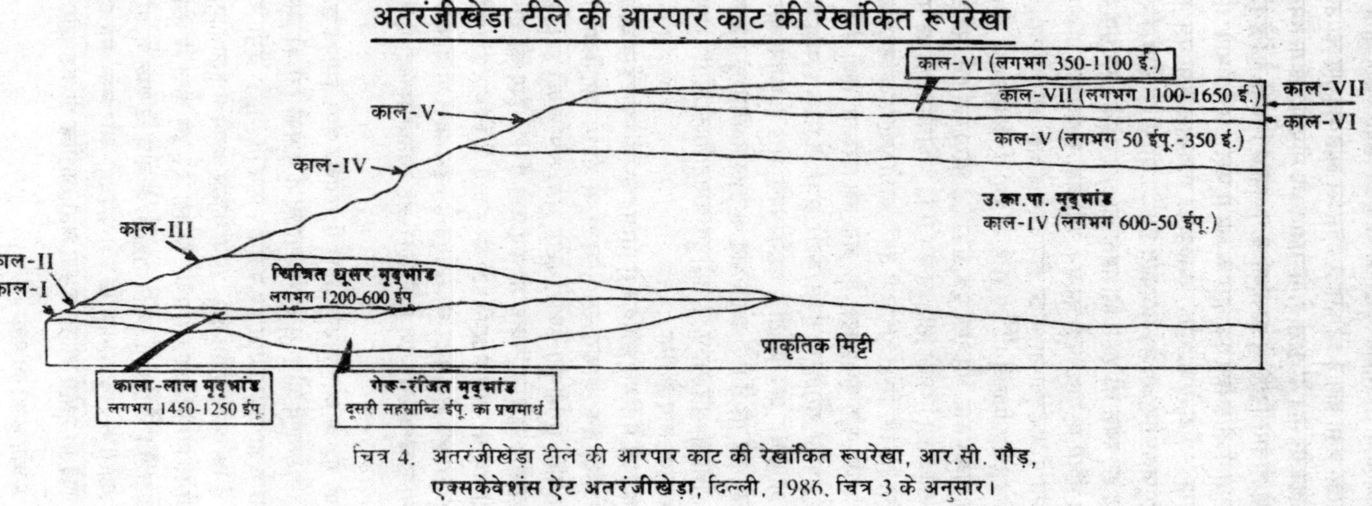

चित्र 4. अतरंजीखेड़ा टीले की आरपार काट की रेखांकित रूपरेखा, आर.सी. गौड़, एक्सकेवेशंस ऐट अतरंजीखेड़ा, दिल्ली, 1986, चित्र 3 के अनुसार।

ने पराजित किया था।[163] लेकिन गुप्तों के पहले के सिक्कों की तुलना में गुप्तकालीन सिक्कों की संख्या बहुत कम है।[164] मोहर, जिस पर अहिच्छत्रा भुक्ति (प्रमंडल) का नाम अंकित है, गुप्तकालीन है।[165] 100 ई. से 350 ई. के बीच की कीमती पत्थर और मिट्टी की बनी वस्तुएं भी मिलीं।[166] पुरावस्तुओं से जानकारी मिलती है कि कुषाणकाल और आरंभिक गुप्तयुग में अहिच्छत्रा एक नगर के रूप में फल-फूल रहा था।

यदि गंगा के मैदानों को गुप्त साम्राज्य का हृदयस्थल माना जाए तो इस दृष्टि से अहिच्छत्रा के गुप्तकालीन अवशेष अपर्याप्त हैं।[167] जो भी हो, ईसा की चौथी शताब्दी के मध्य के बाद इस स्थल की शहरी विशिष्टता को क्षति पहुंची। लगभग 350 ई. से 750 ई. के बीच कई मंदिरों के साथ, मिट्टी की बनी बड़ी-बड़ी ब्राह्मणवादी प्रतिमाएं मिलीं। इस काल की इमारतों में अर्द्धवृत्ताकार मंदिर, तीन देवकक्षोंवाले ऊपरी मंदिर और कुछ गौण ढांचों के ध्वंसावशेष शामिल हैं।[168] 750 ई. से 850 ई. के बीचवाले युग से दो घटिया किस्म के आवासीय मकान और राख एवं ठीकरों से भरे अनेक गर्त्त मिले हैं। इससे कोई ऐसी पुरावस्तु नहीं मिली जिसकी निश्चित रूप से तिथि निर्धारित की जा सके।[169]

सहारनपुर जिले में स्थित हुलास में उत्तरी काली पालिशदार मृद्‌भांडवाले काल से आबादी शुरू होकर शुंग-कुषाणकाल के अंत तक बरकरार रहती है। उत्तर काल से टोंटीदार मटके, ढक्कन, सुराहीनुमा हजारे, कटोरे, संग्रह के मटके इत्यादि मिलते हैं। तांबे के सिक्कों के अतिरिक्त, कम कीमती पत्थर के मनके, शंख के कंगन, और मृण्मय मनके, कंगन और मोहरें पाई गई हैं।[170] इसके बाद के काल में, जिसे गुप्त-आरंभिक मध्ययुग कहते हैं, सिर्फ चित्रित और सांचों में गढ़े हुए बरतन मिलते हैं।[171] गुप्तकाल में इस आबादी के महत्त्व का लोप हो गया।

देहरादून जिले में स्थित ऋषिकेष में वीरभद्र नामक स्थान ईसा की दूसरी शताब्दी से आठवीं शताब्दी तक आबाद रहा। पहली से तीसरी शताब्दियों के बीच लाल पालिशदार मृद्‌भांड, सुराहीनुमा हजारे, कटोरे, घड़े, और कच्ची ईंटों के ढांचे मिलते हैं।[172] कुषाणकालीन तांबे के सिक्के भी पाए जाते हैं।[173] ईसा की चौथी शताब्दी से सातवीं शताब्दी तक के चरण में पकी ईंटों की इमारतें हैं, लेकिन फर्श ईंटों के रोड़ों का बना हुआ है।[174] इसमें शैव मंदिर का गर्भगृह है। इस स्थल पर शायद दो मंदिर थे। मंदिर और अन्य ढांचे अंतिम चरण में, जिसका अंत आठवीं शताब्दी में हुआ, पाए जाते हैं।[175]

हिमालयी क्षेत्र के अंतर्गत टेहरी जिले में रानीहाट प्रायः ईसापूर्व छठी शताब्दी में आबाद हुआ।[176] ईसापूर्व चौथी से दूसरी शताब्दियों में पकी ईंटों की इमारतें मिलती हैं जिनमें पकी ईंटों के ही खड़ंजा किए हुए फर्श हैं। फान (wedge) जैसी शक्लवाली ईंटों से पता चलता है कि इनका प्रयोग कुएं अथवा कोठार बनाने में हुआ होगा।[177] ईंटों के आकार से मौर्य-शुंगयुगीन स्तर का संकेत मिलता है। इस काल में लोहे का व्यापक प्रयोग प्रतीत होता है।[178] 200 ई. पू. से 200 ई. के बीच के काल में सुराहीनुमा हजारे मिलते हैं; इस काल के लघु आकार के घड़े पश्चिमी और मध्य भारत के घड़ों जैसे हैं।[179] यद्यपि लोहे का प्रयोग व्यापक रूप से जारी रहा, फिर भी फर्श और अन्य ढांचों में

टूटी ईंटों और टूटे खपड़ों का प्रयोग पाया जाता है। उत्खननकर्त्ता के अनुसार छठी और बारहवीं शताब्दियों के बीच ढांचों के कई चरण हैं, लेकिन इन ढांचों में एक मंदिर की चर्चा है जिसकी तिथि का कोई उल्लेख नहीं है।[180] ध्यातव्य है कि फर्श सामान्यतः ईंटों के टुकड़ों, पत्थर की चिप्पियों और कभी-कभी प्राचीनतर स्तरों से चुराई गई ईंटों के बने थे। ये ढांचे बारहवीं शताब्दी में समाप्त हो गए। जो भी हो, ईसा की दूसरी से छठी शताब्दी में यह स्थल उजाड़-सा था, और आरंभिक मध्ययुग के ढांचे घटिया किस्म के थे।

बिजनौर जिले में ई. पू. पांचवीं शताब्दी से बसे हुए मोरध्वज का लगभग 200 ई. पू. से प्रायः 300 ई. तक के काल में शहरी चरित्र बना रहा। प्राक्कुषाण चरण में पकी ईंटों की इमारतें, किले की दीवारें, मृण्मय मनके, गाड़ी के पहिये और मूर्तियां पाई जाती हैं। तांबे के कंगन और लोहे के औजार भी मिलते हैं।[181] पकी ईंटों के ढांचे कुषाणकाल में बनते रहे, और कुषाणकालीन आबादी के बीच पकी ईंटों का मंदिर खड़ा किया गया।[182] स्तूप के ध्वंसावशेषों और बहुसंख्य बुद्ध-प्रतिमायुक्त फलकों से संकेत मिलता है कि इस स्थल में बौद्ध धर्म प्रचलित था।[183] इसके विस्तृत क्षेत्र में प्राचीनतर पुरावशेष लगातार मिलते रहे,[184] और कुषाणकालीन ठेठ मृद्भांड के अतिरिक्त कुषाण नरेश वासुदेव का एक सोने का सिक्का भी मिला। कुषाणकाल के बाद यह स्थल उजाड़ हो गया।[185]

चित्रित धूसर मृद्भांड के समय से लगातार आबाद मथुरा जिले के सोंख में कुषाणकाल के पश्चात् ढांचों में स्पष्टतः ह्रास आया। सात कुषाणकालीन स्तरों में घने रूप से बने मकानों से बसा क्षेत्र मिलता है।[186] शौचालयों से युक्त आवासीय मकानों के अतिरिक्त, गली के दोनों तरफ दुकानों की कतारें हैं।[187] दुकानों का अस्तित्व महत्त्वपूर्ण है, क्योंकि विभिन्न स्थलों की उत्खनन-रिपोर्टों में बहुत कम दुकानों का उल्लेख मिलता है। कुषाण नरेशों के सिक्के,[188] कांसे के सामान,[189] मन्नत के तालाब[190] और विभिन्न देवताओं की मृण्मय मूर्तियां पाई जाती हैं।[191] इस काल में ईंटों का ब्राह्मण-धर्मावलंबी मंदिर भी मिलता है।[192] गुप्त तथा गुप्तोत्तरकालों में से प्रत्येक में दो स्तर मिलते हैं।[193] लेकिन कुषाण और कुषाणपूर्वकालों की अपेक्षा इन स्तरों की दीवारों के खंडहर बहुत कम हैं।[194]

1954-55 में मथुरा में की गई प्रारंभिक खुदाई से उत्तरी काली पालिशदार मृद्भांडवाले चरण में ईंट की इमारतें भी थीं। इसके पश्चात् यह स्थल उजाड़ हो गया। इसके बाद के चरण में कीमती पत्थरों के विभिन्न प्रकार के मनके और तांबे के सिक्के, जिनमें कुषाणकालीन सिक्के भी शामिल हैं, पाए जाते हैं। इसके बादवाले स्तरों से अनेक मृण्मय मूर्तियां मिलती हैं, जो अहिच्छत्रा के 100 ई. से 300 ई. के बीचवाले स्तरों से प्राप्त मृण्मय मूर्तियों के सदृश हैं।[195] अंतिम काल में गुप्तकालीन मृण्मय मूर्तियां पाई जाती हैं,[196] पर इनमें ढांचे नहीं हैं। गुप्तकाल में आबादी की अवनति की पुष्टि अभिलेखों से होती है। मथुरा में अधिकतर ईसवी सन् की पहली दो सदियों के, शकों और कुषाणें के कुल अड़सठ अभिलेख गिने जा सकते हैं,[197] पर गुप्तकालीन अभिलेख बहुत कम हैं।

मथुरा में 1970-80 के दशक में, चार मौसमों में की गई खुदाइयों[198] में

गुप्तकालीन अथवा मध्ययुगीन शहरीकरण का कोई उल्लेखनीय साक्ष्य नहीं मिलता। वहां आबादी ईसापूर्व छठी शताब्दी में शुरू हुई और ईसापूर्व तीसरी शताब्दी तक काफी बढ़ गई। सिक्कों, अभिलेखों और पुरावस्तुओं से मालूम होता है कि मथुरा ईसा की पहली शताब्दी में महत्त्वपूर्ण केंद्र बन चुकी थी। इसकी पुष्टि ईंट के ढांचों, छत-छाजनवाले खपड़ों, क़िलेबंदियों आदि से होती है।[199] ईसा की पहली से तीसरी शताब्दियों के बीच के काल में सुराहीनुमा हजारे, धूपदान, प्यालीनुमा कटोरे और चित्रित मृद्‌भांड, हाथीदांत का एक कंघा, लेखयुक्त ठीकरा, शंख के बने कंगनों के टुकड़े, मन्नत का तालाब, मृण्मय झुनझुना, मृण्मय मूर्तियां और मोहरछापे तथा कुषाणों के तांबे के सिक्के मिलते हैं।[200] इसकी तुलना में लगभग 400 ई. से 500 ई. के बीच के काल में बहुत कम फर्श और ईंट की दीवारें हैं।[201] इसमें मिट्टी के मकान और ईंट के टुकड़े पाए जाते हैं।[202] मोहरछापों, मृण्मय मूर्तियों और मिट्टी के बने दीपों के मिलने पर भी अवनति की व्यापक धारणा नहीं मिटती है।[203] परवर्ती गुप्तयुगीन चरण में मथुरा कला-परंपरा में बने बुद्ध के मस्तक, सुराहीनुमा हजारे और कुछ मृद्‌भांड मिलते हैं।[204] गुप्तोत्तरकाल की वस्तुओं की प्राप्ति की सूचना नहीं है जिससे संकेत मिलता है कि गुप्तयुगीन पतन की पारी के बाद आबादी प्रायः उजड़ गई।

महत्त्वपूर्ण व्यापारिक मार्गों के संगम पर स्थित मथुरा कुषाणों के काल में फलती-फूलती नगरी थी। संभवतः वह उनके पूर्वी साम्राज्य की राजधानी रही हो। जब व्यापार का ह्रास हुआ और कुषाणों का प्रभुत्व समाप्त हो गया, तब मथुरा के बुरे दिन आ गए। फाहियान मथुरा नगरी की चर्चा नहीं करता। वह देहाती मथुरा का उल्लेख करता है जहां बीस (बौद्ध) विहार और लगभग तीन हजार भिक्षु थे।[205] ह्वेन सांग विहारों की यही संख्या बतलाता है, लेकिन वह केवल 2000 भिक्षुओं का उल्लेख करता है। फिर भी वह बीस ली अथवा चार मील की परिधि में स्थित राजधानी की चर्चा करता है।[206] स्पष्ट है कि सातवीं शताब्दी तक मथुरा केवल धार्मिक महत्त्व की नगरी रह गई। (चित्र 5 देखें।)

आगरा जिले में स्थित बटेश्वर में उत्तरी काली पालिशदार मृद्‌भांडवाला चरण अधिक प्रभावोत्पादक है, पर ईसा की पहली से छठी शताब्दी के बीच का चरण वैसा नहीं है। इस चरण में कुषाणों और गुप्तों के समय की सामग्री मिलती है। इसमें मिट्टी के चार उत्तरोत्तर फर्श हैं, जिनकी नींव ईंटों के बने अवलेह पर है। इसके अतिरिक्त इसमें पक्की ईंटों की बनी दीवार भी मिली है।[207] इनके पुरावशेषों में मनके, कंगन, मंडलक, मन्नत का तालाब और मूर्तियां शामिल हैं, जो सभी मृण्मय हैं। पत्थर से निर्मित मनके और मंजूषाएं, कुंडलित जस्ते की बनी कान की गुलमेख, शंख के बने कंगन, तांबे और लोहे की बनी वस्तुएं भी पाई गई हैं।[208] कुछ तांबे के सिक्के भी मिले हैं। अंतिम काल को राजपूत-सल्तनतकाल कहते हैं, जिसकी शुरुआत ईसवी सन् 1000 के लगभग हुई होगी। इसके पुरावशेषों में अंगमर्दक तथा शीशे और फयांस (Faience) की वस्तुएं शामिल हैं। फयांस के मिलने से पता चलता है कि परवर्ती मध्यकाल में इटली के बरतन उत्तरप्रदेश तक आते थे। बटेश्वर में मध्यकाल के दो फर्श और दोबारा इस्तेमाल की हुई ईंटों की अधूरी दीवारें भी मिली हैं।[209]

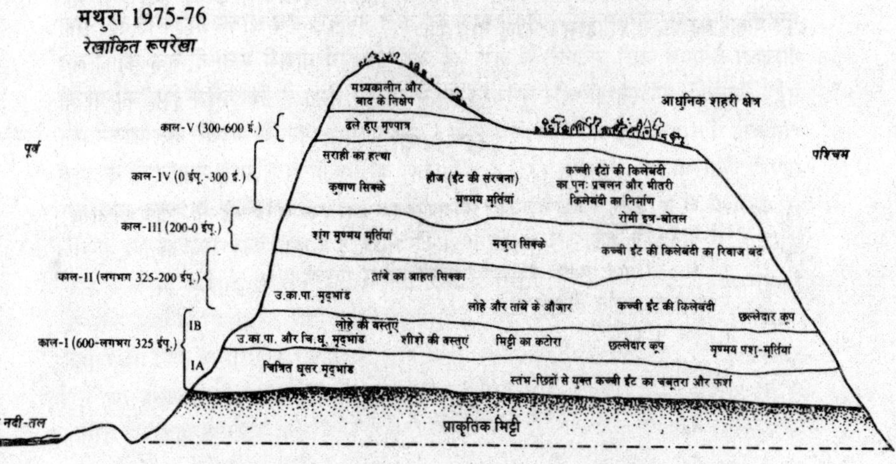

चित्र 5. मथुरा 1975-76, रेखांकित रूपरेखा, एम.सी. जोशी (अप्रकाशित) के अनुसार।

फर्रूखाबाद जिले में स्थित कन्नौज के लिए पालों, प्रतिहारों और राष्ट्रकूटों के बीच लंबा संघर्ष चला, पर इसकी मध्ययुगीन महानता उत्खनन के द्वारा अभी तक सिद्ध नहीं हुई है। यहां की सबसे पहली आबादी उत्तरी काली पालिशदार मृद्भांड के समय से कुषाणकाल के अंत तक चलती रही। प्रायः 200 ई. पू. में उत्तरी काली पालिशदार मृद्भांडवाली संस्कृति के बाद के काल में पकी ईंटों की इमारतों में सात चरण थे।[210] यही बात सोंख के कुषाणकालीन स्तरों पर भी लागू होती है। प्राचीनतम परतों से ठेठ कुषाणकालीन मृद्भांड मिला है।[211] इस काल के बाद आबादी में अंतराल मिलता है,[212] और तत्पश्चात् मध्ययुग आरंभ होता है। कन्नौज हर्ष की राजधानी थी, लेकिन इसके भौतिक ध्वंसावशेषों को प्रकाश में लाना अभी बाकी है।

यदि तक्षशिला को, जो अब पाकिस्तान में है, छोड़ दिया जाए, तो यह मालूम पड़ेगा कि पंजाब, हरियाणा, दिल्ली और पश्चिमी उत्तरप्रदेश में शहरीकरण अपेक्षाकृत थोड़े समय तक रहा। शहरी जीवन के तत्त्व अनेक स्थलों में ईसापूर्व पांचवीं से चौथी शताब्दी के बीच प्रकट हुए और ईसवी सन् की पहली तीन सदियों में चरम सीमा पर पहुंच गए। प्रायः इन स्थलों में कुषाणकाल के बाद उजाड़ अथवा गुप्तकाल में तीव्र ह्रास मालूम पड़ता है। गुप्तकाल के बाद की तीन-चार सदियों तक आबादी बहुत घट जाती है। केवल रोपड़ और अहिच्छत्रा में गुप्तकालीन परतों में आबादी के स्पष्ट ह्रास का संकेत नहीं मिलता। ईसा की चौथी और छठी शताब्दियों के बीच पंजाब और हरियाणा की आबादियों से बहुत थोड़े शहरीकरण की जानकारी मिलती है। इन दोनों राज्यों के अनेक स्थलों पर कुषाणकालीन समृद्ध सांस्कृतिक परतों के बाद एक प्रकार की रिक्तता आ जाती

है जिसका अंत सल्तनतकाल में होता है। यमुना नदी के पूरबवाले अनेक स्थलों में भी इसी प्रकार का शहरी इतिहास दिखाई देता है।

टिप्पणियां

1. बी. बी. लाल, 'एक्सकेवेशन ऐट हस्तिनापुर एंड अदर एक्सप्लोरेशंस इन द गंगा एंड सतलज बेसिंस,' **ए आइ,** अंक 10-11, 1954 और 1955, पृ. 5-151.
2. आर. सी. गौड़, **एक्सकेवेशंस ऐट अतरंजीखेड़ा,** दिल्ली, 1983.
3. सर जॉन मार्शल, **टैक्सिला,** I, पृ. 1.
4. वही, पृ. 3.
5. वही.
6. वही, पृ. 4.
7. वही.
8. वही.
9. वही, पृ. 221.
10. वही, पृ. 118.
11. वही, पृ. 119-20, 197-98.
12. वही, पृ. 140.
13. वही, पृ. 141.
14. वही.
15. वही, पृ. 214.
16. वही, पृ. 200.
17. वही.
18. वही.
19. **टैक्सिला,** II, पृ. 429.
20. **टैक्सिला,** I, पृ. 200.
21. वही, पृ. 202, 205.
22. **टैक्सिला,** I, पृ. 177, II, पृ. 462.
23. **टैक्सिला,** II, पृ. 425.
24. वही, पृ. 424-25.
25. वही, पृ. 424.
26. **टैक्सिला,** I, पृ. 203-4.
27. एच. सरकार, 'ग्रोथ ऑव सिटीज़ इन आंध्रप्रदेश', अध्यक्षीय भाषण, दसवीं आंध्रप्रदेश इतिहास कांग्रेस, गुंटूर, 1986, अप्रकाशित, पृ. 21.
28. वही, पृ. 207.
29. वही.
30. वही, पृ. 202, 205.
31. **टैक्सिला,** II, पृ. 425.
32. वही, पृ. 205-06.
33. वही, पृ 20; दोहत्था कलश यूनानी अथवा अन्य आकारों की नकल थे।

34. वही, पृ. 206.
35. वही.
36. वही, पृ. 207.
37. वही, पृ. 207; II, पृ. 598.
38. **टैक्सिला,** II, पृ. 486.
39. वही, पृ. 207.
40. बाईं भुजा में किसी पशु को पकड़े हुए कुम्भांड (बौनी तुंदियल आकृति) "हो सकता है कि वस्तुतः मध्य भारत से लाया गया हो", **टैक्सिला,** II, पृ. 441.
41. वही, पृ. 177-78.
42. वही, पृ. 768, 778-79.
43. **टैक्सिला,** I, पृ. 210.
44. **टैक्सिला,** II, पृ. 771-72.
45. **टैक्सिला,** I, पृ. 217-18.
46. वही, पृ. 218.
47. वही, पृ. 220-21.
48. वही, पृ. 221.
49. वही, पृ. xvi, 285, 288 और आगे, 387, 393, 395.
50. वही, पृ. 288.
51. वही, पृ. 395, पृ. 352 से तुलना करें।
52. वही, पृ. 397.
53. वही, पृ. 1-2.
54. **टैक्सिला,** II, पृ. 834.
55. वही, पृ. 794.
56. वही.
57. वही.
58. **टैक्सिला,** I, पृ. 348.
59. वही, पृ. 384 और आगे।
60. वही, पृ. 351-52.
61. **आइ ए आर,** 1981-82, पृ. 23-26.
62. वही.
63. **आइ ए आर,** 1981-82, पृ. .18-19.
64. वही, पृ. 16-17.
65. **आइ ए आर,** 1977-78, पृ. 24.
66. **आइ ए आर,** 1980-81, पृ. 21-22.
67. वही.
68. वही.
69. वही, पृ. 46-49.
70. वही.
71. **जे आइ एच, XLV,** पृ. 568.
72. वही.
73. वही, पृ. 564-65.
74. **आइ ए आर,** 1968-69, पृ. 26.

75. वही.
76. **आइ ए आर**, 1970-71, पृ. 30-31.
77. **आइ ए आर**, 1969-70, पृ. 32.
78. वही.
79. वही.
80. **आइ ए आर**, 1977-78, पृ. 43-44.
81. वही, पृ. 43.
82. वही. पृ. 44.
83. वही.
84. वही.
85. वही.
86. वही.
87. **आइ ए आर**, 1983-84, पृ. 69.
88. वही.
89. वही.
90. वही, पृ. 69-70.
91. वही.
92. वही, पृ. 69.
93. वही, पृ. 69-70.
94. वही.
95. वही.
96. वही, पृ. 68.
97. **आइ ए आर**, 1976-77, पृ. 44.
98. वही.
99. वही.
100. वही.
101. वही.
102. वही.
103. **आइ ए आर**, 1953-54, पृ. 7.
104. वही.
105. **ए आइ**, अंक 9, पृ. 126.
106. वही.
107. वही.
108. वही, पृ. 124.
109. वही.
110. वही, पृ. 124, 126.
111. **आइ ए आर**, 1980-81, पृ. 50-51.
112. वही, पृ. 51.
113. वही.
114. वही.
115. वही.
116. वही.

117. **आइ ए आर,** 1963-64, पृ. 27-28.

118. प्रो. सूरजभान से प्राप्त सूचना।

119. **आइ ए आर,** 1963-64, पृ. .28.

120. **आइ ए आर ,** 1954-55, पृ, 10; बारा और सलौरा दोनों के बारे में कुछ भ्रामक सूचनाएं हैं, लेकिन ऐसा लगता है कि सलौरा में केवल मध्ययुगीन ढांचे थे।

121. **आइ ए आर,** 1978-79, पृ. 68-69; 1979-80, पृ. 31.

122. **आइ ए आर,** 1978-79, पृ. 69.

123. वही.

124. वही, पृ. 68; 1979-80, पृ. 31.

125. **आइ ए आर,** 1979-80, पृ. 31.

126. **आइ ए आर,** 1980-81, पृ. 15-16.

127. वही.

128. वही.

129. **आइ ए आर ,** 1968-69, पृ. 9.

130. **आइ ए आर,** 1976-77, पृ. 19; 1977-78, पृ. 23.

131. **आइ ए आर,** 1977-78, पृ. 23

132. **आइ ए आर,** 1970-71, पृ. 16.

133. वही.

134. **आइ ए आर,** 1971-72, पृ. 23-24; 1972-73, पृ. 12; 1975-76, पृ. 18.

135. **आइ ए आर,** 1970-71, पृ. 10.

136. **आइ ए आर,** 1969-70, पृ. 5.

137. **आइ ए आर,** 1970-71, पृ. 10.

138. **आइ ए आर,** 1969-70, पृ. 5; 1970-71, पृ. 10.

139. **आइ ए आर,** 1969-70, पृ 5; 1970-71, पृ. 10.

140. **आइ ए आर,** 1970-71, पृ. 10.

141. वही, पृ. 11.

142. **आइ ए आर,** 1962-63, पृ. 36-37.

143. **आइ ए आर,** 1964-65, पृ. 44.

144. **आइ ए आर,** 1970-71, पृ. 37.

145. **आइ ए आर,** 1969-70, पृ. 40.

146. **ए आइ,** अंक 10-11, तालिका 1, पृ. 12 के सामनेवाला पृष्ठ, 'समरी ऑव द रिजल्ट्स' से।

147. वही.

148. आर सी. गौड़, **एक्सकेवेशंस ऐट अतरंजीखेड़ा;** अन्य तीन सदृश टीले संकिसा (जिला फर्रूखाबाद), अहिच्छत्रा और कौशांबी हैं।

149. वही, पृ. 9. रेखांकित रूपरेखा देखें।

150. वही, पृ. 1.

151. वी. के. माथुर, **ऐतिहासिक स्थानावली,** पृ. 18.

152. **आइ ए आर,** 1962-63, पृ. 34.

153. आर सी. गौड़, पूर्वोक्त, पृ. 10, पादटिप्पणी 1.

154. डा. पी. एल. गुप्त से प्राप्त सूचना।

155. वाइ. डी. शर्मा, 'एक्सप्लोरेशन ऑव हिस्टॉरिकल साइट्स', **ए आइ,** अंक 9, पृ. 137; ए. घोष, **ए आइ,** अंक 1, पृ. 37.

156. वही, पृ. 138.
157. वही.
158. **आइ ए आर**, 1963-64, पृ. 44.
159. वही.
160. **ए आइ**, अंक 1, पृ. 39.
161. **आइ ए आर,** 1963-64, पृ. 44.
162. वही.
163. **ए आइ,** अंक 9, पृ. 140.
164. के. एम. श्रीमाली, **हिस्ट्री ऑव पञ्चाल,** पृ. 117.
165. वही, पृ. 21.
166. **आइ ए आर,** 1963-64, पृ. 44.
167. के. एम. श्रीमाली, **पूर्वोक्त,** पृ. 117.
168. **ए आइ,** अंक 1, पृ. 39; अंक 9, पृ. 140.
169. वही, अंक 1, पृ. 39.
170. **आइ ए आर,** 1978-79, पृ. 71.
171. वही.
172. **आइ ए आर,** 1973-74, पृ. 28; 1974-75, पृ. 41.
173. **आइ ए आर,** 1973-74, पृ. 28.
174. **आइ ए आर,** 1973-74, पृ. .28; 1974-75, पृ. 41.
175. **आइ ए आर,** 1974-75, पृ. 41-42.
176. **आइ ए आर,** 1978-79, पृ. 75.
177. वही.
178. वही.
179. वही.
180. वही.
181. वही, पृ. 74.
182. **आइ ए आर**, 1979-80, पृ. .75; 1980-81. पृ. 70.
183. **आइ ए आर**, 1979-80, पृ. 75; 1980-81, पृ. 70.
184. **आइ ए आर**, 1978-79, पृ. 74; 1979-80, पृ. 75.
185. **आइ ए आर**, 1978-79, पृ. 74.
186. हरबर्ट हॉर्टेल, 'सम रिजल्ट्स ऑव द एक्सकेवेशंस एट सोंख', **जर्मन स्कॉलर्स ऑन इंडिया,** II, पृ. 75.
187. वही, पृ, 76.
188. वही, पृ. 85.
189. वही, पृ. 90-91.
190. वही, पृ. 88.
191. वही, पृ. 92.
192. वही, पृ. 77.
193. वही, पृ. 71.
194 वही, पृ. 77.
195. **आइ ए आर,** 1954-55, पृ. 15-16.
196. वही, पृ. 16.

197 टी. पी. वर्मा, **द पैलिऑग्राफी ऑव ब्राह्मी स्क्रिप्ट इन नॉर्थ इंडिया**, पृ. 107-8, 134-37.

198. **आइ ए आर**, 1973-74, पृ. 31-32; 1974-75, पृ. 48-50; 1975-76, पृ. 53-55; 1976-77, पृ. 54-56.

199. **आइ ए आर**, 1974-75, पृ. 50; 1975-76, पृ. 55.

200. **आइ ए आर**, 1974-75, पृ. 50.

201. वही.

202. **आइ ए आर**, 1976-77, पृ. 55.

203. वही.

204. वही.

205. लेगि (अनु.), **रेकॉर्ड ऑव बुद्धिस्टिक किंगडम्स**, पृ. 42, पादटिप्पणी 3.

206. **सी-यू-कि**, I, पृ. 179.

207. **आइ ए आर**, 1975-76, पृ. 43.

208. वही.

209. वही.

210. **आइ ए आर**, 1955-56, पृ. 19.

211. वही.

212. वही.

अध्याय 3

शहरी विकास और पतन : मध्य-गांगेय मैदान और पूर्वी क्षेत्र

मध्य-गांगेय मैदानों में, जहां ईसापूर्व छठी-पांचवीं शताब्दी के आसपास शहरीकरण शुरू हुआ, अनेक महत्त्वपूर्ण शहरी स्थलों की खुदाई हुई है। हम इन शहरी स्थलों का सर्वेक्षण जाजमऊ अथवा ययातिपुर से आरंभ करते हैं। यह कानपुर जिले में गंगा के तट पर स्थित है। इसकी आबादी उत्तरी काली पालिशदार भांडवाली संस्कृति के आगमन से आरंभ हुई। लेकिन कुषाणकाल में यहां कमरे, फर्श और नालियां बनाने में पकी ईंटों का व्यापक प्रयोग होता था।[1] कुषाणकालीन मकानों में स्नानघर और ढकी नालियां मिलती हैं। इसकी गली के बगल में मकानों की कतार है,[2] जो मथुरा के सोंख और बलिया के खैराडीह की याद दिलाती है। यहां सुराहीनुमा हजारों, हाथीदांत की वस्तुओं, लोहे की चीजों और मन्नत के तालाबों के अतिरिक्त तांबे के सिक्के भी पाए जाते हैं।[3] मिट्टी की अनेक मोहरें, जिनमें से कुछ पर अभिलेख हैं, मिलती हैं।[4] निस्संदेह कुषाणकाल के बाद यह स्थल उजड़ गया, क्योंकि इसके अनुवर्ती स्तर परवर्ती मध्ययुग के हैं।[5] इस स्थल का काल-III मुस्लिम संस्कृति का द्योतक है, जिसमें चमकीले बरतन और सिकंदर लोदी के छत्तीस तांबे के सिक्के पाए गए हैं।[6]

लखनऊ जिले में स्थित हुलासखेड़ा[7] में पांच मौसमों की खुदाइयों से कुषाणों और गुप्तों के समय के ढांचे प्रकाश में आए। कुषाणकाल में पकी ईंटों के ढांचों में तीन स्तर हैं, यद्यपि अंतिम स्तर के ढांचे में ईंटों के रोड़े मिलते हैं।[8] तथापि इस स्तर में कुषाणकालीन अनोखी सड़क मिलती है, जो कुषाणों के बाद की बनी प्राचीनतर इमारत से ली गई ईंटों और उनके रोड़ों से फिर से बनाई गई।[9] यह कुषाणकालीन सड़क 200 मीटर की लंबाई तक खोज निकाली गई है। सुयोजित जल-निकास की व्यवस्था कुषाणकालीन आवाससमूह की है, जिसका वर्णन रिपोर्ट में कुछ विस्तार से किया गया है।[10] कुषाणयुगीन सामग्रियों से शहरी संस्कृति का संकेत मिलता है। इनमें लाल मृद्‌भांड के अनेक आकार के बरतन शामिल हैं। कार्त्तिकेय की सोने की प्रतिमा, चांदी के आहत (पंच मार्क्ड) सिक्के और तीन कुषाण नरेशों के तांबे के सिक्के मिलते हैं। मनके, मन्नत का तालाब, अंगमर्दक, कुम्हार का ठप्पा, मानव और पशु-मूर्तियां, सभी मिट्टी की बनी, मिलती हैं।[11]

ईसा की तीसरी से पांचवीं शताब्दियां परवर्ती कुषाणकाल और आरंभिक/मध्य गुप्तयुग का प्रतिनिधित्व करती हैं। इनमें पकी ईंटों के ढांचे के तीन स्तर मिलते हैं।[12] गुप्तकाल में निर्मित किले की दीवारें ईंटों के रोड़ों से बनी थीं।[13] किले में मिट्टी का लाल बरतन प्रमुख मृद्‌भांड था, और वहां टोंटीदार सुराहीनुमा हजारे, दावात के ढक्कन, और प्राचीनतर काल के ओंठदार कटोरे पाए गए हैं।[14] वहां के कुषाणों और गुप्तों के तांबे और चांदी के सिक्के, कुछ पत्थर की मूर्तियां और गुप्त लिपि में लिखी कुछ मोहरें निकलीं।[15] कुषाणों के बादवाले काल से (अर्थात् ईसा की तीसरी से पांचवीं शताब्दी तक के काल से) हाथीदांत के कंघे भी मिले हैं।[16] हाथीदांत और शीशे के बने कंगन[17] संभवतः इसी समय के हैं। हुलासखेड़ा से गुप्तकालीन मोहरछापे और मिट्टी की मूर्तियां बरामद हुई हैं।[18] लोहे की अंडाकार वस्तु, जिसमें सत्रह छड़ें लगी हैं, बड़े महत्त्व की हैं।[19] कुल मिलाकर हुलासखेड़ा का शहरी रूप पांचवीं शताब्दी तक चलता रहा। यहां एक मीटर मोटी दीवार से घिरा ईंट का बना आवाससमूह मिलता है। पुनर्निर्माण कार्य भी दिखाई देता है।[20] लेकिन गुप्तकालीन इमारती सामग्री में ह्रास के चिह्न दिखते हैं, क्योंकि किले की दीवारों में ईंटों के रोड़ों का इस्तेमाल किया गया है। स्पष्ट है कि पांचवीं शताब्दी के बाद, गुप्तों के शासन का अंत होने के पहले ही यह स्थल उजड़ गया।

सीतापुर जिले में स्थित मनवन कुषाणयुग के बाद हुए सामान्य नगरीय ह्रास से थोड़ा भिन्न दिखाई देता है। यह स्थल लगभग 500 ई. पू. में आबाद हुआ। उत्तरी काले मृद्‌भांडवाले काल के बाद, जिसमें ईंटों के बने दो ढांचे और उस काल के बरतन थे, शुंगों और कुषाणों का युग आया। इस युग में सुराहीनुमा हजारे और ब्राह्मी अभिलेख से युक्त मिट्टी की मोहरें मिलती हैं। गुप्तकालीन स्तरों में मृण्मय मूर्तियां हैं। आरंभिक मध्ययुग में यह स्थल फिर से आबाद हुआ जिसमें ठेठ मुस्लिम मृद्‌भांड आए।[21] इससे संकेत मिलता है कि गुप्तकाल के बाद लगभग छः शताब्दियों तक इस स्थल पर कोई आबादी नहीं थी।

गोंडा और बहराइच जिलों की सीमा पर स्थित श्रावस्ती में ईसवी सन् के अंत के आसपास आबादी खत्म हो गई, और नगर का राजधानीवाला रूप चला गया।[22] सहेट-महेट में कनिष्क प्रथम के दो अभिलेख पाए गए हैं। उत्खनित सामग्री और इन सिक्कों से संकेत मिलता है कि ईसा की पहली शताब्दी में यह नगर फूलती-फलती अवस्था में था।[23] श्रावस्ती का सीमित, लंबवत् उत्खनन प्राचीन नगर के एक छोटे-से भाग में हुआ, जिसका क्षेत्रफल 40,743 एकड़ था और जो 17,250 फुट की परिधि से घिरा था।[24] लेकिन ईसा की पांचवीं शताब्दी में फाहियान ने इसे बुरी शक्ल में देखा था।[25] वह उल्लेख करता है : "इस नगर में बहुत कम निवासी हैं, सब मिलाकर संभवतः 500 परिवार होंगे।"[26] सातवीं शताब्दी में ह्वेन सांग ने श्रावस्ती राज्य के मुख्य नगर को विनष्ट और उजाड़ पाया। यहां अधिकांशतः खंडहर थे और कुछ ही निवासी थे।[27] (चित्र 6 देखें।)

गुप्त और गुप्तोत्तरकाल के अनेक ढांचे मिले हैं।[28] लेकिन संभव है कि वे धार्मिक उपयोग के लिए रहे हों। लगभग 1000 ई. अथवा उससे पहले ही का बना

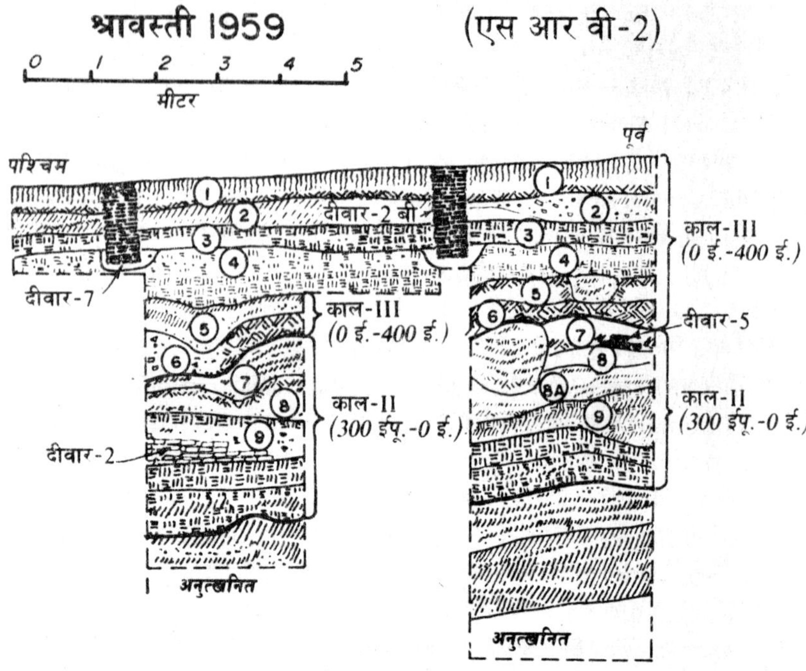

चित्र 6. श्रावस्ती (एस आर वी-2), के.के. सिन्हा, **एक्सकेवेशंस ऐट श्रावस्ती, 1959**, वाराणसी, 1967, चित्र 3 के अनुसार।

जेतवन-महाविहार अथवा बौद्ध मठ सबसे अधिक महत्त्वपूर्ण था।[29] 1130 ई. में भिक्षुओं की जीविका के लिए इसे छः गांव अनुदान में दिए गए थे।[30]

इलाहाबाद से पैंतीस किलोमीटर दूर, गंगा की धारा की विपरीत दिशा में स्थित शृंगवेरपुर की खुदाई यद्यपि पांच ऋतुओं[31] तक हुई, फिर भी यहां पुराविदों ने ईसा की पहली शताब्दी में ईंटों के बने तालाब के अनावरण पर प्रमुख ध्यान दिया है। रिपोर्टों में रिहायशी इलाकों का विवेचन सरसरी तरीके से किया गया है। पकी ईंटों के बने बहुसंख्य ढांचों को मौर्यों, शुंगों, कुषाणों, गुप्तों, 'राजपूत' और 'मध्ययुग' के समय का बतलाया गया है,[32] लेकिन न तो इन छः कालों के ढांचों के आनुपातिक आकार और न ही 'राजपूत' और 'मध्ययुग' के समय-कोष्ठक बतलाए गए हैं। एक ढांचे की विशेष रूप से चर्चा की गई है,[33] जिसमें अनेक कमरे, उत्तरोत्तर ईंटों के बने फर्श, नाली और सोख-गर्त्त शामिल हैं, लेकिन इसके लिए कोई खास काल नहीं बतलाया गया है। संभव है कि यह उत्तरी काली पालशिदार मृद्भांडवाले युग से लेकर गुप्तयुग तक कई चरणों में बना हो। लेकिन एक जगह कुषाणों के समय की पकी ईंटों के ढांचों का प्रसंग मिलता

है।[34] स्थल के निरीक्षण से भी यही निष्कर्ष निकलता है कि कुषाणकालीन ढांचे अपेक्षाकृत बड़े प्रभावोत्पादक थे।[35] पुरावशेषों से संकेत मिलता है कि ईसवी सन् के शुरू में उक्त तालाब का उपयोग होता था।[36] तालाब से थोड़ी दूर पर मकानों का बड़ा समूह पाया गया है।[37] शृंगवेरपुर की परिष्कृत नारी-मूर्तियां शैली की दृष्टि से शुंग-कुषाणकालीन मानी जाती हैं।[38] ईसा की तीसरी सदी की अभिलिखित मिट्टी की मोहर भी मिली है।[39] अयोध्या, कौशांबी और विम कदफिसस के सिक्कों[40] के मिलने से इसमें कुछ भी संदेह नहीं रहता कि मौर्योत्तरकाल में यह स्थान हर तरह से नगर था।

संभवतः ईसा की दूसरी शताब्दी में उक्त तालाब के उजाड़ के बाद ढांचों के आठ चरण मिलते हैं।[41] इसमें से तीन का समय परवर्ती कुषाणों और गुप्तों के कालों में रखा गया है, और बाकी को 'आरंभिक और परवर्ती मध्ययुगीन काल' में।[42] आरंभिक तीन चरणों में एक प्रमुख आवाससमूह भी है जिसमें प्रवेशद्वार, कमरे, गलियारा और ईंट का बना चूल्हा है। ये सारे ढांचे परवर्ती कुषाणों के समय के हैं, जैसाकि सोने के सिक्के के मिलने से पता चलता है। आवाससमूह के समकालीन और उसकी निचली परतों से ईसा की लगभग तीसरी शताब्दी की मोहरें और मोहरछापे मिले हैं।[43] गुप्तकालीन परत में पत्थर की कुछ मूर्तियों के अलावा कोई विशेष पुरावस्तु नहीं मिली है। इस काल में शृंगवेरपुर में व्यापक गड़बड़ी होने की चर्चा की गई है।[44] गुप्तकालीन और बाद के ढांचों में प्रायः प्राचीनतर अवशेषों से ईंटों के रोड़े निकालकर इस्तेमाल किए गए[45] जो ह्रास का द्योतक है। एक गुप्तकालीन मृण्मय मोहर भी मिलती है।[46] पत्थर के फलक पर महिषासुरमर्दिनी की प्रतिमा ईसा की आठवीं शताब्दी की हो सकती है।[47] पुरावस्तुओं के आधार पर उत्खननकर्त्ता के 'आरंभिक मध्ययुग' से संभवतः ग्यारहवीं और बारहवीं शताब्दियों का बोध होता है, और 'परवर्ती मध्ययुग' से बारहवीं शताब्दी के बाद का। गाहडवाल नरेश गोविंदचंद्र[48] के अस्सी सिक्के संभवतः 'आरंभिक मध्ययुग' अथवा 'राजपूत' काल के हैं। निस्संदेह 'परवर्ती युग' अर्थात् 'मुस्लिम' काल के अवशेष प्रभावोत्पादक हैं।[49]

इलाहाबाद के निकट भीटा की गुप्तपूर्व और गुप्तकालीन आबादियों के स्तर के आधार पर क्या सापेक्षिक स्थिति थी, इसका अनुमान 1911-12 में जॉन मार्शल की खुदाई से लगाया जा सकता है। मार्शल मौर्ययुगीन तथा ईसापूर्व पहली शताब्दी और ईसा की पहली सदी के ढांचों की शिनाख्त करते हैं।[50] वे खासकर निगम-संघ (सहजितिए निगमस) का उल्लेख करते हैं, जिसका संगठन ईसापूर्व तीसरी शताब्दी में हुआ और जो ईसा की तीसरी शताब्दी के अंत तक[51] लुप्त हो चुका था। शुंगों के समय में बनी अनेक दुकानें और मकान आरंभिक गुप्तकाल अथवा कुषाणयुग में ही उजड़ गए अथवा विनष्ट हो गए।[52] इस विनाश का कारण आरंभिक गुप्तकाल में नगर पर किए गए किसी जनजातीय आक्रमण को बतलाया जाता है।[53] फिर भी गुप्तकाल में कुछ मकानों का फिर से निर्माण हुआ और गली के किनारे-किनारे दुकानें बनाई गईं।[54] भीटा से बरामद सिक्के अधिकांशतः लगभग 200 ई. पू. से प्रायः 200 ई. के बीच के हैं।[55] मार्शल को गुप्तकालीन ढांचों के अवशेष इतने कम और विकृत मिले कि इनका खाका

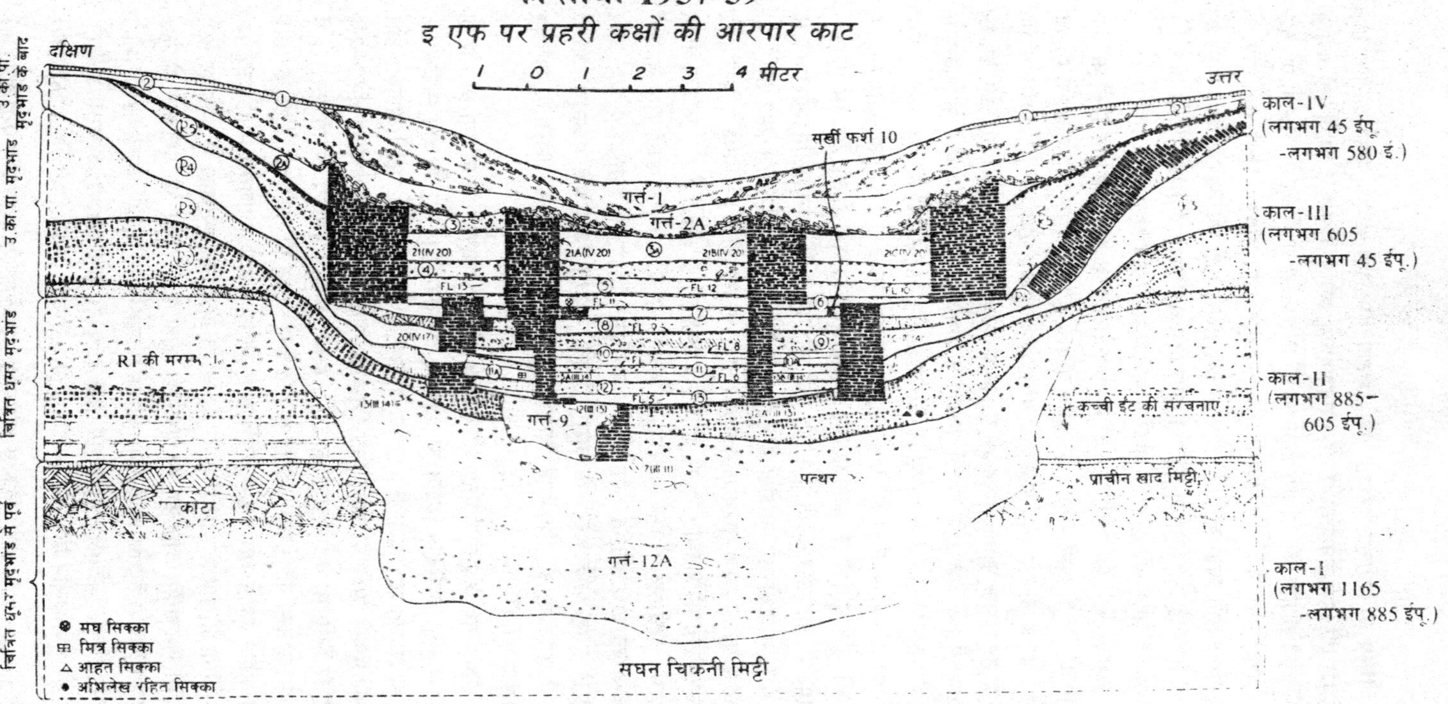

चित्र 7. कौशांबी 1957-59, इ-7 पर प्रहरी कक्षों की आरपार काट. जी.आर. शर्मा, **एक्सकेवेशंस ऐट कौशांबी**, इलाहाबाद, 1960, चित्र 4.

तैयार नहीं किया जा सका।[56] ढांचों के पुनर्निर्माण में छोटी-छोटी ईंटों और ईंटों के रोड़ों का प्रयोग गुप्तकालीन इमारतों की विशिष्टता माना जाता है।[57] यद्यपि भीटा में कुषाण शासकों और उनके अनेक समकालीनों के तांबे के सिक्के पाए गए हैं,[58] लेकिन इस स्थान से गुप्तों का कोई सिक्का नहीं मिला है। हां, सल्तनतकाल के सिक्के मिलते हैं[59] लेकिन गुप्तकालीन मोहरों, मोहरछापों[60] और मृण्मय मूर्तियों की प्रधानता मानी गई है। मोहर बनाने के तेरह सांचे पाए गए हैं, जिनमें पांच हाथीदांत के हैं।[61] अनेक मोहरें शिल्पियों और व्यापारियों की हैं जिनकी तुलना वैशाली से बरामद उदाहरणों से की जा सकती है। मृद्‌भांड मौर्यों से लेकर गुप्तों और मध्ययुग तक मिलता है। कुछ मोहरें[62] और लोहे का बना हाथी का अंकुश [63] गुप्तोत्तरकालीन हैं। ईसा की आठवीं शताब्दी अथवा इसके भी बाद की बनी एक इमारत की दीवारों में इधर-उधर बनी आरंभिक गुप्तकालीन कुछ संरचनाओं से ली गई अच्छी तरह नक्काशी की हुई ईंटें हैं।[64] यह धार्मिक संरचना हो सकती है। गुप्त नरेशों के सिक्कों की लगभग पूर्ण अनुपस्थिति के अतिरिक्त, सल्तनतकाल के पहले का कोई सिक्का भीटा से नहीं मिलता। इसी प्रकार दुकानें और शिल्पियों तथा व्यापारियों की मोहरें भी गायब हैं। गुप्त और गुप्तोत्तरकाल के अवशेषों की विषमता से स्पष्ट है कि गुप्तयुग के बाद भीटा का शहरी जीवन समाप्त हो गया।

कौशांबी की खुदाई विस्तृत क्षेत्र में हुई है। यह स्थान इलाहाबाद से लगभग साठ किलोमीटर दक्षिण-पश्चिम में स्थित है जहां एक अशोक स्तंभ पर समुद्रगुप्त की देशव्यापी विजय उत्कीर्ण की गई थी। पर कौशांबी गुप्तकालीन अवशेषों से अधिक कुषाणयुगीन अवशेषों में समृद्ध है।[65] तीन कुषाण अभिलेख कोसम (कौशांबी) के हैं, और एक अभिलेख में कौशांबी के घोषिताराम विहार का उल्लेख है, जिससे स्थल की पहचान निश्चित हो जाती है। अनेक अन्य अभिलेख[66] बतलाते हैं कि कौशांबी नगर उस युग में अच्छी शक्ल में था। मघों के बहुसंख्य सिक्के ईसा की दूसरी और आरंभिक तीसरी शताब्दियों के हैं जिनसे शिल्प और व्यापार की गतिविधियों की जानकारी मिलती है। मघ कौशांबी को अपनी राजधानी बनाकर पड़ोसी क्षेत्रों पर शासन करते थे। ऐसा लगता है कि गुप्तकाल के बाद वहां की आबादी के बुरे दिन आ गए, जैसाकि स्थल की (तत्कालीन) परत की प्रकृति से मालूम पड़ता है। (चित्र 7 देखें।)

अधिक संभव है कि फाहियान ने घोषिताराम विहार को देखा हो, जिसका उल्लेख वह घोसिर-वन-विहार के नाम से करता है। उसने इस विहार को ध्वस्तावस्था में पाया।[67] उसने हीनयान मतावलंबियों की सभाएं देखीं।[68] ह्वेन सांग इस तथ्य का साफ-साफ उल्लेख नहीं करता। लेकिन वह लिखता है कि सभी दसों विहार (संघाराम) ध्वस्त और उजड़े हुए थे।[69] इसका तात्पर्य यह होगा कि शहरी सहारे के अभाव में वे विनष्ट हो गए। फिर भी वह आगे बतलाता है कि यहां पचास ब्राह्मण-धर्मावलंबी और बहुसंख्य विधर्मियों के मंदिर हैं।[70] यद्यपि वह नगर के अंदर (बौद्ध) विहार अथवा मठ के अस्तित्व का उल्लेख करता है, लेकिन वह अनेक पुराने ढांचों और पुरानी आबादी के खंडहरों की चर्चा करता है।[71] ह्वेन सांग के वृत्तांत से पतनोन्मुख नगर की सामान्य धारणा बनती है।

1969-70 में अयोध्या में की गई थोड़ी-सी खुदाई से जानकारी मिली कि वह स्थल उत्तरी काली पालिशदार मृद्‌भांड के समय आबाद हुआ। उत्तरी काली पालिशदार मृद्‌भांडवाले चरण के ऊपरी स्तरों से धूसर रंग की छः मृण्मय मानव-मूर्तियां और अयोध्या के दो सिक्के प्रकाश में आए। इससे कुछ लोहे की वस्तुएं भी निकलीं।[72] यद्यपि कुबेर-टीले[73] पर अनेक चरणों में ईंटों की बनी विशाल इमारत मिली, लेकिन इसकी तिथि निर्धारित नहीं की गई है। शायद यह कुषाणकालीन थी।

1979-80 में अयोध्या में उत्खनन से उत्तरी काली पालिशदार मृद्‌भांड के पूर्ववर्ती चरण में नगर-योजना का साक्ष्य मिलता है, जिस समय के मृण्मय छल्लेदार कूप (रिंग-वेल्स)[74] और पकी ईंटों के ढांचे पाए जाते हैं। इस चरण के समाप्त होने पर पकी ईंटों की बनी शुंगकालीन दीवार और गुप्तयुगीन गृहसमूह के अंश मिलते हैं। 'ठेठ' गुप्तकालीन मृद्‌भांड भी पाया जाता है।[75] यह उल्लिखित है कि "आबादी शुंगों, कुषाणों और गुप्तों के समय से मध्ययुग तक बरकरार रही,"[76] लेकिन गुप्तकाल के बाद जो तत्त्व जारी रहे, उनका उल्लेख नहीं है। गुप्तोत्तरकाल में यह स्थल स्पष्टतः उपेक्षित रहा।

1957-58 और 1960-65 में किए गए विस्तृत उत्खननों के कारण वाराणसी में राजघाट अधिक ध्यान देने योग्य है। 1961-62 में यहां क्षैतिज उत्खनन हुआ। सभी प्रकार के खातों से आवृत कुल क्षेत्र 22529.20 वर्गमीटर है,[77] जो लगभग 3.5 वर्गमील होता है।

राजघाट में अधिकतम निर्माण-कार्य उत्तरी काली पालिशदार मृद्‌भांड और कुषाणों के समय में देखा जाता है।[78] 1940, 1957-58, 1960-65 और 1977-78 में किए गए उत्खननों के तुलनात्मक अध्ययन से जानकारी मिलती है कि तीन कालों में 0-300 ई. का काल "संभवतः इस स्थल के इतिहास में सबसे अधिक समृद्ध" था।[79] फलते-फूलते शहरी केंद्र के रूप में वाराणसी में इस समय पहले के किसी काल से कहीं अधिक घनी आबादी थी।[80] खपड़ों से छजी छतवाले मकान योजनानुसार बने हुए थे, और संपूर्ण नगर की बनावट भी, जिसमें सड़कें और गलियां शामिल थीं, इसी प्रकार की थीं।[81] सार्वजनिक और निजी नालियों की व्यवस्था के लिए विस्तृत नागरिक उपाय बड़ा विलक्षण प्रतीत होता है।[82] तथापि धनवानों के आवासों को जैसे-तैसे बने घरों में रहनेवाले अन्य निवासियों के घरों से अलग पहचाना जा सकता है।[83] पुरावस्तुओं से पता चलता है कि केवल विलासिता की वस्तुओं में ही एकाएक वृद्धि नहीं हुई, बल्कि शिल्पों और उद्योगों में भी अभूतपूर्व उन्नति हुई।[84] लोहे और तांबे की विविध और बहुसंख्य वस्तुएं, लोहे के धातुमल और साथ ही साथ संभवतः लोहे गलानेवाली तीन वृहदाकार भट्ठियां पाई गई हैं।[85] मनके पत्थर और शीशे के थे और उनसे कंगन बनते थे।[86]

हाथीदांत की वस्तुओं का निर्माण प्रमुख शिल्प था, और वस्त्र-उद्योग[87] की समुन्नत स्थिति, जिसके लिए पालि ग्रंथों में वाराणसी विख्यात है, पुरातत्त्व से सिद्ध होती है।[88] वाराणसी की शहरी अर्थव्यवस्था में शिल्पों और उद्योगों का भरपूर योगदान था।[89] यहां से अनेक शिल्पीय उत्पादनों का देश के विभिन्न भागों को निर्यात किया

जाता था; इनमें कीमती पत्थर के मनके और संभवतः लोहे के उपकरण शामिल थे। राजघाट में पाए गए लाल पालिशदार मृद्भांड, दांतेदार चक्रित मृण्पात्र (रौलेटेड वेयर), रोमी सादृश्य के मनके और मोहरछापों पर यूनानी-रोमी देवताओं के चित्र बतलाते हैं कि वाराणसी का व्यापार केवल पूर्वी और पश्चिमी भारत के साथ ही नहीं, बल्कि मध्य एशिया और यूनानी-रोमी जगत[90] के साथ भी होता था। यूनानी-रोमी जगत की संस्कृति के प्रभाव का पर्याप्त बोध तक्षशिला[91] में होता है। ईसवी सन् की पहली तीन सदियों के कुछ सिक्के पाए गए हैं, लेकिन इनमें अयोध्या और कौशांबी के सिक्के शामिल हैं; इन सिक्कों से क्षेत्रीय विनिमय का संकेत मिलता है। ध्यान देने की बात है कि वाराणसी नगर ने अपने निजी सिक्के जारी किए[92] जिनका महत्त्व व्यापार और वाणिज्य में दृष्टिगोचर होता है। इसके अतिरिक्त, राजघाट में मिली लगभग चार सौ मोहरें और मोहरछापे, जो अधिकांशतः ईसवी सन् की पहली तीन शताब्दियों के हैं, शिल्पोत्पादन और वाणिज्य-विस्तार के संदर्भ में बड़े महत्त्व के हैं।

राजघाट में 0-300 ई. का काल सबसे अधिक समृद्ध कहा जाता है।[93] इसके बाद 300 ई. से 700 ई. का काल भी उतना ही समृद्ध[94] माना जाता है। कारण यह है कि इसमें एक भूमिगत ढांचा था जिसे खाद्यान्न का कोठार माना जाता है।[95] यह भी कहा गया है कि इसकी कला अपेक्षाकृत अधिक परिष्कृत थी।[96] इस काल के शहरी जीवन की निरंतरता ढांचों, मृद्भांडों, सुंदर मृण्मय मूर्तियों, शीशे के उपयोग, पत्थर के मनकों और हाथीदांत की वस्तुओं से ज्ञात होती है।[97] फिर भी शंख उद्योग की शुरुआत को इस काल का मानना[98] गलत है। सबसे अधिक शंख के कंगन काल-III[99] के पूर्ववर्ती चरण के, अर्थात् ईसा की तीसरी शताब्दी अथवा कुछ पहले के हैं। शंख के अधिकतम मनके इसी काल के हैं।[100] स्पष्टतया गुप्तकाल आते-आते नगरीकरण की प्रक्रिया कमजोर पड़ चुकी थी। यदि भूमिगत ढांचे को छोड़ दिया जाए तो ईसा की चौथी से सातवीं शताब्दियों के बीच के कम ढांचे मिलते हैं।[101] जो भी हो, भूमिगत ढांचा क्यों बनाया गया, इसका उद्देश्य स्पष्ट नहीं है। इससे तो असुरक्षा की स्थिति का संकेत मिलता है।

ईसा की तीसरी सदी के बाद पुरावशेषों के अभाव से व्यापारिक संपर्क की कमी का बोध होता है। इससे सुदूर स्थानों से व्यापार के ह्रास का संकेत मिलता है, "यद्यपि (ह्रास) कुछ खासा नहीं रहा होगा।"[102] अनेक प्रकार की वस्तुओं के अभाव को 300 ई. से 700 ई. के बीच के काल के एक छोटे भाग में रखा जाता है,[103] पूरा काल चार सौ वर्षों का है। इसकी तुलना में पूर्ववर्ती काल-III तीन सौ वर्षों का ही है। अलंकृत[104] तथा अन्य मृद्भांडों[105] और दूसरे बरतन तथा पत्थर के मनके,[106] जो पहले वाराणसी में बनाए जाते थे, इस काल में कम हैं। कहा जाता है कि मृद्भांड और ढांचे की कमी 300-700 ई. के काल के छोटे क्षेत्र की खुदाई के कारण है।[107] फिर भी 1957-58 और बाद में 1960-65 में खोदे गए खातों के विस्तार बतलाते हैं कि 300-700 ई. का उत्खनित क्षेत्र पहली से तीसरी शताब्दियों के उत्खनित क्षेत्र से बहुत छोटा नहीं है। चौदह खातों में, जिनमें दो जांच-खाते थे, 'गुप्त' अथवा काल-IV का स्तर बारह खातों में मिला है और गुप्तपूर्व अथवा काल-III का स्तर ग्यारह खातों में पाया गया। रिपोर्ट में बताए खातों की

राजघाट 1960-61
आर जी टी-II (टीला-1)
उत्तराभिमुख काट

0 1 2 3 मीटर

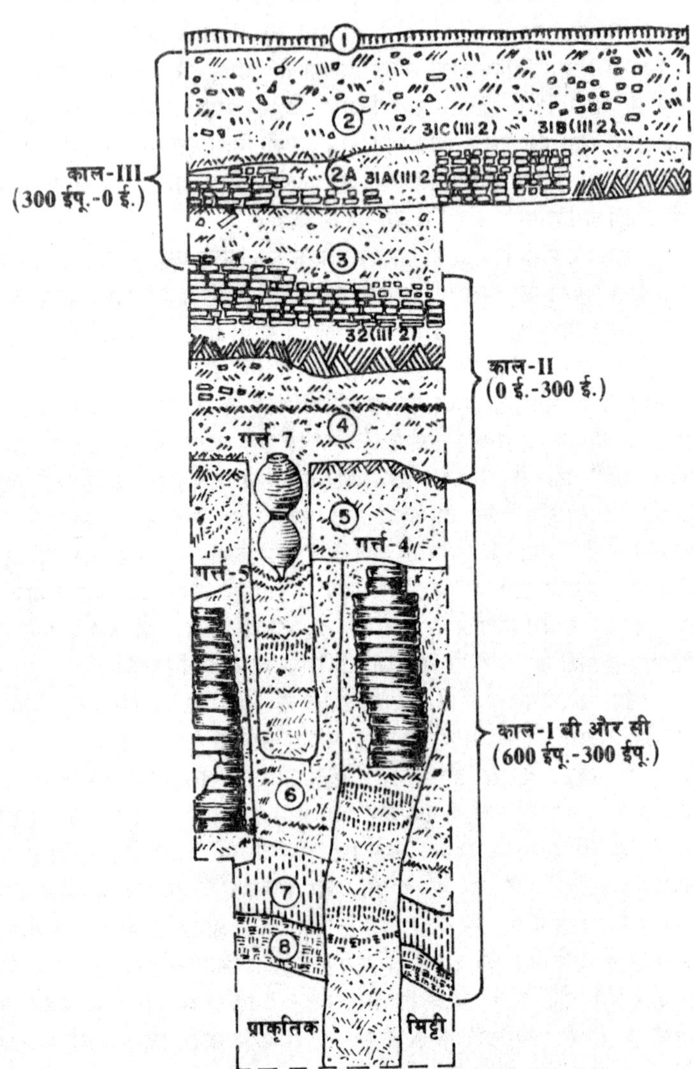

चित्र 8. राजघाट 1960-61 : आर जी टी-II (टीला-1), उत्तराभिमुख काट; ए.के. नारायण और टी.एन. राय, **एक्सकेवेशंस ऐट राजघाट (1957-1958; 1960-1965)**, भाग-1, वाराणसी, 1976, पृ. 22-32, 39-40, चित्र 4 के अनुसार।

मापों[108] से इसमें तनिक भी संदेह नहीं रह जाता कि 300-700 ई. के काल का बहुत बड़ा क्षेत्र खोदा गया। अतएव यह कहना ठीक नहीं है कि 300-700 ई. वाले काल में एक लघुतर क्षेत्र खोदा गया था।[109] तथापि गुप्त और गुप्तोत्तरकालीन मृण्मय मूर्तियों के फलक काफी संख्या में मिले हैं और वे कलात्मक दक्षता का परिचय देते हैं।[110] इनमें से अनेक का उपयोग धार्मिक प्रयोजनों के लिए होता था, और मुश्किल से ये व्यापार की वस्तुएं हो सकते थे। अनेक मोहरों से, खासकर उससे, जिसमें वाराणसी को अधिष्ठान अथवा अधिकरणयुक्त (प्रशासनिक कार्यालययुक्त) नगर कहा गया है, यह पता चलता है कि गुप्तकाल में वाराणसी प्रशासन का महत्त्वपूर्ण केंद्र थी।[111] लेकिन कला, धर्म और अन्य क्षेत्रों में गुप्तयुगीन वाराणसी की जो भी उपलब्धि रही हो, पुरातात्त्विक साक्ष्य बतलाते हैं कि गुप्तपूर्वकाल से इसका नगरीकरण चरम सीमा पर था। परवर्ती काल की भौतिक संस्कृति प्राचीनतर काल की तुलना में कमजोर पड़ती है। (चित्र 8 देखें।)

राजघाट में लगभग 700 ई.-1200 ई. के काल में पुरातत्त्व के अनुसार शहरी पतन के स्पष्ट लक्षण दिखते हैं।[112] आबादी के अंत में व्यापक पैमाने पर खोदे गए गर्त्तों के कारण[113] यहां के ढांचे में दिखलाने के लिए कुछ शेष नहीं रह गया था।[114] पत्थर की अनेक मूर्तियों और वास्तुखंडों के मिलने से किसी हिंदू इमारत के अस्तित्व का संकेत मिलता है।[115] स्पष्टतया गुप्तकाल से राजघाट का अधिक से अधिक धार्मिक स्वरूप बनता गया। ढांचों का अभाव मृद्भांडों की कमी के साथ मेल खाता है। "इस काल में सबसे कम ठीकरे मिले," क्योंकि अधिकांश खातों में इस काल की परतें बड़े-बड़े गर्त्तों के कारण अस्तव्यस्त थीं।[116] सीमित संख्या में मिट्टी के लाल बरतन के ठीकरे मिलते हैं।[117] अधिकांश ठीकरों में चिकना लेप (स्लिप) अथवा घोल की धोवन (वाश) नहीं थी।[118] शीशे, कीमती पत्थर और मिट्टी के मनके बहुत घटी हुई संख्या में जारी रहे।[119] मनकों का कालानुसार वितरण इस प्रकार है—काल-III (गुप्तपूर्व) के 603, काल-IV (गुप्त) के 496 और काल-V (गुप्तोत्तर) के 305। ऐसा लगता है कि मिट्टी की मूर्तियों की लोकप्रियता जाती रही और उनका कलात्मक गुण भी गिर गया।[120] सांचों में ढले बहुत कम फलक किसी विशेष कलात्मक महत्त्व के हैं।[121]

इसमें कोई संदेह नहीं कि राजघाट में थोड़े से गुप्तकालीन ढांचे ही पाए गए हैं।[122] लेकिन सारनाथ में अनेक आरंभिक मध्ययुगीन बौद्ध ढांचे हैं। लगता है कि फाहियान ने इस स्थल को देखा था। उसके अनुसार मृगदाव (डियर पार्क) में दो संघाराम थे जिनमें पुजारी (बौद्ध भिक्षु) रहते थे।[123]

संभवतः सातवीं सदी में वाराणसी धार्मिक केंद्र बनी। वाराणसी देश की राजधानी के बारे में चर्चा करते हुए ह्वेन सांग उल्लेख करता है कि (यहां के) परिवार बहुत समृद्ध हैं और (उनके) आवासों में दुर्लभ वस्तुएं हैं।[124] वह राजधानी में बीस देवमंदिरों की चर्चा और महेश्वर की प्रतिमा का उल्लेख करता है।[125] संभवतः इस देश के बारे में चर्चा करते हुए वह उल्लेख करता है कि यहां तीस संघाराम और लगभग एक सौ देवमंदिर हैं।[126]

वाराणसी से पूरब लगभग छत्तीस किलोमीटर की दूरी पर और गंगा से कुछ हटकर, गाजीपुर जिले में स्थित मसोन में गुप्तकालीन पतन दृष्टिगोचर होता है। 100 ई.

से 200 ई. के काल में कुषाणों के तांबे के सिक्के, मिट्टी के लाल बरतन और पकी ईंटों के ढांचे मिले हैं। इन ढांचों में ईंटों के बने फर्श और नाली के साथ तीन कमरे पाए गए हैं।[127] इस काल के ढांचे दो चरणों में मिलते हैं।[128] यहां अनेक लेखयुक्त मोहरों और मोहरछापों के अतिरिक्त मिट्टी की मूर्तियां भी पाई गई हैं।[129] इसके बाद 200 ई. से 600 ई. के काल में बुरी तरह क्षतिग्रस्त ढांचे मिलते हैं,[130] यद्यपि यहां गुप्त लिपि में लिखी कुछ मिट्टी की मोहरें और गुप्त शैली में बनी कुछ मिट्टी की मूर्तियां भी पाई जाती हैं।[131]

गोरखपुर जिले में स्थित सोहगरा उत्तरी काली पालिशदार मृद्‌भांडवाले काल में अच्छी तरह आबाद था। ईंटों के ढांचे, मूल्यवान पत्थर के मनके, आहत और ढलवां सिक्के, लोहे और तांबे की वस्तुएं और अधिकांशतः मिट्टी की अभिलिखित मोहरें इसका शहरी स्वरूप बतलाती हैं।[132] इन पुरावस्तुओं में से अधिकांश उत्तरी काली पालिशदार मृद्‌भांड के बाद के युग में चलते रहे, इसके अतिरिक्त इस काल में मिट्टी की मानव और पशु-मूर्तियां तथा मौर्योत्तरकालीन सिक्के भी मिले हैं।[133] कुषाण सिक्कों के पाए जाने से संकेत मिलता है कि यहां आबादी लगभग ईसा की तीसरी शताब्दी तक बरकरार रही। आबादी में अंतराल के बाद संभवतः तेरहवीं शताब्दी में 'मध्ययुग' शुरू हुआ।[134]

बस्ती ज़िले में स्थित पिपरहवा में स्तूप और विहार के अतिरिक्त तीन चरणों में बना हुआ सोलह कमरोंवाला मकान मिला है। वहां लंबी नाली भी मिली है। सोलह कमरोंवाला मकान आवास के लिए था, और इसके पहले चरण में ईसापूर्व पहली शताब्दी की ब्राह्मी लिपि में लिखी बीस से अधिक मिट्टी के मोहरछापे मिले हैं।[135] 1972-73 की खुदाई में इकतीस लेखयुक्त मोहरछापे बरामद हुए जिनमें से एक के ऊपर 'कपिलवस्तु' लिखा था।[136] संबद्ध पुरावस्तुओं में तांबे की थालियां और कटोरियां, लोहे के तवा और कोटर (सॉकेट), कार्नेलियन के मनके और मिट्टी का मुखौटा शामिल हैं। कुषाणों और अयोध्या के तांबे के सिक्कों के अतिरिक्त चांदी और तांबे के आहत सिक्के भी पाए गए हैं।[137] गुप्तकालीन अवशेष का कोई उल्लेख नहीं मिलता। पिपरहवा की शिनाख्त कपिलवस्तु से की जाती है। फाहियान उल्लेख करता है कि इस नगर में न राजा है और न प्रजा; यह एक बड़े रेगिस्तान की तरह है। फिर भी वह वहां "पुजारियों (बौद्ध भिक्षुओं) के संघ और लगभग दस परिवारों के" रहने की चर्चा करता है।[138] ह्वेन सांग लिखता है कि राजधानी कपिलवस्तु नष्ट हो चुकी और खंडहर बन गई है।[139] वह पुनः उल्लेख करता है कि आबाद गांव कम हैं और उजड़े हुए हैं।[140] इसके अतिरिक्त, इस इलाके में प्रायः दस उजड़े नगर हैं जो बिलकुल वीरान और बंजर हैं।[141]

इसी प्रकार पिपरहवा के नजदीक गनवरिया के टीले की खुदाई से कोई गुप्तकालीन अवशेष नहीं मिला। लगभग 800 ई. पू. में प्रारंभ होकर शुंगों और कुषाणों के समय तक आते-आते यहां की आबादी काफी हो गई। उस समय तक बड़े-बड़े ढांचों के समूह तैयार हो गए।[142] आवासीय क्षेत्र 300 × 200 मीटर में फैला था, यद्यपि इस प्राचीन स्थल का वास्तविक विस्तार बहुत अधिक था।[143] इसमें कमरे, बरामदे और ईंटों और रोड़ों से खड़ंजा किए हुए फर्शवाले दो आंगन मिलते हैं।[144] पकी ईंटों की ढकी नाली भी मिली है।[145] रिपोर्ट में यहां पाए गए पुरावशेषों की सूची बिना उनका काल

बतलाए दी गई[146] है। लेकिन शीशे और कीमती पत्थर के मनके,[147] मिट्टी के ठप्पे, थपके, मनके, कंगन, पहिया और पासे तथा शीशे की चूड़ियां[148] मौर्योत्तरकालीन हैं। गनवरिया में अनेक सिक्के पाए गए हैं। चांदी के चौंसठ आहत सिक्कों के जखीरे के अतिरिक्त अयोध्या, पंचाल और कुषाणों के लगभग सब मिलकर एक सौ तांबे के सिक्के भी यहां से मिले हैं। फिर भी कुषाणों के तांबे के सिक्कों की संख्या सबसे अधिक है।[149] ये सभी शहरी जीवन के भौतिक चिह्न माने जा सकते हैं। ढांचे के अंतिम चरण में छोटे-छोटे रोड़ों के बने मकान पाए गए।[150] उत्खनन निदेशक के अनुसार शुंग संस्कृति दो सौ वर्ष और कुषाण संस्कृति चार सौ वर्ष तक रही, और ईसा की चौथी शताब्दी के अंत तक आबादी समाप्त हो गई।[151] एक हिंद-सासानी सिक्के की, जिस पर नागरी लिपि में 'श्री' लिखा है, तिथि परवर्ती नवीं शताब्दी[152] में रखी गई है, लेकिन यह बहुत बाद के समय का लगता है।

गौतम बुद्ध के निर्वाण के समय कुशीनगर को ऐसा छोटा नगर माना जाता था कि वह महाश्रमण के निर्वाण-स्थान के योग्य नहीं था।[153] यह गोरखपुर से पैंतीस मील पूरब में स्थित है और इसकी शिनाख्त कसिया से की जाती है, जहां मौर्यकाल में बौद्ध इमारतें बनाई गईं। गुप्तकाल तक इसके केंद्रीय गर्भगृह और अन्य बहुसंख्य स्मारकों का लगातार ह्रास और पुनर्निर्माण होता रहा। ऐसा लगता है कि उनका अंत एकाएक जोरों से नहीं हुआ, बल्कि वे धीरे-धीरे नष्ट हुए।[154] फलस्वरूप उनमें जो मूल्यवान वस्तुएं रही होंगी, वे बहुत पहले ही हटाई जा चुकी थीं।[155] संभवतः (बौद्ध) विहार कुशीनगर शहर के बाहरी उपांतों पर स्थित थे जिनमें मुख्यतः बौद्ध भिक्षु रहते थे। जब शहर नष्ट हो गए तब बौद्ध स्मारकों और उनके निवासियों की आजीविका का सहारा नहीं रहा। फाहियान लिखता है कि इस नगर में "कुछ निवासियों को छोड़कर ऐसे ही परिवार हैं जो बौद्ध भिक्षुओं के स्थानीय संघ से जुड़े हैं।"[156] ह्वेन सांग ने इस नगर को भग्नावस्था में देखा[157] और 'इसके' शहरों और गांवों को वीरान और बंजर पाया।[158] 'इसके' शब्द के प्रयोग से संभवतः कुशीनगर क्षेत्र की शहरी और ग्रामीण आबादियों का बोध होता है।

बलिया जिले में स्थित खैराडीह में, जहां लगभग 800 ई. पू. में आबादी शुरू हुई, ईसा की पहली तीन शताब्दियों में नगरीकरण चरम सीमा पर था। क्षैतिज उत्खनन के फलस्वरूप बलियावाले क्षेत्र में पहले-पहल कुषाणकालीन शहरी आबादी के आकर्षक आंकड़े मिलते हैं।[159] दो चरणों में बनी हुई सड़क मिली है जिसके दोनों तरफ रिहायशी इमारतों की कतारें हैं।[160] पूरबी तरफ छः कमरोंवाले मकान में ईंटों का फर्श है और उससे एक नाली जुड़ी हुई है।[161] फर्श ईंटों और रोड़ों के बने हैं जिससे प्रत्येक कमरे का कुरसीवाला क्षेत्र ढंका हुआ है। मकान से बरामद बहुसंख्य खपड़ों की जानकारी मिलती है कि उनसे छत का छाजन होता था।[162] इस संकुल के पास दो कमरोंवाला मकान मिला, जिसमें एक कमरे का उपयोग संभवतः भंडार के तौर पर होता था।[163] दो भूमिगत ढांचों का उपयोग भी भंडार के लिए होता था,[164] और उनमें से एक की तिथि ईसा की तीसरी-चौथी शताब्दी निर्धारित की जाती है।[165] इस काल का मृद्भांड (लाल मृण्पात्र) अलंकृत था।[166] एक कमरे में मिट्टी में खोदी गई दो भट्ठियां मिलीं और पचीस

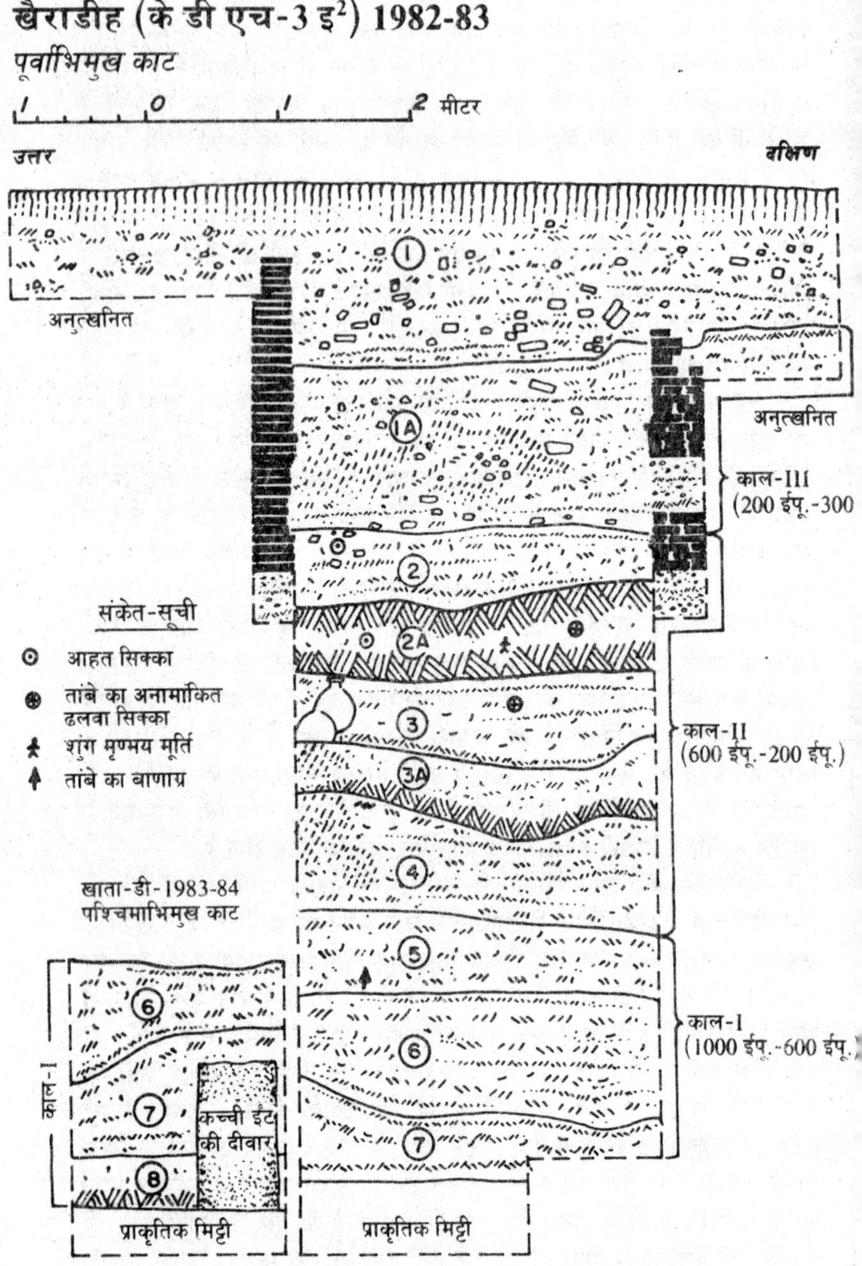

चित्र 9. खैराडीह (के डी एच-3 इ²) 1982-83, के.के. सिन्हा (अप्रकाशित) के अनुसार।

किलोग्राम धातुमल पाया गया।[167] खैराडीह में लोहे के उपकरण बनते थे; वहां से लोहे की कुल्हाड़ी और छेनी बरामद हुई है।[168] शहरी क्षेत्र के उत्तरी छोर पर लोहार का कारखाना था, और यह माना जाता है कि इसका सबसे उत्तरी भाग कारखाने के लिए आरक्षित था।[169]

इसके अतिरिक्त अनेक छोटी-छोटी पुरावस्तुओं से भी शहरी माहौल की जानकारी मिलती है। इनमें मृण्मय अंगमर्दक, थपका, कुम्हार का ठप्पा, पहिया, काग, झुनझुने, बैल और हाथी के रूप में बने पहिएदार खिलौने, शीशे, मिट्टी और पत्थर के मनके, तांबे की चूड़ी, कंगन और कर्णाभूषण, लोहे की कील, छुरी के फलक, बेलचा, छड़, बत्ती, अंगूठी और हंसिया शामिल हैं।[170] कुषाणों और गुप्तों की ठेठ शैलियों में बनी मिट्टी की मानव और पशु-मूर्तियां भी मिलती हैं।[171] एक मृण्मय मोहरछापा ईसापूर्व पहली शताब्दी का है, और दूसरा ईसा की दूसरी-तीसरी शताब्दी का।[172] ईसा की तीसरी-चौथी सदी का अभिलिखित मोहरछापा भी मिलता है।[173] अनेक कुषाणकालीन सिक्के मिले हैं।[174] यह शहरी चरण संभवतः ईसा की चौथी शताब्दी तक जारी रहा।[175] अब तक इस स्थल से किसी सुस्पष्ट गुप्तकालीन पुरावशेष के मिलने की सूचना नहीं है। (चित्र 9 देखें।)

खैराडीह सरयू नदी से बहुत दूर नहीं है। बिहार के सारण जिले में इसी नदी के किनारे स्थित मांझी और चिरांद में भी ईसा की तीसरी शताब्दी के बाद शहरी ह्रास दिखता है, और वही सांस्कृतिक अनुक्रम पाया जाता है। छपरा से उन्नीस किलोमीटर पश्चिम में स्थित मांझी का उल्लेख किसी प्राचीन ग्रंथ में नहीं मिलता, किंतु लगभग एक हजार पांच सौ मीटर की परिधि में फैले हुए इसके टीले किसी प्राचीन नगर के अवशेष हैं। यहां उत्तरी काली पालिशदार मृद्भांड के युग (600-50 ई. पू.) के साथ लोहा इस्तेमाल करनेवाली पूर्ण-विकसित संस्कृति मिली जिसमें पकी ईंटों की बनी विशाल किलेबंदी, मिट्टी की मूर्तियां और हड्डी, हाथीदांत एवं शीशे की बनी वस्तुएं पाई जाती हैं। इस काल के परवर्ती स्तरों में सिक्के, सांचे और मिट्टी के अभिलिखित मोहरछापे भी मिलते हैं।[176] इस स्थल पर नगरीकरण लगभग 300 ई.पू. में शुरू हुआ।[177]

अगले काल (50 ई. पू.-300 ई.) में केवल लाल मृद्भांड के उद्योग की जानकारी मिलती है जिसमें टोंटीदार चिलमची और बोतल की तरह गर्दनवाले सुराहीनुमा हजारे खास तरह के बरतन हैं। दो चरणों में पकी ईंटों के ढांचे पाए गए, जिनमें दो दीवारें थीं। इस काल में सबसे अधिक संख्या में पुरावशेष मिले, जिनमें मिट्टी की मूर्तियां और पत्थर के लोढ़े शामिल हैं। ईसा की दूसरी-तीसरी शताब्दी की अभिलिखित मृण्मय मोहरछापा और हाथीदांत का परिमाप (स्केल) बड़े महत्त्व की वस्तुएं हैं।[178] इन पुरावशेषों से मांझी में नगरीकरण के विकास का संकेत मिलता है। तीसरी शताब्दी के बाद यह नगर उजड़ गया। उत्खननकर्त्ता टी.एन. राय बतलाते हैं कि गुप्तकाल में, "जो ऐतिहासिक दस्तावेजों के कारण सुविज्ञात है," इस स्थल पर आबादी बिलकुल नहीं थी।[179] लगभग आठ शताब्दियों तक यह स्थान उजड़ा रहा। मध्ययुग में एक छोटा-सा जनसमूह एक बहुत छोटे क्षेत्र में प्राचीन खंडहरों के ऊपर बस गया। उनका मृद्भांड काल-III के लोगों के

मृद्भांड से बिलकुल भिन्न था। परवर्ती स्तरों में फीके साधारण लाल मृद्भांड के अतिरिक्त कुछ चमकीले मृद्भांड भी मिलते हैं।[180] जाहिर है कि तीसरी शताब्दी के बाद बारहवीं शताब्दी के आसपास यह स्थल पुनः आबाद हुआ।

चिरांद में भी लगभग 300 ई. के बाद आबादी का ह्रास दिखता है। इसका काल-IV, जो ईसवी सन् की प्रारंभिक शताब्दियों का माना जाता है, खासकर अपने संरचनात्मक अवशेषों के लिए उल्लेखनीय है।[181] पहली खुदाई से अधिकांशतः पकी ईंटों के बने ढांचों के तीन चरण मिले।[182] लेकिन बाद की खुदाइयों से पांच चरणों का पता चला जिनमें बड़ा रिहायशी ढांचा भी था। एक रिहायशी हिस्से में दो छोटे-छोटे, एक-दूसरे से लगे कमरे मिले, जिनमें से (जल-निकासवाली) नाली फर्शों के नीचे से गुजरती हुई मुख्य इमारत के बाहर वर्गाकार हौज में मिलती थी। ये इमारतें नगर के प्रतीक हैं। कुषाणकाल के बाद यह स्थल प्रायः सूना हो गया[183] यद्यपि कुछ खातों में गुप्तकालीन आबादी के बहुत घटिया और नगण्य चिह्न मिलते हैं।[184] सब मिलाकर यही निष्कर्ष निकलता है कि गुप्तकाल के बाद यह स्थल उजड़ गया, और मुस्लिम शासन की शुरुआत होने पर ही यह पुनः आबाद हुआ। (चित्र 10 देखें।)

वैशाली जिले में स्थित चेचर-कुतुबपुर गंगा, गंडक और पुनपुन के संगम के निकट स्थित है। यद्यपि इस स्थल पर थोड़ी खुदाई हुई है, फिर भी ऐसा लगता है कि अधिक खोदे जाने पर यह सारण जिले में स्थित, अपने पड़ोसी चिरांद के जैसा स्थान निकलेगा। इसके काल-I में उत्तरी काली पालिशदार मृद्भांड का पूर्ववर्ती 'ताम्र-पाषाण' चरण मिलता है।[185] काल-II उत्तरी काली पालिशदार मृद्भांड का है। बड़े गर्त्त से पकी ईंटें और लोहे की चीजें मिली हैं।[186] काल-III में ईंटों का बना एक बड़ा ढांचा मिलता है। साथ में पाए गए मृद्भांड बतलाते हैं कि यह ढांचा कुषाणकाल में बना था।[187] यह गुप्तकाल तक चलता रहा जिस काल की अन्य पुरावस्तुएं नहीं मिली हैं। ईसा की तीसरी शताब्दी के बाद के शहरी पतन की सामान्य विशेषता स्पष्ट दिखती है।

वर्तमान बसाढ़ गांव से शिनाख्त की जानेवाली वैशाली में 1903-04 से 1958-62[188] के बीच, पांच उत्खननों के दौरान व्यापक रूप से खुदाई हुई है। यद्यपि प्राचीन क्षेत्र लगभग चौबीस वर्गमील[189] में फैला है, लेकिन 'राजा विशाल का गढ़' के ऊपर मुख्य ध्यान दिया गया है। लगभग पांच हजार फुट[190] की परिधि में स्थित इस गढ़ अथवा किले पर अनेक खुदाइयां हुई हैं। 1911-12 में 9900 वर्गफुट के क्षेत्र का उत्खनन हुआ।[191] इस स्थल के अनेक भागों में किए गए इन सभी उत्खननों से यह स्पष्ट हो जाता है कि गुप्तकाल में आबादी का ह्रास प्रारंभ हुआ, जिसके बाद यह अनेक शताब्दियों के लिए प्रायः उजड़ गया।

ईसापूर्व छठी शताब्दी में आबाद होकर वैशाली ईसवी सन् के प्रारंभ तक समृद्धि प्राप्त कर चुकी थी। 50 ई. पू. से 200 ई. के बीच का काल समृद्धि और कलात्मक गतिविधि[192] के लिए विख्यात है। कुषाणकाल में पाए जानेवाले सुराहीनुमा हजारों और गहरे कटोरों के साथ-साथ, उस समय की ईंटों की व्यापक इमारतें, और सतहत्तर फुट लंबी[193] एक दीवार मिली है। गुप्त सम्राटों के समय की इमारतों की केवल नींव मिली

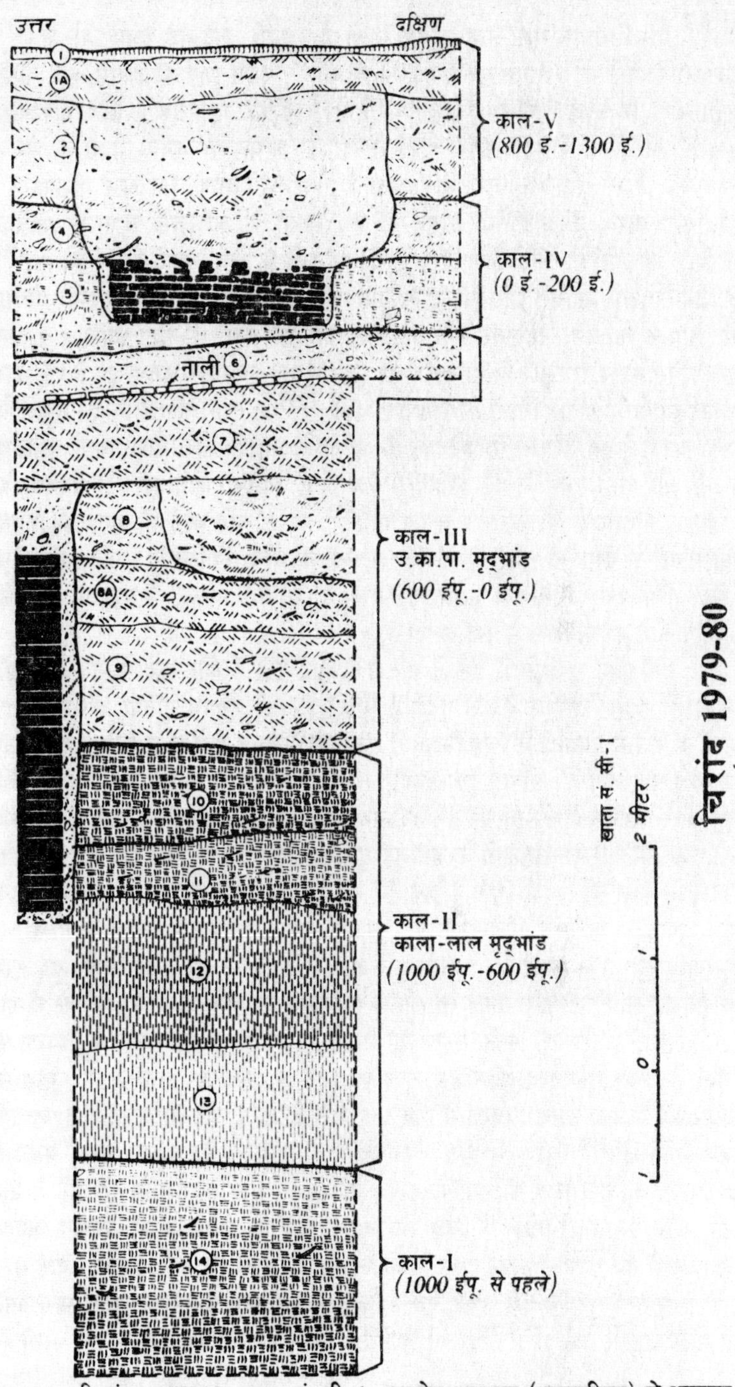

चित्र 10. चिरांद 1979-80, खाता सं. सी-1, बासुदेव नारायण (अप्रकाशित) के अनुसार।

है।[194] एक सत्तावन फुट लंबी दीवार मिली है जिससे छोटे-बड़े कमरे जुड़े हैं।[195] वैशाली से पाई गई लगभग एक हजार मोहरों का[196] समय ईसा की तीसरी और चौथी शताब्दियों के बीच निर्धारित किया गया है।[197] लेकिन गुप्तकालीन ढांचे प्राचीनतर इमारतों की तुलना में बहुत घटिया हैं। पुरालिपि के आधार पर अनेक मोहरों का समय ईसा की तीसरी शताब्दी माना जा सकता है। बहुत-सी मोहरें शिल्पियों, व्यापारियों, सौदागरों अथवा उनके निगमों (संघों) की हैं। मोहरों के अभिलेख में सबसे अधिक उल्लेख श्रेष्ठियों, सार्थवाहों (व्यापारियों) और कुलिकों के संघ अथवा निगम का है।[198] श्रेष्ठिन् का अर्थ महाजन और कुलिक का अर्थ सौदागर लगाया गया है। पर हमारे विचार से 'श्रेष्ठिन्' का अर्थ 'सौदागर' और 'कुलिक' का अर्थ 'कारीगर' होना चाहिए। ये तीन शब्द जिस मोहर पर लिखे हैं वह ब्लॉश की सूची में शामिल मोहर संख्या-29 है।[199] इस प्रकार की अभिलिखित मोहरों की संख्या 274 है।[200] यह कहा जाता है कि इन मोहरों से पता चलता है कि वैशाली में रहनेवाले तीरभुक्ति के प्रमुखों और जिला-प्रधानों के साथ पटना और अन्य नगरों के बड़े व्यापारियों का काफी कारोबार होता था।[201] वैशाली के राजकीय परिवार से भी कारोबार चलता था।[202] व्यापार चाहे कोई भी करता हो, निगम की मोहरों से ईसा की चौथी से पांचवीं शताब्दी के बीच वैशाली में संगठित शिल्पीय और वाणिज्यिक गतिविधियों का संकेत मिलता है। पांचवीं शताब्दी के बाद इस तरह की गतिविधियों का मुश्किल से पता चलता है।

इसी तरह गुप्तयुग में इमारतें घटिया दिखाई देती हैं और बाद में प्रायः लुप्त हो जाती हैं। 9900 वर्गफुट क्षेत्र से मृद्भांड, मोहरों, सिक्कों, मृण्मय मूर्तियों और छल्लेदार कूपों के रूप में आबादी के चिह्न मिलते हैं। उत्खनित ग्यारह गर्तों में से अधिकांश में ईंटों के ढांचे पाए जाते हैं। सोनारों द्वारा उपयोग किया जानेवाला सांचा भी मिला है। आबादी का काल मौर्यों से गुप्तों तक का है। उत्खनन से यद्यपि गुप्तों की मोहरें मिली हैं, फिर भी व्यापक और बारंबार खुदाइयों के बावजूद गुप्तों के सिक्के नहीं मिल पाए हैं। गुप्तों के पहले के काल की स्थिति भिन्न है, जब हमें अनेक आहत और कुषाणों के सिक्के मिलते हैं। गुप्तकाल के ढांचे भी घटिया हैं। अतएव कुल मिलाकर गुप्तकाल में पतन की पुरातात्त्विक धारणा बनती है। फाहियान ने आबादी का ह्रास नहीं देखा, लेकिन वह बुद्ध के निमित्त आम्रपाली द्वारा बनाई गई मीनार के विनाश की चर्चा करता है।[203] जो भी हो, गुप्तोत्तरकाल में वैशाली अपना महत्त्व खो बैठती है। इसकी पुष्टि ह्वेन सांग के विवरण से होती है। वह गुप्तोत्तरकाल में इस नगर के पतन का उल्लेख करता है।[204] थोड़े-से खंडहर हैं जिनका उसके विवरण से निकट का मेल बैठता है और जो आसानी से पहचाने जा सकते हैं।[205] चूंकि संभवतः वैशाली गुप्त साम्राज्य के जिला अथवा प्रमंडल तीरभुक्ति का मुख्यालय थी, इसलिए ब्लॉक के अनुसार गुप्त राजवंश के टूट जाने से यह नष्ट और उजाड़ हो गई।[206] यह स्पष्टीकरण भले ही यथेष्ट न हो, लेकिन अनेक शताब्दियों तक वैशाली अपने अस्तित्व के लिए संघर्ष करती रही।[207] (चित्र 11 देखें।)

मुजफ्फरपुर जिले में स्थित, पड़ोसी कटरागढ़ की बड़े पैमाने पर खुदाई पांच वर्षों में पांच ऋतुओं तक हुई।[208] इसकी किलेबंदी ईसापूर्व दूसरी शताब्दी में तीन चरणों में

वैशाली 1959-60 वी एस जी-XVII

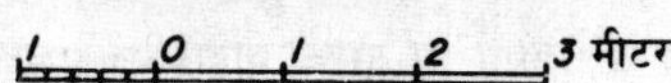

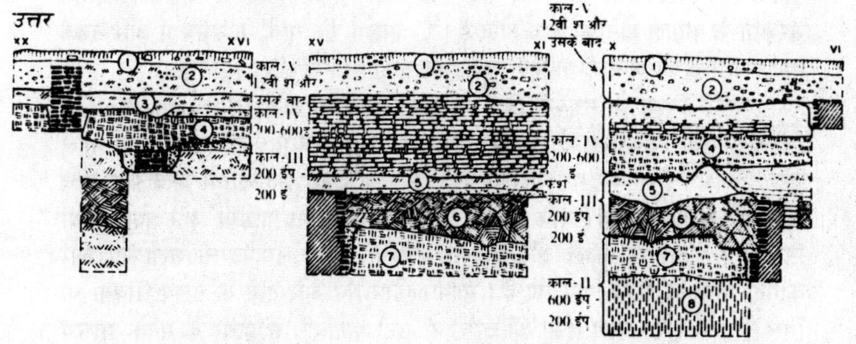

चित्र 11. वैशाली 1959-60, वी एस जी-XVII; बी.पी. सिन्हा और सीताराम राय, **वैशाली एक्सकेवेशंस 1958-62,** पटना, 1969, चित्र 9 के अनुसार।

हुई, और यह हर ओर से खाई से घिरी थी।[209] इसके पहले और तीसरे चरण में पकी ईंटों का इस्तेमाल हुआ। इसकी पूरी किलेबंदी शुंगकाल में हुई।[210] शुंगकाल में ढांचों में पकी ईंटों का बड़े पैमाने पर प्रयोग हुआ है।[211] नगर में जल-निकास के लिए एक बड़ी, लंबी नाली थी जिसके द्वारा (नगर का) पानी बागमती नदी में बहाया जाता था।[212] अभिलेखरहित तांबे के सिक्कों[213] से मुद्रा के प्रयोग का और मृण्मय मोहरों और मोहरछापों[214] से क्रय-विक्रय का संकेत मिलता है। यद्यपि यहां लेखन का उदाहरण ईसा की पहली शताब्दी में मिलता है, लेकिन किलेबंद नगर शुंगकाल में फल-फूल रहा था। नगर की समृद्धि केवल बड़े पैमाने पर ईंटों के काम, विभिन्न प्रकार के मृद्‌भांड, कीमती पत्थर की वस्तुओं, अंगमर्दकों आदि से ही नहीं, बल्कि परिष्कृत मृण्मय वस्तुओं[215] से भी प्रमाणित होती है। मृण्मय वस्तुओं में सामान्य मनके, पहिया, पासे, खिलौना-गाड़ियां, कुम्हार का थपका, और भेड़, घोड़े, बैल और चिड़ियों की मूर्तियां[216] शामिल हैं। मानव-सिर बनाने का सांचा[217] ध्यान देने योग्य है। यह उल्लेखनीय है कि पुरुष और नारी, दोनों की मूर्तियों के फलकों से विस्तृत केशविन्यास और बोझिल अलंकरण की जानकारी मिलती है।[218] शुंगकालीन मृण्मय मूर्तियों से उच्च कोटि की शिल्पकारिता प्रदर्शित होती है।[219]

यहां कुषाणकाल में आबादी जारी रही, परंतु पुरावस्तुओं का अभाव है। हुविष्क की स्वर्णमुद्रा[220] और कुछ मोहरछापे, जिन पर पहली-दूसरी ई. की लिपि के अभिलेख[221] हैं, महत्त्व की सामग्रियां हैं। (धातु गलानेवाली) कुठाली मिली है, और ठेठ कुषाणकालीन

अबरकी ठीकरे पाए गए हैं।[222] लाल मृद्भांड के बरतन, जिनमें सुराहीनुमा हजारे शामिल हैं, मिलते हैं।[223] इमारतों की दीवारें केवल एक ईंट चौड़ाई की हैं, और संभवतः खपड़ों का इस्तेमाल छत बनाने में होता था।[224] कुछ मृद्भांड और मृण्मय मूर्तियां गुप्तकालीन हैं।[225] खंडित अभिलेख को पालकालीन बतलाया गया है, पर उसकी शताब्दी की चर्चा नहीं है।[226] पालकालीन ढांचे फिर से इस्तेमाल की गई ईंटों के बने थे, जिससे तत्कालीन संस्कृति के कंगाल होने का बोध होता है।[227] स्पष्ट है कि गुप्तों के समय में और उनके बाद कटरागढ़ की आबादी अधिकांशतः उजड़ चुकी थी।[228] (चित्र 12 देखें।)

उत्तरी बिहार के मधुबनी जिले में स्थित बलिराजगढ़ में लगभग 200 ई. पू. में किलेबंद बस्ती मिलती है जो लगभग चार वर्गमील के क्षेत्र में फैली हुई थी।[229] पहले चरण (लगभग ईसापूर्व दूसरी सदी से ईसा की प्रायः दूसरी शताब्दी) में आवासीय ढांचे और शुंगकालीन मृण्मय फलक मिलते हैं। पहिये, खिलौना-गाड़ियां, और पशु-मूर्तियां निकली हैं। लोहे की कीलें और कुठाली, तांबे की अंजन लगानेवाली शलाकाएं और कीमती पत्थर के मनके पाए गए हैं। मृण्मय मोहरछाप और तांबे के ढलवे सिक्के भी मिले हैं।[230] दूसरे चरण (ईसा की दूसरी से छठी शताब्दी) से पत्थर के मनके, मृण्मय गोले, मनके और मूर्तियां निकली हैं,[231] लेकिन कोई ढांचा प्रकाश में नहीं आया है। स्पष्टतया गुप्तयुग में यह स्थल कंगाल बन गया था।

पश्चिमी चंपारण जिले में बेतिया से लगभग पचीस किलोमीटर उत्तर-पश्चिम, गंडक घाटी में स्थित लौरिया-नंदनगढ़ अपने अशोक स्तंभ के लिए प्रसिद्ध है।[232] उत्खनन के फलस्वरूप लगभग 200 ई. पू. से प्रायः 200 ई. के बीच विशाल स्तूप और शहरी जीवन के अनेक चिह्न प्रकाश में आए हैं। ईंटों के बने वृहत् आकार के अकेले ढांचे के रूप में अस्सी फुट ऊंचा यह स्तूप अपने समकालीन, प्रायः 200 ई. पू. के सभी स्मारकों में अद्वितीय[233] है। यह विशाल परकोटे की दीवार से घिरा है, तथा स्तूप और दीवार के बीच जमीन में गड़े ढांचे से नगर-क्षेत्र के अस्तित्व का पता चलता है।[234] कुछ कुएं, छल्लेदार कूप और बड़ी मात्रा में मृद्भांड जिनमें भीटा से प्राप्त पात्रों के समान कड़ाहनुमा बरतन शामिल हैं, पाए गए हैं।[235] 200 ई. पू. की बहुसंख्य मृण्मय मूर्तियां भी मिली हैं।[236] अधिकांश नारी-मूर्तियां हैं, और चूंकि प्रारंभिक बौद्ध धर्म के साथ मातृदेवी का पंथ संबद्ध नहीं था,[237] इसलिए इन मूर्तियों का इस्तेमाल खिलौनों के रूप में होता होगा। लोहे के सामानों में सुए, कुल्हाड़ियां, छुरियां, कटोरे और बाणाग्र हैं।[238] स्तूप में प्राप्त सिक्कों और मोहरछापों से व्यापारिक और शिल्पीय गतिविधियों का संकेत मिलता है। कुषाणों के तांबे के सिक्कों के अतिरिक्त प्राचीनतर काल के अनेक तांबे के सिक्के, जिनमें दूसरी सदी ई. के तांबे के ढलवे सिक्के भी शामिल हैं, पाए गए हैं।[239] उल्लेखनीय है कि सिक्के ढालने का एक मृण्मय सांचा, जिस पर ब्राह्मी लेख अंकित है, और सांचे के अनुरूप सीसे का एक टुकड़ा (सिक्का) भी मिले हैं।[240]

धार्मिक संस्था के खंडहर में सिक्के ढालने के सांचे के मिलने के कारण में ननीगोपाल मजुमदार पहली सदी ई. के सीसे के टुकड़े को सिक्का न मानकर प्रतीक (टोकन) मानते हैं।[241] लेकिन अनेक प्राचीन बौद्ध संस्थाओं में शिल्पियों और सौदागरों

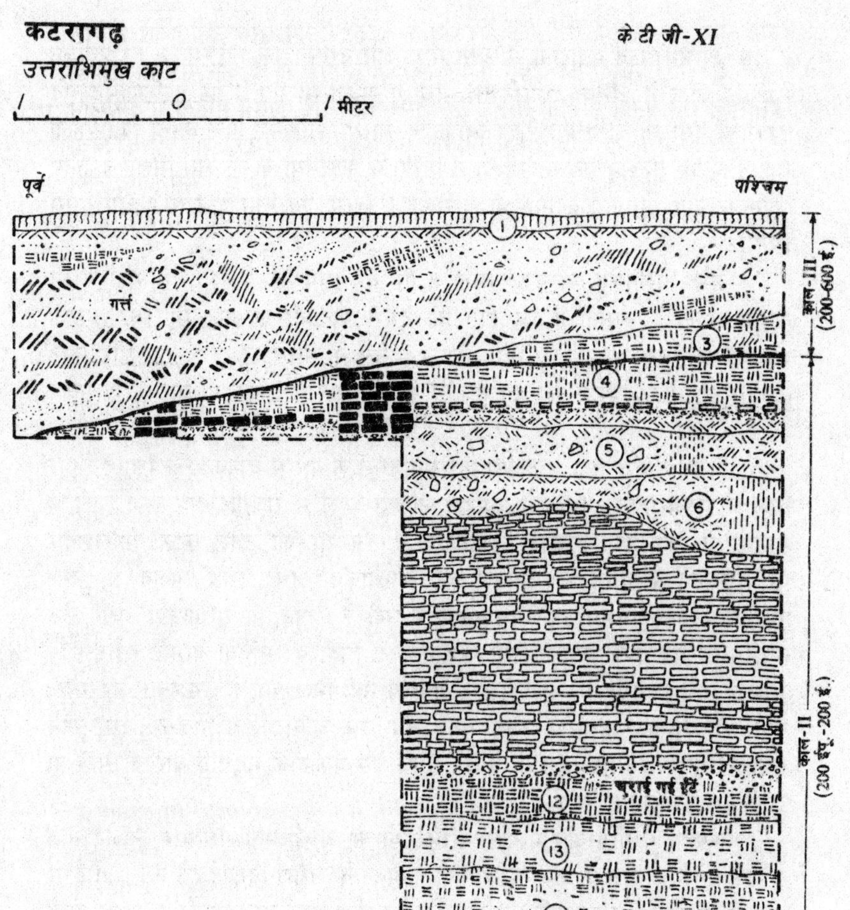

चित्र 12. कटरागढ़, के टी जी-XI, उत्तराभिमुख काट, सीताराम राय (अप्रकाशित) के अनुसार।

के द्वारा अभिलिखित मुद्रादानों से उक्त सांचे और उससे ढाले गए सिक्के का प्रयोजन स्पष्ट हो जाता है। सिक्के ढालने के सांचे से संकेत मिलता है कि लौरिया-नंदनगढ़ टकसाली नगर था जो स्पष्टतः सुदूर व्यापार के माध्यम से सीसा प्राप्त करता था। पहली सदी ई. पू. के कुछ मृण्मय मोहरछापों में मोहरों के स्वामियों के जो नाम मिलते हैं, उनमें शिल्पियों और सौदागरों के नाम भी हो सकते हैं। ऐसा एक नाम शिवदास है और दूसरा ब्रह्ममित्र।[242]

अनेक पुरावशेषों से पता चलता है कि यह स्तूप "ईसा की दूसरी सदी में भी कायम था।"[243] लगता है कि ईसा की दूसरी शताब्दी के बाद स्तूप का अहाता अधिकांशतः बिना आबादी का रहा। नंदनगढ़ टीले के सबसे ऊपरी स्तर पर झीनी परत के कुछ ढांचागत अवशेष पाए गए थे।[244] ये गुप्तकाल या उसके भी बाद के हो सकते हैं।

बिहार में गंगा नदी के दक्षिण में स्थित नगरों के बारे में जानकारी के लिए भोजपुर जिले में बक्सर, पटना जिले में कुम्रहार, नालंदा जिले में राजगीर और गया जिले में सोनपुर में किए गए उत्खनन विचारणीय हैं। बक्सर की उत्तरी काली पालिशदार मृद्भांडवाली संस्कृति में आबादी के अपेक्षाकृत अच्छे चिह्न मिलते हैं, मगर मौर्योत्तरकालीन अवशेष उतने प्रभावोत्पादक नहीं हैं। फिर भी सुराहीनुमा हजारे, ठेठ कटोरे और घड़े, और कुषाणों जैसी पोशाकवाली मिट्टी की मूर्तियां बरामद हुई हैं।[245] आश्चर्य है कि अभी तक गुप्तकालीन अवशेष नहीं मिल पाए हैं। संभवतः यह स्थल गुप्त और गुप्तोत्तरकालों में उजड़ गया, और जब आबाद हुआ तब के मध्ययुगीन चमकीले मृद्भांड मिलते हैं।[246] जाहिर है कि इस प्रकार के मृद्भांड बारहवीं सदी या इसके बाद प्रचलित हुए थे।

कुम्रहार में मौर्य और मौर्योत्तर संस्कृतियों का अच्छा प्रतिनिधित्व है, लेकिन 300 ई. से 600 ई. के बीच के काल में आबादी के पतन के लक्षण दिखाई देते हैं। 300 ई. से 450 ई. के काल में मुख्यतः ईंटों के रोड़ों के बने जीर्ण-शीर्ण ढांचे मिलते हैं, यद्यपि इसमें छः रद्दों का चूल्हा भी है।[247] 450 ई. से 600 ई. के बीचवाली परत में खुरदरी बनावट के मिट्टी के लाल बरतन और गुप्त लिपि में अभिलिखित कुछ ठीकरे पाए गए हैं, लेकिन गुप्तकाल की अन्य वस्तुओं का अभाव है।[248] इसके विपरीत कुम्रहार कुषाणकालीन ईंटों के ढांचों और मृण्मय वस्तुओं में समृद्ध है।[249] यद्यपि बौद्ध ढांचों के लिए 750 वर्ष का लंबा काल (150 ई. पू. से 600 ई.) रखा गया है और उस क्षेत्र में मौर्यकाल से प्रायः 600 ई. तक [250] आबादी भी पाई गई है, पर अधिकांश ढांचे गुप्तपूर्व काल और गुप्तकाल के आरंभ के हैं। ईसापूर्व तीसरी सदी से गुप्तकाल तक मोहरें और सिक्के पाए जाते हैं।[251] कुम्रहार से मिले सिक्कों में आहत मुद्राएं तथा कुषाणों और गुप्तों के सिक्के हैं।[252] कुल मिलाकर इनकी संख्या दो सौ से अधिक है,[253] लेकिन गुप्तोत्तरकाल में सिक्कों और मोहरों, दोनों का अभाव है। निस्संदेह मुगलों के सिक्के मिलते हैं,[254] पर उसके पहले के सिक्के नहीं मिलते।

फाहियान के यात्रा-विवरण से पता चलता है कि पाटलिपुत्र की अवस्था अच्छी थी,

यद्यपि अशोक का राजमहल नष्ट हो गया था।[255] मगध की चर्चा करते हुए वह लिखता है कि मध्य भारत के सभी राज्यों में इस देश के नगर अपेक्षाकृत विशाल हैं और लोग समृद्ध तथा संपन्न हैं।[256] फिर भी, कुसुमपुर अथवा पाटलिपुत्र नामक पुराने नगर के बारे में ह्वेन सांग कहता है कि यह बहुत पहले ही उजड़ चुका था, केवल दीवारें टिकी हुई थीं।[257] इस चीनी तीर्थयात्री के अवलोकन से प्रतीत होता है कि ईसा की सातवीं शताब्दी में भी अशोक के नगर के खंडहर बारह से चौदह मील की परिधि में फैले हुए थे।[258] ह्वेन सांग फिर बतलाता है कि विनष्ट संघारामों और देवमंदिरों की संख्या सैकड़ों में है, लेकिन केवल दो अथवा तीन अक्षुण्ण हैं। उसने पुराने महल के उत्तर में गंगा के किनारे, लगभग एक हजार मकानों के छोटे शहर की चर्चा की है।[259] यह आबादी पुराने पाटलिपुत्र का एक अंश रही होगी। परवर्ती गुप्त और गुप्तोत्तरकाल में इस प्राचीन नगर के पतन का बोध महाबीरघाट और दो अन्य स्थलों के उत्खनन की रिपोर्टों से होता है।[260] (चित्र 13 देखें।)

नालंदा जिलांतर्गत राजगीर ऐतिहासिक दृष्टि से पाटलिपुत्र से प्रायः एक शताब्दी पुराना है। यह अनगढ़े पत्थर की दीवार के साथ पचीस मील के पहाड़ी घेरों से घिरा है।[261] यद्यपि यह मगध की पहली राजधानी थी, लेकिन यहां बहुत सीमित पैमाने पर खुदाई हुई है। ईसा-पूर्व पहली शताब्दी से ईसा की पहली शताब्दी के बीच के काल में तीन सड़कों का पता चलता है।[262] ईसा की पहली शताब्दी आबादी का अंतिम चरण लगती है। इसमें केवल घड़ों, चमकीले रंग के कटोरों और मिट्टी की बनी वस्तुओं की प्राप्ति हुई है।[263] गुप्तकाल तक राजगीर मुख्यतः धार्मिक स्थल बन चुका था। उसी समय मनियार मठ का निर्माण हुआ, और उसे चूने तथा बालू की मूर्तियों से सजाया गया। सब मिलाकर यह निष्कर्ष निकलता है कि गुप्तकाल में इस नगर की कोई शहरी विशिष्टता नहीं थी। जब फाहियान बौद्धों के इस धर्मस्थल पर पहुंचा, तो उसने पहाड़ी से घिरे इस प्राचीन नगर को पतनावस्था में पाया। वह लिखता है कि इस नगर के भीतर सब सूना है और यहां आबादियां नहीं हैं।[264] उसके अनुसार अजातशत्रु के बनाए हुए नए राजगृह में केवल दो संघाराम अथवा विहार थे।[265] अभी तक की गई सीमित खुदाई से ईसा की पहली शताब्दी के बाद राजगीर के पतन की पुष्टि होती है। (चित्र 14 देखें।)

बोधगया, जहां ताराडीह नामक स्थल पर खुदाई हो रही है, गुप्तकाल के आरंभ तक एक महत्त्वपूर्ण नगर था। लेकिन फाहियान के अनुसार उसके भ्रमण के समय गया नगर के भीतर सब कुछ सूना और उजाड़ था।[266] मध्ययुग के आरंभ में यह तीर्थकेंद्र के रूप में विकसित हुआ।

गया के निकट केवल सोनपुर का उत्खनन हुआ है। यहां कुषाणकाल का बहुत अच्छा प्रतिनिधित्व है। इस काल के उपरी स्तर से मिले, पकी ईंटों के बने ढांचे की तिथि 200 ई. रखी गई है। सीमित उत्खनन के कारण किसी ढांचे की पूरी योजना नहीं मिली है, लेकिन इस चरण से कीलें, छुरी की धार, भाले, कुल्हाड़ियां, कटार इत्यादि लोहे की वस्तुएं मिली हैं।[267] धातु के आभूषण मुख्यतः तांबे के बनते थे। हाथीदांत की वस्तुओं में एक अलंकृत वस्तु भी थी। अधिकांशतः मृण्मय वस्तुएं 200 ई. पू. से 200 ई. तक की हैं और

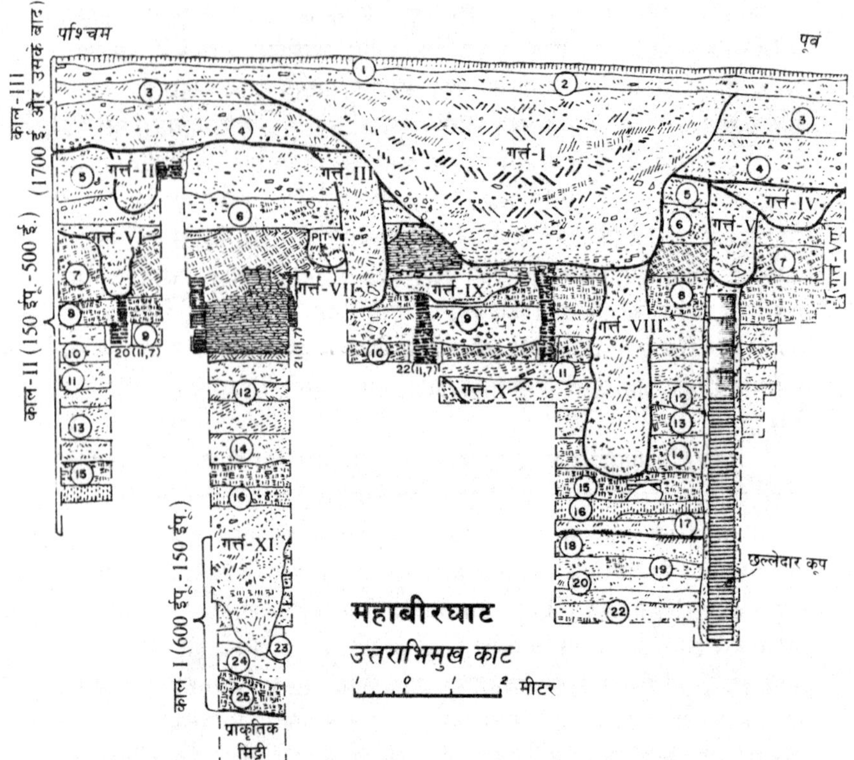

चित्र 13. महाबीरघाट, उत्तराभिमुख काट: बी.पी. सिन्हा और एल.ए. नारायण, **पाटलिपुत्र एक्सकेवेशंस 1955-56,** पटना, 1970, चित्र 3 के अनुसार।

सांचे की बनी चीजों में कलात्मक दक्षता दिखती है। तांबे के आहत और ढलवे सिक्के पाए गए हैं। अभिलिखित मृण्मय मोहरछापे भी मिले हैं। प्राचीनतर चरण की अपेक्षा कुषाणयुगीन चरण में आबादी के अधिक चिह्न दिखते हैं, और सोनपुर की रिपोर्ट में किसी कुषाणोत्तर पुरावशेष का उल्लेख नहीं है।[268]

भागलपुर जिलांतर्गत चंपा की शिनाख्त चंपानगर से की जाती है। उत्खननकर्त्ता द्वारा इसके कालक्रम के चरण स्पष्ट रूप से नहीं बतलाए गए हैं।[269] चंपा में जहां मिट्टी का परकोटा है, वह स्थान उत्तरी काली पालिशदार मृद्‌भांडवाले चरण में आबाद हुआ, लेकिन किलेबंदी के परवर्ती चरण से शुंगकालीन मृण्मय मूर्तियों और फलकों के अतिरिक्त मृण्मय मोहरछापे मिलते हैं। लोहे की वस्तुओं के अलावा तांबे के ढलवे

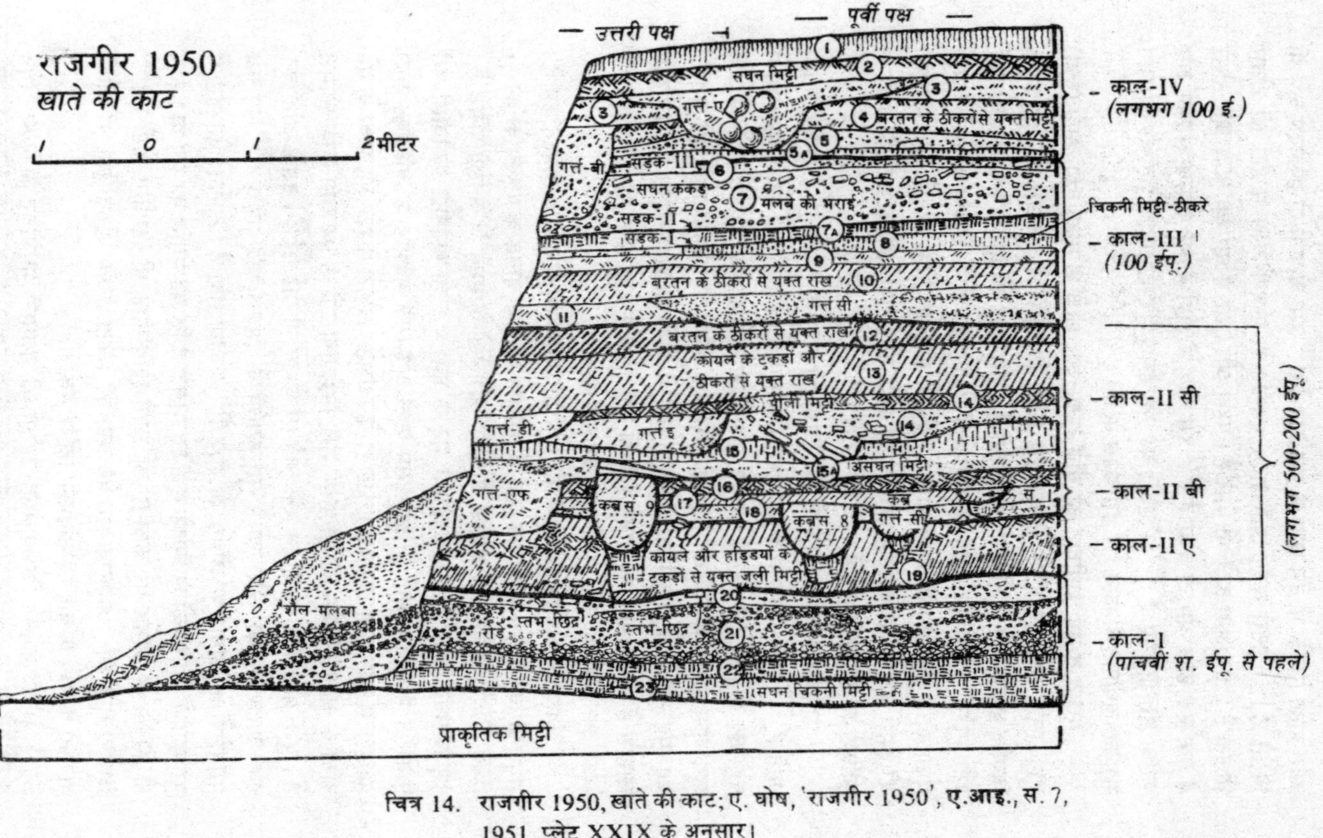

चित्र 14. राजगीर 1950, खाते की काट; ए. घोष, 'राजगीर 1950', ए.आइ., सं. 7, 1951, प्लेट XXIX के अनुसार।

और आहत सिक्के भी इस चरण में पाए जाते हैं।[270] इसी चरण में दो छल्लेदार कूप भी मिलते हैं।[271] उत्तरी काली पालिशदार मृदभांड के परवर्ती चरण में ईंटों की दीवार मिलती है। तीन अन्य ढांचे भी मिले हैं। पहले और दूसरे में चार-चार कमरे और तीसरे में एक बड़ा हॉल और दो कमरे हैं।[272] इस चरण में मिट्टी के बने चम्मच, लटकन और फलक भी पाए गए हैं।[273] स्पष्टतः यह स्तर ईसापूर्व दूसरी-पहली शताब्दी का था। संभवतः हाथीदांत के मनके [274] इसी काल के हैं।

मृण्मय वस्तुएं, हाथीदांत की चीजें, पत्थर और शीशे के मनके तथा कंगन (चूड़ी) गुप्तकालीन माने गए हैं,[275] लेकिन इस काल के ढांचों का उल्लेख नहीं है। इसके विपरीत कुषाणकाल में दो कमरे[276] मिलते हैं। कुछ कांसे की मूर्तियां तथा मृण्मय मोहरें और मूर्तियां गुप्तों और पालों के समय की मानी जाती हैं,[277] लेकिन कौन-सी वस्तुएं गुप्तों की हैं और कौन-सी पालों की, इसे रिपोर्ट में स्पष्ट नहीं किया गया है। लगभग ईसा की दूसरी शताब्दी के बाद यह स्थल करीब-करीब उजड़ गया, क्योंकि गुप्तों के समय के भौतिक अवशेष बहुत कम हैं। (चित्र 15 देखें।)

फाहियान उल्लेख करता है कि "अभी भी चंपा में पुजारी (बौद्ध भिक्षु) निवास करते हैं,"[278] लेकिन स्पष्टतः वे बहुत कम संख्या में थे। ह्वेन सांग ने वहां ध्वंसावस्था में बहुसंख्य संघाराम देखे, जिनमें लगभग दो सौ पुजारी (बौद्ध भिक्षु) रहते थे।[279] उसे वहां प्रायः बीस ब्राह्मण-धर्मावलंबी मंदिर भी मिले जहां अनेक लोग बहुधा आते रहते थे।[280] यह स्पष्ट नहीं है कि ये धार्मिक ढांचे चंपानगर में थे अथवा इसके पड़ोस में। ह्वेन सांग लिखता है कि राजधानी की दीवारें ईंटों की बनी थीं, और बहुत ऊंची थीं,[281] लेकिन यह स्थान आबाद था या नहीं, इसकी चर्चा वह नहीं करता।

बिहार के विपरीत उड़ीसा में प्रारंभिक ऐतिहासिक स्थलों की संख्या बहुत कम है। समुद्र के किनारे कुछ नगर पाए जाते हैं। गंजाम जिले में जौगढ़ ऋषिकुल्य के तट पर स्थित है।[282] वस्तुतः यह अशोक के चौदह अभिलेखों के समूह[283] के लिए प्रसिद्ध है। इस किलेबंद स्थल में काल-I (ईसवी सन् के पूर्व) में लोहा इस्तेमाल करनेवाली पूरी विकसित संस्कृति मिलती है, और इसमें काले-और-लाल मृद्भांड के अतिरिक्त लाल पालिशदार मृण्पात्र भी मिलते हैं। काल-II के विशिष्ट अवशेषों में ईंटों और पत्थर के बने ढाँचों के अतिरिक्त कम कीमती पत्थर, शंख, मिट्टी तथा तांबे के बने उत्तम मनके शामिल हैं। युद्ध और शांति के निमित्त बनी लोहे की वस्तुएं भी पाई गई हैं। इसके अतिरिक्त, एक आहत सिक्का और ग्यारह पुरी-कुषाणों के सिक्के पाए गए हैं।[284] उपलब्ध पुरावशेषों के आधार पर जौगढ़ को शहर [285] बतलाया गया है। काल-II के स्तरों से पुरी-कुषाणों के सिक्कों के मिलने से संकेत मिलता है कि यह समृद्धि का युग था। साथ ही सिक्के के आधार पर काल-II की ऊपरी तिथि-सीमा भी निर्धारित होती है।[286] शिशुपालगढ़ की अनुरूपता पर यह कहा जा सकता है कि जौगढ़ ईसा की चौथी शताब्दी के मध्य के बाद अस्तित्वमान नहीं रह सका।

पुरी जिलांतर्गत शिशुपालगढ़ उड़ीसा की राजधानी भुवनेश्वर के निकट स्थित है। संभवतः इसकी पहचान अशोक के धौली-अभिलेखों में चर्चित तोसली और

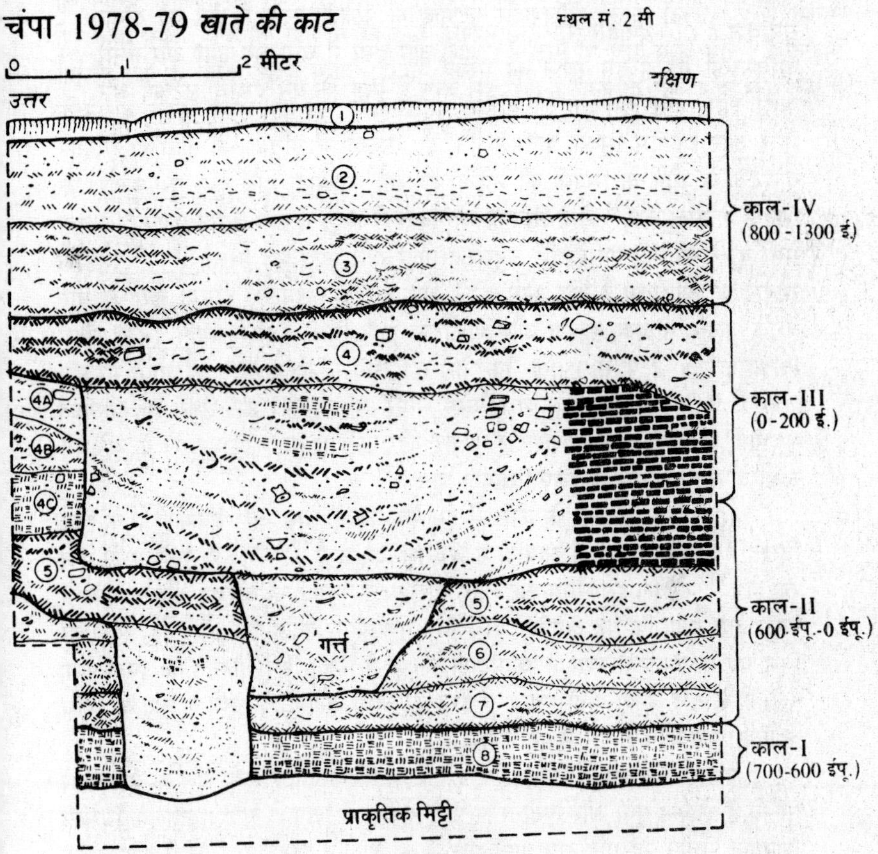

चंपा 1978-79 खाते की काट

स्थल सं. 2 सी

0 1 2 मीटर

उत्तर

दक्षिण

काल-IV (800-1300 ई.)

काल-III (0-200 ई.)

काल-II (600 ईपू.-0 ईपू.)

काल-I (700-600 ईपू.)

गर्त्त

प्राकृतिक मिट्टी

चित्र 15. चंपा 1978-79, स्थल सं. 2 सी, बासुदेव नारायण (अप्रकाशित) के अनुसार।

खारवेल के हाथीगुंफा अभिलेख में चर्चित कलिंगनगर से की जा सकती है। यहां बड़े पैमाने पर उत्खनन[287] हुए जिनसे जानकारी मिली कि यह लगभग 300 ई. पू. में आबाद हुआ और प्रायः 200 ई. पू. में इसकी किलेबंदी हुई। किले से घिरा क्षेत्र आधे वर्गमील से थोड़ा अधिक है। इसके मिट्टी के परकोटे को दूसरे चरण में मखरले (लैटराइट) की मोटी परत से और तीसरे चरण में ईंट की दो दीवारों से मजबूत किया गया।[288] किलेबंद क्षेत्र में नगर था, जो लगभग 200 ई. पू. से लेकर प्रायः 350 ई. तक बरकरार रहा।[289] मकान ईंटों अथवा मखरले के कटे खंडों से बने थे और गलियां शतरंज-पट्ट के नमूने[290] पर बनी लगती हैं। यद्यपि लगभग 100 ई. के परवर्ती स्तरों में उतरी काली पालिशदार मृद्‌भांड के कुछ ठीकरे मिलते हैं, लेकिन मुख्य मृद्‌भांड के

अंतर्गत काला-और-लाल, चमकीला, लाल पालिशदार और सादा लाल बरतन का समावेश है।[291] दांतेदार (रौलेटेड) मृण्पात्र के ठीकरे भी पाए गए हैं।[292] अन्य महत्त्वपूर्ण पुरावस्तुओं में, जो इस स्थान को सुस्पष्ट शहरी चरित्र प्रदान करती हैं, कम कीमती पत्थर, शीशे और हाथीदांत की चूड़ियां, बहुसंख्य मृणमय कर्णाभूषण, सिक्के ढालने के सांचे और इकतीस सिक्के शामिल हैं।[293] सिक्कों में हुविष्क का तांबे का सिक्का, वासुदेव के सोने के सिक्के की नकल पर बनी स्वर्णमुद्रा और कुछ पुरी-कुषाणों के सिक्के शामिल है।[294] रोमी सिक्कों की नकल में मिट्टी के बने ढोलने (लाकेट) अथवा रोमी बुल्ले भी पाए गए हैं।[295] बहुसंख्य मोहरें और मोहरेछापे मिलते हैं।[296] लोहे के सामान का आधिक्य है और उनमें कीलें, आरे, कुंडियां (स्टेपल्स), हंसिया, छुरी की धारें, बेधक, कटार, गोखरू, बाणाग्र और भालों की नोकें मिली हैं।[297] यद्यपि इसकी शहरी विशिष्टता 200 ई. पू. से 350 ई. तक जारी रही, लेकिन शिशुपालगढ़ की शहरी संस्कृति 200 ई. पू. और 100 ई. के बीच 'चरम सीमा' पर पहुंची। उस समय वह परिष्कृत मृद्‌भांड, चमकीले लाल पालिशदार मृण्पात्र और छेनी से काटे गए मखरले के बड़े-बड़े खंडों के बने ढांचों[298] के लिए विख्यात था।

100 ई. से 200 ई. के काल में इस संस्कृति के ह्रास और संक्रमण[299] के चिह्न दिखते हैं। प्रायः 200 ई. में आबादी में अंतराल दिखता है जो संभव है संपूर्ण स्थल में न रहा हो।[300] लेकिन इस समय तक लाल पालिशदार मृण्पात्र की बनावट और तकनीक में इतना ह्रास हुआ कि यह अधपके, गेरू-रंजित मृणपात्र में बदल गया।[301] बड़े पैमाने पर किए गए उत्खननों से स्पष्ट है कि मैदानी इलाके में स्थित शिशुपालगढ़ का स्थल प्रायः 350 ई. के बाद जनशून्य हो गया।[302] ईसा की चौथी शताब्दी के मध्य के बाद की तिथि के किसी पुरावशेष के बारे में पता नहीं है।

पश्चिमी बंगाल के समुद्रतटीय क्षेत्र में आरंभिक ऐतिहासिक काल के कुछ शहर मिलते हैं, लेकिन गुप्त और गुप्तोत्तरकालों में उनका भी पतन हो गया। ताम्रलुक, जिसकी शिनाख्त प्राचीन बंदरगाह-नगर ताम्रलिप्ति से की जाती है, मिदनापुर जिले में रूपनारायण नदी के दक्षिणी तट पर स्थित है। यहां आबादी उत्तरी काली पालिशदार मृद्‌भांड के पहले शुरू हुई, यद्यपि उत्तरी काली पालिशदार मृदभांड का निर्माण इस स्थल पर लगभग 300 ई. पू. में प्रारंभ हुआ होगा। उत्तरी काली पालिशदार मृद्‌भांडवाले काल में जला हुआ फर्श, मृण्मय मूर्तियां और तांबे के ढलवे सिक्के मिले।[303] उत्तरी काली पालिशदार मृद्‌भांड के परवर्ती काल में शुंगों और कुषाणों की संस्कृतियां मिलती है जिनमें ठेठ शुंगकालीन कटोरे, दांतेदार चक्रित (रूलेटेड) बरतन, सुराहीनुमा हजारा और ईंटों का बना सीढ़ीदार तालाब उल्लेखनीय है।[304] खोज में मिले कम कीमती पत्थर संभवतः शुंगों और कुषाणों के समय के हैं, लेकिन मोहरें गुप्तकालीन हैं। जो भी हो, तीसरी शताब्दी के बाद यह स्थल लगभग उजड़ा हुआ-सा लगता है। फाहियान ताम्रलिप्ति के राज्य की चर्चा करता है जहां उसने चौबीस विहार (संघाराम) देखे जिनमें पुजारी (बौद्ध भिक्षु) निवास करते थे, लेकिन वह बंदरगाह-नगर के बारे में मौन है। वह 'समुद्री मुहाने' पर किसी स्थान से बड़े व्यापारी जहाज पर सवार हो गया।[305] उसने उस स्थान का इतना भी

महत्त्व नहीं समझा कि उसका नाम लिखता।

चौबीस परगना जिलांतर्गत चंद्रकेतुगढ़ बंगाल की खाड़ी के तट पर स्थित प्राचीन बंदरगाही नगर था। यह कलकत्ता से अड़तीस किलोमीटर उत्तर-पूरब में स्थित है। यहां आबादी उत्तरी काली पालिशदार मृद्भांड के आने के साथ शुरू हुई। इस मृद्भांड के साथ चांदी और तांबे के सिक्के, तथा पत्थर एवं मिट्टी के मनके भी मिलते हैं।[306] प्रारंभिक ब्राह्मी लिपि में अभिलिखित कुछ ठीकरे शुंगकालीन हैं।[307] शुंग और कुषाण चरण के आवास-संकुल मिले हैं, जिनमें सुर्खी के दुरमुस किए हुए फर्श, टट्टी पर मिट्टी के लेप से बनी (वाटॅल-एंड-डॉब) दीवारें, खपरैली छतें, अनाज की कोठरियां और मिट्टी के बने छल्लेदार कुएं[308] हैं। हाथीदांत की बनी वस्तुएं और दांतेदार मृण्पात्र जैसे ठेठ मृद्भांड[309] भी मिलते हैं। हाथीदांत की बनी वस्तुएं भी शुंगकाल के पहले की हैं, जिस समय जलपोत चिह्नवाले अथवा जलपोत प्रकार के अनेक आहत सिक्के पाए जाते हैं।[310] ये सारे तथ्य बतलाते हैं कि चंद्रकेतुगढ़ एक बंदरगाह था। अगल-बगल में छोटे-छोटे मंदिरों के साथ ईंट का बना महत्त्वपूर्ण मंदिर गुप्तकाल का है। गुप्तोत्तरकाल में धार्मिक ढांचे बने रहे।[311] मुख्य मंदिर के ढांचे में तीन चरण हैं—एक गुप्तकालीन और दो गुप्तोत्तरकालीन।[312] मंदिर के अतिरिक्त, गुप्तकालीन संस्कृति में ईंटों के बने ढांचों के अवशेष और मोटी-मोटी ईंटों और बड़े-बड़े मृण्मय छल्लों से बने छल्लेदार कुएं मिलते हैं।[313] फलक पर बलुआ पत्थर से बनी सूर्य-प्रतिमा की और विष्णु-प्रतिमा के ऊपरी धड़ की प्राप्ति हुई है।[314] गुप्त और गुप्तोत्तरकालीन पुरावशेष ऐसे नहीं प्रतीत होते जिनसे चंद्रकेतुगढ़ की वाणिज्यिक गतिविधियों का पता चले। इनमें मृण्मय प्रतिमाखंड, पत्थर की प्रतिमाएं और चूना एवं बालू के बने वानस्पतीय आलंकारिक प्रतीकों के टुकड़े शामिल हैं।

बांकुड़ा जिलांतर्गत, दारकेश्वर नदी के तट पर स्थित डीहर ताम्र-पाषाण स्थल के रूप में आबाद होना शुरू हुआ। संभवतः आरंभिक ऐतिहासिक काल में यह छोटा नगर बन गया। इस काल के निक्षेपों का बोध चार परतों[315] से होता है। उनकी मोटाई के बारे में कोई जानकारी नहीं है, यद्यपि ताम्र-पाषाण और आरंभिक ऐतिहासिक कालों में कुल मिलाकर अधिकतम दो मीटर का सांस्कृतिक निक्षेप है।[316] आरंभिक ऐतिहासिक काल की पहचान लोहे के इस्तेमाल और शुंगों तथा कुषाणों के समय के मृद्भांड से होती है। इनमें पत्थर के अनेक मनके, मृण्मय वस्तुएं और तांबे के ढलवे सिक्के भी मिले हैं।[317] यह स्पष्ट है कि ईसा की दूसरी शताब्दी के बाद यह स्थल उजड़ गया, क्योंकि यहां कुषाणोत्तरकाल के सांस्कृतिक अवशेष नहीं हैं।

पश्चिमी दिनाजपुर जिले में बाणगढ़ पुनर्भवा नदी के पूर्वी तट पर स्थित है। पुनर्भवा गंगा की एक बड़ी सहायक नदी पद्मा की सहायक नदी है। उत्तरी काली पालिशदार मृद्भांड के नमूने, छल्लेदार कुएं, मृण्मय वस्तुएं तथा चांदी और तांबे के आहत सिक्के शुंगकाल के पहले के माने जाते हैं।[318] ये सिक्के शुंगकाल में भी पाए जाते हैं, जिस समय उन्नत इमारतें, जल-निकास के लिए नालियां, उपगर्त्त और ईंटवाले परकोटे की दीवार मिलती है।[319] गुप्तकाल में दीवारें, मृण्मय मनके, तांबे और हाथीदांत

की शलाकाएं, लोहे के हथियार आदि पाए जाते हैं। पालों के राज्यकाल में परकोटे की दीवार ऊंची कर दी गई। पालकाल से भी कमलाकार छोटा तालाब, नक्काशी की हुई ईंटें और पत्थर की प्रतिमाएं मिली हैं।[320] इस प्रकार इस स्थल पर आबादी की निरंतरता बनी रही, लेकिन गुप्त और गुप्तोत्तरकाल के सिक्के नहीं पाए गए।

उत्तरी बंगाल में कुछ आरंभिक ऐतिहासिक स्थल हैं (जो इस समय पश्चिमी बंगाल और बांग्लादेश, दोनों में हैं), और बंगाल की खाड़ी के तट पर कुछ बंदरगाही नगर भी हैं। लेकिन असम में बहुत कम ऐतिहासिक स्थल ज्ञात हैं। इनमें से एक कामरूप जिले में आमबाड़ी है। इसकी पहचान ब्रह्मपुत्र के पुराने जलमार्ग के तट पर गुवाहाटी के उपांत (सबर्ब) के रूप में की गई है। ब्रह्मपुत्र की वर्तमान धारा एक किलोमीटर दक्षिण में है।[321] प्राचीनतम चरण, जिसमें शिशुपालगढ़ से प्राप्त पुरावशेषों के सदृश पुरावशेष मिलते हैं, ईसवी सन् की प्रारंभिक शताब्दियों का हो सकता है।[322] दूसरे चरण से लाल रंग, पांडु रंग और चीनी मिट्टी (केंऑलिन) के बरतन मिले; चीनी मिट्टी के बरतन से संकेत मिलता है कि पुराने समय में चीन से इस स्थान का संपर्क था। ईसा की चौथी शताब्दी के बाद यह स्थल महत्त्वपूर्ण नहीं दिखता। तीसरे चरण का आगमन ईसा की सातवीं सदी[323] से माना जाता है, लेकिन चीनी काही (सेलेडन) बरतन की उपलब्धि और रेडियोकार्बन तिथिकरण (895 ई. ±105)[324] से संकेत मिलता है कि आमबाड़ी केवल ईसा की दसवीं शताब्दी अथवा बाद में फिर से आबाद हुई।

पूर्वी उत्तरप्रदेश और बिहार में शहरीकरण लगभग 500 ई. में आरंभ हुआ, और अपेक्षाकृत लंबे काल तक जारी रहा। इसके तत्त्व छठी सदी ई. पू. में उत्तरी काली पालिशदार मृद्‌भांड के आगमन के साथ सामने आते हैं। बड़े पैमाने पर चांदी के आहत सिक्के और लोहे के सामान प्रयोग में आते हैं। 300 ई. पू. पार करते-करते पकी ईंट और खपड़े का इस्तेमाल भी होने लगता है और सिक्के का प्रचलन बहुत बढ़ जाता है। लेखन प्रथा भी चल पड़ती है, और राज्य व्यवस्था मजबूत हो जाती है। साथ ही इस्पात के रूप में लोहे के उपकरण बनने लगते हैं। इन कारणों से 300 ई. पू. से 300 ई. के बीच शहरीकरण अपने चरम सीमा पर पहुंच जाता है। ईसा की चौथी से छठी शताब्दियों के बीच कौशांबी, भीटा, राजघाट, वैशाली, कुम्रहार और चंपा में शहरीकरण का ह्रास दिखता है। श्रावस्ती, गनवरिया, मसोन, खैराडीह, मांझी, चिरांद, कटरागढ़, बक्सर, सोनपुर और राजगीर में नगरीकरण में गुप्तकाल का प्रतिनिधित्व नहीं के बराबर है। उड़ीसा और पश्चिमी बंगाल की प्राचीन बस्तियों में शहरीकरण की शुरुआत लगभग 300 ई. पू. में होती है और प्रायः 300 ई. में समाप्त हो जाती है। यद्यपि गुप्तकाल और बाद में यहां नई बस्तियां बसती हैं।

टिप्पणियां

1. **आइ ए आर**, 1975-76, पृ. 52.
2. वही, पृ. 48.
3. **आइ ए आर**, 1975-76, पृ. 52; 1976-77, पृ. 54.
4. **आइ ए आर**, 1975-76, पृ. 53; 1976-77, पृ. 54.
5. **आइ ए आर**, 1974-75, पृ. 48.
6. **आइ ए आर**, 1976-77, पृ. 54.
7. ये हिज्जे **आइ ए आर**, 1983-84 के पृ. 88 पर पाए जाते हैं, इसके पहले के अंकों में हुलास खेड़ा मिलता है।
8. **आइ ए आर**, 1978-79, पृ. 74; 1983-84, पृ. 88 से तुलना करें।
9. **आइ ए आर**, 1979-80, पृ. 77.
10. **आइ ए आर**, 1983-84, पृ. 88.
11. **आइ ए आर**, 1978-79, पृ. 74; 1983-84, पृ. 88.
12. **आ ए आर**, 1978-79, पृ. 75.
13. **आइ ए आर**, 1981-82, पृ. 72.
14. वही.
15. वही.
16. **आइ ए आर**, 1978-79, पृ. 75.
17. **आइ ए आर**, 1980-81, पृ. 71.
18. **आइ ए आर**, 1983-84, पृ. 88-89.
19. **आइ ए आर**, 1978-79, पृ. 75.
20. **आइ ए आर**, 1980-81, पृ. 71.
21. **आइ ए आर**, 1969-70, पृ. 44.
22. के. के. सिन्हा, **एक्सकेवेशंस ऐट श्रावस्ती**, पृ. 11.
23. वही, पृ. vi.
24. **ए एस आर**, 1907-8, पृ. 84.
25. जे. लेगि (अनु.), **ए रेकॉर्ड ऑव बुद्धिस्टिक किंगडम्स**, पृ. 55 और आगे।
26. **सी-यू-कि**, पृ. xliv.
27. **सी-यू-कि**, II, पृ. 1-2.
28. **ए एस आर**, 1907-8, पृ. 94-95.
29. वही, पृ. 39.
30. वही.
31. **आइ ए आर**, 1977-78, पृ. 54-56; 1978-79, पृ. 57-59; 1979-80, पृ. 74; 1980-81, पृ. 67-68; 1981-82, पृ. 66-67.
32. **आइ ए आर**, 1978-79, पृ. 54.
33. वही.
34. **आइ ए आर**, 1977-78, पृ. 55; 1981-82, पृ. 66 से तुलना करें।
35. उत्खनन के बिचले चरणों में मैंने यह धारणा बनाई।

36. **आइ ए आर**, 1979-80, पृ. 74; 1982-83, पृ. 91.
37. **आइ ए आर**, 1982-83, पृ. 91.
38. **आइ ए आर**, 1981-82, पृ. 67.
39. वही.
40. **आइ ए आर**, 1977-78, पृ. 56.
41. **आइ ए आर**, 1981-82, पृ. 66.
42. वही.
43. **आइ ए आर**, 1982-83, पृ. 92; 1983-84, पृ. 85.
44. **आइ ए आर**, 1977-78, पृ. 55.
45. **आइ ए आर**, 1981-82, पृ. 66.
46. **आइ ए आर**, 1983-84, पृ . 85.
47. वही, पृ. 67.
48. वही; **आइ ए आर**, 1977-78, पृ. 56 मे तुलना करें।
49. व्यक्तिगत अवलोकन के आधार पर।
50. **ए एस आर**, 1911-12, पृ. 30.
51. वही, पृ. 30-31.
52. वही, पृ. 34-38.
53. वही, पृ. 34.
54. वही, पृ. 38.
55. वही, पृ. 62-71.
56. वही.
57. वही.
58. वही, पृ. 30.
59. वही, पृ. 62-71.
60. वही, पृ. 46.
61. **ए आस आर**, 1911-12, पृ. 45.
62. वही, पृ. 59; जॉन मार्शल ने मात्र दो मोहरों के दृष्टांत दिए हैं।
63. वही, पृ. 91-92.
64. वही, पृ. 43.
65. **आइ ए आर**, 1953-54, पृ. 9.
66. टी. पी. वर्मा, **द पैलिऑग्राफी ऑव ब्राह्मी स्क्रिप्ट इन नार्थ इंडिया**, पृ. 136-37.
67. **सी-यू-कि**, पृ. lxviii.
68. वही.
69. **सी-यू-कि**, I, पृ. 235.
70. वही, पृ. 235-36.
71. वही, पृ. 224-29.
72. **आइ ए आर**, 1969-70, पृ. 41.
73. वही.
74. **आइ ए आर**, 1979-80, पृ. 77.
75. वही.
76. वही.
77. ए. के. नारायण और टी. एन. राय, **एक्सकेवेशंस ऐट राजघाट**, I, पृ. 37-74 में उल्लिखित

बारह खातों, दो जांच खातों और तीन प्रभावी (साउंडिंग्स) खातों के आकारों के आधार पर यह आकलन किया गया।

78. **आइ ए आर**, 1965-66, पृ. 55.
79. बी. पी. सिंह, **लाइफ इन एंशिएंट वाराणसी : ऐन एकाउंट बेस्ड ऑन आर्कियोलॉजिकल एविडेंस**, पृ. 5 देखें। कृष्णदेव, 'एक्सकेवेशंस ऐट राजघाट नियर बनारस,' **एनुअल बिब्लियोग्राफी ऑव इंडियन हिस्टरी एंड इंडोलाजी**, III (1940), पृ. 41-51 भी देखें। विस्तृत क्षेत्र के उत्खनन की रिपोर्ट के लिए ए. के. नारायण और टी. एन. राय, **एक्सकेवेशंस ऐट राजघाट**, I, 1976; II, 1977 देखें। के. के. सिन्हा की देखरेख में 1977-78 में बी. पी. सिंह द्वारा किया गया उत्खनन छोटे पैमाने पर था। इसके मुख्य परिणाम बी. पी. सिंह, **लाइफ इन एंशिएंट वाराणसी** में समाविष्ट हैं।
80. बी. पी. सिंह, पूर्वोक्त, पृ. 62.
81. वही, पृ. 74, 262.
82. वही
83. वही, पृ. 41-45.
84. वही, पृ. 260-61.
85. वही.
86. वही, पृ. 223-32, 261.
87. वही, पृ. 224.
88. वही.
89. वही, पृ. 261.
90. वही.
91. वही, पृ. 245-48, 261.
92. वही, पृ. 239-41.
93. ए. के. नारायण और टी. एन. राय, **एक्सकेवेशंस ऐट राजघाट**, I, पृ. 28; बी. पी. सिंह, पूर्वोक्त, पृ. 5.
94. बी. पी. सिंह, पूर्वोक्त, पृ. 74, 249, पा. टि. 1, पृ. 263.
95. वही, पृ. 63-70, 264-65.
96. वही, पृ. 265.
97. वही, पृ. 264-65.
98. वही, पृ. 265.
99. वही, पृ. 143.
100. ए. के. नारायण और टी. एन. राय, **एक्सकेवेशंस ऐट राजघाट**, III, पृ. 46.
101. ए. के. नारायण और टी. एन. राय, **एक्सकेवेशंस ऐट राजघाट**, I, पृ. 31.
102. बी. पी. सिंह, पूर्वोक्त, पृ. 248.
103. वही, पृ. 249.
104. ए. के. नारायण और टी. एन. राय, **एक्सकेवेशंस ऐट राजघाट**, II, पृ. 63.
105. वही, पृ. 100.
106. ए. के. नारायण और टी. एन. राय, **एक्सकेवेशंस ऐट राजघाट**, III, पृ. 21.
107. ए. के. नारायण और टी. एन. राय, **एक्सकेवेशंस ऐट राजघाट** II, पृ. 63; बी. पी. सिंह, पूर्वोक्त, पृ. 54.
108. ए. के. नारायण और टी. एन. राय, **एक्सकेवेशंस ऐट राजघाट**, I, पृ. 19-20, 37-65.
109. ए. के. नारायण और टी. एन. राय, **एक्सकेवेशंस ऐट राजघाट**, II, पृ. 63; बी. पी. सिंह,

पूर्वोक्त, पृ. 54.

110. यह बात ए. के. नारायण और टी. एन. राय के **एक्सकेवेशंस ऐट राजघाट**, IV के आधार पर कही जा सकती है, जिसमें इन फलकों का दृष्टांत है।

111. एक मोहरछापे (सीलिंग) पर गुप्त लिपि में लेख 'वाराणस्याधिष्ठानाधिकरणस्य' अंकित है। ए. के. नारायण और टी. एन. राय, **एक्सकेवेशंस ऐट राजघाट**, III, पृ. 3 देखें।

112. ए. के. नारायण और टी. एन. राय, **एक्सकेवेशंस ऐट राजघाट**, II, पृ. 16-17 से यह निष्कर्ष निकाला जा सकता है।

113. वही, पृ. 16.

114. वही.

115. वही.

116. वही, पृ. 70.

117. वही, पृ. 16.

118. वही.

119. ए. के. नारायण और टी. एन. राय, **एक्सकेवेशंस ऐट राजघाट**, III, पृ. 21.

120. वही, पृ. 17.

121. वही.

122. मैंने भी स्थल को देखकर ही यह सूचना एकत्रित की ।

123. **सी-यू-कि**, पृ. lxvii--lxviii.

124. **सी-यू-कि**, II, पृ. 44.

125. वही, पृ. 45.

126. वही, पृ. 44.

127. **आइ ए आर**, 1964-65, पृ. 43.

128. वही, पृ. 43 देखें। स्थानीय जांच-पड़ताल के फलस्वरूप मालूम होता है कि **आइ ए आर**, 1964-65 में अंकित इस स्थल का नाम 'मसावोन' गलत है, इसका सही नाम 'मसोन' है जिसका अर्थ होता है 'उजाड़'। टीले विस्तृत क्षेत्र में फैले हुए हैं और उनसे ऐसे शहर के होने का संकेत मिलता है जो गंगा से दूर नहीं था।

129. **आई ए आर**, 1965-66, पृ. 93.

130. वही, पृ. 94.

131. **आइ ए आर**, 1974-75, पृ. 47.

132. वही.

133. वही, पृ. 47.

134. वही.

135. **आइ ए आर**, 1970-71, पृ. 31; 1973-74, पृ. 27-28.

136. **आइ ए आर**, 1972-73, पृ. 33.

137. **आइ ए आर**, 1973-74, पृ. 28.

138. **सी-यू-कि**, पृ. xliv.

139. **सी-यू-कि**, II, पृ. 13-14.

140. वही, पृ. 14.

141. वही, पृ. 13-14.

142. **आइ ए आर**, 1975-76, पृ. 47-50.

143. के. एम. श्रीवास्तव, **डिसकवरी ऑव कपिलवस्तु**, पृ. 61.

144. **आइ ए आर**, 1975-76, पृ. 49.

145. वही.
146. **आइ ए आर**, 1975-76, पृ. 49; 1974-75, पृ. 40.
147. **आइ ए आर**, 1974-75, पृ. 40.
148. **आइ ए आर**, 1975-76, पृ. 50.
149. के. एम. श्रीवास्तव, पूर्वोक्त, पृ. 126.
150. **आइ ए आर**, 1975-76, पृ. 49.
151. वही, पृ. 50; कुषाणकाल के लिए चार सौ वर्ष निर्धारित नहीं किए जा सकते।
152. के. एम. श्रीवास्तव, पूर्वोक्त, पृ. 150.
153. यह "जंगल के बीच वह नगर-क्षेत्र की शाखा था, जहां टाट और मिट्टी के लेप के मकान बने थे।" जी. पी. मलालसेकर, **डिक्शनरी ऑव पालि प्रॉपर नेम्स**, भाग I, प्रविष्टि 'कुसिनारा' देखें।
154. **ए एस आर**, 1904-05, पृ. 45.
155. वही.
156. **सी-यू-कि**, पृ. lii.
157. वही, पृ. 26.
158. वही, पृ. 31-32.
159. **आइ ए आर**, 1981-82, पृ. 69.
160. **आइ ए आर**, 1982-83, पृ. 93-94; 1983-84, पृ. 87 भी देखें।
161. **आइ ए आर**, 1981-82, पृ. 69.
162. वही.
163. वही.
164. **आइ ए आर**, 1982-83, पृ. 93-94.
165. वही, पृ. 94.
166. **आइ ए आर**, 1981-82, पृ. 69.
167. 1983-84 के उत्खनन के आधार पर प्रोफेसर के. के. सिन्हा से प्राप्त सूचना; **आइ ए आर**, 1983-84, पृ. 86 भी देखें।
168. **आइ ए आर**, 1982-83, पृ. 94.
169. **आइ ए आर**, 1983-84, पृ. 86.
170. **आइ ए आर**, 1981-82, पृ. 69.
171. वही, पृ. 69-70.
172. **आइ ए आर**, 1980-81, पृ. 69.
173. **आइ ए आर**, 1981-82, पृ. 70.
174. **आइ ए आर** 1980-81, पृ. 69.
175. **आइ ए आर**, 1981-82, पृ. 70.
176. टी. एन. राय, **मांझी के प्रथम ऋतु 1983-84 के उत्खनन की रिपोर्ट** (अप्रकाशित); **आइ ए आर**, 1983-84, पृ. 15-16 भी देखें।
177. **आइ ए आर**, 1983-84, पृ. 16.
178. वही.
179. टी. एन. राय, पूर्वोक्त.
180. **आइ ए आर**, 1983-84, पृ. 16.
181. **आइ ए आर**, 1970-71, पृ. 7.
182. **आइ ए आर**, 1962-63, पृ. 6.

183. **आइ ए आर**, 1964-65, पृ. 7.

184. मेरे व्यक्तिगत स्थलावलोकन पर आधारित।

185. **आइ ए आर**, 1977-78, पृ. 17-18.

186. वही, पृ. 18.

187. वही.

188. टी. ब्लॉश, 'एक्सकेवेशंस ऐट बसाढ़,' **ए एस आर**, 1903-04, पृ. 81-122; डी. बी. स्पूनर, 'एक्सकेवेशंस ऐट बसाढ़, 1911-12', **ए एस आर**, 1913-14, पृ. 98-185; कृष्णदेव और विजयकांत मिश्र, **एक्सकेवेशन ऐट वैशाली, 1950;** बी. पी. सिन्हा और सीताराम राय, **एक्सकेवेशंस ऐट वैशाली 1958-62** देखें।

189. **ए एस आर**, 1903-04, पृ. 81.

190. वही. पृ. 83.

191. **ए एस आर**, 1911-12, पृ. 102.

192. कृष्णदेव और विजयकांत मिश्र, पूर्वोक्त, पृ. 3.

193. **आइ ए आर**, 1958-59, पृ. 12.

194. **ए एस आर**, 1903-04, पृ. 88.

195. **आइ ए आर**, 1958-59, पृ. 12.

196. **ए एस आर**, 1903-04, पृ. 101; 1913-14, पृ. 99.

197. **ए एस आर**, 1903-4, पृ. 101-2.

198. वही, पृ. 104, 110.

199. वही.

200. वही, पृ. 101.

201. वही, पृ. 88.

202. वही, पृ. 104.

203. **सी-यू-कि**, पृ lii-liii.

204. **सी-यू-कि**, II, पृ. 66.

205. सैमुएल बिल, **द लाइफ ऑव ह्वेन सांग**, पृ. 100-110.

206. **ए एस आर**, 1903-4, पृ. 83.

207. वही.

208. **आइ ए आर**, 1975-76, पृ. 8; 1976-77, पृ. 12-13; 1977-78, पृ. 15-16; 1978-79, पृ. 67; 1979-80, पृ. 14.

209. **आइ ए आर**, 1977-78, पृ. 15.

210. वही, पृ. 15-16.

211. **आइ ए आर**, 1976-77, पृ. 12; 1979-80, पृ. 14.

212. उत्खननकर्ताओं में से एक (के. के. शर्मा) से प्राप्त सूचना।

213. **आइ ए आर**, 1975-76, पृ. 8; 1976-77, पृ. 12.

214. **आइ ए आर**, 1975-76, पृ. 3, 1976-77, पृ. 12.

215. **आइ ए आर**, 1975-76, पृ. 8.

216. वही.

217. वही.

218. **आइ ए आर**, 1977-78, पृ. 16.

219. **आइ ए आर**, 1976-77, पृ. 12.

220. वही.

221. **आइ ए आर**, 1979-80, पृ. 14.
222. के. के. शर्मा से प्राप्त सूचना।
223. **आइ ए आर**, 1976-77, पृ. 12.
224. वही.
225. **आइ ए आर**, 1975-76, पृ. 8.
226. **आइ ए आर**, 1976-77, पृ. 13.
227. वही.
228. व्यक्तिगत अवलोकन के आधार पर।
229. **आइ ए आर**, 1972-73, पृ. 7; 1974-75, पृ. 10.
230. **आइ ए आर**, 1972-73, पृ. 7; 1974-75; पृ. 10.
231. **आइ ए आर**, 1972-73, पृ. 7; 1974-75, पृ. 10.
232. **ए एस आर**, 1935-36, पृ. 55.
233. **ए एस आर**, 1936-37, पृ. 49.
234. **ए एस आर**, 1936-37. पृ. 49; 1935-36, पृ. 66.
235. **ए एस आर**, 1935-36, पृ. 66.
236. **ए एस आर**, 1936-37, पृ. 50; 1935-36, पृ. 64.
237. **ए एस आर**, 1936-37, पृ. 50.
238. वही.
239. **ए एस आर**, 1935-36, पृ. 63-64; 1936-37, पृ. 49-50.
240. **ए एस आर**, 1936-37, पृ. 49.
241. वही, पृ. 50.
242. **ए एस आर** 1935-36, पृ. 63; 1936-37, पृ. 49.
243. **ए एस आर**, 1936-37, पृ. 50.
244. वही. पृ. 64.
245. **आइ ए आर**, 1965-66, पृ. 21.
246. वही.
247. ए. एस. अलतेकर और विजयकांत मिश्र, **रिपोर्ट ऑन कुम्रहार एक्सकेवेशंस, 1951-55**, पृ. 29.
248. वही, पृ. 20.
249. वही.
250. वही, पृ. 15-16.
251. **ए एस आर**, 1912-13, पृ. 82-86.
252. वही, पृ. 84-86.
253. विजयकांत मिश्र, **कुम्रहार** (हिंदी में) पृ. 7-8, 18.
254. **ए एस आर**, 1912-13, पृ. 84-86.
255. **सी-यू-कि**, पृ. iv.
256. वही, पृ. lvi.
257. **सी-यू-कि**, II, पृ. 82-83.
258. एल. ए. वाडेल, **रिपोर्ट ऑन द एक्सकेवेशंस ऐट पाटलिपुत्र**, पृ. 20.
259. **सी-यू-कि**, I., पृ. 86.
260. बी. पी. सिन्हा और लाला आदित्य नारायण, **पाटलिपुत्र एक्सकेवेशंस**, पटना, 1970, में ये प्रतिवेदन लिखित हैं; खासकर पृ. 56 देखें।

261. **ए आइ आर**, सं. 7, पृ. 65.
262. वही, पृ. 70-71, 72-78.
263. वही, पृ. 70-71.
264. **सी-यू-कि**, पृ. lix.
265. वही, पृ. lviii.
266. वही, पृ. lxi; स्पष्टतः यहां गया से बोधगया अभिप्राय है।
267. बी.पी. सिन्हा और बी.एस. वर्मा, **सोनपुर एक्सकेवेशंस (1956 एंड 1959-62)**, पृ. 10-11.
268. वही.
269. **आइ ए आर**, 1969-70, पृ. 2; 1970-71, पृ. 4-5; 1971-72, पृ. 5; 1972-73, पृ. 6-7; 1974-75, पृ. 8-9; 1975-76, पृ. 7-8; 1976-77, पृ. 11-12 में स्तरविन्यास की घटती-बढ़ती स्थितियां देखें।
270. **आइ ए आर**, 1969-70, पृ. 2.
271. **आइ ए आर**, 1970-71, पृ. 5.
272. **आइ ए आर**, 1975-76, पृ. 8.
273. **आइ ए आर**, 1974-75, पृ. 9.
274. **आइ ए आर**, 1972-73, पृ. 7.
275. **आइ ए आर**, 1975-76, पृ. 7.
276. वही, पृ. 8.
277. वही.
278. **सी-यू-कि,** पृ. lxxi.
279. **सी-यू-कि**, II, पृ. 192.
280. वही.
281. वही.
282. **आइ ए आर**, 1956-57, पृ. 30.
283. वही.
284. वही, पृ. 30-31.
285. वही, पृ. 31.
286. **आइ ए आर**, 1956-57, पृ. 31.
287. बी. बी. लाल, 'शिशुपालगढ़ 1948 : ऐन अर्ली हिस्टॉरिकल फोर्ट इन ईस्टर्न इंडिया', **ए आइ**, सं. 5, पृ. 62-105.
288. **ए आइ**, सं. 5, पृ. 64; **ए आइ**, सं 9, पृ. 168.
289. **ए आइ**, सं. 9, पृ. 168-69.
290. वही, पृ. 168.
291. वही, पृ. 169.
292. वही.
293. वही, पृ. 169; **ए आइ,** सं. 5, पृ. 62-105.
294. **ए आइ**, सं. 9, पृ. 169.
295. वही.
296. **ए आइ**, सं. 5, 62-105.
297. वही.
298. वही, पृ. 68-72.
299. वही, पृ. 68.

300. वही, पृ. 70.
301. वही, पृ. 67.
302. वही.
303. **आइ ए आर**, 1954-55, पृ. 20; 1973-74, पृ. 33.
304. **आइ ए आर**, 1954-55, पृ. 20; 1973-74, पृ. 33.
305. **सी-यू-कि**, पृ. lxxi.
306. **आइ ए आर**, 1965-66, पृ. 59.
307. के. जी. गोस्वामी, 'चंद्रकेतुगढ़ एंड इट्स आर्कियोलॉजिकल इंपोर्टेंस', **इंडियन म्यूजियम बुलेटिन**, सं. 1, पृ. 42-46.
308. **आइ ए आर**, 1965-66, पृ. 59-60.
309. वही.
310. **आइ ए आर**, 1966-67, पृ. 48; 1962-63, पृ. 46
311. **आइ ए आर**, 1966-67, पृ. 48.
312. **आइ ए आर**, 1965-66, पृ. 59.
313. वही. पृ. 60.
314. **आइ ए आर**, 1966-67, पृ. 48.
315. **आइ ए आर**, 1983-84, पृ. 92-93.
316. वही, पृ. 92.
317. वही, पृ. 93.
318. के. जी. गोस्वामी, **एक्सकेवेशन ऐट बाणगढ़ (1938-1941)**, आशुतोष म्यूजियम, मेमॉयर सं. 1, पृ. 111; वाइ. डी. शर्मा, 'रिमेंस ऑव अर्ली हिस्टॉरिक सिटीज,' **आर्कियोलॉजिकल रिमेंस, मॉन्युमेंट्स एंड म्यूजियम्स**, भाग I, पृ. 78 देखें।
319. वही.
320. वही.
321. **आइ ए आर**, 1968-69, पृ. 5.
322. **आइ ए आर**, 1970-71, पृ. 4.
323. वही.
324. वही.

अध्याय 4

शहरी विकास और पतन : मध्य और पश्चिमी क्षेत्र

पश्चिमी और मध्य भारत के नगरों का पुरातत्त्व, खासकर ईसा की तीसरी और उसके बाद की शताब्दियों में, प्रायः सिंधु-गांगेय मैदान के पुरातत्त्व जैसा है। इन क्षेत्रों में हड़प्पाई नगरों के अवसान के पश्चात् लगभग ईसापूर्व तीसरी अथवा दूसरी शताब्दी में फिर से शहरों का उदय हुआ, लेकिन ईसा की तीसरी शताब्दी के बाद प्रायः वे नष्ट और उजाड़ हो गए।

हम अपना सर्वेक्षण राजस्थान से प्रारंभ करते हैं। इसके उत्तर-पूर्वी क्षेत्र भौतिक संस्कृति की दृष्टि से पड़ोसी गांगेय क्षेत्रों से निकट से जुड़े हुए थे। भरतपुर जिलांतर्गत नोह में कुषाणयुग के बाद आबादी के चिह्न नहीं दिखते।[1] उत्तरी काली पालिशदार मृद्‌भांड के अनुवर्ती चरण में तांबे के ढलवे सिक्के, मृण्मय पशु-मूर्तियां, अंगमर्दक, शीशे की चूड़ियां और कम कीमती पत्थरों के मनके मिले हैं।[2] नोह में धातु पिघलाने के अनेक संकेत मिले हैं। बड़ी मात्रा में लोहे के धातुमल के साथ, अभी तक सुरक्षित धातु पिघलाने की भट्ठी विशेष रूप से उल्लेखनीय है।[3] कुषाणकालीन उन्नत आबादी का संकेत उसकी समान आकार की पकी ईंटों के बने आठ चरणवाले ढांचों से मिलता है।[4] नोह में ईसा की तीसरी शताब्दी के बाद कोई ढांचा अथवा पुरावशेष नहीं मिलता।[5] स्पष्टतः आबादी उजड़ गई थी।

जयपुर में बैराट (जिसे विराटनगर भी कहते हैं) अशोक के अभिलेख के लिए प्रसिद्ध है। इस स्थल का चित्रित धूसर मृद्‌भांड और उत्तरी काली पालिशदार मृद्‌भांड से संबंध दिखता है।[6] यहां से बरामद उत्तरी काली पालिशदार मृद्‌भांड के ठीकरे, जो भिक्षापात्रों के टुकड़े मालूम पड़ते हैं, तांबे की पिन से जुड़े हुए थे।[7] स्पष्टतः ये बड़े कीमती माने जाते थे और ये किसी उत्तरी काली पालिशदार मृद्‌भांडवाले केंद्रस्थल से विनिमय द्वारा लाए गए थे। मौर्योत्तरकाल में मुद्रा-विनिमय का साक्ष्य अनेक प्रकार के सिक्कों से मिलता है। आहत सिक्के सूती कपड़े के टुकड़े में लपेटे हुए मिले हैं।[8] ये सिक्के[9] यहां ईसा की पहली शताब्दी तक प्रचलित थे।[10] प्रायः 140 ई. पू. से 20-45 ई. के बीच के छत्तीस यूनानी और हिंद-यूनानी सिक्के पाए गए हैं।[11] बैराट में मौर्यकालीन ईंटों का बना मंदिर है, जो उत्तर भारत में संभवतः सबसे प्राचीन है।[12] मौर्योत्तर स्तरों और ईसवी सन् की आरंभिक शताब्दियों के निक्षेपों से छोटे-छोटे घड़े, बोतल, ढक्कन पाए गए हैं जिनके

कोर पर दीप हैं। मिट्टी के दीप भी पाए गए हैं जिनको लटकाने के लिए केंद्र में नली है। यद्यपि ढांचों का अभाव है, तथापि छापांकित रूपांकनवाले ठीकरे मिलते हैं।[13] बैराट की आबादी का इतिहास ईसापूर्व दूसरी शताब्दी में बने बौद्ध विहार के साथ जुड़ा हुआ है; यह ईंट के बने मौर्यकालीन मंदिर से भिन्न है। विहार की पश्चिमी दीवार के निकट पाए गए सिक्कों से स्पष्ट हो जाता है कि यह ईसा की पहली शताब्दी तक आबाद रहा। ईसा की दूसरी शताब्दी के बाद का कोई पुरावशेष नहीं है, जिससे लगता है कि पूरा विहार उजड़ गया था।[14] दूसरी शताब्दी के पश्चात् अथवा उससे भी कुछ बाद यह स्थल स्पष्टतः वीरान हो गया, और फिर मध्ययुग में आबाद हुआ।[15]

जयपुर जिलांतर्गत रेढ़ में ईसापूर्व तीसरी शताब्दी से ईसा की दूसरी शताब्दी तक आबादी जारी रही। बाद की आबादी को गुप्तयुग का बताया जा सकता है।[16] 115 जितनी बड़ी संख्या में छल्लेदार कूप पाए गए हैं।[17] इन कूपों से पीने का पानी मिलता होगा अथवा इनका इस्तेमाल सोख-गर्तों के रूप में होता होगा। इनसे घनी आबादी का संकेत मिलता है। ईंटों के बने कुएं, जो प्रायः छल्लेदार कूपों के बाद के हैं, सोख-गर्तों के काम में नहीं आते थे; ये मुख्यतः जलापूर्ति के लिए थे। रेढ़ में बरतन छापांकनों से अलंकृत है।[18] यहां छल्लेदार हत्थोंवाले नतोदर ढक्कन, हांड़ियों के धुंडीदार ढक्कन और छोटे-छोटे बोतल मिले हैं जो ईसवी सन् की प्रारंभिक शताब्दियों के माने जाते हैं।[19] मृण्मय मोहरें, मनके और मूर्तियां भी मिलती हैं। यहां खुदाई से बहुसंख्य सिक्के मिले हैं। इनमें आहत सिक्कों के जखीरे, मालवा के सिक्के (प्रायः 200 ई. पू. से 200 ई.) और मित्रों के सिक्के शामिल हैं।[20]

ईसापूर्व तीसरी शताब्दी से ईसा की दूसरी शताब्दी के बीच रेढ़ हस्तशिल्पों का समृद्ध केंद्र था। मुख्य उद्योग के रूप में लोहे तैयार करने के अतिरिक्त यहां लोहे के उपकरण और हथियार बनते थे।[21] स्पष्टतः पड़ोसी गांवों की जरूरतें इन उपकरणों से पूरी की जाती थीं, और ये दूर-दूर के नगरों को भी भेजे जाते थे। सोने, चांदी, सीसे और तांबे की वस्तुओं का भी निर्माण होता था। यहां के दस्तकार निक्षारित नमूनों से अलंकृत पालिशदार पत्थर के सिर, और शंख, हाथीदांत, कांसे तथा सेलखड़ी की वस्तुओं के निर्माण में दक्ष थे।[22] लगता है कि ईसा की आरंभिक शताब्दियों में यह स्थल उजड़ गया, यद्यपि गुप्तकाल में थोड़ी-सी आबादी के चिह्न मिले हैं।[23]

चित्तौड़गढ़ जिलांतर्गत नगरी की पहचान शिवि जनपद[24] के प्रसिद्ध प्राचीन नगर माध्यमिका से की गई है। खुदाई से मौर्योत्तरकाल में इसके महत्त्वपूर्ण होने का साक्ष्य मिलता है। यहां बड़े-बड़े कुएं, लाल पालिशदार और चीनी मिट्टी (केऑलिन) के बरतन, और शुंगों तथा गुप्तों के समय की मृण्मय वस्तुएं, जिनमें खिलौने, मनके और अंगमर्दक शामिल हैं,[25] मिली हैं। स्वस्तिक और नंदीपद (टाराइन) प्रतीकों के साथ हाथीदांत की मोहर पाई गई है।[26] सिक्कों की प्राप्ति और भी अधिक महत्त्व की है। इन सिक्कों में आहत जनजातीय और क्षत्रप प्रकार के उदाहरण शामिल हैं।[27] ईसा की आरंभिक शताब्दियों में, 'संभवतः' लगभग गुप्तों के आगमन के समय इस स्थल को किलेबंद किया गया,[28] अन्यथा गुप्तकाल के बारे में बहुत कम जानकारी है। उस काल में मुख्य आबादी

का ह्रास प्रतीत होता है।

रंगमहल की प्राचीन आबादी घग्घर के, जिसकी पहचान सरस्वती नदी से की जाती है, दक्षिणी किनारे पर स्थित है। यह सूरतगढ़ के निकट और बीकानेर से दूर नहीं है।[29] ऐसा लगता है कि इस स्थल का काल-III कुषाण संस्कृति का प्रतिनिधि है। इसमें दीवारें, धूप में सूखी ईंटों का बना मकान, जल-निकास की नालियां और अलंकृत पकी ईंटें देखी जाती हैं।[30] मृद्भांड में लाल पालिशदार बरतन और छेददार मृण्पात्र शामिल हैं।[31] मृण्मय गाड़ियां, पहिये, अंगमर्दक, पशु और मानव-मूर्तियां पाई गई हैं।[32] कम कीमती पत्थर, कांच के मनके और उसी की चूड़ियां भी मिलती हैं।[33] लोहे और कांसे की वस्तुओं के अतिरिक्त फयांस की बनी मानव-मूर्तियां भी बरामद हुई हैं।[34]

उत्खनन के फलस्वरूप तांबे के 105 सिक्के प्रकाश में आए, जिनमें जनजातीय, आहत प्रकार के, कनिष्क प्रथम, हुविष्क प्रथम और वासुदेव द्वितीय के सिक्के शामिल हैं।[35] लगभग 300 ई. की कांस्य मोहरें मिली हैं।[36] उत्खनन निदेशक के अनुसार घग्घर नदी के सूख जाने से लगभग 600 ई. के बाद यह स्थल उजड़ गया।

जदेरूआ मध्यप्रदेश के ग्वालियर जिले में स्थित है। यह उत्तरी गांगेय मैदान से बहुत दूर नहीं है। लगभग 350 ई. पू. से दूसरी शताब्दी ई. पू. के बीच यहां आबादी के अच्छे चिह्न मिलते हैं। यह लोहे के हथियारों में समृद्ध है, और यहां लोहे गलाने के अनेक स्थल मिले हैं। शुंगकालीन मृण्मय वस्तुएं, नागों के सिक्के और तांबे के अन्य सिक्के बरामद हुए हैं। ई. पू. दूसरी शताब्दी के बाद यह स्थल वीरान हो गया, और लगभग ईसा की नवीं शताब्दी में फिर से आबाद हुआ।[37] संभवतः ईसा की पहली शताब्दी के लगभग यह स्थल उजाड़ हुआ।

पुरातात्त्विक रिपोर्टों से मध्य और पूर्वी मध्यप्रदेश में अधिक संख्या में प्राचीन शहरी आबादियों के होने का पता नहीं चलता। त्रिपुरी, जिसकी शिनाख्त दक्षिण कोसल में जबलपुर जिलांतर्गत तेवर से की जाती है, महत्त्वपूर्ण स्थल था।[38] यहां का वास लगभग 500 ई. पू. से प्रायः 400 ई. तक बना रहा,[39] पर सातवाहन और सातवाहनोत्तरकाल की अपेक्षाकृत अधिक जानकारी मिलती है। सीसे, तांबे अथवा पॉटिन के बहुसंख्य सिक्के सातवाहनों और क्षत्रपों के हैं।[40] तांबे के कुछ आहत और ढलवे सिक्के भी[41] पाए जाते हैं। इसके अतिरिक्त, सातवाहनकाल में लाल पालिशदार बरतन, सुराहीनुमा हजारे और चीनी मिट्टी (केऑलिन) के बरतन पाए जाते हैं।[42]

सातवाहनोत्तर चरण से सुराहीनुमा हजारे, अबरकी मृद्भांड, आहत सिक्के, लोहे और पत्थर की वस्तुएं मिली हैं।[43] ईसा की दूसरी-तीसरी शताब्दी के पकी मिट्टी के बने अभिलिखित मोहरछापे भी मिलते हैं।[44] लगभग 200 ई. से 400 ई. के बीच ढांचों का ह्रास हुआ। इस काल के आवासीय पुरावशेष की परत एक से डेढ़ फुट मोटी है, और इस 'अंतिम आबादी' के समय के, ईंटों के रोड़ों से बने 'बहुत घटिया ढांचे' हैं।[45] इसके विपरीत 100 ई. पू. से 200 ई. के बीच का आवासीय निक्षेप 3/2 से 6/7 फुट मोटा है। इसमें ईंटों के बने (बौद्ध) विहार और सोख-गर्त्त मिलते हैं।[46] ईसा की प्रायः 400 ई. के बाद यह स्थल वीरान हो गया। कलचूरियों के राज्यकाल में इसकी फिर से उन्नति हुई।

मध्यप्रदेश के छत्तीसगढ़ क्षेत्र में विलासपुर जिलांतर्गत, कौशांबी से दक्षिण-पूर्वी समुद्रतट को जानेवाले मार्ग पर स्थित मल्हार फलता-फूलता नगर-क्षेत्र था।[47] लगभग 400 ई. पू. से प्रायः 200 ई. तक के काल में पकी ईंटों के ढांचे और आहत सिक्के मिलते हैं। कीमती पत्थर के मनके और मृण्मय वस्तुएं भी पाई जाती हैं। लगभग 300 ई. से 600 ई. के काल के ढांचे पकी ईंटों और उनके रोड़ों के बने हैं।[48] पत्थर के ढांचे पाए जाते हैं, और ईसा की दूसरी शताब्दी की एक अभिलिखित मृण्मय मोहर मिली है।[49] यद्यपि रिपोर्ट में ईसा की सातवीं और नवीं शताब्दी के बीच और नवीं और तेरहवीं शताब्दी के बीच के दो अन्य कालों का उल्लेख है,[50] लेकिन इनके विषय में कोई खास जानकारी नहीं दी गई है। यह स्पष्ट है कि गुप्तयुग के बाद मल्हार का तेजी से पतन हो गया।

मध्यप्रदेश में गुना जिलांतर्गत तुमैन (तांबवन) में ई. पू. पांचवीं शताब्दी से ईसा की बारहवीं शताब्दी तक आबादी मिलती है। ईसा की पांचवीं शताब्दी तक यह अच्छी शक्ल में था। ई. पू. दूसरी शताब्दी और ईसा की पहली सदी के बीच अथवा पहले के भी पकी ईंटों के मकान मिलते हैं।[51] छल्लेदार कूप भी पाए जाते हैं। अंगमर्दकों, अन्य मृण्मय वस्तुओं, शीशे के मनकों, आहत सिक्कों और तांबे के अभिलिखित जनजातीय सिक्कों,[52] – इन सबसे नगरीकरण का संकेत मिलता है जो ईसा की पहली शताब्दी से पांचवीं शताब्दी तक अविच्छिन्न रहा। इस काल में शीशे से निर्मित मनकों और चूड़ियों के साथ शंख और तांबे की चूड़ियां भी मिलती हैं।[53] मृद्‌भांड में लाल पालिशदार बरतन और छापांकित रूपांकनवाले मृण्पात्र शामिल हैं। लोहे की वस्तुओं में छुरियां और हंसिये, तांबे के छोटे-छोटे वृषभ, और पत्थर की प्रतिमाएं भी पाई गई हैं।[54] किसी सिक्के के मिलने की सूचना नहीं है, लेकिन पांचवीं शताब्दी की अभिलिखित मिट्टी की मोहर उपलब्ध हुई है।[55] ईसा की छठी सदी से बारहवीं सदी तक के काल में लोहे, शीशे और मिट्टी की वस्तुएं मिलती हैं,[56] लेकिन यह नहीं कहा जाता कि ये 1000 ई. से प्राचीनतर हैं। तीन प्रमुख बौद्ध स्तूप, जो मथुरा से विदिशा जानेवाले मुख्य मार्ग पर पड़ते हैं और मौर्यकाल के बने हुए मालूम पड़ते हैं,[57] छठी सदी के बाद भी बरकरार थे। लेकिन ये बारहवीं शताब्दी तक बने रहे या नहीं, यह स्पष्ट नहीं है। गणेश की दो छोटी, पत्थर की प्रतिमाएं, और इससे अधिक महत्त्वपूर्ण, तांबे के घड़े में रखा, चांदी के 589 सिक्कों का जखीरा इसी काल के हैं।[58] ये सिक्के ईसा की छठी-सातवीं सदियों में अथवा उससे पहले जारी हुए होंगे। ईसा की सातवीं शताब्दी के बाद यह स्थल दसवीं सदी की पत्थर की कुछ दुर्लभ मूर्तियों की उपलब्धि के लिए ही प्रसिद्ध है।[59]

मध्यप्रदेश में सागर जिलांतर्गत एरण लगभग 300 ई. पू. में अच्छी तरह आबाद हुआ प्रतीत होता है। यहां उस समय के लोहे के उपकरण, तांबे के जनजातीय सिक्के और मौर्यकालीन ब्राह्मी लेख मिले हैं।[60] लेकिन ईसवी सन्‌ की पहली पांच सदियों में यह बड़े शहर के रूप में उभरा। इस काल में तीन चरणों में ढांचे पाए जाते हैं। लाल पालिशदार बरतन, मृण्मय मूर्तियां, मोहरें और मनके, तथा शीशे एवं कम कीमती पत्थर के मनके मिलते हैं।[61] इस युग में प्राचीनतर काल में जारी बहुसंख्य सिक्के प्रचलन में थे। यहां 200 ई.पू. के 3268 आहत सिक्कों का संचय है।[62] नागों, पश्चिमी क्षत्रपों, रामगुप्त

और हिंद-सासानी शासकों के सिक्के भी बरामद हुए हैं,[63] और प्रारंभिक गुप्त लिपि में अभिलिखित एक मोहर मिलती है।[64] ईसा की पांचवीं शताब्दी के बाद यह स्थल वीरान हो गया। यह तथ्य पहली ऋतु में किए गए उत्खनन से प्रकाश में आया[65] और बाद की खुदाई से पुष्ट हुआ। बाद की खुदाई से अंतराल के पश्चात् एक 'परवर्ती चरण' के ढांचों का पता मिलता है।[66] तीसरी ऋतु में की गई खुदाई से ज्ञात होता है कि पांचवीं शताब्दी के बाद के काल की समाप्ति के बाद 'परवर्ती मध्ययुग' शुरू हुआ जिसमें मध्यकालीन सिक्के, भूतपूर्व रजवाड़ों के सिक्के और प्रलाक्षा की चूड़ियां मिली हैं।[67]

रायसेन जिले में स्थित नांदुड़ कौशांबी से नासिक जानेवाले प्राचीन व्यापार-मार्ग पर स्थित था।[68] यह ई. पू. पांचवीं शताब्दी में आबाद हुआ। यहां प्रायः 400-300 ई. पू.[69] के तांबे के ढलवे और आहत सिक्के मिले हैं। यहां काला और लाल रंगवाला मृद्भांड ईसा की पहली शताब्दी तक बरकरार रहा।[70] लगभग 200 ई. पू. से 100 ई. के बीच के काल में शंख और मिट्टी की बनी चूड़ियां, लोहे के उपकरण और तांबे के सिक्के पाए जाते हैं।[71] चित्रित और छापांकित रूपांकनवाले मृद्भांड और कुषाणों तथा क्षत्रपों के समय की कुछ अभिलिखित मोहरों की तिथि ईसा की लगभग पहली शताब्दी से चौथी शताब्दी के बीच मानी गई है। ईसा की चौथी से छठी शताब्दी के काल में धूसर मृद्भांड के बरतन और अभिलिखित मोहरें मिलती हैं। मोहरों पर अंकित 'विषय' (जिला) और 'महादंडनायक'[72] (मुख्य दंडाधिकारी) शब्दों से संकेत मिल सकता है कि नांदुड़ अथवा नंदीपुर किसी जिले का मुख्यालय था। लगभग इसी तरह की मोहरें भीटा और वैशाली में गुप्तकालीन स्तरों से पाई गई हैं। गुप्तकाल में ईंट की बनी दीवारें और जल-निकास की व्यवस्था के लिए मिट्टी की बनी नालियां भी थीं। लेकिन ऊपरी परत से अनगढ़ पत्थरों की इमारती दीवार और 'मुस्लिम' काल के कुछ सिक्के मिले हैं।[73] रिपोर्ट के अनुसार क्षैतिज उत्खनन के क्रम में एन डी आर-III की, यानी मुस्लिमकालीन, गुप्तयुगीन और क्षत्रपकालीन परतें (निक्षेप) मिलीं।[74] यह कथन रिपोर्ट में दिए इस निष्कर्ष से मेल नहीं खाता कि उत्खनन से गुप्तकाल, आरंभिक मध्ययुग और 'मुस्लिम काल' प्रकाश में आए।[75] आरंभिक मध्ययुग के किसी पुरावशेष की चर्चा नहीं है। अभी तक जो कुछ मिला है, उसके आधार पर ऐसा लगता है कि नांदुड़ आरंभिक मध्ययुग में उजड़ गया।

माहेश्वर, जिसकी शिनाख्त महिष्मती से की जाती है, नर्मदा के उत्तरी तट पर बसा है, और नावडाटोली (जिसका शब्दार्थ होता है नाविकों का गांव) उसके दक्षिणी तट पर। दोनों एक-दूसरे के सामने हैं, और ये स्थान मध्यप्रदेश के पश्चिमी निमार जिले में पड़ते हैं।[76] कयथा की तरह ये भी ताम्र-पाषाण संस्कृति के विख्यात स्थल हैं। ये स्थान प्रायः एक हजार वर्षों के अंतराल के बाद लगभग 400 ई. पू. में फिर से आबाद हुए जब वहां ऐतिहासिक काल शुरू हुआ। नावडाटोली के स्तूप की कुछ ईंटों पर ईसापूर्व तीसरी शताब्दी की लिपि में अभिलेख मिले।[77] यहां से आरंभिक सिक्के भी प्राप्त हुए हैं। छल्लेदार कुएं भी मिले और मृद्भांड में काला-और-लाल एवं उत्तरी काली पालिशदार मृण्पात्र शामिल थे।

100 ई. पू. से 100 ई. के बीच की आबादी केवल माहेश्वर में मिलती है। इसमें

शीशे की वस्तुएं और चमत्कृत (बर्निश्ड) मिट्टी के बरतन मिलते हैं।[78] आबादी का अंतिम काल लगभग 100 ई. में शुरू हुआ, और संभवतः लगभग 400 ई. में उसका अंत हो गया। इसके ढांचे भट्ठे में पकी ईंटों के बने थे, और बरामदों से लगे बड़े कमरे के खंडहर भी मिले हैं। लाल पालिशदार बरतन और एक सुराहीनुमा हजारा भी पाए गए। ये सभी अवशेष क्षत्रपकालीन माने जाते हैं।[79]अनेक मृण्मय वस्तुएं, जिनमें सांचे और कुठालियां शामिल हैं, दोनों स्थलों पर मिली हैं।[80] यद्यपि माहेश्वर के लोगों को शीशे की पहले से ही जानकारी थी, फिर भी शीशे की बनी 95 प्रतिशत चूड़ियां प्रायः 100 ई. से 400 ई. के बीच की हैं।[81] माहेश्वर के शहरी महत्त्व का अनेक सिक्कों से संकेत मिलता है जिनमें आहत, जनजातीय और उज्जयिनी सिक्के शामिल हैं।[82] यह स्पष्ट है कि ईसा की चौथी शताब्दी के बाद यह स्थल वीरान हो गया। यहां की आबादी के अंतिम काल की तिथि 'परवर्ती काल' में रखी गई है। उस समय देश का यह भाग मुसलमानों और उनके बाद मराठों के कब्जे में था।[83]

मध्यप्रदेश के मालवा क्षेत्र के मंदसौर जिले में स्थित अवरा में संभवतः ईसापूर्व चौथी शताब्दी में ऐतिहासिक काल आरंभ होता है।[84] टीला-2 में कीमती पत्थर, मृण्मय वस्तुएं और उत्तरी काली पालिशदार मृद्भांड के उदाहरण मिले हैं। शंख-सीपी की चूड़ियां मिलती हैं। ढांचेवाले अवशेषों में अनगढ़ पत्थरों की बनी दीवार, ईंट का चूल्हा और उसी का बना वर्गाकार भंडार-तालाब शामिल हैं।[85] ईसवी सन् की शुरुआत में टीला-2 की आबादी का अंत हुआ।

टीला-3 की खुदाई अपेक्षाकृत अधिक फलदायक सिद्ध हुई। मौर्योत्तरयुग में यहां शहरीकरण के स्पष्ट चिह्न मिलते हैं। ऊपरी परत से उपलब्ध, हाथीदांत की बनी छोटी-सी मातृदेवी की प्रतिमा और लोहे की वस्तएं उत्तरी काली पालिशदार मृद्भांड के टुकड़े के साथ मिलीं।[86] मिट्टी का बना आवासीय मकान भी मिलता है। दो छल्लेदार कूप भी मिले जिनमें से एक गंदे पानी के निकास के लिए मृण्पात्रों की बनी नली से जुड़ा था।[87] लोहे के उपकरणों में छेनी और हंसिया शामिल थीं। तांबे का सातवाहन सिक्का और उसी का आहत सिक्का पाया गया है। हाथीदांत के जले हुए मोहरछापे में ईसापूर्व तीसरी शताब्दी की बतलाई गई लिपि है।[88] पर आवासीय परतों से सातवाहन संस्कृति का संबंध होने के कारण यह बाद के समय की लगती है। इन्हीं परतों से अन्न रखनेवाला मर्तबान, छोटे-छोटे घड़े और मृण्मय वस्तुएं निकली हैं।[89]

टीला-3 में मौर्योत्तर आबादी ईसवी सन् की शुरुआत के पहले ही समाप्त हो गई। कुल मिलाकर ऐसा लगता है कि यह स्थल बड़े लंबे काल तक उजाड़ रहा और 'मध्ययुग' में फिर से आबाद हुआ।[90] 'मध्ययुग' शब्द से स्पष्टतः इस क्षेत्र में मुस्लिम शासन के आगमन का संकेत होता है।

सांची ईसा-पूर्व तीसरी शताब्दी में बने स्तूप के लिए प्रसिद्ध है। यहां एक प्राचीनतम विहार भी है जिसका सीधा संबंध शहरी तत्त्वों से था। देवी विहार के नाम से विख्यात, ईंट का बना यह बौद्ध विहार, जिसमें नौ कोठरियां थीं और जहां अशोक की रानी देवी रहती थी, लगभग 11,500 वर्गफुट में फैला हुआ था।[91] लोहे के अनेक

उपकरण, पत्थर की वस्तुएं, मृण्मय चीजें और चमकीले एवं सादे मृण्पात्र छः पूर्वी कोठरियों से बरामद हुए।[92] पुरानी रिपोर्टों में अंकित चमकीला मृद्‌भांड संभवतः लाल पालिशदार मृण्पात्र ही था, जो पश्चिमी भारत, दकन और निकटवर्ती क्षेत्रों में व्यापक रूप से प्रचलित था। सोने की वस्तुओं और कम कीमती पत्थर के मनके के साथ लाजवर्द का एक अनकटा टुकड़ा भी मिला है।[93] ध्यातव्य है कि पश्चिमी क्षत्रपों के आठ चांदी के सिक्के और विभिन्न कालों के तांबे के प्राचीन सिक्के भी मिले हैं।[94] इन सबसे बौद्ध विहारों और उनके अहातों में शहरी प्रभाव दृष्टिगोचर होता है। पश्चिमी क्षत्रपों के सिक्कों से जानकारी मिलती है कि ईसा की चौथी शताब्दी तक सांची का (बौद्ध) विहार आबाद रहा। वर्तमान रिपोर्ट में चौथी शताब्दी के बाद के अवशेषों का उल्लेख नहीं होने से प्रतीत होता है कि शहरीकरण के ह्रास के कारण यह विहार उजड़ गया।

मध्यप्रदेश के मालवा क्षेत्र में विदिशा जिलांतर्गत बेसनगर की शिनाख्त प्रायः प्राचीन विदिशा नगर से की जाती है। लेकिन अब तक किए गए उत्खननों से इसके बारे में अधिक जानकारी नहीं मिलती। इस स्थल पर तीन जगहों की खुदाइयों में केवल बी एस एन-1 में स्तरविन्यासी अनुक्रम उपलब्ध है। काला-और-लाल रंगवाला मृद्‌भांड इस्तेमाल करनेवाले लोग यहां के पहले निवासी थे। उत्तरी काली पालिशदार मृद्‌भांडवाली संस्कृति में छल्लेदार कूप, पकी ईंट की बनी दीवार, मृण्मय अंगमर्दक, तांबे और लोहे के उपकरण तथा आहत सिक्के मिलते हैं।[95] इस काल का अंत 200 ई. पू. के लगभग हुआ होगा। इसके बाद के काल को शुंगकाल कहते हैं। इसकी विशिष्टता के रूप में चीनी मिट्टी (केऑलिन) के बरतन, संगमरमर की बनी वस्तुएं, शंख की चूड़ियां, आहत सिक्के और पत्थर की बनी अभिलिखित मोहर हैं।[96] ढांचों का उल्लेख नहीं है। नाग-कुषाणकाल के साथ भी यही बात है, इसमें सुराहीनुमा हजारे, मन्नत के तालाब, मृण्मय पासे और अंगमर्दक तथा तांबे के कुछ सिक्के पाए जाते हैं।[97] गुप्तकाल में चित्रित लाल मृण्पात्र, मृण्मय वस्तुएं, चांदी का सिक्का, ईंटों का खड़ंजा और अन्य पुरावशेष मिलते हैं।[98] गुप्तोत्तरकाल के मृद्‌भांड और कुछ मृण्मय वस्तुएं भी हैं,[99] अन्यथा इसके बारे में कोई अधिक सूचना नहीं मिलती। स्पष्टतः आबादी का पतन तेजी से हुआ। बी एस एन-II में बड़े मंदिर के अवशेष मिले हैं, लेकिन उनकी तिथि निर्धारित नहीं हुई है।[100]

मध्यप्रदेश में उज्जैन जिलांतर्गत कयथा उज्जैन से मास्की जानेवाली सड़क के किनारे, उज्जैन से लगभग चौबीस किलोमीटर पूरब में स्थित है। यह अपनी ताम्र-पाषाण संस्कृति के लिए प्रसिद्ध है जिसके अंत होने पर लगभग सात शताब्दियों तक आबादी नहीं रही। उसके बाद जो आबादी बसी वह गुप्तकाल तक बनी रही। ऐतिहासिक काल का आरंभ हाथीदांत की बनी मातृदेवी की मूर्तियों, कीमती पत्थरों, मृण्मय प्रतिमाओं, लोहे के उपकरणों और उत्तरी काली पालिशदार मृद्‌भांड से हुआ।[101] ठेठ शुंगकालीन मृण्मूर्तियां और तांबे के ढलवे सिक्के बाद में मिले।[102] शुंग-कुषाण-गुप्तकाल (लगभग 200 ई. से प्रायः 600 ई.) में मिट्टी के बने डिस्क, दीप, मन्नती तालाब, अंगमर्दक के अतिरिक्त कुठाली, चक्कियां, सान चढ़ानेवाले पत्थर इत्यादि पाए जाते हैं।[103] ईंट से

बना एक विशाल ढांचा मिला है, जिसमें अनेक कमरे, दीवारें और एक चबूतरा है। यह संभवतः कुषाणकालीन है।[104] इसमें जल-निकास की व्यवस्था से युक्त स्नानगृह भी दिखता है।[105]

नक्काशी की हुई हाथीदांत की बोतल और कुछ ढलवे सिक्के मिले हैं। उतखननकर्त्ताओं का कथन है कि यह स्थल मुस्लिम आक्रमण के समय तक आबाद था,[106] लेकिन वे एक भी पुरावस्तु को गुप्तोत्तरकालीन नहीं बतलाते। चूल्हे के साथ रसोईघर के अवशेष और गुप्त शैली में बनी बुद्ध की मूर्ति संभवतः गुप्तकालीन हैं।[107] कुछ पत्थर की प्रतिमाओं के 'गांव में बिखरे पड़े' टुकड़े और 'मध्ययुगीन' मंदिर के अवशेष गुप्तोत्तर चरण से संबद्ध हैं।[108] स्पष्टतः इस स्थल के पड़ोस की ऊपरी सतह पर पाई गई छिटपुट पुरावस्तुओं से यह साबित नहीं होता कि इसकी आबादी आरंभिक मध्ययुग तक चलती रही। गुप्तकालीन अवशेष भी घटिया ही हैं। व्यावहारिक दृष्टि से यह स्थल गुप्तोत्तरकाल में वीरान हो चुका था।

मालवा का सबसे अधिक महत्त्वपूर्ण नगर उज्जैन यद्यपि 700 ई. पू. से आबाद था,[109] लेकिन गुप्तकाल में इसका पतन हो गया। उत्तरी काली पालिशदार मृद्‌भांडवाले काल की किलेबंद बस्ती से लोहे के बहुसंख्य उपकरण, लोहार की भट्ठी, कम कीमती पत्थर, शीशे के मनके, हाथीदांत के सामान और मिट्टी के बने अंगमर्दक निकले।[110] जो भी हो, संभवतः ईसापूर्व तीसरी शताब्दी के बाद हाथीदांत की बनी बहुसंख्य वस्तुएं मिलती हैं। हाथीदांत की बनी मोहर पर उज्जैन चिह्न और ईसापूर्व तीसरी-दूसरी शताब्दी का अभिलेख है।[111]

उत्खननकर्त्ता ने काल-III के लिए लगभग 200 ई. पू. से प्रायः 1300 ई. तक की लंबी अवधि निर्धारित की है। यद्यपि पूर्ववर्ती काल (लगभग 500 ई. पू. से 200 ई. पू.) के लिए, जिसमें चौदह फुट मोटे आवासीय अवशेष का जमाव है, तीन सौ वर्षों की अवधि रखी गई है, लेकिन काल-III के लिए, जिसमें मात्र नौ फुट मोटा जमाव है, ग्यारह सौ वर्षों की अवधि निर्धारित की गई है।[112] इस विषमता से पता चलता है कि काल-III के अधिकांश भाग में आबादी की कमी थी। इस पूरे काल में प्राप्त पुरावशेष ईसवी सन् की आरंभिक शताब्दियों के प्रतीत होते हैं। इनमें ईंट के बने ढांचे और सफाई की व्यवस्था के लिए ईंट की बनी नालियां मिली हैं। एक बड़ा चूल्हा मिला है जिस पर अनेक बरतन एक साथ रखे जा सकते थे।[113] मिट्टी के बने छल्लेदार कूप बहुत आम हैं। मिट्टी के बने मन्नती तालाब, मानव और पशु-मूर्तियां, हाथीदांत की केशपिन और कंघियां, शंख, शीशे और मिट्टी की बनी चूड़ियां[114] — ये सब ईसवी सन् की आरंभिक शताब्दियों की मालूम पड़ती हैं। बहुसंख्य सिक्के काल-III के माने जाते हैं, लेकिन वे किस शताब्दी या राजवंश के हैं, यह नहीं बतलाया गया है। रोमी सम्राट ऑगस्टस हड्रियानस (117-138 ई.)[115] की प्रतिमा से युक्त सिक्के ढालने का मिट्टी का सांचा (संबंधित) तिथि का अच्छा संकेतक है। ईसा की पहली शताब्दी की मंजूषा का अभिलेखयुक्त ढक्कन और अभिलिखित मोहर मिली है।[116] दोनों क्रमागत **आइ ए आर** रिपोर्टों (1956-57, 1957-58) में से किसी में भी गुप्तोत्तर अथवा परमारों के समय के किसी पुरावशेष की

खास तौर से चर्चा नहीं है, और उनमें किसी से यह भी संकेत नहीं मिलता कि गुप्तकाल के बाद उज्जैन का पतन हो गया। (चित्र-16 देखें।) ह्वेन सांग उज्जैन नगर के बारे में किसी खास चीज का उल्लेख नहीं करता। उज्जयिनी देश की चर्चा करते हुए वह लिखता है कि आबादी घनी है, और शासन संस्थाएं (एस्टैब्लिशमेंट्स) समृद्ध हैं।[117] लेकिन उसने अधिकांश बौद्ध विहारों को ध्वस्त पाया; मात्र तीन अथवा पांच विहार सुरक्षित थे जहां केवल लगभग तीन सौ बौद्ध भिक्षु (पुजारी) रहते थे। पर दसियों ब्राह्मण-धर्मावलंबी मंदिर अनेक प्रकार के संप्रदायियों से आबाद थे।[118]

उज्जैन जिलांतर्गत और चंबल नदी के किनारे स्थित डंगवाड़ा शुंग-कुषाणकाल में महत्त्वपूर्ण हो उठा। उस समय वहां मंदिर के ढांचे का समूह मिलता है। चांदी के लेप चढ़ी हाथीदांत की बनी चूड़ियां, छोटा स्वर्ण-पात्र, चीनी मिट्टी (केऑलिन) के बने घड़े का अलंकृत हत्था, कम कीमती पत्थर और बहुसंख्य आहत सिक्के[119] जैसी अनेक वस्तुओं से शहरी स्वरूप का संकेत मिलता है। शिव मंदिर और यज्ञ-स्थल के अतिरिक्त, उज्जयिनी सिक्के, तांबे के ढलवे सिक्के और अभिलिखित मोहरें मौर्योत्तरकाल में पाई जाती हैं।[120] क्षत्रपों और गुप्तों के युग में कुछ अभिलिखित मोहरें, मृण्मय सांचा, ढांचे के अवशेष[121] और क्षत्रपों के सिक्के[122] मिलते हैं।

गुप्त-क्षत्रपयुग के फौरन बाद के काल में स्पष्टतः पतन आरंभ होता है। इस काल से मिट्टी की बनी मात्र कुछ धार्मिक मोहरें और कुछ धार्मिक प्रतिमाएं मिलती हैं। इसके बाद वहां अंतराल मालूम पड़ता है; तत्पश्चात् प्रतिहार-परमारकालीन मिट्टी के बरतन और पत्थर की मूर्तियां पाई जाती हैं।[123] शहरी अवस्था को दर्शानेवाले ढांचे अथवा पुरावशेष नहीं मिलते। पांच खातों में उभरी परतों से परमारकालीन मृद्भांड मिला है, और उसके नीचे "बारीक लाल मृण्पात्र और चीनी मिट्टी (केऑलिन) के बरतन" की विरल प्राप्ति के साथ चित्रित लाल मृद्भांड पाया गया।[124] चूंकि बारीक लाल मृदभांड प्रायः छठी शताब्दी के बाद बरकरार नहीं रहा, अतएव डंगवाड़ा में परमारों के आगमन के पहले आबादी में अंतराल का संकेत मिलता है।

मंदसौर के निकट स्थित सोंधी, जिसे दशपुर कहते थे, ईसा की पांचवीं और छठी शताब्दियों में समृद्ध नगर था।[125] मंदसौर ने गुजरात से रेशम के बुनकरों (जुलाहों) को आकृष्ट किया। सोंधी में जांच-उत्खननों से परवर्ती-गुप्तकालीन कुछ ढांचे और पत्थर की मूर्तियां मिलीं।[126] बाद के युगों के बारे में कोई जानकारी नहीं है, जिससे संकेत मिलता है कि मंदसौर संभवतः आरंभिक मध्ययुग में वीरान हो गया।

उज्जैन जिले में ही नागदा का स्थल है जो लगभग 200 ई. पू. में उजड़ गया।[127]

धार जिले में पगरा स्थल की जांच-खुदाई से जानकारी मिलती है कि वहां आबादी ईसा की पहली शताब्दी से बारहवीं शताब्दी तक बरकरार थी।[128] ईसा की पहली शताब्दी से तीसरी शताब्दी के काल में मिट्टी के लाल बरतनों का बाहुल्य है जिनमें सुराहीनुमा हजारों की विशिष्टता उल्लेखनीय है।[129] चौथी से छठी शताब्दियों के बीच सोने का टुकड़ा और अंगमर्दक के साथ मिट्टी की अन्य वस्तुएं मिलती हैं।[130] अन्वेषण के फलस्वरूप गुप्तों के सोने के सिक्के और क्षत्रपों के चांदी के सिक्के मिले।[131] अतएव

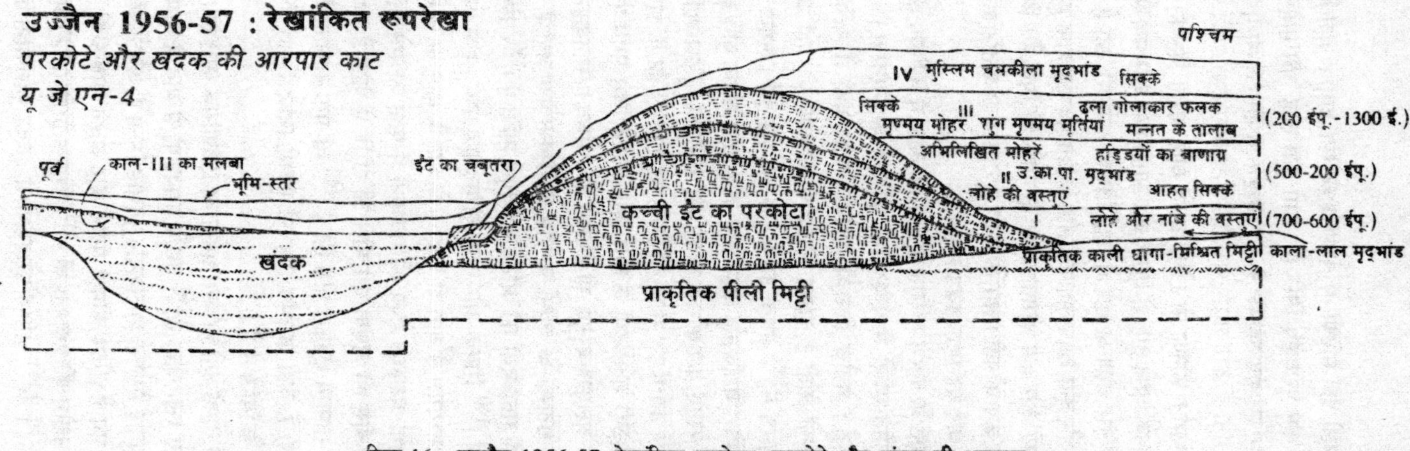

चित्र 16. उज्जैन 1956-57, रेखांकित रूपरेखा, परकोटे और खंदक की आरपार काट, यू जे एन-4; आइ ए आर, 1956-57, चित्र 10.

ईसवी सन् की पहली छः सदियों में पगरा शहर रहा होगा। सातवीं और बारहवीं शताब्दियों के बीच कम पुरावशेष मिले हैं। इनमें कुछ लोहे और तांबे की वस्तुओं के अतिरिक्त प्रायः धूसर मृद्भांड शामिल है।[132] स्पष्टतः गुप्तोत्तर चरण में अवनित हो रही थी।

उज्जैन जिलांतर्गत रूनिजा से लोहा, ढलवे और आहत सिक्के, शीशे की चूड़ी और हाथीदांत के मनके प्राप्त हुए जो शुंगों और सातवाहनों के समय से पहले के माने जाते हैं।[133] लेकिन इस चरण के बारे में कोई विशेष जानकारी नहीं है। क्षत्रप शासक रुद्रसेन का सिक्का और कुछ क्षत्रप-कुषाणकालीन चित्रित मृद्भांड प्राप्त हुए हैं। हाथीदांत और शंख की चूड़ियां और कम कीमती पत्थर के मनके भी मिले हैं। मिट्टी की मूर्तियां, सोने के सिक्के और कम कीमती पत्थर के मनके गुप्तकाल का प्रतिनिधित्व करते हैं।[134] स्पष्टतः गुप्तकाल के बाद यह स्थल उजड़ गया।

यद्यपि समुद्रतट के कारण गुजरात ऐतिहासिक काल में वाणिज्य के लिए विख्यात रहा है, लेकिन उत्खनित स्थलों से मध्ययुग में वाणिज्य की निरंतरता के बारे में अधिक साक्ष्य नहीं मिलता है। भड़ौच, जिसकी शिनाख्त पालि ग्रंथों में चर्चित भरुकच्छ के प्राचीन बंदरगाह से की जाती है, इसका महत्त्वपूर्ण उदाहरण है। यहां आबादी ईसापूर्व तीसरी शताब्दी के प्रारंभ में[135] अथवा उसके कुछ बाद शुरू हुई। लगता है कि यह नगर मिट्टी के परकोटे से घिरा था जिसके बाहर चारों तरफ गहरी खंदक थी। इसके प्राचीनतम पुरावशेषों में मृण्मय वस्तुएं, कम कीमती पत्थर और शीशे की चूड़ियां शामिल हैं[136] और मनकों का उन्नतिशील उद्योग इस स्थान की विशिष्टता थी।[137] ईंट के ढांचों को ईसा की तीसरी से सातवीं/आठवीं शताब्दियों के बीच रखा जाता है, जिस समय मृण्मय अंगमर्दक और धातु की बनी अलंकृत वस्तुएं भी मिलती हैं। संभवतः सातवाहनों के सीसे के सिक्के और तीसरी शताब्दी के क्षत्रपों के तांबे के सिक्के पाए जाते हैं।[138] पत्थर की प्रतिमाएं छठी-सातवीं शताब्दियों की अंतिम महत्त्वपूर्ण प्राप्ति हैं।[139] सातवीं शताब्दी के बाद स्पष्ट अंतराल है।[140] सिक्के और चमकीले मृद्भांड मध्ययुग के विशिष्ट पुरावशेष हैं।[141] स्पष्टतः यहां मध्ययुग से बारहवीं शताब्दी के बाद के काल का बोध होता है। ह्वेन सांग के विवरण से भी भरुकच्छ राज्य की राजधानी में पतन का संकेत मिलता है। वह लिखता है यह नगर बीस **ली** अथवा चार मील की परिधि में फैला है, यद्यपि उसके द्वारा उल्लिखित नगर का सामान्य क्षेत्रफल तीस **ली** है।[142] वह पुनः बतलाता है कि यहां प्रायः दस विहार (संघाराम) हैं जहां लगभग तीन सौ पुजारी (बौद्ध भिक्षु)[143] रहते हैं। यह विवरण शायद नगर के विषय में है।

सूरत जिले में ताप्ती नदी पर बसा धतवा का ऐतिहासिक काल लगभग 500 ई. पू. और 200 ई. के बीच रखा जाता है,[144] यद्यपि पुरावशेषों से बाद में वास के आरंभ का संकेत मिलता है। खुदाई में लाल पालिशदार मृद्भांड मिला है, और ऊपरी सतह से रोमी दोहत्थे कलश पाए गए हैं। कम कीमती पत्थर और आहत सिक्के भी मिले हैं। यहां लोहा पिघलानेवाले उद्योग की प्रधानता थी।[145] संभवतः इसके (छोटे) आकार के कारण इसे ग्रामीण बस्ती कहते हैं,[146] लेकिन पुरावशेषों से इसका कुछ शहरी आभास मिलता

है। लगभग 200 ई. के बाद यह बस्ती बहुत दिनों के लिए उजड़ गई।[147]

सौराष्ट्र अथवा काठियावाड़ को अशोक के समय में ऐतिहासिक लोकप्रसिद्धि प्राप्त हुई। लेकिन यह बाद के समय में भी महत्त्वपूर्ण बना रहा। भावनगर जिले में स्थित वलभी मैत्रकों की राजधानी थी और वह नालंदा की तरह शिक्षा का बड़ा केंद्र भी थी। यहां आबादी के चिह्न ईसा की पहली शताब्दी में शुरू होते हैं, लेकिन चौथी शताब्दी तक ढांचे बिलकुल नहीं मिलते। फिर भी दोहत्थे कलश, लाल पालिशदार मृद्‌भांड और मन्नती तालाब मिलते हैं।[148] दोहत्थे कलश और लाल पालिशदार मृद्‌भांड ईसा की चौथी-पांचवीं शताब्दियों में भी जारी रहते हैं, लेकिन अब ईंट के ढांचे भी बनते हैं। भट्ठियों के चिह्न भी दिखते हैं जो संभवतः धातु पिघलाने के लिए होती थीं।[149] पांचवीं से आठवीं शताब्दी के बीच दोबारा इस्तेमाल की हुई ईंटों के बने फर्श मिलते हैं। फिर भी यहां संभवतः रोमी दुनिया से आयात की हुई सोने की अंगूठी मिली है। यद्यपि वलभी मैत्रकों की सत्ता का केंद्र थी, लेकिन उत्खनित क्षेत्र से इसकी शहरी समृद्धि का अधिक आभास नहीं मिलता।

काठियावाड़ प्रायद्वीप के अंतर्गत अमरेली में पूरी आबादी का समय ईसापूर्व पहली शताब्दी से चौथी शताब्दी तक है। लाल पालिशदार मृद्‌भांड, जो समिआई (इटली में बने हुए) मृण्पात्रों से मेल खाता है, इस पूरे काल में पाया जाता है। मृण्मय मूर्तियों और मोहरों के अतिरिक्त क्षत्रपों के तिथियुक्त सिक्के मिलते हैं।[150] अमरेली प्राचीनकाल में छोटा शहर रहा होगा।

वडोदरा अथवा बड़ौदा जिलांतर्गत करवन प्राचीन कायावरोहण का आधुनिक नाम है। ईसा की दूसरी से आठवीं शताब्दियों के बीच यह आबाद रहा।[151] यहां ढांचे चार चरणों में मिलते हैं।[152] आरंभिक चरण में नालियों और सोख्ता-मर्तबानों के साथ ईंट का खड़ंजा किया हुआ चतुर्भुजाकार केंद्रीय प्रांगण प्रकाश में आया।[153] सांचे में ढली ईंटों का इस्तेमाल होता था।[154] यद्यपि लाल पालिशदार मृद्‌भांड उतना प्रचलित नहीं था, लेकिन खुदाइयों में सुराहीनुमा हजारे पाए गए हैं।[155] लोहे और तांबे की वस्तुओं के अतिरिक्त, जनजातीय सिक्के और क्षत्रपों तथा मैत्रकों के तांबे के सिक्के मिले हैं।[156] सीसे के सिक्के भी मिलते हैं।[157] लगभग सातवीं शताब्दी की मिट्टी की लिखी हुई मोहर मिली है।[158] सामान्य मृण्मय मानव और पशु-मूर्तियां तथा कम कीमती पत्थर के मनके पाए गए।[159] सोने का मनका भी मिला है।[160] दोबारा इस्तेमाल की हुई ईंटें आबादी के अंतिम चरण में पाई जाती हैं।[161] लगभग सातवीं-आठवीं शताब्दी में इस काल का अंत हो गया। उसके बाद 'मध्ययुग' शुरू हुआ,[162] लेकिन यह ठीक-ठीक कब शुरू हुआ, इसकी जानकारी नहीं है। बारहवीं शताब्दी का अभिलेख एकमात्र उपलब्ध सामग्री है जिससे तिथि का निर्धारण होता है;[163] ठेठ चमकीले मृण्पात्र से भी बारहवीं सदी जैसी तिथि का संकेत मिलता है। 'मध्ययुग' में कोई ढांचे नहीं मिलते, लेकिन बहुसंख्य ईंटें और रोड़े मलबे में मिले।[164] इन सबसे करवन की आबादी में अंतराल का संकेत मिलता है। लगभग बारहवीं शताब्दी में यह स्थल फिर से आबाद हुआ।

कैंबे तालुका के अंतर्गत कैंबे से तीन किलोमीटर उत्तर, कैरा जिले में बसा हुआ

नगर नामक स्थल समुद्रतट से बहुत दूर नहीं है। यद्यपि यह स्थल लगभग ई. पू. पांचवीं शताब्दी में आबाद हुआ, लेकिन ईसवी सन् की आरंभिक शताब्दियों में वाणिज्य के कारण यह बड़ा शहर बन गया। यहां रोमी दुनिया और मध्य एशिया से वस्तुएं आयात होती थीं।[165] यहां चंक और हाथीदांत की उत्तम वस्तुएं मिली हैं।[166] ईंट की इमारतों के अतिरिक्त, बहुसंख्य नालीदार चूल्हे भी पाए गए हैं।[167] मृद्भांड में लाल पालिशदार मृण्पात्र, रोमी दोहत्थे कलश और चमत्कृत पात्र शामिल हैं।[168] मृण्मय मोहरें और ब्राह्मी लिपियुक्त ठीकरे मिलते हैं।[169] मृण्मय मानव और पशु-मूर्तियां पाई जाती हैं।[170] लोहे की वस्तुओं के अतिरिक्त सीसे, तांबे और चांदी के सिक्के मिलते हैं,[171] क्षत्रप राजवंश के सिक्के ईसा की पहली से पांचवीं शताब्दियों के बीच के हैं।[172] यद्यपि कहा जाता है कि यहां आबादी ईसा की नवीं शताब्दी तक बरकरार रही,[173] लेकिन इस शहर में पाए गए पुरावशेष[174] गुप्तपूर्व और गुप्तकालों के मालूम पड़ते हैं। ईसवी सन् की आरंभिक शताब्दियों में यह शहर वृहत् और गतिशील था, पर पांचवीं सदी आते-आते इसकी अवनति आरंभ हुई। आबादी का ह्रास हुआ और शहर का अधिकांश भाग वीरान हो गया। सभी खातों में चौहदवीं शताब्दी तक आबादी में स्पष्ट अंतराल दिखता है।[175] (चित्र 17 देखें।)

नगर 1963-65

टीला 3 खाता-IV

0 1 2 मीटर

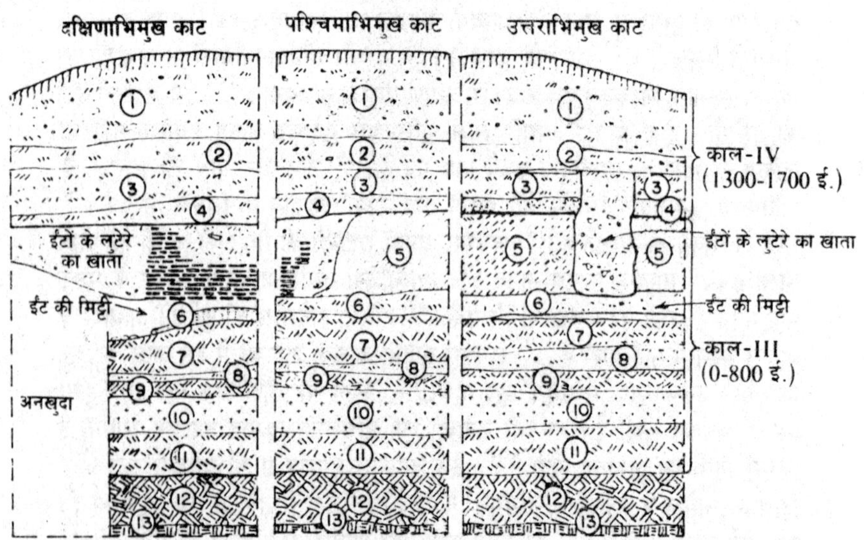

चित्र 17. नगर 1963-65, टीला-3, खाता-IV, आर.एन. मेहता और डी.आर. शाह, **एक्सकेवेशंस ऐट नगर**, बड़ौदा, 1968, चित्र 3 के अनुसार।

काठियावाड़ में जूनागढ़ जिलांतर्गत प्रभासपाटन एक महत्त्वपूर्ण स्थल है, जहां अनेक ऋतुओं तक खुदाइयां हुईं।[176] इसका ऐतिहासिक काल पत्थर की बनी किलेबंदी के साथ लगभग 400 ई. पू. में शुरू हुआ।[177] यहां 200 ई. पू. के आसपास का अभिलिखित अंगमर्दक मिलता है।[178] प्रभासपाटन में प्राप्त उत्तरी काली पालिशदार मृद्‌भांड इस तिथि से पहले का नहीं हो सकता। हाथीदांत की नोक और बालपिन मिलती हैं। इसके अतिरिक्त, मिट्टी के पासे, सोने की तश्तरी और एक मनका की प्राप्ति हुई है। इन सबको ई. पू. पहली शताब्दी से ईसा की छठी शताब्दी के बीच रखा जा सकता है, जिस समय लाल पालिशदार मृण्पात्र, सांचे में ढली सुंदर मृण्मय मानव और पशु-मूर्तियां और नक्काशी की हुई शंख की चूड़ियां मिलती हैं। दोहत्थे कलश के ठीकरे से रोमी संपर्क का संकेत मिलता है। यह स्थल गुप्त और वलभी नरेशों के दो हजार तांबे और चांदी के सिक्कों की प्राप्ति के लिए प्रसिद्ध है।[179] ईसा की छठी शताब्दी के बाद यह वीरान हो गया। केवल एक टीले पर मध्ययुग में मंदिर बनाया गया।[180]

काठियावाड़ में समुद्रतट पर स्थित द्वारका उत्तरोत्तर तीन बार आबाद हुई। पहली द्वारका की स्थापना लगभग ईसवी सन् के प्रारंभ में हुई।[181] दूसरी द्वारका के मृद्‌भांड में महत्त्वपूर्ण परिवर्तन दिखता है जिसमें रोमी दोहत्थे कलश के ठीकरे और लाल पालिशदार मृण्पात्र विशिष्ट हैं।[182] इसकी स्थापना ईसा की दूसरी और छठी सदियों के बीच किसी समय हुई।[183] तीसरी द्वारका में शहरी विशेषता अधिक नहीं थी। एच. डी. सांकलिया के अनुसार 'तीसरी द्वारका' की स्थापना पांचवीं और सातवीं शताब्दियों के बीच हुई, और इसका संबंध विष्णु के अवतारों से, विशेषतः श्रीकृष्ण की परंपराओं से था। गुप्तकाल में पुराणों के लोकप्रिय बनने के कारण द्वारका प्रसिद्ध हुई।[184] इस प्रकार गुप्त और गुप्तोत्तर युगों में धार्मिक केंद्र और तीर्थ-स्थान के रूप में द्वारका का महत्त्व अधिक बढ़ गया।

मेहसाना जिलांतर्गत वाडनगर को प्राचीनकाल में वृद्धनगर भी कहा जाता था। यह 200 ई. से 600 ई. के बीच फलता-फूलता नगर बन गया था।[185] यहां लाल पालिशदार मृद्‌भांड अधिक मात्रा में मिला। इसके रोम से घनिष्ठ संबंध की पुष्टि मिट्टी की नकल उत्कीर्ण आकृति के मिलने से हुई जिसके हाथ में फूल के साथ नारी चित्रित है। इसी संदर्भ में प्राप्त मिट्टी की मोहर के ऊपर दूसरी-तीसरी शताब्दी का लेख है।[186] ऊपरी स्तरों (लगभग 600-1000 ई.) में सुस्पष्ट अपरिष्कृत लाल पालिशदार मृद्‌भांड मिलता है जिससे पतन के चरण का संकेत मिलता है।[187]

सातवाहनकाल में महाराष्ट्र में बहुसंख्य शहर थे, लेकिन उसके बाद वे लुप्त हो गए। हम अपना सर्वेक्षण उत्तरी महाराष्ट्र से प्रारंभ करते हैं। यवतमाल जिले में अरुणावती नदी के तट पर स्थित अर्णि महत्त्वपूर्ण स्थल है और यह नागपुर से दूर नहीं है। यहां महाश्मकाल (मेगालिथिक फेज़) से आबादी शुरू हुई, और मौर्यकाल से होकर मौर्योत्तर-सातवाहनकाल तक चलती रही।[188] आबादी के अंतिम चरण में पकी ईंटों की बनी तीन चरणों में विशाल इमारतें थीं। काला-और-लाल, उत्तरी काली पालिशदार और लाल पालिशदार मृद्‌भांड यहां पाए गए। दांतेदार चक्रित (रूलेटेड) मृण्पात्र और चीनी मिट्टी (केऑलिन) के बरतन भी यहां मिले हैं। कम कीमती पत्थर के मनके मोतियों और सोने के

पौनी 1969

पश्चिमाभिमुख काट

0 1 2 3 4 5 6 7 8 मीटर

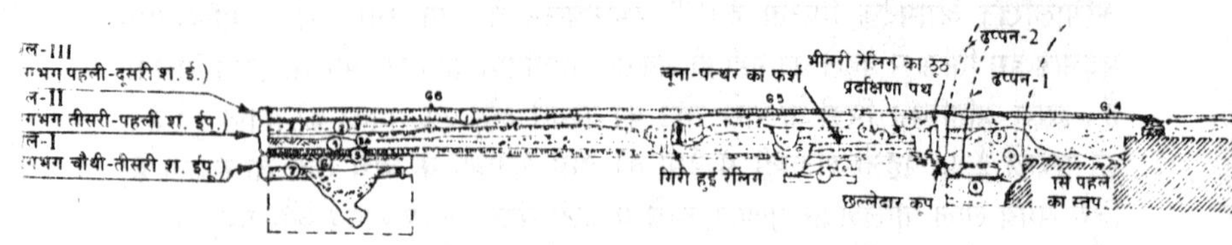

चित्र 18. पौनी 1969, पश्चिमाभिमुख काट; एस.बी. देव और जे.पी. जोशी,

साथ पाए गए और शीशे की चूड़ियां बरामद हुईं। लोहे की वस्तुओं के अतिरिक्त, तांबे और सीसे के सिक्के मिले। एक सिक्के पर सातवाहन नरेश शातकर्णि का नाम अंकित है।[189] मृण्मय मोहरछापे भी मिले हैं। ऐतिहासिक काल में यह सातवाहन संस्कृति का बड़ा स्थल था, पर ईसा की तीसरी शताब्दी के बाद यह उजड़ गया।

वर्धा जिलांतर्गत पौनार को वाकाटकों की राजधानी माना जाता है,[190] लेकिन इसकी उन्नति प्रायः परवर्ती सातवाहनों के समय में शुरू हुई और इसका विकास वाकाटकों तथा विष्णुकुंडियों के अधीन हुआ।[191] ईंट के ढांचे, छत-छाजनवाले खपड़े और सोख-गर्त्त की तरह इस्तेमाल होनेवाले छल्लेदार कूप पाए गए हैं। उत्तम नींवों पर अच्छी तरह बने मकान भी मिले हैं।[192] काले-और-लाल मृद्‌भांड के अतिरिक्त, लाल पालिशदार मृण्पात्र और दोहत्थे कलश भी निकले हैं।[193] क्षत्रपों और प्रारंभिक कलचूरियों के सिक्कों के साथ विष्णुकुंडियों के सिक्के मिले हैं।[194] खपड़ों और मृण्पात्र के टुकड़ों पर चावल की भूसियों की छापों से पता चलता है कि पौनार में किसान बसते थे।[195] संभवतः इससे पौनार के चारों तरफ किसानों के बसने का संकेत मिलता है। ईसा की छठी शताब्दी के बाद की लगभग तीन शताब्दियों तक इस स्थल पर आबादी नहीं रही। सबसे आखिरी परतें बिलकुल अस्तव्यस्त हैं।[196] लेकिन चीनी काही के बरतन और चमकीले मृण्पात्र के मिलने[197] से अनुमान होता है कि यह स्थल लगभग दसवीं सदी में या उसके बाद फिर से आबाद हुआ।

अमरावती जिलांतर्गत कौंडनपुर की पहचान महाकाव्यों में वर्णित, विदर्भ की राजधानी कौंडिन्यपुर से की जाती है। यह वर्धा नदी के तट पर बसा है। छोटे पैमाने पर की गई खुदाई से पता चलता है कि इसका वास उत्तरी काले पालिशदार मृद्‌भांड के ठीकरों और आहत सिक्कों के आगमन के साथ शुरू हुआ।[198] इनकी तिथि लगभग 300 ई. पू. अथवा बाद के समय में रखी जा सकती है। यहां सातवाहन संस्कृति लगभग 100 ई. पू. में प्रारंभ हुई। ईसा की पहली शताब्दी के आसपास का अभिलिखित मोहरछापा यहां मिलता है। यहां गेरू-लेपित चित्रित मृद्‌भांड (रसेट-कोटेड पेंटेड वेयर) के ठीकरे और ईंट की बनी इमारत भी मिली है। यहां पांवदार चक्कियां भी पाई गई हैं।[199]

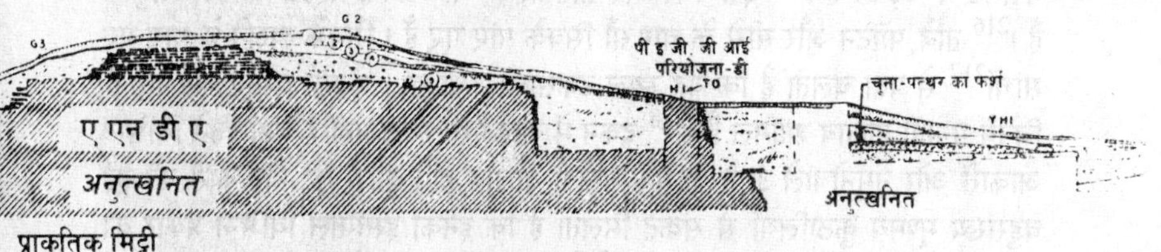

पौनी एक्सकेवेशन (1969-70), नागपुर, 1972, चित्र 4 के अनुसार।

सातवाहनों के सिक्कों के अतिरिक्त विशिष्ट मनके भी मिले हैं। लेकिन लगभग 200 ई. के बाद परवर्ती सातवाहन चरण में अवनति शुरू हो गई, और इसके बाद बड़ा अंतराल आ गया।[200] परवर्ती मध्ययुग में बड़ी-बड़ी इमारतें मिलीं।[201] इसे 'मुस्लिम' काल (1300-1600 ई.) कहते हैं।[202]

भंडारा जिले में पौनी मुख्यतः अपने सातवाहनकालीन स्तूप-अवशेषों के लिए प्रसिद्ध है।[203] कुछ स्तूपों के व्यास चालीस मीटर से अधिक हैं। 'शानदार' ढांचे, जो ईसापूर्व चौथी/तीसरी शताब्दी से ईसा की दूसरी/तीसरी शताब्दी तक चलते रहे, मुख्यतः गुप्त उपाधिवाले व्यापारियों के अतिरिक्त दस्तकारों और गृहस्थों के दान पर कायम थे।[204] दस्तोवेजों में ग्रामीण या अधिकारी वर्ग के किसी दानी की चर्चा नहीं है। इससे अर्थ निकलता है कि स्तूप के अड़ोस-पड़ोस में बसा कोई शहर इस 'हीनयानी बौद्ध केंद्र' का भरण-पोषण करता था।[205] सातवाहनों और क्षत्रपों के पाए गए सिक्कों[206] से नगद दान का भान होता है। स्पष्टतः यह स्थल लगभग ईसा की दूसरी शताब्दी के बाद वीरान हो गया।[207] (चित्र 18 देखें।)

औरंगाबाद जिलांतर्गत भोकर्दन अथवा प्राचीन भोगवर्धन लगभग ईसा की तीसरी शताब्दी के अंत में अपना महत्त्व खो बैठा। यहां आबादी सातवाहनों के समय से पहले शुरू हुई थी, जिस समय यहां मिट्टी की बनी दीवारें, काला-और-लाल मृद्भांड और आहत सिक्के पाए जाते हैं।[208] सातवाहन स्तर से विपुल सामग्रियां मिली हैं। ढांचे के पांच चरण प्रकाश में आए, जिनमें ठेठ सातवाहनकालीन खपड़े थे। काला-और-लाल मृण्पात्र[209] और लाल पालिशदार मिट्टी के बरतन मिले। छोटी-छोटी पुरावस्तुओं के समृद्ध संग्रह से पता चलता है कि यह शहर मनका बनाने और शंख काटने का केंद्र था।[210] यहां के लोग (अन्न) पीसनेवाली चक्की का इस्तेमाल करते थे जो रोमी प्रभाव दर्शाता है।[211] रोम से भोकर्दन का संबंध दोहत्थे कलशों के ठीकरों और मेगारीय (इटली में मेगारा में बने) मृण्पात्र से सिद्ध होता है।[212] बहुसंख्य (रोमी) ब्यूले मिले हैं जिन पर अधिकांशतः रोमी सम्राट ऑगस्टस और टाइबेरियस के चित्र अंकित हैं।[213]

हाथीदांत की मूर्ति उल्लेखनीय उपलब्धि है।[214] परवर्ती सातवाहन स्तरों में पाई

गई हाथीदांत की नारी-मूर्तियां पांपियाई की हाथीदांत की मूर्तियों की याद दिलाती हैं, और वर्तमान मूर्ति उस्मानाबाद जिलांतर्गत टेर या टगर की ऊपरी सतह में मिली मूर्ति से बनावट में बढ़कर है।[215] इस स्थल पर सातवाहनों और क्षत्रपों के सिक्कों का बाहुल्य है।[216] तांबे, पॉटिन और सीसे के चार सौ सिक्के पाए गए हैं। सिक्के ढालने के पाए गए सांचों[217] से पता चलता है कि यह स्थल टकसाली नगर था। मृण्मय वस्तुएं पाई गई हैं, जिनमें मन्नती तालाब शामिल है।[218] दकन में कोई ऐसा स्थल नहीं है जहां इतने विभिन्न आकारों और नमूनोंवाले इतने अधिक मन्नती तालाब हों। शीशे की मीनाकारी की हुई बहुसंख्य मृण्मय कुठालियों से संकेत मिलता है कि इनका इस्तेमाल विभिन्न प्रकार की धातुओं को पिघलाने के लिए होता था[219] जिनमें सोना शामिल था। शीशे की बनी वस्तुओं से तकनीकी उत्कृष्टता का पता चलता है, और हाथीदांत की बनी वस्तुएं, चाहे वे पूर्णतः बनी हों अथवा अपूर्ण हों, इतनी अधिक संख्या में मिलती हैं कि यह स्थल हाथीदांत पर नक्काशी करने का केंद्र मालूम पड़ता है।[220] स्पष्टतः भोकर्दन सातवाहनकाल में व्यापार के लिए एक बड़ा विनिमय-बिंदु और दस्तकारियों का केंद्र था। टेर, पैठन और उज्जैन को जोड़नेवाले, व्यापारिक काफिलों के मार्ग पर बसा यह नगर संभवतः जुन्नर, कार्ले, कन्हेरी और कल्याण से जुड़ा था।[221] कहा जाता है कि पैठन के सातवाहनों के पतन के कारण भोकर्दन का ह्रास हुआ।[222]

यद्यपि गुप्त और गप्तोत्तरकाल[223] में भोकर्दन में ब्राह्मण-धर्मावलंबी गुफाएं मिलती हैं, लेकिन उत्खननों से पता चलता है कि ईसा की तीसरी शताब्दी के बाद यह स्थल 'मध्ययुग'[224] में अर्थात् लगभग दसवीं शताब्दी के बाद फिर से आबाद हुआ। यह निष्कर्ष चीनी काही के बरतन, मुस्लिम चमकीले मृण्पात्र और बहुरंगी चूड़ियों की प्राप्ति से निकाला जा सकता है।[225] कुछ टीलों की खुदाइयों से मुसलमानों और मराठों के सिक्के मिले हैं।[226] अतएव यह स्पष्ट है कि लगभग 300 ई. और प्रायः 1200 ई. के बीच भोकर्दन में आबादी नहीं थी। (चित्र 19 देखें।) इसके पतन के लिए पैठन के सातवाहनों के पतन को उत्तरदायी माना जाता है।[227] लेकिन व्यापार की अवनति से इसका घनिष्ठ संबंध दिखाई देता है।

उत्तर-पश्चिमी महाराष्ट्र के पूर्वी खानदेश जिले में बसा हुआ बाहल नामक स्थल ऐतिहासिक काल में अच्छी तरह आबाद मालूम पड़ता है। बाहल में ताम्र-पाषाणकाल में वास आरंभ हुआ। बाद में, लंबे अंतराल के पश्चात् लगभग 600 ई. पू. में वहां लोहा मिला। लगभग 300 ई. पू. में उत्तरी काली पालिशदार मृद्‌भांड के आगमन के साथ ऐतिहासिक काल शुरू हुआ। सातवाहनकाल में काला-और-लाल मृद्‌भांड जारी रहा, और लाल पालिशदार मिट्टी के बरतन इस्तेमाल में आए। इमारती अवशेष घटिया किस्म के थे, लेकिन दो छेदवाले खपड़े पाए गए। कम कीमती पत्थर के मनके भी मिले। ऊपरी सतह पर पाए गए चांदी के आहत सिक्कों[228] की संख्या 685 है, और ये लगभग 300 ई.पू. से 100 ई. के बीच के हैं। ईसा की दूसरी शताब्दी में यहां आबादी का अंत हो गया, और इसके बाद यह स्थल प्रचंड बाढ़ से प्रभावित हुआ। बारह सौ वर्षों के लंबे अंतराल के बाद यह यादवों और मुसलमानों के काल (1300-1700 ई.) में फिर से आबाद हुआ।

इसका संकेत चीनी काही के बरतनों, बहमनी की बहुरंगी चूड़ियों और मुगलयुगीन चमकीले मृण्पात्र से मिलता है।[229]

नासिक (प्राचिन नासिक्य) गोदावरी नदी के दक्षिणी तट पर बसा है, और यह अपने ही नाम के जिले का मुख्यालय है। यहां पहली आबादी मूलतः ताम्र-पाषाणकाल की मिलती है। लंबे अंतराल के बाद यहां लगभग 400 ई. पू. से 200 ई. पू. के बीच ऐतिहासिक काल का प्रारंभ हुआ जिसमें मिट्टी की दीवारें, ईंट के अस्तर लगे सोख-गर्त्त, मिट्टी और कम कीमती पत्थर के मनके, चूड़ियां, लोहे के औजार और काले-और-लाल मृदभांड के अनेक प्रकार के बरतन मिलते हैं।[230] लगभग 200 ई. पू. और प्रायः 200 ई. के बीच बिना अभिलेख के तांबे के ढलवे सिक्के पाए जाते हैं। 'आंध्र' मृद्भांड के कुछ ठीकरे भी मिले हैं जिन पर आड़े-तिरछे रूपांकन हैं।[231] कुछ ठीकरों के ऊपर ईसापूर्व तीसरी से पहली शताब्दियों की ब्राह्मी लिपि अंकित थी। 50 ई. से 200 ई. के बीच देश के इस भाग पर क्षहरातों का , अर्थात् नहपान के परिवार का शासन था, और तब भट्ठों में पकी ईंट के मकान बनते थे और मिट्टी के बारीक बने खपड़ों से छत का छाजन होता था। हड्डी, शीशे और सोने के बने मनकों का व्यवहार होता था।[232] रोम के साथ नासिक के संपर्क का संकेत समिआई मृद्भांड के ठीकरों और लाल पालिशदार मृद्भांड के कटोरे

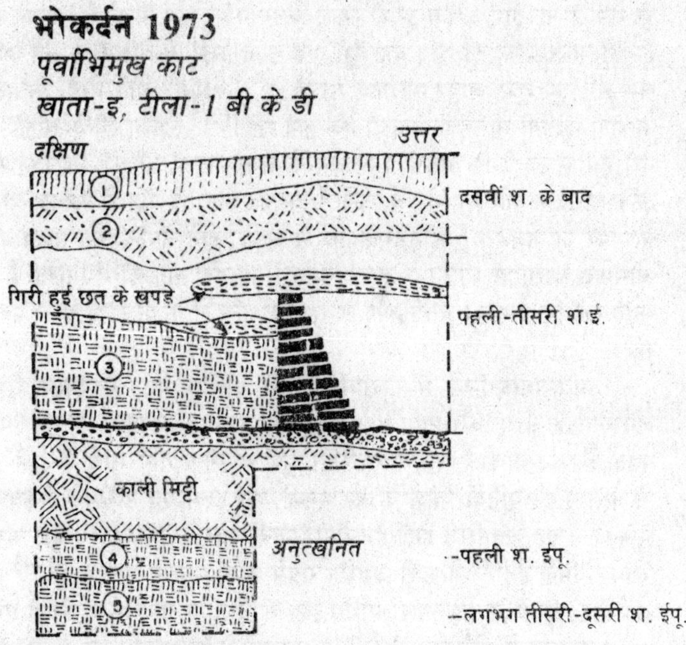

चित्र 19. भोकर्दन 1973, पूर्वाभिमुख काट, खाता-इ, टीला-1, बी के डी; एस.बी देव और आर.एस. गुप्ते, **एक्सकेवेशंस ऐट भोकर्दन (भोगवर्धन) 1973**, नागपुर, 1974, चित्र 3 के अनुसार।

और सुराहीनुमा हजारों से मिलता है।[233] 200 ई. के बाद की किसी उत्खनित सामग्री की सूचना नहीं है। लगभग 300 ई. तक यहां आबादी बनी रही। उस समय तक नासिक के पड़ोस में चट्टान को काटकर कुछ गुफाओं को खोदने और उन पर अभिलेख अंकित करने की प्रथा का अंत हो चुका था।[234] इसके बाद 1400 ई. में यह स्थल फिर से आबाद मालूम पड़ता है।[235] आरंभिक 'मुस्लिम' आबादी की पुष्टि चीनी काही के बरतन और चमकीले मृण्पात्र से होती है।[236]

कोल्हापुर जिलांतर्गत ब्रह्मपुरी का इतिहास लगभग 200 ई. पू. से आरंभ होता है, जैसाकि उत्तरी काली पालिशदार मृद्‌भांड के मिलने से आभास मिलता है। ईसा की दूसरी शताब्दी में गौतमीपुत्र शातकर्णि के समय यह ईंट के ठीक से बने मकानों का नगर था।[237] 'फलते-फूलते' नगर में मनके, चूड़ियां और लोहे के औजार प्रचलित थे। सिक्के भी चलते थे। रोमी दुनिया से ब्रह्मपुरी का सांस्कृतिक और वाणिज्यिक संपर्क था। ऊपरी सतह पर रोम के समुद्र-देवता पॉसिडॉन की कांसे की मूर्ति मिली है, और उत्खननों से कांसे का घड़ा तथा रोमी नमूनों की नकल में बने मिट्टी के बुले अथवा ढोलने (लॉकिट) प्राप्त हुए हैं। आयात की गई रोमी वस्तुओं की नकल मिट्टी की वस्तुओं में की जाती थी।[238] ईसवी सन् की आरंभिक शताब्दियों की सातवाहनकालीन निचली जमावटों में भी रोम से लाए गए अथवा उनकी नकल किए गए मृद्‌भांड मिलते हैं जिनकी ऊपरी सतह दोबारा पालिश की हुई थी। यहां पूरी तरह चीनी मिट्टी (केऑलिन) के बने अथवा उसके लेप लगे हुए कुछ बरतन भी पाए गए हैं।[239] "संभवतः थोड़े-थोड़े अंतराल के साथ आबादी पंद्रहवीं-सोलहवीं शताब्दी तक बनी रही।"[240] लेकिन इन अंतरालों का उल्लेख नहीं है। संभव है कि यज्ञश्री शातकर्णि के राज्यकाल में ब्रह्मपुरी का विनाश हुआ हो, लेकिन सिक्के और मृद्‌भांड बतलाते हैं कि यह जल्द ही फिर से आबाद हो गई। एक बार फिर यह उजड़ गई, और इसके फिर से आबाद होने का निश्चित साक्ष्य कोल्हापुर के आसपास शिलाहार शासन के समय, ग्यारहवीं-बारहवीं शताब्दी में मिलता है।[241] इसमें संदेह नहीं कि ईसा की चौथी और ग्यारहवीं शताब्दियों के बीच यह स्थल पतनावस्था में रहा।

औरंगाबाद जिले में गोदावरी नदी के तट पर, पैठन के निकट स्थित कौसम लगभग 200 ई. पू. और प्रायः 100 ई. के बीच सातवाहन संस्कृति का बड़ा स्थान मालूम पड़ता है। ईंट के ढांचे, बढ़िया छल्लेदार कूपों या सोख-गर्त्तों, सांचे में ढली चीनी मिट्टी (केऑलिन) की मूर्तियों, शीशे के बने मनकों और हाथी एवं उज्जैन प्रतीकवाले तांबे के सिक्कों से यह बात सिद्ध होती है। रोमी सिक्कों की नकल में मृण्मय बुले अथवा ढोलने (लॉकिट) मिले हैं।[242] ये सभी अवशेष सबसे ऊपरी परत में पाए गए हैं,[243] जिससे यह अर्थ निकलता है कि यह स्थल लगभग ईसा की दूसरी शताब्दी में वीरान हो गया।

सातवाहनों की राजधानी पैठन के उत्खनन से लगभग 300 ई. पू. से प्रायः 100 ई. के बीच आबादी के अच्छे साक्ष्य मिलते हैं। घिसे-पिटे उत्तरी काली पालिशदार मृद्‌भांड के ठीकरों के अतिरिक्त, इसके पुरावशेषों में शीशे के मनके, स्फटिक के बने कर्णाभूषण, पांवदार चक्कियां, हड्डी अथवा हाथीदांत का बना सिंह-शीर्ष, हाथीदांत की बनी

अंजन-शलाका शामिल हैं। चीनी मिट्टी (केऑलिन) की बनी मूर्तियों में एक देवी की नंगी मूर्ती भी है। सीसे के दो प्रारंभिक सातवाहन सिक्कों पर गज-लक्ष्मी का प्रतीक है[244] जो गुप्त-मुद्रा की सामान्य विशिष्टता बन गया। सातवाहनकाल के प्रायः अंत में पैठन बाढ़ से ग्रस्त हो गया।[245] ईसा की तीसरी शताब्दी के बाद यहां थोड़ी आबादी मालूम पड़ती है। ईंट का एक मंदिर भग्नावस्था में मिला है जो लगभग ईसवी सन् 600 से 800 के बीच अर्थात् राष्ट्रकूटकाल की शुरुआत का माना जाता है।[246] जो भी हो, यह स्थल लगभग 800 ई. के बाद वीरान हो गया।

अहमदनगर जिलांतर्गत नेवासा प्रवर नदी के दक्षिणी तट पर बसा है। यहां नवपाषाण-ताम्र-पाषाणकालीन संस्कृति के अंत के बाद बहुत बड़ा अंतराल आया। लगभग 300 ई. पू. में ऐतिहासिक काल आरंभ हुआ और प्रायः 200 ई. तक चलता रहा।[247] इस काल में लोहे की कुल्हाड़ियां, हंसिया और फाल मिलते हैं।[248] लाल मृद्भांड के अतिरिक्त, काले-और-लाल रंगवाले मृण्पात्र इस काल के मुख्य बरतन थे, यद्यपि यहां उत्तरी काली पालिशदार मृद्भांड के कुछ ठीकरे भी पाए गए हैं।[249] फर्श बनाने के लिए ईंटों और छत-छाजन के लिए खपड़ों का इस्तेमाल होता था। मनका बनाने का उद्योग चरम सीमा पर था, और शीशे के मनकों से नेवासा के शिल्पियों की शीशा बनाने में दक्षता दृष्टिगोचर होती है।[250] धातु पिघलाने के लिए बनी छत्तीस खंडित कुठालियां मिली हैं। ये खंडित कुठालियां विभिन्न उद्देश्यों के निमित्त बने विभिन्न आकारों में पाई जाती हैं।[251] शीशे के मनके और कम कीमती पत्थरों का प्रचलन था।[252] यहां सातवाहनों के पॉटिन, सीसे और तांबे के बहुसंख्य सिक्के मिले हैं।[253] बुले (रोमी) और मिट्टी की मोहरों में भी नेवासा समृद्ध है।[254] बारह फुट गहरे ईंट के बने (अन्न के) बखार से अत्यधिक मात्रा में जले हुए अन्न मिले हैं।[255] इस काल में लोग गेहूं, मूंग, बजरी और करडी का तेल खाते थे।[256] हिंद-रोमी अथवा परवर्ती सातवाहन चरण में आयातित, दोहत्थे कलशों के ठीकरों के साथ लाल पालिशदार मृद्भांड, बारीक, पारभासी, हल्की नीली शीशे की चूड़ियां, रोमन सम्राट टाइबेरियस (14-37 ई.) के सीसे में नकल किए हुए अथवा मूल सिक्के मिले हैं।[257] लाल पालिशदार मृद्भांड के कुछ ठीकरों में निश्चित रूप से सेमिआई विशेषता दिखती है। इस चरण में बहुत अच्छी तरह बनाई गई नींव पर मकान बनते थे।[258] मृण्मय अलंकृत मुखौटों और कुछ मृण्मय मूर्तियों के शिरोवस्त्रों और केशविन्यासों में विदेशी प्रभाव दिखता है। विदेशी प्रभाव की पहचान घूर्णन चक्कियों के समूह में भी की गई है। इनके भारी घुमानेवाले उपरौटों (ऊपरी पत्थरों) में मूठ लगाने के लिए दो आड़े छिद्र हैं जिससे घूर्णन की गति में तेजी आ सकती थी।[259] आबादी के अंत के आसपास चीनी मिट्टी (केऑलिन) का बना, लड़के का मस्तक मिलता है जिसे नेवासा का 'मुस्कुराता लड़का' कहते हैं।[260] शंख की चूड़ियों से इस काल के उन्नतिशील कुटीर उद्योग का आभास मिलता है।[261] प्रायः 200 ई. में हिंद-रोमी चरण के अंत होने का अनुमान है। नेवासा क्षेत्र में लडमुड टीले की भी खुदाई हुई।[262] ईसवी सन् की एक-दो शताब्दियों के बाद से तेरहवीं-चौदहवीं शताब्दियों तक लडमुड आबाद नहीं मालूम पड़ता।[263] इस बड़े अंतराल के बाद नेवासा 'मध्ययुग' में आबाद हुआ;[264] इस

आबादी में नेवासा के वैभव के ह्रास का स्पष्ट संकेत है। मकान बिना नींव के और अनगढ़ पत्थरों के बने थे। शीशे की बहुरंगी चूड़ियां, चमकीले मृद्‌भांड और काही के बरतन[265] बतलाते हैं कि यहां 'मध्ययुग' का आरंभ 1000 ई. के बहुत बाद हुआ।

उस्मानाबाद जिलांतर्गत और तेर्णा नदी के तट पर स्थित टेर की शिनाख्त अभिलेखों में शिल्पियों और व्यापारियों के लिए विख्यात प्राचीन नगर टगर से की जाती है। यह दक्षिण भारत का सबसे बड़ा वाणिज्य-केंद्र कहलाता था।[266] प्राचीन नगर का विस्तार 2.5 मील की परिधिवाले क्षेत्र में था। इसका प्रतिनिधित्व तेर्णा के दोनों तटों पर स्थित प्रायः नौ टीले करते हैं।[267] निचली तहों में उत्तरी काली पालिशदार मृद्‌भांड के मिलने से पता चलता है कि यहां ऐतिहासिक काल का आरंभ प्रायः 300 ई. पू. में हुआ, यद्यपि उत्खननकर्त्ता ने इसे ईसापूर्व चौथी शताब्दी में रखा है।[268] यहां ईसा की चौथी शताब्दी तक आबादी बनी रही। लाल पालिशदार मृद्‌भांड, अधिकांशतः दोहरे सांचों की मृण्मय मूर्तियों, पत्थर के जांतों और लोढ़ों, लोहे की वस्तुओं, जिनमें दीपक शामिल हैं, शंख और शीशे की चूड़ियों और तांबे के सिक्कों[269] से टेर का शहरी चरित्र सिद्ध होता है। टेर में ऐसे दीपक मिले हैं जिनमें खड़ा मूठवाला तवा लगा है। इस प्रकार के दीपक नासिक, नेवासा और रेढ़[270] में भी मिले हैं। कार्नेलियन की बनी मोहरें, मिट्टी के बने बुले (लॉकेट), दांतेदार चक्रित (रूलेटेड) मृद्‌भांड इत्यादि जैसी अनेक रोमी वस्तुएं मिली हैं। उत्खनन के द्वारा प्रकाश में लाए गए वस्त्र रंगने के अनेक हौजों से सूती वस्त्रों के व्यापार का संकेत मिलता है। **पेरिप्लुस ऑव द एरिथ्रियन सी** के अनुसार पण्य वस्तुएं पहले टेर लाई जाती थीं, और बाद में पैठन से गुजरनेवाले मार्ग से पश्चिमी समुद्रतट के बंदरगाहों को भेजी जाती थीं।[271] टेर ऐसे मार्ग पर बसा था जिससे पण्य वस्तुएं पूर्वी दकन से हैदराबाद, पैठन और नासिक होते हुए भड़ौच पहुंचाई जाती थीं। यह कोंडापुर, नेवासा और नागार्जुनकोंडा से भी जुड़ा हुआ था।[272] टेर में लाजवर्द का मनका और चीनी मिट्टी (केऑलिन) की बनी वस्तुएं पाई जाती हैं, यद्यपि इन्हें बनाने के लिए टेर में कोई भी कच्चा माल उपलब्ध नहीं है।[273] यह स्थल खासकर मृण्मूर्तियों में समृद्ध है। इनमें से अनेक दोहरे सांचों में ढलकर बनी हुई हैं और कुछ में कलात्मक दक्षता दिखती है।[274] चावल, गेहूं और दलहनों के जले अनाज पाए गए हैं, लेकिन इन्हें जमा करने के लिए किसी खत्ती का पता नहीं लगा है।[275] बौद्ध और ब्राह्मण, दोनों धर्मों से टेर का संबंध था। यहां जो स्तूप निकला है वह संभवतः ईसा की दूसरी शताब्दी के मध्य में बना जब अर्धवृत्ताकार मंदिर (चैत्य) का भी निर्माण हुआ। बगल में पाए गए पुलुमावि के सिक्कों से दोनों की तिथि निर्धारित की जाती है।[276] लगता है कि ईसा की चौथी सदी के बाद टेर वीरान हो गया।

महाराष्ट्र में धुलिया जिलांतर्गत, मध्य भारत और दकन के बीच, ताप्ती घाटी के अंतर्वर्ती क्षेत्र के भीतर कपास उपजानेवाले काली मिट्टी के इलाके में प्रकाश नामक स्थल स्थित है।[277] यहां का प्राचीन स्थल माप में 1400 × 600 फुट है।[278] मूलतः यह ताम्र-पाषाण संस्कृतिवाला स्थल है। छः शताब्दियों के अंतराल के बाद लगभग 600 ई. पू. में यहां लोहा इस्तेमाल करनेवाले लोग बसे।[279] 200 ई. पू. के पहले इसको शहरी

रूप प्राप्त हुआ[280] जिसमें सिक्के, सोख-गर्त्त, व्यक्तिगत आभूषण, घरेलू साज-सज्जा और परिष्कृत मृदभांडों के उद्योग मिलते हैं।[281] शहरी जीवन का उत्तरोत्तर विकास लगभग 150 ई. पू. से प्रायः 600 ई. के बीच हुआ।[282] यद्यपि यहां अधिक ढांचे नहीं हैं, फिर भी सांस्कृतिक अवशेषों के जमाव की मोटाई पंद्रह फुट है।[283] धातु की घरेलू वस्तुओं के उत्पादन पर अधिक बल दिया जाता था।[284] मिट्टी के बरतन बनाने के उद्योग का ह्रास हुआ, लेकिन चूड़ियों के निर्माण का और विशेषकर शंख की चूड़ियों के निर्माण का उद्योग परिष्कृत था।[285] त्रिपुरी, माहेश्वर और नेवासा के उदाहरणों के सदृश पांवदार जांतों का इस्तेमाल होता था।[286] सिक्कों से उज्जैन के साथ संपर्क का संकेत मिलता है, और इस काल में वहां व्यापार की सुव्यवस्थित पद्धति मिलती है।[287] उपलब्ध साक्ष्य से संकेत मिलता है कि काल-III (प्रायः 150 ई. पू. से लगभग 600 ई.) के अंत के आसपास इस आबादी की रोशनी टिमटिमा गई।[288]

यद्यपि सोलह फुट मोटे पुरातात्त्विक जमाव को छठी शताब्दी के अंत से ग्यारहवीं शताब्दी के बीच रखा गया है, लेकिन इसके आरंभ का दो फुट का जमाव छठी शताब्दी के पहलेवाले जमाव के साथ-साथ का है।[289] जैसाकि टूटी और दोबारा इस्तेमाल की हुई ईंटों से संकेत मिलता है (यद्यपि पूरी-पूरी ईंटें भी मिलती हैं),[290] ढांचे अपेक्षाकृत अधिक घटिया थे। मृद्भांड को किसी खास तरह का नहीं बतलाया जा सकता, और उपलब्ध सिक्के का संबंध 600-1100 ई. के काल से नहीं है।[291] लेकिन प्रकाश एक ऐसा दुर्लभ स्थान है जहां बड़े पैमाने पर दस्तकारी का काम आरंभिक मध्ययुग में भी चलता रहा। धातु को, खासकर लोहे को, घरेलू और औद्योगिक इस्तेमाल में अधिक लाया गया, और अमीरों के घरों में मिट्टी के बरतनों के स्थान पर धातु के बरतन आ गए।[292] धातु के उद्योग की तरह शीशे के उद्योग में भी व्यापक उत्पादन जारी रहा।[293] शंख की वस्तुएं मिली हैं,[294] लेकिन शंख की चूड़ियों के उद्योग का महत्त्व नहीं रह गया था। संभवतः शिल्पीय गतिविधियां परिवर्तित रूप में जारी रहीं, और शिल्पियों को बड़े-बड़े घरानों के साथ संलग्न कर दिया गया। ये बड़े-बड़े घराने ही ग्रामीण क्षेत्रों से कर वसूलते थे और शिल्पियों को जिंस में भुगतान करते थे।

मध्यप्रदेश, राजस्थान और गुजरात में लगभग 300 ई. पू. में नगरीकरण शुरू हुआ, और नगर सातवाहनों तथा शक-क्षत्रपों के अधीन समृद्ध हुए। चौथी शताब्दी के अंत तक शहरी जीवन प्रायः समाप्त हो चुका था, यद्यपि गुजरात के एक-दो स्थलों में यह सातवीं-आठवीं शताब्दियों तक बरकरार रहा। महाराष्ट्र में स्थिति थोड़ी भिन्न थी। यहां आरंभिक ऐतिहासिक काल में, 200 ई. पू. के आसपास अथवा इससे कुछ पहले नगरों का निर्माण हुआ, और प्रकाश को छोड़कर सभी नगर ईसा की तीसरी शताब्दी में लुप्त हो गए।

टिप्पणियां

1. **आइ ए आर**, 1968-69, पृ. .26.
2. **आइ ए आर**, 1965-66, पृ. 38; 1970-71, पृ. 32; 1971-72, पृ. 42.
3. **आइ ए आर**, 1965-66, पृ. 38; 1970-71, पृ. 32; 1971-72, पृ. 42.
4. **आइ ए आर**, 1965-66, पृ. 38; 1971-72, पृ. 42.
5. **आइ ए आर**, 1965-66, पृ. 38; 1971-72, पृ . 42.
6. **आइ ए आर**, 1962-63, पृ. 31.
7. **ए आइ,** सं. 9, पृ. 153 और आगे; **ए एस आर**, 1935-36, पृ. 86.
8. **ए एस आर**, 1935-36, पृ. 86.
9. **ए आइ**, सं. 9, पृ. 153.
10. **ए एस आर**, 1935-36, पृ. 86.
11. वही.
12. वही, पृ. 85.
13. **ए आइ**, सं. 9, पृ. 153.
14. **ए एस आर**, 1935-36, पृ. 86.
15. **आइ ए आर**, 1962-63, पृ. 31.
16. **ए आइ**, सं. 9, पृ. 153.
17. के. एन. पुरी, **एक्सकेवेशंस ऐट रैढ़ ड्यूरिंग संवत् इयर्स 1995 एंड 1996 (1938-39 एंड 1939-40 ए.डी.)** पृ. 58-61
18. **ए आइ**, सं. 9, पृ. 153.
19. वही.
20. वही.
21. के. एन. पुरी, **एक्सकेवेशंस ऐट रैढ़**, पृ. 50.
22. वही.
23. वही.
24. **आइ ए आर**, 1962-63, पृ. 19-20.
25. वही, पृ. 19.
26. वही.
27. वही.
28. **आइ ए आर**, 1962-63, पृ. 19.
29. हन्ना राइद, **रंगमहल : द स्वेडिश आर्कियोलॉजिकल एक्सपेडिशन टु इंडिया (1952-54)**, पृ. 5.
30. वही, पृ. 86-158.
31. वही.
32. वही, पृ. 160.
33. वही, पृ. 166-169.
34. वही, पृ. 170.
35. वही, पृ. 171-76.
36. वही, पृ. 181.

37. **आइ ए आर**, 1971-72, पृ. 29-30.
38. **आइ ए आर**, 1965-66, पृ. 21-22; 1966-67, पृ. 17-19; 1967-68, पृ. 23-24; 1968-69, पृ. 11-12.
39. **आइ ए आर**, 1966-67, पृ. 18.
40. **आइ ए आर**, 1965-66, पृ. 22.
41. **आइ ए आर**, 1966-67, पृ. 18.
42. **आइ ए आर**, 1965-66, पृ. 22; 1966-67, पृ . 18.
43. **आइ ए आर**, 1966-67, पृ. 18.
44. वही.
45. एम. जी. दीक्षित, **त्रिपुरी-1952**, पृ. 13, 18, 29.
46. वही, पृ. 18.
47. **आइ ए आर**, 1974-75, पृ. 21.
48. **आइ ए आर**, 1975-76, पृ. 23.
49. वही.
50. **आइ ए आर**, 1974-75, पृ. 23.
51. **आइ ए आर**, 1971-72, पृ. 28.
52. वही.
53. वही.
54. **आइ ए आर**, 1971-72, पृ. 28; 1972-73, पृ. 16.
55. **आइ ए आर**, 1972-73, पृ. 16.
56. वही.
57. **आइ ए आर**, 1971-72, पृ. 28.
58. **आइ ए आर**, 1972-73, पृ. 16.
59. **आइ ए आर**, 1971-72, पृ. 27-28.
60. **आइ ए आर**, 1960-61, पृ. 18.
61. वही.
62. **आइ ए आर**, 1961-62, पृ. 23; 1962-63, पृ. 12.
63. वही.
64. वही.
65. **आइ ए आर**, 1960-61, पृ. 18.
66. **आइ ए आर**, 1961-62, पृ. 25.
67. **आइ ए आर**, 1962-63, पृ .12.
68. **आइ ए आर** 1980-81, पृ. 37.
69. वही.
70. वही.
71. वही.
72. वही.
73. **आइ ए आर**, 1982-83, पृ. 40.
74. वही.
75. वही.
76. एच. डी. सांकलिया, बी. सुब्बाराव और एस. बी. देव, **द एक्सकेवेशंस ऐट माहेश्वर**; वाइ. डी. शर्मा, 'रिमेंस ऑव अर्ली हिस्टॉरिकल सिटीज़', **आर्कियोलॉजिकल रिमेंस, मॉन्यूमेंट्स**

एंड म्यूजियम्स, भाग I, पृ. 73.

77. वाइ. डी. शर्मा, 'रिमेंस आव अर्ली हिस्टॉरिकल सिटीज़', **आर्कियोलॉजिकल रिमेंस, मॉन्यूमेंट्स एंड म्यूजियम्स,** भाग I, पृ. 73.
78. वही.
79. वही.
80. एच. डी. सांकलिया, बी. सुब्बाराव और एस. बी. देव, **द एक्सकेवेशंस ऐट माहेश्वर एंड नावडाटोली, 1952-53,** पृ. 191.
81. वही, पृ. 216.
82. वही.
83. वाइ. डी. शर्मा, 'रिमेंस ऑव अर्ली हिस्टॉरिकल सिटीज़', **आर्कियोलॉजिकल रिमेंस, मॉन्यूमेंट्स एंड म्यूजियम्स,** भाग I, पृ. 73
84. **आइ ए आर,** 1959-60, पृ. 24.
85. वही.
86. **आइ ए आर,** 1959-60, पृ. 24; यह तथ्य टीला-3 के उत्खनन से संबद्ध है।
87. वही, पृ. 24.
88. वही । गोल मृण्मय मोहर, जिस पर वैसी ही लिपि में अभिलेख है, टीला-२ से मिली है।
89. वही, पृ. 25.
90. वही.
91. **ए एस आर,** 1936-37, पृ. 85-87.
92. वही, पृ. 87.
93. वही.
94. वही, पृ. 85.
95. **आइ ए आर,** 1963-64, पृ. 16-17.
96. वही.
97. वही पृ. 17.
98. वही.
99. वही.
100. वही.
101. **आइ ए आर,** 1964-65, पृ. 18-19.
102. वही.
103. जेड. डी. अंसारी और एम. के. धवलिकर, **एक्सकेवेशंस ऐट कयथा,** पृ. 8.
104. वही, पृ. 14-15.
105. **आइ ए आर,** 1964-65, पृ. 19.
106. वही.
107. वही.
108. **आइ ए आर,** 1967-68, पृ. 25.
109. **आइ ए आर,** 1957-58, पृ. 24.
110. वही, पृ. 36.
111. वही.
112. **आइ ए आर,** 1956-57, पृ. 24, 27.
113. वही, पृ. 27.
114. **आइ ए आर,** 1957-58, पृ. 36.

115. वही.
116. वही.
117. **सी-यू-कि**, II, पृ. 270.
118. वही.
119. **आइ ए आर**, 1979-80, पृ. 54-55.
120. **आइ ए आर**, 1982-83, पृ. 60.
121. **आइ ए आर**, 1979-80, पृ. 54-55.
122. **आइ ए आर**, 1982-83, पृ. 60.
123. वही.
124. वही, पृ. 59.
125. **ए आइ**, सं. 9, पृ. 161.
126. वही.
127. **आइ ए आर**, 1955-56, पृ. 19.
128. **आइ ए आर**, 1980-81, पृ. 32.
129. वही, पृ. 33.
130. वही.
131. वही, पृ. 32.
132. वही, पृ. 33.
133. वही, पृ. 39.
134. वही.
135. **आइ ए आर**, 1959-60, पृ. 19.
136. वही.
137. वही.
138. वही.
139. वही.
140. वही.
141. वही.
142. **सी-यू-कि**, II, पृ. 259.
143. वही पृ. 260.
144. **आइ ए आर**, 1967-68, पृ. 20.
145. वही.
146. आर एन. मेहता और एस. एन. चौधरी, **एक्सकेवेशन ऐट धतवा**, पृ. 9.
147. **आइ ए आर**, 1967-68, पृ. 20.
148. **आइ ए आर**, 1979-80 पृ. 24.
149. वही.
150. **ए आइ**, सं. 9, पृ. 162.
151. **आइ ए आर**, 1975-76, पृ. 15.
152. **आइ ए आर**, 1974-75, पृ. 15.
153. वही.
154. वही.
155. **आइ ए आर**, 1974-75, पृ. 15; 1976-77, पृ. 18; 1977-78, पृ. 22.
156. **आइ ए आर**, 1974-75, पृ. 16; 1975-76, पृ. 15.

157. **आइ ए आर**, 1976-77, पृ. 18.
158. **आइ ए आर**, 1975-76, पृ. 15.
159. **आइ ए आर**, 1977-78, पृ. 22.
160. **आइ ए आर**, 1974-75, पृ. 16.
161. वही, पृ. 15.
162. **आइ ए आर**, 1977-78, पृ. 22.
163. वही, पृ. 23.
164. वही, पृ. 22.
165. **आइ ए आर**, 1964-65, पृ. 12.
166. आर. एन. मेहता और डी. आर. शाह, **एक्सकेवेशन ऐट नगर**, पृ. 9.
167. वही.
168. **आइ ए आर**, 1964-65, पृ. 11.
169. **आइ ए आर**, 1963-64, पृ. 10.
170. **आइ ए आर**, 1964-65, पृ. 11.
171. वही.
172. आर. एन. मेहता और डी. आर. शाह, **एक्सकेवेशन ऐट नगर**, पृ. 18-19.
173. **आइ ए आर**, 1964-65, पृ. 11.
174. आर. एन. मेहता और डी. आर. शाह, **एक्सकेवेशन ऐट नगर**, पृ. 9.
175. वही.
176. **आइ ए आर**, 1955-56 पृ. 7-8; 1956-57, पृ. 16-17; 1971-72, पृ. 12-13; 1975-76, पृ. 13; 1976-77, पृ. 17-18.
177. **आइ ए आर**, 1971-72, पृ. 13.
178. **आइ ए आर**, 1955-56, पृ. 7.
179. **आइ ए आर**, 1955-56, पृ. 7.
180. **आइ ए आर**, 1956-57, पृ. 17.
181. जेड. डी. अंसारी और एम. एस. माटे, **एक्सकेवेशंस ऐट द्वारका**, पृ. 13 में, एच. डी. सांकलिया के अनुसार।
182. वही, पृ. 15.
183. वही.
184. वही, पृ. 16.
185. **आइ ए आर**, 1953-54, पृ. 10.
186. वही.
187. वही.
188. **आइ ए आर**, 1978-79, पृ. 71.
189. वही.
190. **आइ ए आर**, 1966-67, पृ. 27; यह स्पष्ट नहीं है कि पौनार वाकाटकों की राजधानी प्रवरपुर का आधुनिक रूप है। एस. बी. देव और एम. के. धवलिकर, **पौनार एक्सकेवेशन (1967)**, पृ. 114-15 देखें।
191. एस. बी. देव और एम. के. धवलिकर, **पौनार एक्सकेवेशन (1967)**, पृ. 9, 115.
192. वही, पृ. 7, 9, 115.
193. **आइ ए आर**, 1966-67, पृ. 27.

194. एस. बी. देव और एम. के. धवलिकर, **पौनार एक्सकेवेशन (1967)**, पृ .11-12.
195. वही, पृ. 10.
196. वही पृ. 7.
197. **आइ ए आर,** 1966-67, पृ. 27.
198. **आइ ए आर,** 1961-62, पृ. 29.
199. वही, पृ. 30.
200. एम. जी. दीक्षित, **एक्सकेवेशंस ऐट कौंडिन्यपुर,** पृ. 27.
201. **आइ ए आर,** 1961-62, पृ. 30.
202. एम. जी. दीक्षित, पूर्वोक्त, पृ. 29.
203. **आइ ए आर,** 1969-70, पृ. 21.
204. एस. बी. देव और जे. पी. जोशी, **पौनार एक्सकेवेशंस (1969-70)**, पृ. 117.
205. वही.
206. वही, पृ. 96-101.
207. **आइ ए आर,** 1969-70, पृ. 21.
208. **आइ ए आर,** 1972-73, पृ. 20.
209. वही । छिद्रदार खपड़े नासिक, नेवासा, कराद, पैठन और टेर में छतों के छाजन थे । एस. बी. देव और आर. एस. गुप्ते, **एक्सकेवेशंस ऐट भोकर्दन (भोगवर्धन)** , 1973, पृ. 211 देखें ।
210. एस. एच. रित्ती (सं.), **ए डेकेड ऑव आर्कियोलॉजिकल स्टडीज इन साउथ इंडिया,** पृ. 29.
211. एस. बी. देव और आर. एस. गुप्ते, **एक्सकेवेशंस ऐट भोकर्दन,** पृ. 212.
212. **आइ ए आर,** 1972-73, पृ. 21; 1973-74, पृ. 20.
213. एस. बी. देव और आर. एस. गुप्ते, **एक्सकेवेशंस ऐट भोकर्दन,** पृ. 213.
214. **आइ ए आर**, 1973-74, पृ. 20.
215. **आइ ए आर,** 1972-73, पृ. 21.
216. **आइ ए आर**, 1973-74, पृ. 20.
217. **आइ ए आर,** 1972-73, पृ. 21.
218. वही.
219. एस. बी. देव और आर. एस. गुप्ते, **एक्सकेवेशंस ऐट भोकर्दन,** पृ. 214-15.
220. वही, पृ. 215.
221. वही, पृ. 211.
222. वही, पृ. 216.
223. वही, पृ. 215.
224. **आइ ए आर,** 1972-73, पृ. 21.
225. **आइ ए आर,** 1973-74, पृ. 20.
226. वही.
227. एस. बी. देव और आर. एस. गुप्ते, **एक्सकेवेशंस ऐट भोकर्दन,** पृ. 216.
228. **आइ ए आर,** 1956-57, पृ. 17-18; **ए आइ,** सं. 9, पृ. 162.
229. **आइ ए आर**, 1956-57, पृ. 18.
230. वाइ. डी. शर्मा, 'रिमेंस ऑव अर्ली हिस्टॉरिकल सिटीज', **आर्कियोलॉजिकल रिमेंस, मॉन्यूमेंट्स एण्ड म्यूजियम्स,** भाग-I, पृ. 74.
231. वही, पृ. 75.

232. वही। एच. डी. सांकलिया और एस. बी. देव, **रिपोर्ट ऑन द एक्सकेवेशंस ऐट नासिक एंड जॉर्वे, 1950-51**, पृ. 7 भी देखें।

233. एच. डी. सांकलिया और एस. बी. देव, **रिपोर्ट आन द एक्सकेवेशंस ऐट नासिक एंड जॉर्वे, 1950-51**, पृ. 7.

234. वही, पृ. 74.

235. वही, पृ. 75.

236. वही, पृ. 7.

237. एच. डी. सांकलिया और एम. जी. दीक्षित, **एक्सकेवेशंस ऐट ब्रह्मपुरी (कोल्हापुर), 1945-46**, पृ. x.

238. वही.

239. वाइ. डी. शर्मा, 'एक्सप्लोरेशन ऑव हिस्टॉरिकल सिटीज', **ए आइ,** सं. 9, पृ. 163.

240. वही.

241. एच. डी. सांकलिया और एम. जी. दीक्षित, **एक्सकेवेशंस ऐट ब्रह्मपुरी (कोल्हापुर) , 1945-46**, पृ. x.

242. **आइ ए आर,** 1965-66,पृ. 28.

243. वही.

244. वही.

245. वही, पृ. 28-29.

246. वही, पृ. 29.

247. **आइ ए आर,** 1954-55, पृ. 7; एच. डी. सांकलिया, एस. बी. देव और सोफिया एह्रहार्ड्ट, **फ्रॉम हिस्टरी टु प्री-हिस्टरी ऐट नेवासा** (1954-56), पृ. xv.

248. **आइ ए आर,** 1954-55, पृ. 7.

249. **आइ ए आर;** 1954-55, पृ. 7; 1955-56, पृ. 10.

250. एच. डी. सांकलिया, एस. बी. देव और सोफिया एह्रहार्ड्ट, **फ्रॉम हिस्टरी टु प्री-हिस्टरी ऐट नेवासा,** (1954-56),पृ. 369.

251. वही, पृ. 384-85.

252. **आइ ए आर,** 1954-55, पृ. 7.

253. **आइ ए आर,** 1956-57, पृ. 11.

254. एच. डी. सांकलिया और अन्य, **फ्रॉम हिस्टरी टु प्री-हिस्टरी ऐट नेवासा** (1954-56), अध्याय 8.

255. **आइ ए आर,** 1955-56, पृ. 10.

256. एच. डी. सांकलिया और अन्य, **फ्रॉम हिस्टरी टु प्री-हिस्टरी ऐट नेवासा** (1954-56), पृ. xiii.

257. **आइ ए आर,** 1954-55, पृ. 7.

258. वही.

259. **आइ ए आर,** 1955-56, पृ. 11.

260. **आइ ए आर,** 1954-55, पृ. 7.

261. वही.

262. एच. डी. सांकलिया और अन्य, **फ्रॉम हिस्टरी टु प्री-हिस्टरी ऐट नेवासा** (1954-56),पृ. xii.

263. वही, पृ. 70.

264. **आइ ए आर,** 1955-56, पृ. 11.

265. वही.

266. एस. एच. रित्ती (सं.), पूर्वोक्त, पृ. 29.

267. बी. एन. चेपेकर, **रिपोर्ट ऑन द एक्सकेवेशन ऐट टेर** (1958), पृ. 11.

268. **आइ ए आर,** 1957-58, पृ. 23.

269. वही, पृ. 23-24.

270. बी. एन. चेपेकर, **रिपोर्ट ऑन द एक्सकेवेशन ऐट टेर** (1958), पृ. vi.

271. **आइ ए आर,** 1968-69, पृ. 17.

272. बी. एन. चेपेकर, **रिपोर्ट ऑन द एक्सकेवेशन ऐट टेर** (1958) पृ. vi-vii.

273. वही, पृ. vii, 66, 93-98.

274. **आइ ए आर**, 1957-58, पृ. 23-24.

275. वही, पृ. 24.

276. **आइ ए आर**, 1968-69, पृ. 17-18.

277. **ए आइ,** सं. 20 और 21, पृ. 8-9.

278. वही, पृ. 8.

279. वही, पृ. 12-24.

280. वही, पृ. 14.

281. वही, पृ. 13-14.

282. वही, पृ. 24.

283. वही, पृ. 18.

284. वही, पृ. 15.

285. वही, पृ. 14.

286. वही, पृ. 105.

287. वही, पृ. 15.

288. वही.

289. वही, पृ. 19, 24.

290. वही, पृ. 19.

291. वही.

292. वही, पृ. 16.

293. वही.

294. वही, पृ. 19 .

अध्याय 5

दक्षिण भारत में शहरी विकास और पतन

महाराष्ट्र के सबसे दक्षिण में और कर्नाटक के सबसे उत्तर में स्थित नगरों के बीच के क्षेत्र की ओर पुरातत्त्ववेत्ताओं का पर्याप्त ध्यान नहीं गया है। कर्नाटक के पश्चिमी क्षेत्र में लगभग छः ऐतिहासिक स्थलों का उत्खनन हुआ है। लेकिन गुलबरगा जिलांतर्गत अन्वेषित स्थल सन्नती विचारणीय है। यह ईसापूर्व तीसरी शताब्दी से ईसा की तीसरी शताब्दी के बीच बौद्ध धर्म से संबद्ध शहर मालूम पड़ता है। यहां स्तूप, पत्थर की मूर्तियां और वास्तुशिल्पीय अवशेष मिलते हैं। ये सभी ठेठ सातवाहनकालीन कहे जाते हैं।[1] सिक्कों के बारे में जानकारी नहीं है, लेकिन अभिलेख मिलते हैं जिनमें अशोक के अभिलेख भी शामिल हैं। इसके अतिरिक्त सन्नती और इसके अगल-बगल में दूसरी से लेकर चौथी शताब्दी ई. के 77 ब्राह्मी अभिलेख मिले हैं। किसी भी अन्य स्थान पर सातवाहन राजाओं के संबंध में इतने अभिलेख नहीं मिले हैं।[1अ] दांतेदार चक्रित (रूलेटेड) मृद्‌भांड के टुकड़े के मिलने से रोमी संपर्क और परिष्कृत मृण्पात्र के इस्तेमाल का संकेत मिलता है। यहां सातवाहनयुगीन खपड़ों के टुकड़े, शंख की चूड़ियां और कम कीमती पत्थर के मनके भी मिलते हैं।[2] यद्यपि सांस्कृतिक अनुक्रम का स्पष्ट पता केवल उत्खनन से लग सकता है, लेकिन अन्वेषण से आभास मिलता है कि यह स्थल ईसा की तीसरी शताब्दी के बाद वीरान हो गया।

बेलगांव जिले में स्थित वडगांव-माधवपुर लगभग 225 ई. के बाद उजड़ गया। सात ऋतुओं तक खोदा गया यह स्थान सातवाहन संस्कृति का बड़ा स्थल प्रतीत होता है। लगभग 400 ई. पू. में यह आबाद हुआ जब काला-और-लाल मृद्‌भांड इस्तेमाल करनेवाले यहां पाए जाते हैं। सातवाहनों के पूर्ववर्ती चरण में आहत सिक्के पाए जाते हैं।[3] सातवाहनकाल ईंट की इमारतों में समृद्ध है।[4] एक सात मीटर चौड़ी और सौ मीटर से अधिक लंबी गली पाई गई है। इसके दुरमुस किए हुए फर्श में सात स्तरीकृत चरण मिलते हैं।[5] गली के उत्तरी किनारे पर पकी ईंट का बना वृत्ताकार अन्नागार है।[6] गेरुआ-लेपित (रसेट-कोटेड) मृद्‌भांड और लाल सुराहीनुमा हजारे मिलते हैं। खपड़ैल छत का भी साक्ष्य पाया जाता है।[7] मृण्मय वस्तुएं और मूल्यवान पत्थरों के मनके सभी खुदाइयों में मिले हैं।[8] शीशे की बनी वस्तुओं और हाथीदांत के बने पासों का इस्तेमाल होता था।[9]

यह स्थल सिक्कों में विशेष तौर पर समृद्ध मालूम पड़ता है। पर्याप्त मात्रा में पाए गए सातवाहन सिक्कों के साथ महारठी सिक्के भी मिलते हैं।[10] यहां सीसे, पॉटिन और तांबे के सिक्के मिले हैं।[11] क्षत्रप[12] और रोमी[13] सिक्के भी पाए गए हैं। इससे अधिक महत्त्वपूर्ण यह है कि सिक्के ढालने के सांचे मिले हैं।[14] जाहिर है कि वडगांव-माधवपुर में टकसाल था। लगता है कि ईसा की तीसरी शताब्दी के प्रारंभ तक यह स्थल आबाद था।[15] इसके बाद सातवाहनों से संबद्ध अधिकांश स्थल उजड़ गए।

रायचूर जिलांतर्गत मास्की तुंगभद्रा की सहायक नदी के तट पर बसा है। यहां ताम्र-पाषाण संस्कृति से आबादी शुरू हुई। बाद में लोहे के साथ महाश्म (मेगालिथिक) संस्कृति का आविर्भाव हुआ। यहां ऐतिहासिक काल सिक्कों और गेरुआ-लेपित चित्रित मृद्‌भांड अथवा आंध्र चित्रित मृद्‌भांड नामक परिष्कृत मृण्पात्र के प्रचलन के साथ प्रारंभ हुआ।[16] इस काल में पकी ईंट के ढांचे और रोड़े पाए गए। अंगमर्दक और मृण्मय मूर्तियां मिलीं। शीशे और कम मूल्यवान पत्थरों के मनके और चूड़ियां वहां से निकलीं। परंतु उल्लेखनीय है कि अधिकतम मनके और चूड़ियां शंख की बनती थीं जिससे शंख उद्योग की लोकप्रियता का आभास मिलता है।[17] आबादी का अंतिम चरण 'मध्यकालीन'[18] (प्राय 1000 ई. से 1600 तक)[19] है।

ब्रह्मगिरि चित्रद्रुग जिले में स्थित है। ब्रह्मगिरि के आसपास ही सिद्धपुर और जटिंग-रामेश्वर नामक स्थल हैं। इन तीनों स्थलों पर अशोक के दोनों लघु शिलाभिलेख मिले हैं। ब्रह्मगिरि की शिनाख्त अभिलेख में अंकित इसिला नगर-क्षेत्र से की जाती है।[20] इस स्थल पर आबादी नवपाषाणयुग में शुरू हुई। काल-III की पहचान आंध्र संस्कृति से की जाती है। इस काल में अत्यधिक परिष्कृत मृद्‌भांड मिलते हैं।[21] सामान्य काले-और-लाल मृद्‌भांड के अतिरिक्त गेरुआ-लेपित मृण्पात्र मिलते हैं। चीनी मिट्टी (केऑलिन) के बने बरतन भी पाए जाते हैं, और दांतेदार चक्रित (रूलेटेड) मृण्पात्र रोम के साथ संपर्क का संकेत देते हैं।[22] अंगूठियां और चूड़ियां केवल मिट्टी और हड्डी की ही बनी हुई नहीं मिली हैं, बल्कि शंख, शीशे, सोने और कांसे की बनी हुई भी पाई गई हैं।[23] मनके शंख, शीशे और कम मूल्यवान पत्थर के बनते थे।[24] अंगूठियां, चूड़ियां, घंटी, झुनझुना और कंगन सदृश कांसे की अनेक वस्तुएं यहां पाई गई हैं।[25] ऊपरी सतह से पॉटिन का सिक्का मिला है।[26] स्पष्टतः यह स्थल ईसा की तीसरी शताब्दी में वीरान हो गया।

चित्रद्रुग जिले में बसा हुआ चंद्रवल्ली अथवा चंद्रगांव महाश्म संस्कृति के स्थल के रूप में पहले-पहल आबाद हुआ। इतिहासयुगीन आबादी सातवाहनों के राज्य में शुरू हुई, और आबादी का मुख्य चरण ईसा की पहली-दूसरी शताब्दियों के समय का था।[27] विशाल ढांचा, जिसमें बहुत-से कमरे और अनेक फर्श हैं, और जिसके साथ गेरुआ-लेपित चित्रित मृद्‌भांड[28] भी मिलता है, संभवतः इसी काल का है। सातवाहनों के सिक्कों के स्रोत के रूप में यह स्थल बहुत दिनों से विख्यात है। यहां से बहुसंख्य सिक्के मिले हैं जिनमें ऑगस्टस (23 ई. पू. से 14 ई.) के दो और टाइबेरियस (14-37 ई.) के तीन दीनार (डेनॅरि) शामिल हैं। इनसे जानकारी मिलती है कि आंध्र संस्कृति की मुख्य धारा में

ब्रह्मगिरि से कहीं अधिक इस नगर का स्थान था।[29] भूमध्यसागरीय दोहत्थे कलश[30] की अस्तरित उपलब्धि और लाल मृद्भांड में दोहत्थे कलश के समान मर्तबान[31] से रोम के साथ चंद्रवल्ली के संपर्क की पुष्टि होती है। हाथीदांत के बने पासे और उसी की बनी सूई के आकार की शलाका के अतिरिक्त शीशे और हाथीदांत की बनी चूड़ियां बरामद हुई हैं।[32] शंख, शीशे और कम कीमती पत्थर के बने मनके पाए गए हैं।[33] आबादी के अंत की तिथि का स्पष्ट संकेत नहीं है, लेकिन आनंदों और महारठियों के सिक्कों [34] से संकेत मिलता है कि सातवाहनों के उत्तराधिकारियों के अधीन आबादी लगभग ईसा की चौथी शताब्दी तक बरकरार रही। लंबे अंतराल के पश्चात् इस स्थल पर पुनर्वास का आभास मुसलमानों और मैसूर के वडियारों के सिक्कों और कुछ पत्थर की मूर्तियों से मिलता है। ये सब परवर्ती मध्ययुग के मालूम पड़ते हैं।[35] ह्वीलर के मतानुसार आबादी का साक्ष्य मध्ययुग में विस्तृत है, लेकिन वे न तो आरंभिक मध्ययुग में आबादी के चिह्नों का संकेत बतलाते हैं और न ही 'मध्ययुग' शब्द की परिभाषा करते हैं। उनके विचारानुसार भी मुख्य चरण का समय ईसा की पहली-दूसरी शताब्दियों के सातवाहनों के राज्यकाल के साथ बैठता है।[36] अतएव लगता है कि व्यावहारिक दृष्टि से चंद्रवल्ली आरंभिक मध्ययुग में वीरान हो गया। (चित्र 20 देखें।)

उत्तरी कनारा जिलांतर्गत बनवासी कदंबों की राजधानी था। इसके आरंभिक ऐतिहासिक काल में सातवाहनों के समय की संस्कृति मिलती है, जिसमें गेरुआ-लेपित चित्रित मृद्भांड, काले-और-लाल मिट्टी के बरतन, दांतेदार चक्रित मृण्पात्र (रूलेटेड वेयर) तथा ईंट की बनी किलेबंदी पाई गई है।[37] बनवासी किलेबंद दीवार से घिरा था, जिसकी मरम्मत दो चरणों में हुई।[38] इस स्थल पर अर्धवृत्ताकार मंदिर (चैत्य) भी है,[39] जिसकी तिथि निर्धारित नहीं है। मंजूषा-शीर्षवाली लिपि में लिखित खंडित अभिलेख में प्रारंभिक कंदब शासकों के नाम अंकित हैं[40] जिससे संकेत मिलता है कि यहां आबादी ईसा की छठी शताब्दी तक बरकरार थी। संभवतः ह्वेन सांग बनवासी आया था।[41]

ऐसा प्रतीत होता है कि सातवीं शताब्दी ईसवी में कर्नाटक के अनेक भागों में उजड़े नगर बिखरे पड़े थे। द्रविड़ देश से, जिसकी राजधानी कांची थी, उत्तर की ओर बढ़ने पर ह्वेन सांग ने बीहड़ जंगल में प्रवेश किया, जहां उसने उजड़े शहरों का तांता अथवा छोटे-छोटे गांव देखे।[42] इस यात्रा के अंत में वह कोंकण पहुंचा।[43] स्पष्ट है कि यह चीनी तीर्थयात्री कर्नाटक होकर गुजरा होगा जहां उसको अनेक वीरान शहर मिले। उसका विवरण उत्खननों से मोटे तौर पर पुष्ट होता है।

आंध्रप्रदेश के अंतर्गत अनेक उत्खनित स्थलों में शहरी आबादी लगभग ईसा की तीसरी शताब्दी तक दिखाई देती है। साधारणतः ये सातवहन संस्कृति के बड़े-बड़े स्थल हैं जिन्होंने हिंद-रोमी व्यापार में भाग लिया था। हम करीमनगर जिलांतर्गत पेद्दबंकुर से विवेचना प्रारंभ कर सकते हैं। इस स्थल से महाश्म संस्कृति मिली है। इसके बाद ऐतिहासिक काल शुरू हुआ जो दो उपकालों (उपकाल-IIए और उपकाल-IIबी)[44] में विभाजित हैं। उपकाल-IIए में मिट्टी के लाल बरतन, काला-और-लाल मृद्भांड और आहत सिक्के मिलते हैं। ढांचे के रूप में यहां केवल मिट्टी के छल्ले से बने कुएं हैं। यहां

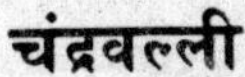

चंद्रवल्ली

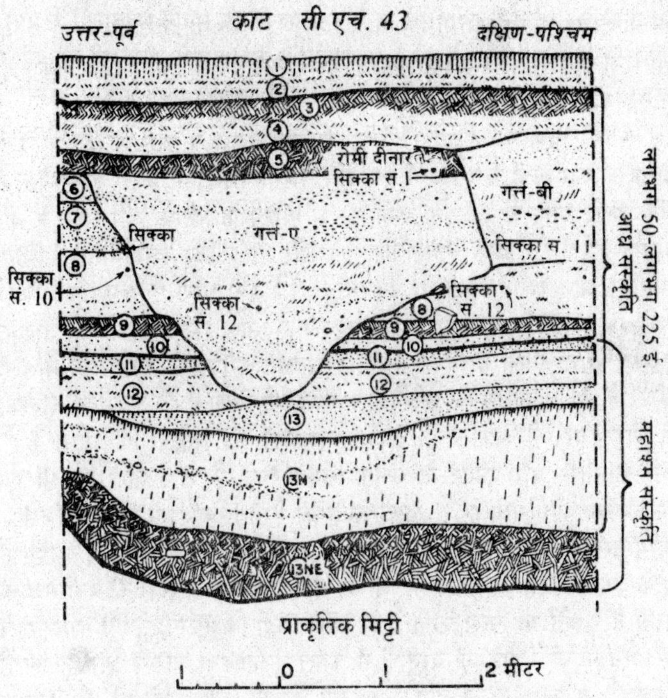

चित्र 20. चंद्रवल्ली काट सी एच. 43; आर.इ.एम. ह्वीलर, 'ब्रह्मगिरि एंड चंद्रवल्ली 1947 : मेगालिथिक एंड अदर कल्चर्स इन द चितलद्रुग डिस्ट्रिक्ट, मैसूर स्टेट', ए आइ, सं. 4, 1947-48 के अनुसार।

गज-लक्ष्मी अंकित मृण्मय मोहर के अतिरिक्त शीशे और कम कीमती पत्थर के मनके, लोहे और तांबे की वस्तुएं और मृण्मय मूर्तियां मिलती हैं।[45] उपकाल-IIबी सातवाहनों के सिक्कों में समृद्ध है। इसमें रोमन सम्राट ऑगस्टस सीजर का चांदी का सिक्का भी है। प्रारंभिक ब्राह्मी लिपि में अभिलिखित मृण्मय मोहर भी मिली है। इस उपकाल में मृद्भांड में कोई परिवर्तन नहीं दिखाई देता। लेकिन ईंट का बना बड़ा वर्गाकार मंडप पाया गया है।[46] यह स्थल ईसा की तीसरी शताब्दी में उजड़ गया। इसके बाद पुरातत्त्व से इसके विषय में कोई जानकारी नहीं मिलती।

करीमनगर जिलांतर्गत सातवाहनकालीन स्थल धुलिकट्ट में उत्खनन से मिट्टी की किलेबंदी, अनेक दीवारें और प्रेवशद्वार मिले। यह प्लिनी द्वारा वर्णित आंध्रों के तीस परकोटेदार शहरों में से एक था।[47] दीवारों, फर्शों और प्रवेशद्वारों के निर्माण में पकी ईंटों

का भरपूर इस्तेमाल हुआ है।[48] गारे और पलस्तर, दोनों में चूने का प्रयोग होता था; उस काल के चूना-मिश्रित कंकरीट के बारे में भी पता चलता है।[49] किले के बाहर महलसमूह है जिसमें आवासीय मकान हैं।[50] सातवाहनकाल में इस क्षेत्र के ढांचे छः चरणों में पाए जाते हैं।[51] तीसरा चरण अत्यधिक महत्त्व का है क्योंकि ईंटों से खड़ंजा किए हुए फर्शवाले बड़े-बड़े हॉल हैं।

ईंट के बने विशाल अन्नागार तीसरे और चौथे चरण में पाए गए हैं। ये औंधे पिरामिडों के आकार के हैं, जो बीच में तंग और ऊपर में फैले हुए हैं।[52] ध्यान देने की बात है कि तीसरे चरण के विशाल अन्नागारों से पॉटिन के सिक्के और सोने के कुछ मनके बरामद हुए हैं।[53] इससे थोक-विक्रेताओं और नगद देकर खरीदनेवाले साधारण नगरवासियों के बीच खरीद-बिक्री का पता चलता है। इसी चरण में अन्नमापक मिलते हैं।[54] इसमें संदेह नहीं कि धुलिकट्ट में सिक्कों का इस्तेमाल जमकर होता था। उत्खनन से आयताकार सांचा मिला है जिसमें विभिन्न आकार के सिक्कों को ढालने के लिए सोलह कोटर हैं।[55] आहत सिक्के ढालनेवाला सांचा भी मिला है।[56] निस्संदेह धुलिकट्ट टकसाली शहर था।[57] यहां चांदी के 169 सिक्कों का जखीरा भी मिला है।[58] सातवाहनों के सीसे और पॉटिन के अनेक सिक्के मिले हैं, और चांदी का भी एक सातवाहन सिक्का पाया गया है।[59] खोटी चांदी का रोमी सिक्का भी मिला है जिस पर सम्राट ऑगस्टस का सिर बना है।[60] चकती के आकार की टोपी पहनी हुई मिट्टी की मूर्ति रोम के व्यापारी जैसी लगती है।[61] लेकिन चीनी मिट्टी (केऑलिन) की बनी यक्ष की मूर्ति मिलती है[62] और यह माना जाता है कि चीनी मिट्टी (केऑलिन) रोम के व्यापारी के संसर्ग में भारत पहुंची। लोहे की वस्तुओं में केवल कुल्हाड़ियां, हंसिये और कुदाल ही शामिल नहीं है, बल्कि कड़छुल, दीपक, कांटियां, कीलक और कब्जे भी हैं[63] जिनका इस्तेमाल शहरी मकानों में हुआ होगा। अन्य वस्तुओं से भी धुलिकट्ट की शहरी विशिष्टता का बोध होता है। इनमें कम कीमती पत्थर के मनके और हाथीदांत के सुंदर सामान शामिल हैं।[64]

महलवाले क्षेत्र की इमारतों के अंतिम चरण में आवासीय नमूने बिलकुल बदल जाते हैं।[65] अब ईंट का प्रयोग एकदम बंद हो जाता है। प्राचीनतर चरणों के मलबों के ऊपर छोटी-छोटी कुटियों (हटमेंट्स) के होने का पता चलता है। इनमें संभवतः किसान, शंख काटनेवाले और मनके तथा चूड़ियां बनानेवाले रहते थे।[66]

धुलिकट्ट में बौद्ध धर्म का जोर था। किले के बाहर स्तूप है जो प्रायः ईसापूर्व तीसरी शताब्दी के अंत में बना था। अभिलेखों से ज्ञात होता है कि ईसापूर्व दूसरी शताब्दी में इसकी मरम्मत की गई।[67] ऐसा लगता है कि स्तूप अपना महत्त्व पहले ही खो चुका था। बाद में इस शहरी स्थल का शेषांश ईसा की लगभग तीसरी सदी में समाप्त हो गया।

वारंगल जिलांतर्गत पोलकोंडा में दो जगहों (पी के डी-I और पी के डी-II) पर खुदाई हुई है।

पी के डी-I का पहला चरण सातवाहनकाल के पहले का था। इस चरण में

काली-और-लाल मिट्टी के बरतन प्रमुख मृद्भांड थे। ब्राह्मी लिपि में अभिलिखित तांबे का एक सिक्का पाया गया। बाद में पूरे सातवाहनकाल तक काला-और-लाल मृद्भांड जारी रहा। परवर्ती सातवाहन चरण से लाल मृद्भांड में उंगली छापवाले रूपांकनों के साथ अनाज जमा करने के मर्तबान मिले। ईंटों की बनी दीवारें मिलीं, लेकिन इमारतें अनगढ़ पत्थरों और ईंटों की बनती थीं।[68] पाए गए पुरावशेष के आधार पर पी के डी-I शहरी क्षेत्र प्रतीत नहीं होता। संभवतः यह ईसा की तीसरी शताब्दी में वीरान हो गया, और मध्यकाल मे काकतीयों के अधीन ही फिर से आबाद हुआ।[69]

पी के डी-II में नवपाषाणकाल, महाश्म संस्कृति का युग और मध्यकाल दीख पड़ते हैं। रिपोर्ट में मध्यकाल से अभिप्राय लगभग 1000 ई. अथवा उसके बाद शुरू होनेवाला काल है।

महबूबनगर जिलांतर्गत पेडमर्रूर में महाश्म (मेगालिथिक) संस्कृतिवाले चरण की प्रधानता ऐतिहासिक काल से अधिक थी। यहां ऐतिहासिक चरण से सातवाहनकाल का बोध होता है। इसमें ढांचे पत्थर के बनते थे, और लाल पालिशदार तथा रूखी लाल मिट्टी के बरतन प्रमुख मृद्भांड थे। कम कीमती पत्थर के मनके तथा शंख और तांबे की चूड़ियां मिली हैं। लोहे के उपकरणों में कोटरदार (सॉकेटदार) फावड़ा और छुरियां शामिल हैं।[70] यद्यपि इस स्थान का चरित्र पूरी तरह शहरी नहीं है, तथापि यह ईसा की तीसरी शताब्दी में वीरान हो गया।

नलगोंडा जिलांतर्गत येलेश्वरम् कृष्णा नदी के तट पर बसा है। इसके निकट कृष्णा नदी के दूसरे तट पर बौद्ध स्थलों से परिपूर्ण नागार्जुनकोंडा की घाटी थी। अब यह नागार्जुनसागर बांध के बनने से जलमग्न हो गई है और इसके अवशेषों को नागार्जुन पहाड़ी के ऊपर यथावत् स्थानांतरित कर दिया गया है। येलेश्वरम् का वास महाश्म संस्कृति के साथ प्रायः 150 ई. पू. में आरंभ हुआ। काल-II अथवा इसके आरंभिक ऐतिहासिक काल को मोटा-मोटी पहली और दूसरी शताब्दियों के बीच रखा जाता है। इसके वास्तुनिर्माण में स्नानघाट है जिसमें कृष्णा नदी में उतरकर नहाने के लिए पत्थर की सीढ़ियां बनी हुई हैं।[71] इसमें बड़ी-बड़ी ईंटों का भी इस्तेमाल हुआ है। बड़े महत्त्व का विषय है कि पूरा स्थल दीवारों से घिरा आयताकार दुर्ग (किला) मालूम पड़ता था।[72] इस स्थल में जल-निकास की समुचित व्यवस्था दिखती है। नालियां निचली सतह पर बने सोख-गर्त्तों से जुड़ी हुई थीं।[73] मकानों की छतों का छाजन लोहे की कांटियों से खपड़ों को जोड़कर किया जाता था। "निचले स्तरों में मकानों की बनावट उन्नत अवस्था में थी, जो वस्तुतः येलेश्वरम् के समृद्ध युग की मालूम पड़ती है।" इन स्तरों में उच्च कोटि का मृद्भांड मिलता है। लाल पालिशदार तथा अन्य मृद्भांड भी मिलते हैं। लाल पालिशदार तथा अन्य मृद्भांडों में सुराहीनुमा हजारे मिले हैं।[74] मृण्मय वस्तुओं में मानव और पशु-मूर्तियां थीं। अधिकतम नारी-मूर्तियों में मातृदेवी की मूर्तियां थीं जिनमें देवी की नग्न मूर्तियां भी पाई जाती हैं।[75] शीशे की चूड़ियां भी पाई गई हैं।[76]

येलेश्वरम् का काल-III इक्ष्वाकुओं के शासन का समकालीन था। इन इक्ष्वाकुओं की राजधानी विजयपुरी येलेश्वरम् के सन्निकट नागार्जुनकोंडा की घाटी में स्थित थी।

इस काल में नियमित नगर-योजना और सफाई की सुंदर व्यवस्था पाई जाती है। इस योजना में शामिल ढकी नालियां, बंद नालियों समेत सफाई की एक सुंदर व्यवस्था, आंतरिक जल-निकास की व्यवस्था तथा सोख-गर्त्तों से जुड़े और डामर (बिटूमन) से गच किए हुए स्नानघर तथा शौचालय इस स्थल के समृद्ध दिनों की याद दिलाते हैं।[77] विभिन्न आकारों के सुराहीनुमा हजारे इस काल में भी जारी रहे,[78] लेकिन मंचदार कटोरे, छिछले घुंडीदार ढक्कन और नोकदार चषक (बीकर) मिले हैं।[79] शीशे और शंख की चूड़ियां तथा मृण्मय सांचे पाए गए हैं।[80] काल-III को ईसा की तीसरी शताब्दी के आरंभिक भाग में रखा जाता है।[81] समुन्नत युग में "निश्चय ही प्रसिद्ध इक्ष्वाकु शासकों के अधीन इस काल के लोगों का एक उच्चस्तरीय जीवन था।"[82]

काल-II और III में रोम के साथ संबंध और समुद्री व्यापार अनेक लाल पालिशदार सुराहीनुमा हजारों, दोहरे सांचों में ढली मृण्मय मूर्तियों और रोम के प्रसिद्ध सम्राट सेप्टीमस सर्वेरस (193-211 ई.) के सोने के सिक्के से सिद्ध होते हैं।[83] काली धारी से चित्रित एक रोमी मर्तबान भी मिला है।[84] विस्तृत क्षेत्र में फैले सातवाहनों के सिक्कों[85] से स्थानीय मुद्रा के प्रचलन की और अभिलेखों से पर्याप्त साक्षरता के होने की जानकारी मिलती है। सब मिलाकर काल-II और III से येलेश्वरम् के (तत्कालीन) शहरी वातावरण का संकेत मिलता है। संभव है काल-III के अंत में यहां की आबादी कृष्णा नदी की बाढ़ों से नष्टप्राय हो गई हो।

काल-IV लगभग 300 ई. से 500 ई. तक जारी रहा। इस काल में लाल पालिशदार मृद्भांड और काला-और-लाल मृण्पात्र लुप्त हो गए, लेकिन मृण्मय वस्तुएं, शीशे की चूड़ियां आदि जारी रहीं। यह काल दो स्तूपों, कुछ पत्थर की मूर्तियों और सबसे अधिक विष्णुकुंडियों के उनचास सिक्कों [86] के लिए विख्यात है।

काल-V की अवधि संभवतः लगभग 500 ई. से 1000 ई. के बीच की थी।[87] फिर भी, इसकी सांस्कृतिक थातियों को नवीं अथवा दसवीं शताब्दी का माना जाता है।[88] पूर्ववर्ती शताब्दियों की किसी विशेष पुरावस्तु की कोई जानकारी नहीं मिलती। येलेश्वरम् के मंदिर का निर्माण लगभग ग्यारहवीं शताब्दी ई. के शुरू में हुआ।[89] अधिकतम ढांचे अब अनगढ़ पत्थरों के बनते थे, यद्यपि मंदिर अथवा देवकुल ईंट के भी बनते थे। पर्वूवर्ती काल की ईंटों की बनी बड़ी-बड़ी नालियों के स्थान पर मृद्भांड की बनी मृण्मय नलिकाओं का इस्तेमाल होता था।[90] यद्यपि यह स्थल पूर्णतः वीरान नहीं हुआ,[91] लेकिन ईसा की पांचवीं और दसवीं शताब्दियों के बीच इसका ह्रास शुरू हो गया।

मेडक जिलांतर्गत और हैदराबाद से तैंतालीस मील पश्चिम-पश्चिमोत्तर स्थित कोंडापुर ठेठ दकनी शहर था, जो लगभग 200 ई. के बाद बरकरार नहीं रहा।[92] कोंडापुर गांव से आधे मील की दूरी पर स्थित आठ एकड़ क्षेत्र के टीले की आंशिक खुदाई हुई है[93] जिससे धार्मिक और अन्य प्रकार के ढांचे मिले हैं। धार्मिक अवशेषों में विहार, दो चैत्य और स्तूप शामिल हैं।[94] ईंटों और खपड़ों का इस्तेमाल निजी मकानों और धार्मिक इमारतों, दोनों में होता था। कुछ दुकानों और मकानों में अनगढ़ पत्थरों की दीवारें और

फूस की छतें थीं।[95] भूमिगत कक्ष अथवा चौबच्चे दुकानों (!) और निजी मकानों, दोनों में खास तौर पर पाए जाते हैं, और इनमें सिक्के, सिक्के ढालने के सांचे, मोहरें, मृण्मय मूर्तियां, मनके, सोने के आभूषण अथवा अन्य उपकरण मिले हैं जिन्हें तत्कालीन गृहनिवासी कीमती समझते थे।[96]

यजदानी के मतानुसार कोंडापुर एक बड़ा धार्मिक केंद्र था,[97] और ये मृण्मय वस्तुएं धार्मिक महत्त्व के कारण सुरक्षित हैं,[98] पर हमारे विचार में ये बैठकखाने में रखनेवाली वस्तुएं भी हो सकती हैं। विविध पुरावशेष बतलाते हैं कि सातवाहनों के समय में कोंडापुर शिल्प-उत्पादन और पण्य पदार्थों के विनिमय का बड़ा केंद्र था। राजमिस्त्री अपने शिल्प के द्वारा सादे से लेकर प्रभावोत्पादक स्थापत्य का निर्माण करते थे[99] और कुम्हार बौद्ध रूपाकंनों से अलंकृत परिष्कृत मृद्‌भांड बनाते थे।[100] बहुत पतले और बारीक चमकदार पालिशवाले लाल मृण्पात्र का इस्तेमाल संभवतः उच्चवर्गीय घरों में होता था,[101] जिनके यहां कीमती और कम कीमती पत्थर के मनकों का प्रयोग होता था।[102] मनकों का निर्माण महत्त्वपूर्ग शिल्प था[103], यद्यपि हाथीदांत की बनी वस्तुएं दुर्लभ थीं।[104] यहां लोहे के बहुसंख्य उपकरण और हथियार मिले हैं जिनमें जमीन की नमी के कारण जंग लग गया है।[105] लेकिन भट्ठीवाली दुकानों और धातु को ठंडा करनेवाले हौजों से पता चलता है कि 'धातुकर्म' बड़े पैमाने पर प्रगति कर रहा था।[106]

यजदानी ने लगभग दो हजार सिक्कों के जखीरे की प्राप्ति पर, जिसमें आहत और सीसे तथा पॉटिन के बने सातवाहनों की मुद्राएं भी शामिल हैं, ठीक ही बल दिया है।[107] इन सिक्कों और सिक्के ढालने के सांचों से कोंडापुर टकसाली नगर के रूप में उभरकर सामने आता है।[108] पहली शताब्दी ई. के रोमी सिक्कों की पकी मिट्टी की बनी नकलें और 23 ई. पू. से 14 ई. तक के रोम के सम्राट ऑगस्टस की सोने की एक मुद्रा मिली हैं।[109] अतएव कोंडापुर रोम के साथ दक्षिण भारत के व्यापार में भाग लेता रहा होगा। यहां से क्षेत्र के लोगों को केवल मनके, उपकरण, हथियार और अन्य पदार्थ ही नहीं मिलते थे, बल्कि सामान की खरीद के लिए मुद्राओं को आपूर्ति भी होती थी।

यजदानी के अनुसार बौद्ध धर्म के पतन के साथ यह स्थल उजाड़ हो गया।[110] लेकिन बात उलटी मालूम पड़ती है। लगता है कि नगर के पतन के फलस्वरूप बौद्ध धर्म का पतन हुआ। स्पष्टतः लगभग 200 ई. के बाद यह नगर वीरान हो गया; यजदानी ने इस नगर के जीवन की यही अंतिम तिथि बतलाई है।[111] नागार्जुनकोंडा और कुछ अन्य स्थानों को छोड़कर प्रायद्वीपीय भारत में ईसा की तीसरी शताब्दी में प्राचीन नगर विघटित होकर लुप्त हो गए।

महबूबनगर जिले में कुडवेल्ली कृष्णा और तुंगभद्रा नदियों के संगम पर बसा है। इसके काल-I (प्रायः 300-600 ई.) में 1.6 मीटर के पुरावशेषों के जमाव में ढांचे के चार चरण दिखाई देते हैं। इनमें प्रायः धार्मिक ढांचे हैं जिनमें ईंटों और पत्थरों का इस्तेमाल हुआ है।[112] पकी ईंट के किनारेवाला, नाली के आकार का एक चूल्हा 1.6 मीटर की लंबाई तक खोदा गया है। स्पष्टतः यहां एक बड़े समूह की रसोई एक साथ बनती थी।[113] इस ढांचे को धार्मिक नहीं कहा जा सकता। लाल चिकने और फीके लाल

रंग के मृण्पात्र कुल मृद्‌भांड-संकलन के लगभग बयासी प्रतिशत हैं। लाल पालिशदार मृद्‌भांड 11.64[114] तथा काले-और-लाल मृण्पात्र 4.62[115] प्रतिशत हैं। सुराहीनुमा हजारे मिलते हैं,[116] और चीनी मिट्टी (केऑलिन) के बरतन की प्राप्ति[117] से रोम के साथ संपर्क का संकेत मिलता है। रोम के सम्राट कांस्टैंटियस द्वितीय (337-61 ई.) का सोने का सिक्का और बैजंतिया के सम्राट् अनस्टैसियस (491-518 ई.)[118] की स्वर्णमुद्रा पूर्वी और पश्चिमी रोमी दुनिया से व्यापार के निश्चित चिह्न हैं। रोम और बैजंतिया के निवासी भारत के इस भाग से ईसा की चौथी और छठी शताब्दियों के बीच भी व्यापार करते थे। एक परवर्ती सातवाहन सिक्का भी मिला है।[119]

काल-I का अंत ईसा की छठी शताब्दी में हुआ जिस समय यह स्थल उजड़ गया। लगभग दो सौ वर्षों के बाद यह फिर से आबाद हुआ।[120] काल-II में 5.2 मीटर मोटा पुरावशेष जमा था, और यह ईसा की आठवीं शताब्दी से सोलहवीं शताब्दी तक बना रहा।[121] यह **ए** और **बी** में विभाजित है, लेकिन प्रत्येक प्रभाग में कितना मोटा पुरावशेष था, इसका उल्लेख नहीं है। रिपोर्ट में जो स्थान दिया गया है उससे पता चलता है कि आठवीं से बारहवीं सदी तक का यह काल तेरहवीं से सोलहवीं शताब्दियों तक के काल से कम महत्त्व का था।[122] काल-IIए में आरंभिक चालुक्यकाल के संगमेश्वर शिवमंदिर की नींव मिली है। कत्थई (चॉकलेट) पालिशदार मृद्‌भांड के अतिरिक्त, इसमें शीशे और कम कीमती पत्थर के बने मनके, चूड़ियां और अंगूठियां, मृण्मय वस्तुएं और लोहे के उपकरण पाए गए हैं। इसमें सिक्के नहीं मिलते। आवासीय मकान न काल-I और न काल-IIए में पाए गए। उत्खननकर्त्ता के अनुसार रिहायश के लिए पहले-पहल इस स्थल का इस्तेमाल काल-IIबी में हुआ जब सिक्के भी मिलते हैं।[123]

कुर्नूल जिलांतर्गत सतनीकोटा तुंगभद्रा नदी के दाएं तट पर बसा है। इस स्थल के प्राचीनतम अवशेष मध्य-प्रस्तरयुगीन (मेसोलिथिक) चरण के हैं, लेकिन आरंभिक ऐतिहासिक काल का मुख्य वास लगभग 50 ई. पू. से प्रायः 300 ई. तक बना रहा। सातवाहनों के समय में किलेबंद नगर का निर्माण हुआ; यह किला छः हेक्टेयर के क्षेत्र में विस्तृत था।[124] हम यहां प्रवेशद्वार, पकी ईंट की दीवारें और ईंट का खड़ंजा किया हुआ चबूतरा पाते हैं। अनेक ढांचों की छतें खपड़े की थीं।[125] अंशतः गच की हुई एक नाली के साथ एक कमरा भी मिला है।[126] किले के भीतर धरातल की सतह के नीचे ईंट की बनी आयताकार कोठरियों की शृंखला मिली है। यह समूह किन्हीं आवासीय इमारतों से जुड़ा नहीं था; अतएव यह किले के निवासियों के लिए खाद्यान्न रखने के लिए बना होगा।[127] बरतनों में गेरुआ-लेपित चित्रित मृण्पात्र, लाल पालिशदार मिट्टी का बरतन, काला-और-लाल मृण्पात्र, चीनी मिट्टी (केऑलिन) का बरतन और दांतेदार चक्रित (रूलेटेड) मृण्पात्र शामिल हैं।[128] सुराहीनुमा हजारे मिलते हैं। पांवदार जांते, लोढ़े, संगमरमर और कुछ पत्थर के वास्तुखंड पाए जाते हैं। लोहे की वस्तुओं और तांबे की चूड़ियों के अतिरिक्त, लाजवर्द-जड़ित सोने की अंगूठी मिली है। सीसे का सिक्का मिला है जिसके ऊपर लगभग ईसापूर्व पहली शताब्दी से ईसा की पहली सदी के बीच की ब्राह्मी लिपि में लेख है।[129] इन सबसे सतनीकोटा के शहरी जीवन की झलक मिलती है। लगता है कि

यह छोटा शहरी क्षेत्र था; संभवतः यह सातवाहनों का प्रशासनिक मुख्यालय रहा हो।

इस नगर का पतन ईसा की तीसरी शताब्दी के मध्य के आसपास हो गया, और तीसरी से तेरहवीं शताब्दियों के बीच यह उजाड़ रहा। दिल्ली के अलाउद्दीन खिलजी और बीदर के शम्सुद्दीन मुहम्मदशाह बहमनी के कुछ सिक्कों के साथ थोड़े-से मृद्‌भांड और ढांचे पाए जाते हैं। उनसे जानकारी मिलती है कि सतनीकोटा चौदहवीं और पंद्रहवीं शताब्दियों में फिर से आबाद हुआ। मध्ययुग की परत पतली-सी है।[130] (चित्र 21 देखें।)

समुद्रतटीय आंध्रप्रदेश के सबसे उत्तर में, श्रीकाकुलम् जिलांतर्गत सालिहुंडम् स्थित है। यह वसुंधरा नदी के किनारे बसा है। 'शालि' का अर्थ होता है एक स्थान से उखाड़कर दूसरे स्थान पर रोपा गया धान। इस स्थान की शुरुआत चावल के बड़े भंडार के रूप में हुई होगी और इसका पोषण धान उपजानेवाले आर्द्र पृष्ठप्रदेश से होता होगा। इस स्थान का विकास बौद्धों के बड़े वासस्थान के रूप में हुआ। यहां लगभग ईसापूर्व तीसरी-दूसरी शताब्दी से प्रायः ईसा की पहली शताब्दी के बीच की प्राप्तियों में चांदी के आहत सिक्कों के साथ कुछ ईंट के बने चबूतरे और काला-और-लाल मृद्‌भांड शामिल हैं।[131] ईसा की पहली शताब्दी से तीसरी-चौथी शताब्दी के बीच की अवधि में अनेक स्तूप, चैत्य और विहार, सुनियोजित मकान तथा पत्थर के बने रास्ते पाए जाते हैं।[132] काले-और-लाल मृद्‌भांड के साथ काफी मात्रा में पाए गए गेरुआ-लेपित चित्रित मृद्‌भांड अरिकमेडु और तामलुक में प्राप्त विदेशी प्रकार के मृण्पात्र के विपरीत देशज माने जाते हैं।[133] कुछ दांतेदार चक्रित (रौलेटेड) मृद्‌भांड के ठीकरों पर मिले अभिलेख ईसापूर्व दूसरी शताब्दी से ईसा की तीसरी-चौथी शताब्दी के बीच के माने जाते हैं,[134] लेकिन वे पहले-पहल ईसा की पहली शताब्दी में बने हुए होंगे। सातवाहनों के सीसे के सिक्के और पुरी-कुषाण सिक्के मिले हैं।[135] ये सभी उपलब्धियां सालिहुंडम् में नगरीकरण के अच्छे चिह्न हैं।

चौथी-पांचवीं शताब्दी से सातवीं-आठवीं शताब्दी के बीच के परवर्ती चरण में सतनीकोटा ह्रासग्रस्त हो गया। पूर्ववर्ती काल की इमारती सामग्रियों का इस्तेमाल स्तंभ-मंडप में हुआ दिखता है। इस काल में अनगढ़ पत्थरों के बेतरतीब बने प्रतिरक्षात्मक ढांचे (रिवेटमेंट्स) मिले हैं।[136] पूर्ववर्ती चरणों में प्राप्त प्रकारों के मृद्‌भांड बाद के लगभग चार शताब्दियों तक लगातार बनते रहे।[137] फिर भी, पत्थर की बनी अन्य वस्तुओं के साथ बहुसंख्य चक्कियां और क्रिस्टल एवं क्वार्ट्‌जाइट के बने मनके पाए गए हैं। छः अभिलेख सातवीं-आठवीं शताब्दियों के हैं। इस समय तक आबादी का अंत हो चला था।[138]

पूर्वी गोदावरी जिलांतर्गत और गोदावरी नदी के पूर्वी तट पर बसे राजमुंदरी में बौद्ध आबादी थी। इसका वास मुख्यतः दूसरी-चौथी शताब्दियों में हुआ। इस काल में स्तूप और बौद्ध विहार की दीवार, जो पकी ईंटों से बनी थी, मिले हैं।[139] ईंट का बना वृत्ताकार ढांचा, जिसका भीतरी व्यास 3.6 मीटर है और जिसकी ऊंचाई 85 सेंटीमीटर है,[140] खाद्यान्न का भंडार मालूम पड़ता है। लाल पालिशदार मृद्‌भांड और अरेटाई

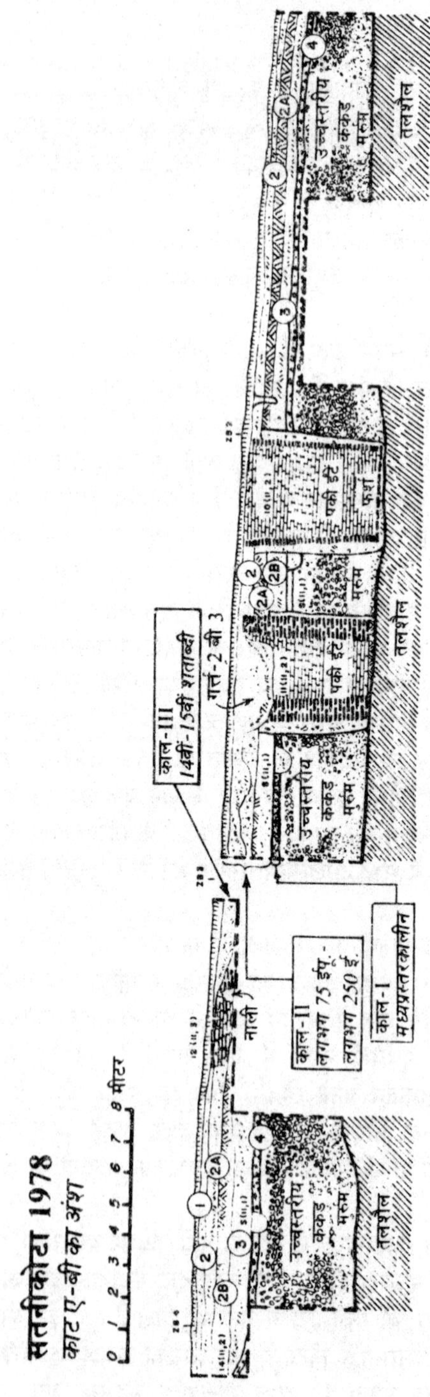

चित्र 21. सतनीकोटा 1978, काट ए-बी का अंश, एन.सी. घोष, एक्सकेवेशंस ऐट सतनीकोटा, नई दिल्ली, 1986, चित्र 28 के अनुसार।

(इटली के एक स्थान में बने) मृण्पात्र पाए जाते हैं;[141] अरेटाई मृण्पात्र से रोम के साथ संपर्क का संकेत मिलता है। स्पष्टतः ईसा की चौथी शताब्दी के बाद आबादी का पतन हो गया। इसके कुछ पुरावशेषों में ईसा की छठी-सातवीं शताब्दियों के रूखे लाल मृण्पात्र हैं।[142] इसके बाद ईसा की तेरहवीं शताब्दी का, ईंटों का बना ढांचा दिखता है।[143] छः शताब्दियों अथवा इससे भी अधिक लंबे अंतराल में किसी वस्तु के मिलने की सूचना नहीं है।

धरनीकोटा गुंटूर जिले में कृष्णा नदी के दाहिने तट पर बसा है। यहां काले-और-लाल मृद्भांडवाली महाश्म संस्कृति (लगभग 200 ई. पू.) पाई जाती थी, और यहां सातवाहनों के समय में, ईसा की पहली शताब्दी में ऐतिहासिक काल का आगमन हुआ। अमरावती के साथ धरनीकोटा भी परवर्ती सातवाहनों के अधीन उनकी प्राचीन राजधानी (धान्यकटक) का हिस्सा बन गया।[144] धरनीकोटा के पड़ोस में अनेक गांव, बौद्ध आबादियों और एक अंतर्देशी बंदरगाह थे, लेकिन इस संपूर्ण क्षेत्र का अध्ययन एक 'पूर्ण नगर' के प्रसंग में नहीं हुआ है।[145] यहां का दुर्ग ईसा की चौथी शताब्दी तक बरकरार रहा।[146] आरंभिक ऐतिहासिक काल में किलेबंद स्थल के अंतर्गत नालियां और सोख-गर्त्त मिलते हैं जिनसे वहां की तत्कालीन आबादी की सफाई की आवश्यकताएं पूरी होती थीं। पूर्ववर्ती काल के नाव चलनेवाले जलमार्ग के भीतरी किनारे पर ईंट का बना जहाज-घाट मिलता है।[147] किलेबंद क्षेत्र के भीतर ईंट का बना वृत्ताकार ढांचा जल-कूप अथवा (अन्न का) कोठार मालूम पड़ता है।[148] आखिरी ढांचे में खपड़ैल का एक चबूतरा भी है,[149] जो इस काल के पांचवें चरण में पड़ता है और सातवाहनकाल के बाद का हो सकता है। दांतेदार चक्रित (रूलेटेड) मृण्पात्रों और दोहत्थे कलशों (एम्फॉरा) से, जो विभिन्न चरणों में पाए जाते हैं,[150] रोम के प्रभाव का संकेत मिलता है। अनेक रंगों की शीशे की चूड़ियां मिलती हैं। ईसा की दूसरी-तीसरी शताब्दियों की, हाथी-दांत की बनी अभिलिखित मोहर मिली है, जिस पर घेरेदार स्तूप का प्रतीक है।[151] परवर्ती सातवाहनों के बहुसंख्य सिक्के पाए जाते हैं।[152] कुठालियों[153] के मिलने से लोहारखाने का अस्तित्व सिद्ध होता है।

ईसा की चौथी शताब्दी के अभिलिखित ठीकरे[154] से आभास मिलता है कि धरनीकोटा का वास इस तिथि से अधिक आगे नहीं चल पाया। मुख्य आबाद स्थल पहले ही उजड़ गया होगा, क्योंकि दूसरी-तीसरी शताब्दी के तुरंत बाद वर्षा अथवा बाढ़ से कटाव को रोकने के लिए अनगढ़ पत्थरों की दीवारें बनाई गईं।[155] धान्यकटक देश के संबंध में ह्वेन सांग लिखता है कि इसका अधिकांश भाग निर्जन है और इसके शहरों में बहुत कम आबादी है।[156] वह फिर कहता है कि यद्यपि बौद्ध भिक्षुणियों के मठ बहुत हैं, लेकिन वे अधिकांशतः ध्वस्त और उजड़े हुए हैं। फिर भी वह एक सौ ब्राह्मण-धर्मावलंबी देव-मंदिरों की चर्चा करता है जहां विभिन्न मतों के लोग बराबर आते थे।[157]

कृष्णा जिलांतर्गत केसरपल्ली मद्रास-कलकत्ता ट्रंक रोड पर, विजयवाड़ा से लगभग बीस किलोमीटर उत्तर-पूर्व बसा हुआ है। यहां ताम्र-पाषाण संस्कृति के साथ आबादी शुरू हुई जिसके बाद महाश्म संस्कृति का आगमन हुआ। इसका ऐतिहासिक

काल दांतेदार चक्रित मृद्‌भांड (रौलेटेड वेयर) की उपलब्धि के साथ आरंभ होता है[158] जिससे रोम के प्रभाव का संकेत मिलता है। यह मृद्‌भांड अत्यंत मूल्यवान था, क्योंकि ऊपरी सतह से प्राप्त इसका एक ठीकरा लोहे की पिनों से बंधा था।[159] सातवाहनों का चरण महत्त्वपूर्ण नहीं मालूम पड़ता। लेकिन इक्ष्वाकुओं के समय से ईंटों के ढांचे, इक्ष्वाकुओं के सीसे के सिक्के तथा शीशे, पत्थर और मिट्टी के मनके मिले हैं।[160] चौथी शताब्दी के मध्य में यह स्थान निर्जन हो गया। (चित्र 22 देखें।) परवर्ती मध्यकाल में आबादी के चिह्न मिलते हैं, जिनमें नागार्जुनकोंडा और येलेश्वरम् के परवर्ती मध्यकाल के सदृश ह्रासोन्मुख मृद्‌भांड की परंपरा दिखती है।[161]

ईसवी सन् की प्रारंभिक शताब्दियों में गुंटूर जिलांतर्गत अमरावती कृष्णा-गोदावरी के थाले में स्थित एक बौद्ध नगरी थी। यह स्तूप और पत्थर की मूर्तियों के लिए विख्यात है। अधिकांश प्रस्तर-मूर्तियां लंदन स्थित ब्रिटिश म्यूजियम में स्थानांतरित हो चुकी हैं। इसका काल-I संभवतः लगभग 300 ई. पू. में उत्तरी काली पालिशदार मृद्‌भांड के साथ शुरू हुआ। काल-II में दांतेदार चक्रित (रूलेटेड) मृद्‌भांड पाया जाता है जिससे रोम के साथ संपर्क का संकेत मिलता है। इस काल में प्राप्त चूना-पत्थर की मूर्तियां ईसा की दूसरी-तीसरी शताब्दियों की हैं।[162] सातवाहन चरण में कला का यथेष्ठ विकास हुआ। इसके कारण महाचैत्य का ऐसा प्रभावी आकार बना कि यह "दक्षिण भारत के स्तूप-स्थापत्य के इतिहास में अद्वितीय"[163] माना जाता है। यद्यपि स्तूप चौदहवीं शताब्दी तक बना रहा; फिर भी निश्चय ही इसका महत्त्व समाप्त हो गया।[164] यदि स्तूप को छोड़ दिया जाए, तो ईसा की तीसरी शताब्दी के बाद वास में स्पष्ट अंतराल दिखता है, क्योंकि काल-II से प्राप्त काही (सेलेडन) मृद्‌भांड और तांत्रिक प्रतिमाएं नवीं-दसवीं शताब्दियों की हैं।[165] फिर भी, यह विचारणीय है कि ईसवी सन् की प्रारंभिक शताब्दियों में भी अमरावती का कोई स्पष्ट शहरी चरित्र नहीं दिखता ।

प्रकाशम् जिलांतर्गत चंदवरम् में महास्तूप और मठ-प्रतिष्ठान के साथ एक बौद्ध बस्ती थी। इसकी कला पर अमरावती की कला का प्रभाव स्पष्ट है।[166] पकी ईंट के इस्तेमाल के अतिरिक्त पलस्तर और कंकरीट के फर्श में चूने का प्रयोग होता था।[167] स्तूप के निकट पांच मीटर लंबी, स्लेटी अस्तरवाली नाली मिली है।[168] दांतेदार चक्रित मृद्‌भांड के प्रयोग से इस बौद्ध आबादी की शहरी विशिष्टता का संकेत मिलता है।[169] इससे अधिक महत्त्वपूर्ण यह है कि सातवाहन शासक यज्ञश्री शातकर्णि के सिक्के,[170] और अश्व तथा वृषभ के प्रतीकों के साथ सीसे के सिक्के मिले हैं।[171] स्पष्टतः सातवाहनकाल के बाद आबादी का अंत हो गया, क्योंकि बाद के काल का कोई पुरावशेष नहीं मिला है।

गुंटूर जिले में अमरावती से पैंसठ मील पश्चिम, पहाड़ी क्षेत्र में स्थित घाटी में कृष्णा नदी के किनारे नागार्जुनकोंडा बसा था। इसका महत्त्व तीन दिशाओं में स्थित प्रतिरक्षात्मक पहाड़ी घेरे के कारण था, न कि व्यापार और वाणिज्य के आधिक्य के कारण। इस पहाड़ी क्षेत्र को विशाल जलाशय में बदल दिया गया है जो नागार्जुनसागर कहलाता है, लेकिन प्राचीन स्थल के अवशेष हटाकर पहाड़ी की चोटी के ऊपर ठीक से

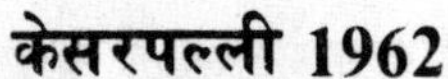

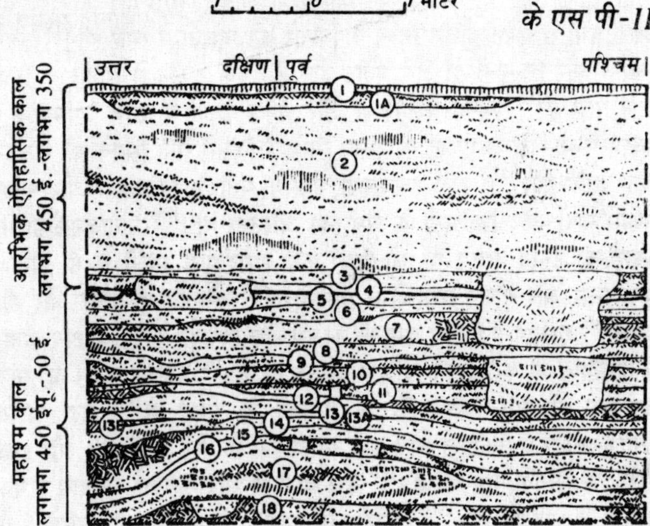

चित्र 22. केसरपल्ली 1962, काट के एस पी-II: एच. सरकार, 'केसरपल्ली 1962', **ए आइ**, सं. 22, 1966, चित्र 3 के अनुसार।

रखे गए हैं। क्षैतिज उत्खनन से इस स्थल की बेहतर झांकी मिलती है। आंध्रप्रदेश में बौद्धों की बस्ती के रूप में नागार्जुनकोंडा सर्वाधिक प्रमुख था; यहां ईसापूर्व तीसरी शताब्दी से ईसा की तीसरी सदी तक बौद्ध कला और संस्कृति का विकास हुआ।[172] परंतु इसका सक्रिय जीवन ईसा की दूसरी शताब्दी से पांचवीं शताब्दी तक चलता रहा; इसी अवधि में यहां बौद्ध और ब्राह्मण-धर्मावलंबी ढांचे खड़े हुए।[173] इस स्थल पर लगभग दो दर्जन बौद्ध मठ (विहार) गिने जा सकते हैं।[174] ईसा की तीसरी-चौथी शताब्दियों में यहां एक वर्ष के अंदर तीस से अधिक बौद्ध प्रतिष्ठानों का निर्माण हुआ।[175] विहारों के अतिरिक्त, अनेक स्तूप, महाचैत्य और मंडप मिले हैं। ईसवी सन् की आरंभिक शताब्दियों के दौरान ब्राह्मण-धर्मावलंबी मंदिरों[176] और अपने दुर्ग-प्रतिष्ठान के साथ नागार्जुनकोंडा ढांचों की दृष्टि से अत्यंत समृद्ध प्रतीत होता है। ईसा की दूसरी-तीसरी शताब्दियों में इक्ष्वाकुओं के संरक्षण में यह स्थल आबाद हुआ।[177]

धार्मिक वासस्थान से सटे नगर-स्थल को विजयपुरी कहते थे, जहां महल-स्थल मिलता है।[178] इसकी शिनाख्त नगर-दुर्ग से हो सकती है। "विशाल प्राचीर, खाई, प्रवेश-द्वारों और बैरकों" से युक्त इस नगर-दुर्ग से "ईसा की तीसरी शताब्दी की नगर-योजना और इक्ष्वाकुओं की राजधानी की उन्नत अवस्था का आभास मिलता है।"[179]

धर्म और राजनीति का स्थल होते हुए भी नागार्जुनकोंडा साथ ही शिल्पियों और सौदागरों का केंद्र भी था। इसकी अधिकांश आबादी नगर-दुर्ग के बाहर चौराहों और उपवीथियों से युक्त चौड़ी सड़कों के किनारे बने मकानों में रहती थी।[180] अनेक मकान दुकानों और शिल्प-केन्द्रों जैसे प्रतीत होते हैं। एक मकान में सोनार के बिक्री के सारे माल मिले हैं,[181] जिनमें कुठालियां और अनेक प्रकार के सांचे शामिल हैं।[182] दूसरे मकान में सोने के आभूषणों का संचय मिला है जिसमें रोमी सिक्के की लटकन से युक्त कंठा शामिल है।[183] यहां हलवाइयों, पान के पत्तों के विक्रेताओं और उत्पादकों, तथा राजमिस्त्रियों और शिल्पियों के संघों का अस्तित्व था।[184] नागार्जुनकोंडा में शंख की कटाई का उन्नत उद्योग था, जो कुछ अन्य प्रायद्वीपीय स्थलों में भी पाया जाता है। चूना-पत्थर और मृण्मय वस्तुओं के अतिरिक्त[185] कम कीमती पत्थर और शीशे के बने मनके[186] बतलाते हैं कि इन वस्तुओं का स्थानीय उत्पादन अथवा व्यापार होता था। यहां से हाथीदांत की बनी अनेक चूड़ियां बरामद हुई हैं।[187] सिक्के बनाने के सांचों से और खासकर गौतमीपुत्र शातकर्णि के सिक्कों के सांचों से[188] पता चलता है कि नागार्जुनकोंडा में टकसाल था। यहां सातवाहनों के तांबे के सिक्के और इक्ष्वाकुओं के सीसे के सिक्के पाए गए हैं।[189] इस घाटी में सौदागरों का समुदाय संभवतः अपनी बस्ती में रहता था।[190] श्रेष्ठी (व्यापारी) नागरिकों की परिषद का प्रमुख (श्रेष्ठिप्रमुखनिगम) होता था। एक व्यापारी के द्वारा चैत्य में बुद्ध की मूर्ति स्थापित किए जाने की जानकारी मिलती है।[191] टाइबेरियस (16-31 ई.) और कुछ अन्य रोमी सम्राटों के सिक्कों की उपलब्धि से रोम के साथ संपर्क का संकेत मिलता है।[192] हैड्रियन (17-38 ई.) की एक स्वर्णमुद्रा भी मिली है।[193] मिट्टी का बना एक (रोमी) बुला, जो संभवतः रोमी सिक्के की अनुकृति है, मिला है।[194] दोहत्थे रोमी कलशों के हत्थे भी पाए जाते हैं।[195] यहां ऐसी रंगभूमि भी मिली है जिसमें एक हजार दर्शक बैठ सकते थे।[196] इसके बनाने की प्रेरणा संभवतः रोमी परंपरा से मिली होगी।

रोम के साथ संपर्क, आभूषणों के उद्योग, शंख की कटाई के उद्योग तथा सिक्के ढालने की टकसालों के रहते हुए भी हस्तशिल्पों में नागार्जुनकोंडा का कोई महत्त्व नहीं था। कोंडापुर में 23,391 मनके मिले,[197] लेकिन नागार्जुनकोंडा में मनकों के उद्योग का अभाव था।[198] हाथीदांत और हड्डी की बनी बत्तीस वस्तुओं में बाईस पासे हैं।[199] तांबे, कांसे और सीसे की वस्तुओं की संख्या चौरासी है। यद्यपि लोहे के उपकरणों की संख्या 1501 है, जिनमें एक फाल भी है, फिर भी यहां लोहा गलाने का साक्ष्य उपलब्ध नहीं है।[200] इससे ऐसा प्रतीत होता है कि इस नगर के पास बदले में देने के लिए कुछ अधिक नहीं था। यह निष्कर्ष इस तथ्य से निकाला जा सकता है कि नागार्जुनकोंडा में प्राप्त पुरावशेषों की संख्या उत्खनित स्थल के क्षेत्रफल की तुलना में बहुत कम है। एच. सरकार के मतानुसार आर्थिक आधार अथवा वाणिज्यिक लाभ के अभाव में यहां की आबादी का धीरे-धीरे ह्रास होता गया। सरकार का यह भी कथन है कि वास्तविक उजाड़ के पूर्व अधिकतर पुरातात्त्विक स्थल क्रमिक ह्रास की अवस्था से गुजरे।[201] शहरी पतन के जो भी कारण रहे हों, इसमें संदेह नहीं कि ईसा की चौथी शताब्दी के बाद नागार्जुनकोंडा की

आबादी में अंतराल आया।

शिवमंदिर तथा फीके धूसर मृद्भांड से कुछ आरंभिक मध्यकालीन आबादी का साक्ष्य मिलता है,[202] लेकिन आरंभिक मध्यकाल के आरंभ की तिथि नहीं बतलाई गई है। अभी तक पुरातत्त्ववेत्ताओं ने आम तौर पर इसे लगभग 1000 ई. में रखा है। अनेक सदियों के बाद विजयनगर के राजा हरिहर द्वितीय के दो चांदी के छोटे-छोटे सिक्के मिलते हैं।[203] यद्यपि नागार्जुनकोंडा इक्ष्वाकुओं के समय का नगर था, लेकिन इसके रहने के मकान ब्रह्मपुरी और कोल्हापुर में सातवाहनकालीन स्तरों में पाए गए उदाहरणों से मिलते-जुलते हैं।[204] इसी तरह यहां के अधिकतर मृद्भांड अरिकमेडु, ब्रह्मगिरि, चंद्रवल्ली और शिशुपालगढ़ से उपलब्ध दृष्टांतों के सदृश थे।[205] स्पष्टतः इक्ष्वाकुचरण के बाद अर्थात् सातवाहनकालीन स्थलों के पतन के एक शताब्दी बाद, यहां आबादी की क्षति हुई और वह नष्ट हो गया। लगभग चौथी शताब्दी में अथवा उसके बाद यहां व्यापार और वाणिज्य का नगण्य साक्ष्य मिलता है।

यद्यपि 500-300 ई. पू. में बौद्ध लोग मुख्यतः बिहार और पूर्वी उत्तरप्रदेश में सक्रिय थे, लेकिन पुरातात्त्विक दृष्टि से नगरीकरण और बौद्ध विहारों या वासों के बीच का संबंध इन क्षेत्रों में इतना सबल नहीं था जितना आंध्र में। आंध्र में जब तक नगरीकरण और व्यापार फलते-फूलते रहे, तब तक बौद्ध धर्म भी वहां उन्नतिशील रहा। आंध्र में उपलब्ध साठ से अधिक बौद्ध मठ ईसा की तीसरी शताब्दी के हैं।[206] लगभग बीस मठ निचली कृष्णा घाटी में पाए जाते हैं।[207] इनमें से अधिकांश नगरों और नगर-क्षेत्रों से सटे हुए हैं तथा व्यापार-मार्गों पर स्थित हैं। शिल्पी और सौदागर केवल निजी तौर पर ही बौद्ध प्रतिष्ठानों की सहायता नहीं करते थे, बल्कि उनकी गोष्ठियों और उनके निगमों जैसे नागरिक संगठन भी इन प्रयासों में हाथ बंटाते थे। अतएव ईसापूर्व द्वितीय शताब्दी के स्तंभ अभिलेख में निगम (नगर) अथवा धान्यकटक के दान की चर्चा मिलती है।[208] लेकिन तीसरी शताब्दी के बाद व्यापार और नगरों के पतन के फलस्वरूप चौथी शताब्दी के आसपास बौद्ध मठों का भी पतन हो गया।

तमिलनाडु में अधिकतम स्थल मैदानी क्षेत्रों में और विशेषकर समुद्रतटीय इलाके में स्थित हैं। पल्लवों से संबद्ध स्थल आरंभिक मध्यकाल में आबाद प्रतीत होते हैं, लेकिन साधारणतः उनकी शहरी विशेषता स्पष्ट नहीं है। अनेक हिंद-रोमी व्यापारिक बंदरगाह अथवा स्टेशन मिलते हैं, यद्यपि रोम से संबद्ध उतने अधिक स्थान दक्षिण में नहीं मिले हैं जितने दकन में।

चिंगलेपुट जिलांतर्गत कांचीपुरम् मंदिरों का प्रसिद्ध नगर रहा है। इस स्थल के उत्खनन से प्राप्त सामग्रियां पल्लवपूर्व, पल्लव, चोल और विजयनगर के काल की हैं। ईसापूर्व लगभग तीसरी सदी में कांचीपुरम् में काले और लाल मृद्भांड के साथ वास का आरंभ हुआ। इसका प्राचीनतम ऐतिहासिक काल (लगभग 100 ई. पू. से प्रायः 300 ई.) पकी ईंट के ढांचे से स्पष्ट है, जो संभवतः किसी बौद्ध मंदिर के अंश थे। अनेक स्तूप इसी काल के प्रतीत होते हैं। गेरुआ-लेपित चित्रित मृद्भांड (रसेट-कोटेड पेंटेड वेयर), शीशे के मनके और शीशे की चूड़ियां भी इस काल में मिलती हैं। यहां से अरेटाई और दांतेदार

चक्रित मृद्भांडों के ठीकरों की प्राप्ति से रोम के साथ संपर्क का संकेत मिलता है।[209] यद्यपि सिक्के ढालने के सांचों को प्रायः 300 ई. से 800 ई.[210] तक के लंबे काल में रखा जाता है, लेकिन उज्जैन प्रतीकवाले सांचे के मिलने से सातवाहनों के प्रभाव का संकेत मिलता है।[211] रूखे लाल मृद्भांड, पकी ईंट के कुछ ढांचे तथा कम कीमती पत्थर भी इस काल में पाए जाते हैं।[212] दोहत्थे कलश की स्थानीय नकल भी इसी काल की मानी जाती है।[213] लगभग 800 ई. से 1500 ई. के बीच की उपलब्धियां प्रभावोत्पादक नहीं हैं। चीनी काही (सेलेडन) के बरतनों और प्रभावशाली रूपांकनों की छापवाले लाल पालिशदार मृद्भांड के ठीकरे विशेष रूप से उल्लेखनीय हैं।[214] शीशे के मनके, चूड़ियां और कांच के कर्णाभूषण मिलते हैं। इस काल के मनके पूर्ववर्ती कालों से बरामद मनकों से कुछ बड़े हैं।[215] फिर भी शीशे के ये सामान किस शताब्दी के हैं, यह मोटा-मोटी भी नहीं बतलाया गया है। आरंभिक मध्यकालीन कांचीपुरम् में धार्मिकेतर पेशे बहुत कम दिखते हैं; यह स्थल छठी से आठवीं सदियों के बीच पल्लवों के संरक्षण में मंदिरों से भर गया। ह्वेन सांग के अनुसार कांचीपुरी द्रविड़ देश की राजधानी थी और वहां सैकड़ों संघाराम (विहार) और दस हजार पुजारी (बौद्ध भिक्षु) रहते थे। वहां प्रायः अस्सी ब्राह्मण-धर्मावलंबी मंदिर भी थे।[216] स्पष्टतः ये मंदिर और (बौद्ध) मठ सामान्यतया इस नगर में अथवा इसके अड़ोस-पड़ोस में स्थित थे। स्वयं यह नगर चार मील की परिधि में फैला हुआ था।[217]

चिंगलेपुट जिलांतर्गत कांचीपुरम् में बसे पल्लवमेडु में छठी से नवीं शताब्दियों के पल्लव अवशेष पाए गए हैं। मिट्टी का चबूतरा और फर्श मिले हैं जिनका निर्माण क्रमशः दो चरणों में हुआ था। इसके अतिरिक्त, बीस मीटर में फैला कूड़े का बड़ा ढेर संभवतः नवीं सदी के दौरान पल्लव-शासन के अंत की इमारत का मलबा है। इसमें चूल्हे, चिरचिरी चिह्नोंवाले ठीकरे, शीशे और स्फटिक के मनके, चूने और बालू (स्टको) की बनी मूर्तियां और इसी सामग्री के लिंग पाए गए हैं।[218] इन अवशेषों से सबल नगरीकरण का स्पष्ट बोध नहीं होता।

चिंगलेपुट जिले में वसवसमुद्रम् पलार नदी के मुहाने पर बसा है। यहां एक ही काल की आबादी दिखती है। यद्यपि यहां दो छल्लेदार कुओं के साथ थोड़े ही पुरावशेष मिले हैं, तथापि दांतेदार चक्रित मृद्भांड और दोहत्थे कलशों के होने से रोम के साथ संपर्क का संकेत मिलता है।[219] यहां की आबादी ईसा की दूसरी शताब्दी में समाप्त हो गई।[220]

चिंगलेपुट जिले में कावेरी नदी के थाले में स्थित कन्नटूर में अनेक महापाषाणीय स्थल थे।[221] इसके काल-I में ऐतिहासिक चरण प्रारंभ हुआ जिसमें आठ फुट मोटा आवासीय निक्षेप (जमाव) मिला। इसके ढांचे में ईंट और अनगढ़ पत्थर की दीवारें हैं, इसमें मृद्भांडों की नलियों की बनी एक नाली मिली है।

सभी स्तरों में काले-और-लाल मृदभांड के ठीकरे मिले हैं, लेकिन इसका प्रमुख मृद्भांड ब्रह्मगिरि और चंद्रवल्ली में आंध्र स्तरों के अंतर्गत प्राप्त लाल मृद्भांड से बहुत मिलता है।[222] हाथ से बने मिट्टी के बर्तन के टुकड़े और घोड़े के नाल के आकार के चूल्हे पाए गए हैं। विभिन्न आकारों और रंगों में स्फटिक पत्थर और मूंगे के बने मनके

मिले हैं। शीशे के मनके और शीशे की चूड़ियां बरामद हुई हैं। मिट्टी की मूर्तियां, पशु-चिह्नवाली मिट्टी की मोहर, सोने की पिन और सोने का बना पिन-शीर्ष पाए गए हैं। तांबे के तीन सिक्कों के टुकड़े मिले हैं।[223] इन सभी पुरावस्तुओं से ईसवी सन् की पहली दो शताब्दियों के कन्नटूर की नगरीय विशिष्टता का बोध होता है। इसका अगला आवासीय निक्षेप (जमाव) छः फुट मोटा है और इसमें चीनी मिट्टी के बरतन (पॉर्सलिन) के व्यवहार के चिह्न मिलते हैं। अतएव निक्षेप की तिथि बारहवीं शताब्दी रखी जाती है।[224]

करैकडु दक्षिणी आरकॉट जिले में अरिकमेडु से तीस किलोमीटर दक्षिण में बसा है। अरिकमेडु की तरह यह भी कोरोमंडल समुद्रतट पर हिंद-रोमी व्यापार का स्टेशन था। यह बात दांतेदार चक्रित मृद्भांड और अनेक दोहत्थे कलशों की उपलब्धि से प्रमाणित होती है। इसके अतिरिक्त, यहां ईंटों के अनियमित ढांचे, काला-और-लाल मृद्भांड, शीशे और कम कीमती पत्थर के मनके पाए गए हैं।[225]

अरिकमेडु कोरोमंडल समुद्रतट पर पांडिचेरी से तीन किलोमीटर दक्षिण में स्थित है।[226] यह हिंद-रोमी व्यापार का स्टेशन था, जिसकी शिनाख्त संभवतः **पेरिप्लुस ऑव द एरिथ्रियन सी** (60-100 ई.) में चर्चित पोदौके से की जाती है।[227] अरिकमेडु भारत और रोमी दुनिया के बीच व्यापार का साक्ष्य प्रस्तुत करनेवाला केवल पहला ही नहीं, बल्कि सबसे अधिक महत्त्वपूर्ण स्थल भी साबित हुआ। यह ईसापूर्व पहली शताब्दी के अंतिम वर्षों से प्रायः 200 ई. तक आबाद रहा। उत्खनन के फलस्वरूप लगभग 50 ई. का बना बड़ा मालगोदाम और दो छोटे-छोटे तालाब अथवा भारत से बाहर निर्यात होनेवाले मलमल के लिए रंगाई के हौज निकले हैं।[228] उल्लेखनीय है कि तमिलनाडु के अंतर्गत अनेक अन्य स्थलों में भी रंगाई के हौज पाए गए हैं। अरिकमेडु मनकों के निर्माण का केंद्र भी था।[229]

इस स्थल पर नालियों और छल्लेदार कूपों[230] के अतिरिक्त ढांचे के एक के बाद एक, चार स्तर मिलते हैं।[231] लेकिन वह वस्तुतः विभिन्न प्रकार के रोमी मृद्भांड और अन्य रोमी वस्तुओं की उपलब्धि के लिए प्रसिद्ध है। रोमी मृद्भांड के अंतर्गत दोहत्थे कलश मिलते हैं जिनमें तेल अथवा शराब रखी जाती थी। चिकनी सतहवाली बड़ी थाली भी पाई गई है जिसमें दांतेदार चक्रित तर्ज की संकेंद्रित धारियां बनी हैं, जिनके कारण इसको दांतेदार चक्रित मृण्पात्र कहा गया है।[232] अरेटाई मृण्पात्र, जिसकी व्युत्पत्ति लैटिन अरेज्जो अथवा अरेटियम नामक स्थल से होती है, तीसरा रोमी मृद्भांड है।[233] अन्य आयातित वस्तुओं में यूनानी-रोमी रत्न, लाल मृण्मय रोमी दीप और शीशे के रोमी कटोरे शामिल हैं।[234] लगभग 200 ई. के बाद अरिकमेडु का जीवन सक्रिय नहीं रहा।[235] इसके बाद मध्ययुग में तथा उसके पश्चात् ईंटों के लिए इसकी लूट हुई।[236] चोलों के सिक्कों और चीनी काही (सेलेडन) मृदभांड के टुकड़ों[237] की छिटपुट प्राप्तियों से लगभग 1000 ई. के बाद की कुछ आबादी का संकेत मिलता है। (चित्र 23 देखें।)

दक्षिण आरकॉट जिलांतर्गत नट्टमेडु में उत्खनन से मिली सामग्रियां अरिकमेडु से प्राप्त सामग्रियों जैसी ही हैं। बारीक दांतेदार चक्रित मृद्भांड के ठीकरों के अतिरिक्त दोहत्थे कलशों के एक दर्जन से अधिक टुकड़े मिलते हैं।[238] अन्वेषण के दौरान कम

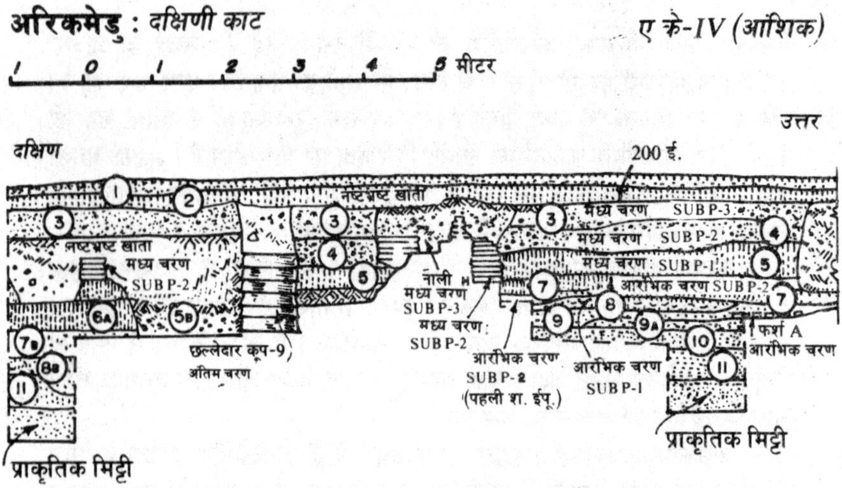

अरिकमेडु : दक्षिणी काट — ए के-IV (आंशिक)

चित्र 23. अरिकमेडु : दक्षिणी काट, ए के-IV, काट इ-7; आर.इ.एम. ह्वीलर, ए. घोष तथा कृष्णदेव, 'अरिकमेडु : ऐन इंडो-रोमन ट्रेडिंग स्टेशन ऑन द ईस्ट कोस्ट ऑव इंडिया', ए आइ, सं. 2, 1946, प्लेट XVII के अनुसार।

कीमती पत्थर, पेस्ट (बारीक शीशे) और शीशे के मनके, और विभिन्न रंगों की बेलनाकार शीशा जैसी वस्तुएं पाई गई हैं।[239] उत्खनन से पता चलता है कि यह स्थान शीशे के मनकों और चूड़ियों का निर्माण-केंद्र था, क्योंकि यहां कुठालियां तथा शीशे का मल इत्यादि मिले हैं।[240] स्पष्ट है कि यह स्थल एक आरंभिक, समुद्रतटीय व्यापार-केंद्र था, जो ईसवी सन् के प्रारंभ में फल-फूल रहा था।[241] परवर्ती काल में इस स्थान के बारे में कोई सूचना नहीं मिलती। स्पष्टतः यह जगह ईसा की दूसरी शताब्दी के बाद अथवा उसके आसपास उजड़ गई।

तिरुचिरापल्ली जिले में अलगराई कावेरी नदी के उत्तरी किनारे पर स्थित है।[242] इस स्थल पर काल-I का आरंभ ईसापूर्व तीसरी शताब्दी में हुआ प्रतीत होता है। काला-और-लाल मृद्भांड, गेरुआ-लेपित चित्रित (रसेट-कोटेड पेंटेड) मृद्भांड, शंख के मनके, शंख की चूड़ियां, शीशे के मनके, और मृण्मय वस्तुएं इस काल की विशेषताएं हैं। ढांचे बनने की जानकारी ईंटों के विघटित रोड़ों से मिलती है। काल-II में कोई इमारती ढांचा नहीं पाया जाता। काले-और-लाल मृद्भांड का अभिलिखित ठीकरा मिला है, जो ईसा की पहली सदी का है।[243] इसको नगर साबित करनेवाले बहुत कम पुरावशेष मिले हैं, लेकिन यहां की आबादी मोटे तौर पर ईसा की लगभग पहली सदी में उजड़ गई।[244] फिर भी, 'आरंभिक मध्यकाल' के कुछ तांबे के सिक्के मिले हैं।[245] पालिशदार लाल मृद्भांड एवं काले-और-लाल मृद्भांड, शीशे तथा मिट्टी की वस्तुओं के अवशेष इसकी 'आरंभिक मध्ययुगीन संस्कृति' की विशेषताएं हैं।[246] लेकिन रिपोर्ट में 'आरंभिक

मध्ययुग' की तिथि नहीं बतलाई गई है। इसकी आबादी का अंतिम चरण आरंभिक मध्यकाल और विजयनगर-काल के बीच का है, और इसमें निर्माण-गतिविधियों की कमी है।[247]

कावेरीपत्तनम्, जो प्रारंभिक चोलों की प्राचीन पत्तन-राजधानी था, तंजवुर जिले में है। आरंभिक तमिल ग्रंथों में इसका प्रचुर वर्णन मिलता है। इसके प्राचीनतम पुरावशेष ईसवी सन् की पहली चार शताब्दियों के हैं। इनमें काला-और-लाल मृद्भांड, दांतेदार चक्रित मृद्भांड और प्रारंभिक चोलों के तांबे के वर्गाकार सिक्के शामिल हैं।[248] ईंटों की अनेक इमारतें मिलती हैं। ईसा की पहली-दूसरी शताब्दी में एक छोटे जलाशय का निर्माण हुआ जिसे ईंटों के बने प्रवेश-मार्ग के द्वारा कावेरी नदी के पानी से भरा जाता था।[249] प्राकृतिक बालू के ऊपर ईंटों का बना विशाल चबूतरा संभवतः अप्रवाही जल का घाट रहा हो, जहां नावें लकड़ी के खंभों से बांधी जा सकती थीं। ईंटों का आकार इक्ष्वाकुकालीन नागार्जुनकोंडा में इस्तेमाल की गई ईंटों के आकार के बराबर है।[250] एक बौद्ध विहार भी मिला है जिसमें पांच कमरे और सामूहिक बरामदा है।[251] मुख्य इमारत चौथी-पांचवीं शताब्दी में खड़ी की गई और बाद में उसका पुनर्निर्माण हुआ।[252] प्रायः दसवीं से बारहवीं शताब्दियों के चोलकालीन मंदिर का ढांचा भी मिला है।[253] मंदिर के पूर्ववर्ती चरण में केवल दो मृण्मय छल्लेदार कुएं मिलते हैं।[254] अतएव प्रायः 500 ई. और 1000 ई. के बीच कावेरीपत्तनम् में धार्मिकेतर प्रकार की गतिविधियां बहुत कम थीं। आरंभिक मध्यकाल में कावेरीपत्तनम् एक प्रकार का धार्मिक केंद्र बन चुका था।

उरैयुर, जहां चोलों की प्राचीन राजधानी थी, तिरुचिरापल्ली जिले में कावेरी के थाले में स्थित है। इसकी प्राचीनतम आबादी की तिथि ईसापूर्व पहली शताब्दी से ईसा की चौथी शताब्दी के बीच रखी जाती है।[255] इसमें काला-और-लाल मृद्भांड तथा गेरुआ-लेपित चित्रित मृद्भांड के अतिरिक्त, दांतेदार चक्रित मृद्भांड और अरेटाई मृद्भांड मिलते हैं,[256] जिनसे रोम के साथ संपर्क का पता चलता है। रंगाई के हौजों के रूप में इस्तेमाल होनेवाले, ईंट के ढांचों[257] से संकेत मिलता है कि इस स्थल का संबंध सूती कपड़ों के उत्पादन से था। ईसा की पहली-दूसरी शताब्दी के कुछ अभिलिखित ठीकरे भी मिले हैं।[258] दूसरे काल (चौथी से छठी/सातवीं सदी) में ढांचों के अवशेष, ईंटों के रोड़े, पत्थर के अनगढ़ टुकड़े इत्यादि पाए जाते हैं। ऐसा लगता है कि बाढ़ और पानी के भराव के कारण ईसा की पांचवीं शताब्दी में इसकी मुख्य आबादी का अंत हो गया।[259] पांचवीं और सातवीं शताब्दियों के बीच के अवशेष के बारे में निश्चित रूप से कोई जानकारी नहीं है।

उरैयुर के काल-III की तिथि प्रायः आठवीं से चौदहवीं/पंद्रहवीं शताब्दियों के बीच रखी जाती है। 'परवर्ती मध्ययुग' का अनगढ़ और अधपका लाल मृद्भांड इस काल की विशिष्टता है। यद्यपि कम कीमती पत्थर, शीशे और धातु की वस्तुएं और मृण्मय मूर्तियां पाई जाती हैं, तथापि चीनी काही (सेलेडन) के बरतन के दो ठीकरों के मिलने[260] से इस स्थान की नई आबादी लगभग 1000 ई. की मालूम पड़ती है। अतएव आरंभिक मध्ययुग उरैयुर के लिए पतन का समय था।

तिरुचिरापल्ली जिले में कावेरी नदी के तट पर बसा तिरुकंबुलियुर तिरुचिरापल्ली से तिरपन किलोमीटर पश्चिम में है। महाश्मीय काल में इसे काले-और-लाल मृद्भांड का इस्तेमाल करनेवाले लोगों ने आबाद किया।[261] इसके प्राचीनतम ऐतिहासिक पुरावशेषों में लाल मृद्भांड के गहरे कटोरे शामिल हैं जिनकी तुलना उत्तर भारतीय स्थलों के कुषाणयुगीन कटोरों से की जा सकती है। अन्य पुरावशेषों में मृण्मय मूर्तियां, शीशे के मनके, उसी की चूड़ियां, कीमती पत्थर, लोहे तथा तांबे की वस्तुएं और कुछ तांबे के सिक्के उल्लेखनीय हैं।[262] इसका पहला काल प्रायः ईसापूर्व तीसरी शताब्दी से लगभग ईसा की तीसरी शताब्दी तक माना गया है।[263] दूसरे काल की अवधि प्रायः तीसरी-चौथी शताब्दियों से नवीं-दसवीं शताब्दियों तक निश्चित की गई है।[264] चौथी अथवा पांचवीं शताब्दी में ईंटों का दो खानों में बंटा एक बड़ा अन्नागार बनाया गया।[265] मकानों में गल्ले, दलहन और खाद्यान्न के लिए कोठारों की पंक्तियां थीं।[266] इन कोठारों की तिथि का संकेत नहीं है, यद्यपि दोहरे कोठार, जिनमें ऊपर से अन्न डाला जा सकता था, संगम साहित्य में उल्लिखित हैं।[267] एक विशाल दोहरे कोठार की दो दीवारों के बीच में रेशम के धागों का ढेर मिला है।[268] इससे रेशम की बुनाई का अथवा कोठार के साथ सौदागरों या संपन्न व्यक्तियों के संबंध का संकेत मिलता है।[269]

यद्यपि 1.5 से 1.8 मीटर मोटे निक्षेप (जमाव) के कारण दूसरे काल के लिए पांच-छः शताब्दियां निर्धारित की जाती हैं, लेकिन ढांचागत साक्ष्य इसकी तिथि को ईसा की पांचवीं शताब्दी अथवा उसके आसपास से आगे नहीं ले जाते।[270] मृद्भांड की परंपरा में लाल पालिशदार मृद्भांड प्रमुख है।[271] इस स्थल से प्राप्त अन्य पुरावशेष अपर्याप्त हैं। संभव है कि दूसरे काल की शुरुआत ईसा की तीसरी शताब्दी में हुई हो और लगभग आठवीं शताब्दी में इसका अंत हो गया हो। केवल तीसरे काल में, जिसकी अवधि नवीं-दसवीं सदी से चौदहवीं-पंद्रहवीं सदी के बीच निर्धारित है,[272] बहुसंख्य शीशे की चूड़ियां मिलती हैं,[273] यद्यपि काल-II के ऊपरी स्तरों में लगभग ईसा की तीसरी शताब्दी के शुरू में ही शीशे की वस्तुएं पाई गई हैं।[274] अतएव ऐसा लगता है कि ईसा की पांचवीं से बारहवीं शताब्दी के बाद तक तिरुकंबुलियुर में कम आबादी थी। यदि केवल मृद्भांड के साक्ष्य पर विचार किया जाए,[275] तो स्पष्ट है कि ईसापूर्व तीसरी शताब्दी से ईसा की तीसरी शताब्दी के बीच इस स्थल पर अगले दो कालों की अपेक्षा अधिक आबादी थी।

तिरुनेलवेली जिले में कोरकई ताम्रपर्णी के मुहाने पर स्थित है। पांड्यों के इस प्राचीन बंदरगाह को प्राचीन भूगोल-ग्रन्थों में तथा संगम साहित्य में मोती खोजने के लिए महत्त्वपूर्ण बंदरगाह बतलाया गया है।[276] फिर भी यहां से प्राप्त पुरावशेष उतने प्रभावोत्पादक नहीं हैं। इन पुरावशेषों में ईंटों का बना चबूतरा, जिसके ऊपर चढ़ने के लिए सीढ़ियां बनी हैं, और मृण्मय छल्लों का बना सोख-गर्त्त शामिल हैं।[277] ईसा की पहली शताब्दी के आसपास मृद्भांड के अभिलिखित ठीकरे पाए जाते हैं। अभिलिखित सीपों की उपलब्धि से संकेत मिलता है कि कोरकई मोती की खोज के लिए महत्त्वपूर्ण था। इसके अतिरिक्त, चिरचिरी चिह्नोंवाले ठीकरे, तांबे और लोहे की वस्तुएं, छिद्रित

मृण्मय खपड़े, अन्य मृण्मय वस्तुएं और स्फटिक के मनके पाए जाते हैं।[278] ये सभी कोरकई की शहरी विशिष्टता के बोधक हैं जो ईसा की तीसरी शताब्दी तक उजड़ चुका था।

धर्मपुरी जिले में बसे अदियमनकोट्टई का वास ईसापूर्व पहली शताब्दी से लेकर ईसा की अठारहवीं सदी तक लगातार बना रहा।[279] यहां से प्राप्त मृद्‌भांड, ईंटों के बने ढांचे, मृण्मय मूर्तियां, शीशे की चूड़ियां, लोहे की वस्तुएं इत्यादि[280] ईसा की दूसरी शताब्दी से सातवीं शताब्दी के काल की मानी जाती हैं, लेकिन यह नहीं बतलाया गया है कि ये वस्तुएं इस काल के पूर्वांश में पाई जाती हैं अथवा उत्तरांश में। इन पुरावशेषों के आधार पर अदियमनकोट्टई को शहर कहना कठिन है।

कोयंबटूर जिले में स्थित पेरूर ईसा की पहली शताब्दी से दसवीं शताब्दी और उसके बाद तक लगातार आबाद दिखता है। लगभग ईसा की पहली शताब्दी में यह महाश्मीय काले-और-लाल मृद्‌भांड के स्थल के रूप में आबाद हुआ।[281] इसका सबसे महत्त्वपूर्ण काल ईसा की तीसरी से छठी शताब्दियों तक का है जिसमें अवशेषों का 1.60 मीटर मोटा जमाव दिखता है। इसमें गेरुआ-लेपित चित्रित मृद्‌भांड के अतिरिक्त, एक नए प्रकार का मृद्‌भांड भी मिलता है जो कालापन लिए हुए धूसर रंग का है। साथ ही शंख की चूड़ियां, शीशे, बारीक शीशे (पेस्ट) और सोने के मनके भी पाए जाते हैं। मृण्मय मनके और दीप भी मिलते हैं।[282] इसके बाद छठी से नवीं शताब्दियों के बीच में अवशेषों का केवल एक मीटर मोटा जमाव दिखता है। पर इसमें पकी ईंटों की दीवार और पत्थर की बनी ढंकी नाली मिली हैं। लेकिन दसवीं शताब्दी तक इस नगर को श्रीपत्तीश्वरस्वामी के मंदिर के कारण चिदंबरम् की पवित्रता प्राप्त हो चुकी थी।[283]

कोयंबटूर जिले में ही स्थित पोलुवनपट्टी में अभिलेखों से युक्त एक मंदिर था जिसे ग्यारहवीं सदी का कहा जा सकता है। ये अभिलेख बतलाते हैं कि मंदिर के निकट वणिकों की आबादी थी जो मंदिर की देखभाल करती थी।[284] उत्खनन से जानकारी मिली कि यह स्थल प्राचीनकाल से आबाद था और 'मध्ययुग' में अग्निकांड के कारण ध्वस्त हुआ। मिट्टी की एक 'आरंभिक मध्ययुगीन' मोहर मिली है,[285] लेकिन यह किस सदी की है, यह मोटा-मोटी भी नहीं बतलाया गया है। न कोई अन्य साक्ष्य है जिसके आधार पर यह कहा जा सके कि पोलुवनपट्टी शहरी केंद्र था।

प्रायद्वीपीय भारत में उत्खनित स्थलों की कुछ विशेषताएं दिलचस्प हैं। केरल में आरंभिक ऐतिहासिक काल में नगरीकरण का कोई साक्ष्य नहीं मिलता। कर्नाटक, आंध्रपदेश और तमिलनाडु में भी ईसापूर्व तीसरी-दूसरी शताब्दियों तक नगरों का विकास नहीं हुआ था।

अधिकांश शहरी केंद्र ईसा की तीसरी शताब्दी में उजड़ गए। शहरी केंद्रों का अंत हिंद-रोमी व्यापार और सातवाहनों के शासन के अंत के साथ-साथ हुआ। यही बात महाराष्ट्र में स्थित अन्य प्रायद्वीपीय नगरों पर लागू होती है। कुछ नगरों का अस्तित्व छठी से आठवीं शताब्दियों में बना रहा। नवीं और दसवीं शत्राब्दी से यहां कई नए नगरों का आविर्भाव हुआ पर यह इस पुस्तक का विवेच्य विषय नहीं है। तमिलनाडु में पल्लवों ने

छठी और सातवीं शताब्दियों में बड़े पैमाने पर मंदिरों का निर्माण शुरू किया। लेकिन दसवीं शताब्दी के अंतिम चतुर्थांश तक 'मंदिर-नगरों' में शिल्प और व्यापार का कोई खास विकास नहीं हुआ।

टिप्पणियां

1. **आइ ए आर**, 1966-67, पृ. 29.

1अ. आइ. के. शर्मा तथा जे. वी. प्रसादराव, **अर्ली ब्राह्मी इंसक्रिप्शंस फ्रॉम सन्नती**, दिल्ली, 1993.

2. **आइ ए आर**, 1966-67, पृ..29.
3. **आइ ए आर**, 1971-72, पृ. 38.
4. **आइ ए आर**, 1971-72, पृ..38; 1973-74, पृ..17; 1974-75, पृ..17; 1975-76, पृ. 19; 1976-77, पृ. 24.
5. **आइ ए आर**, 1977-78, पृ. 24.
6. वही, पृ. 25.
7. एस. एच. रित्ती (सं.), **ए डेकेड ऑव आर्कियोलॉजिकल स्टडीज इन साउथ इंडिया**, पृ. 95.
8. **आइ ए आर**, 1977-78, पृ. 25.
9. **आइ ए आर**, 1971-72, पृ. 30; 1972-73, पृ. 26; 1974-75, पृ. 17.
10. एस. एच. रित्ती (सं.), पूर्वोक्त, पृ. 95.
11. **आइ ए आर**, 1971-72; पृ. 38; 1972-73, पृ. 26; 1974-75, पृ. 17; 1976-77, पृ. 24.
12. **आइ ए आर**, 1977-78, पृ. 25; 1976-77, पृ. 24
13. **आइ ए आर**, 1977-78, पृ. 25.
14. वही.
15. वही, पृ. 24.
16. बी. के. थापर, 'मस्की 1954 : ए चाल्कोलिथिक साइट ऑव द सदर्न डेक्कन', **ए आई**, सं. 13, 1957, पृ. 15, 119.
17. वही, पृ. 15.
18. वही.
19. वही. पृ. 20.
20. आर. इ. एम. व्हीलर, '1947-48, ब्रह्मगिरि एंड चंद्रवल्ली 1947 : मेगालिथिक एंड अदर कल्चर्स इन द चितलद्रुग डिस्ट्रिक्ट, मैसूर स्टेट', **ए आइ**, सं. 4, पृ. 185.
21. वही, पृ. 203.
22. वही, पृ. 236.
23. वही, पृ. 260-61.
24. वही, पृ. 264-67.
25. वही.

26. वही.
27. वही, पृ. 270
28. **आइ ए आर**, 1977-78. पृ. 27.
29. **ए आइ**, स. 4, पृ. 270.
30. वही, पृ. 277-87.
31. **आइ ए आर**, 1977-78, पृ. 27.
32. वही, पृ. 29.
33. वही.
34. वही.
35. वही.
36. **ए आइ**, सं. 4, पृ. 270.
37. **आइ ए आर**, 1970-71, पृ. 29
38. वही.
39. वही.
40. वही.
41. वही; **सी-यू-कि**, II, पृ. 253-54, पा. टि. 40 से तुलना करें।
42. **सी-यू-कि**, II, पृ. 253; सैमुअल बील सुझाव देते हैं कि प्रासंगिक परिच्छेद का अनुवाद, "उजड़े शहरों और बहुत छोटे-छोटे गांवों से गुजरते हुए" (पा. टि. 39) भी हो सकता है। लेकिन वे अनुवाद "उजड़े शहरों का तांता अथवा छोटे-छोटे गांव" को तरजीह देते हैं।
43. **सी-यू-कि**, II, पृ. 253.
44. **आइ ए आर**, 1968-69, पृ. 1-2.
45. वही, पृ. 2.
46. वही, पृ. 1-2.
47. एस. एच. रित्ती (सं.), पूर्वोक्त, पृ. 62.
48. **आइ ए आर**, 1974-75, पृ. 3; 1975-76, पृ. 2-3; 1976-77, पृ. 4-5.
49. **आइ ए आर**, 1975-76, पृ. 2.
50. **आइ ए आर**, 1976-77, पृ. 4.
51. वही.
52. एस. एच. रित्ती (सं.), पूर्वोक्त, पृ. 65.
53. **आइ ए आर**, 1976-77, पृ. 4.
54. एस. एच. रित्ती (सं.), पूर्वोक्त, पृ. 61.
55. वही.
56. **आइ ए आर**, 1975-76, पृ. 2.
57. **आई ए आर**, 1974-75, पृ. 3; 1975-76; पृ. 2; 1976-77. पृ. 4-5.
58. **आइ ए आर**, 1976-77, पृ. 4-5.
59. वही, पृ. 5.
60. **आइ ए आर**, 1975-76, पृ. 2.
61. **आइ ए आर**, 1976-77, पृ. 5; एस. एच. रित्ती (सं.), पूर्वोक्त, पृ. 60.
62. **आइ ए आर**, 1975-76, पृ. 2.
63. वही.
64. **आइ ए आर**, 1976-77. पृ. 4-5.
65. वही, पृ. 4.

66. वही, पृ. 4; एस. एच. रित्ती (सं), पूर्वोक्त, पृ 66.
67. **आइ ए आर**, 1975-76, पृ. 2.
68. वही, पृ. 5-6.
69. वही, पृ. 5.
70. **आइ ए आर**, 1977-78, पृ. 12.
71. मुहम्मद अब्दुल वहीद खां, **ए मोनोग्राफ ऑव येलेश्वरम् एक्सकेवेशंस**, पृ. 9.
72. वही, पृ. 10.
73. वही.
74. वही.
75. वही, पृ. 10-11.
76. वही, पृ. 11.
77. वही, पृ. 12.
78. वही, पृ. 13.
79. वही, पृ. 12.
80. वही, पृ. 13.
81. वही.
82. वही, पृ. 14.
83. वही, पृ. 13.
84. वही.
85. वही.
86. वही.
87. वही, पृ. 15-16.
88. वही, पृ. 15.
89. वही.
90. वही, पृ. 16.
91. वही, पृ. 66.
92. जी. यजदानी, 'एक्सकेवेशंस ऐट कोंडापुर ऐन आंध्र टाउन (सॅर्का 200 बी सी टु ए डी 200)' **ऐनल्स ऑव द भंडारकर ओरिएंटल इंस्टीट्यूट**, XXII, पृ. 171-85.
93. वही, पृ. 175.
94. वही, पृ. 182.
95. वही, पृ. 181.
96. वही, पृ. 183-84; अभिलिखित मोहरें ईसा की पहली शताब्दी की हैं, वही, पृ. 181.
97. वही, पृ. 184.
98. वही, पृ. 183-84.
99. वही, पृ. 181.
100. वही, पृ. 176-77.
101. वही, पृ. 177.
102. वही, पृ. 179.
103. वही, पृ. 181.
104. वही, पृ. 176, 181.
105. वही, पृ. 181.
106. वही.

107. वही, पृ. 180, 184.
108. वही
109. वही, पृ. 179-180.
110. वही, पृ. 182.
111. वही, पृ. 171
112. **आइ ए आर**, 1978-79, पृ. 37.
113. वही.
114. वही.
115. वही, पृ. 39.
116. वही, पृ. 38.
117. वही.
118. वही, पृ 39.
119. वही.
120. वही.
121. वही, पृ. 37-41.
122. वही, पृ. 39-41.
123. वही, पृ. 41.
124. एन. सी. घोष, 'रिसेंट आर्कियोलॉजिकल डिस्कवरीज इन कृष्णा-तुंगभद्रा वैली : सतनीकोटा', टंकित लेख साउथ इंडियन आर्कियोलॉजिकल कांग्रेस, नई दिल्ली, 1986 में प्रस्तुत, **आइ ए आर**, 1977-78, पृ. 3-4.
125. **आइ ए आर**, 1977-78, पृ. 3-7.
126. वही, पृ. 7.
127. एन. सी. घोष, **सतनीकोटा 1977-78**, नई दिल्ली, 1986, पृ. 86.
128. **आइ ए आर**, 1977-78, पृ. 3-7.
129. वही.
130. एन. सी. घोष, **सतनीकोटा**, पृ. 79, 81-82.
131. आर सुब्रहाण्यम, **सालिहुंडम**, पृ. 7-9.
132. वही, पृ. 7-8.
133. वही, पृ. 7-9.
134. वही, पृ. 8-9.
135. वही, पृ. 8.
136. वही, पृ. 9.
137. वही.
138. वही.
139. **आइ ए आर**, 1979-80, पृ. 1.
140. **आइ ए आर**, 1980-81, पृ. 1-2.
141. **आइ ए आर**, 1979-80, पृ. 1.
142. **आइ ए आर**, 1980-81, पृ. 1.
143. वही.
144. एच. सरकार और एस. पी. नैनार, **अमरावती**, पृ. 6.
145. एच. सरकार, 'ग्रोथ ऑव सिटीज इन आंध्रप्रदेश (200 ई. पू. से 300 ई.),' अध्यक्षीय भाषण, आंध्रप्रदेश हिस्ट्री कांग्रेस का दसवां अभिवेशन, 1986, अप्रकाशित, पृ. 2-3.

146. **आइ ए आर**, 1962-63, पृ. 1-2; 1963-64, पृ. 2-4; 1964-65, पृ. 2-3.
147. **आइ ए आर**, 1962-63, पृ. 1-2.
148. **आइ ए आर**, 1964-65, पृ. 2.
149. वही.
150. वही, पृ. 2-3.
151. वही.
152. वही.
153. वही.
154. **आइ ए आर**, 1962-63, पृ. 2.
155. **आइ ए आर**, 1964-65, पृ. 3.
156. **सी-यू-कि**, II, पृ. 221.
157. वही.
158. **आइ ए आर**, 1961-62, पृ. 1-2.
159. एच. सरकार, 'केसरपल्ली 1962,' **ए आइ**, सं. 22, पृ. 43.
160. **आइ ए आर**, 1961-62, पृ. 2.
161. एच. सरकार, 'केसरपल्ली 1962,' **ए आइ**, सं. 22, पृ. 43.
162. **आइ ए आर**, 1958-59, पृ. 5.
163. एच. सरकार और एस. पी. नैनार, **अमरावती**, पृ. 14.
164. वही, पृ. 16.
165. वही.
166. **आइ ए आर**, 1974-75, पृ. 6.
167. **आइ ए आर**, 1975-76, पृ. 3-4.
168. वही, पृ. 4.
169. **आइ ए आर**, 1974-75, पृ. 7.
170. **आइ ए आर**, 1975-76, पृ. 4.
171. **आइ ए आर**, 1974-75, पृ. 7.
172. वाइ. डी. शर्मा, 'एक्सप्लोरेशन ऑव हिस्टॉरिकल साइट्स,' **ए आइ**, सं. 9, 1953, पृ. 167.
173. **आइ ए आर**, 1954-55, पृ. 22-23; 1955-56, पृ. 23-26; 1956-57, पृ. 33-38.
174. **आइ ए आर**, 1954-55, पृ. 23-26; 1956-57, पृ. 35-38; 1957-58, पृ. 6-9.
175. एच. सरकार, 'सम आस्पेक्ट्स ऑव द बुद्धिस्ट मॉन्यूमेंट्स ऐट नागार्जुनकोंडा,' **ए आइ**, सं. 1, 1960, पृ. 65; एच. सरकार और बी. एन. मिश्र, **नागार्जुनकोंडा**, पृ. 31.
176. **आइ ए आर**, 1954-55, पृ. 22-23; 1955-56, पृ. 25-26; 1956-57, पृ. 36-37.
177. **ए आइ**, सं. 9, पृ. 167-68.
178. वही, पृ. 168.
179. **आई ए आर**, 1957-58, पृ. 5.
180. एच. सरकार और बी. एन. मिश्र, **नागार्जुनकोंडा**, पृ. 20-21.
181. वही, पृ. 21.
182. वही, पृ. 58.
183. वही, पृ. 21.
184. वही, पृ. 22.
185. **आइ ए आर**, 1954-55, पृ. 23.
186. वही.

187. **आइ ए आर**, 1955-56, पृ. 26.
188. **आइ ए आर**, 1956-57, पृ. 38.
189. वही.
190. एच. सरकार और बी. एन. मिश्र, **नागार्जुनकोंडा**, पृ. 21.
191. वही, पृ. 21-22.
192. **आइ ए आर**, 1956-57, पृ. 36.
193. **ए आइ**, सं. 9, पृ. 168.
194. **आइ ए आर**, 1957-58, पृ. 9.
195. वही.
196. एच. सरकार और बी. एन., मिश्र, **नागार्जुनकोंडा**, पृ. 22.
197. एच. सरकार, 'ग्रोथ ऑव सिटीज', अप्रकाशित, पृ. 21.
198. वही, पृ. 22.
199. वही.
200. वही, पृ. 21.
201. वही.
202. **आइ ए आर**, 1957-58, पृ. 8.
203. वही.
204. वही.
205. **आइ ए आर**, 1956-57, पृ. 38.
206. एच. सरकार, "ग्रोथ ऑव सिटीज", अप्रकाशित, पृ. 3.
207. वही, पृ. 4-5.
208. वही, पृ. 8.
209. **आइ ए आर**, 1969-70, पृ. 34-35; 1970-71, पृ. 32-33; 1974-75, पृ. 37-38.
210. **आइ ए आर**, 1974-75, पृ. 38.
211. एस. एच. रित्ती (सं.), पूर्वोक्त, पृ. 6.
212. **आइ ए आर**, 1969-70, पृ. 35.
213. **आइ ए आर**, 1974-75, पृ. 38.
214. **आइ ए आर**, 1969-70, पृ. 35.
215. **आइ ए आर**, 1974-75, पृ. 38.
216. **सी-यू-कि**, II, पृ. 228-29.
217. वही, 228.
218. **आइ ए आर**, 1970-71, पृ. 33.
219. वही.
220. वही.
221. **आइ ए आर**, 1956-57, पृ. 31-34.
222. वही, पृ. 34.
223. वही.
224. वही.
225. वही, पृ. 21.
226. विस्तृत रिपोर्ट के लिए आर. इ. एम. ह्वीलर द्वारा ए. घोष और के. देव के सहयोग में लिखित '1946 : अरिकमेडु, ऐन इंडो-रोमन ट्रेडिंग स्टेशन ऑन द कोस्ट ऑव इंडिया,' **ए आइ**, सं. 2, पृ. 17-124 देखें।

227. **ए आइ**, सं. 2, पृ. 124.
228. वही, पृ. 17.
229. वही.
230. वाइ. डी. शर्मा, 'रिमेंस ऑव अर्ली हिस्टारिकल सिटीज', **आर्कियोलॉजिकल रिमेंस, मॉन्यूमेंट्स एंड म्यूजियम्स,** भाग I, पृ. 84.
231. **ए आइ**, सं. 2, पृ. 25, 27, 29, 31.
232. वाइ. डी. शर्मा, 'रिमेंस ऑव अर्ली हिस्टॉरिकल सिटीज', **आर्कियोलॉजिकल रिमेंस, मॉन्यूमेंट्स एंड म्यूजियम्स,** भाग I, पृ. 83-84.
233. वही, पृ. 84.
234. वही.
235. **ए आइ**, सं. 2, पृ. 24.
236. वही.
237. **ए आइ**, सं. 2, पृ. 24.
238. एस. एच. रित्ती (सं.), पूर्वोक्त, पृ. 9.
239. **आइ ए आर**, 1965-66, पृ. 25.
240. एस. एच. रित्ती (सं.), पूर्वोक्त, पृ. 9.
241. **आइ ए आर**, 1965-66, पृ. 25.
242. **आइ ए आर**, 1963-64, पृ. 20.
243. वही, पृ. 21.
244. वही.
245. वही.
246. टी. वी. महालिंगम्, **रिपोर्ट ऑन द एक्सकेवेशंस इन द लोअर कावेरी वैली,** पृ. 65.
247. **आइ ए आर**, 1963-64, पृ. 21.
248. **आइ ए आर**, 1964-65, पृ. 25.
249. **आइ ए आर**, 1963-64, पृ. 20.
250. **आइ ए आर**, 1962-63, पृ. 13.
251. **आइ ए आर**, 1964-65, पृ. 24.
252. वही, पृ. 25.
253. **आइ ए आर**, 1970-71, पृ. 35.
254. वही.
255. **आइ ए आर**, 1965-66, पृ. 26.
256. **आइ ए आर**, 1964-65, पृ. 25; 1965-66, पृ. 26.
257. **आइ ए आर**, 1964-65, पृ. 25.
258. वही.
259. वही.
260. **आइ ए आर**, 1965-66, पृ. 27.
261. **आइ ए आर**, 1961-62, पृ. 28.
262. वही । टी. वी. महालिंगम्, **रिपोर्ट ऑन द एक्सकेवेशंस इन द लोअर कावेरी वैली** और **आइ ए आर**, 1961-62, पृ. 28. में दिए गए विवरणों में भिन्नता है ।
263. टी. वी. महालिंगम्, पूर्वोक्त, पृ. 15.
264. वही.
265. वही, पृ. 110-111.

266. वही, पृ. 111.

267. वही, पृ. 19.

268. वह, पृ. 110.

269. वही.

270. वही, पृ. 16.

271. वही.

272. वही, पृ. 15.

273. वही, पृ. 52.

274. वही.

275. वही, पृ. 21-45.

276. **आइ ए आर**, 1968-69, पृ. 32.

277. वही, पृ. 33.

278. वही.

279. **आइ ए आर**, 1980-81, पृ. 65.

280. वही.

281. **आइ ए आर**, 1970-71, पृ .34.

282. वही.

283. वही.

284. **आइ ए आ**, 1979-80, पृ. 68.

285. वही, पृ. 69.

अध्याय 6

नगरों के ह्रास के साहित्यिक और अभिलेखीय साक्ष्य

अभिलेखीय साक्ष्य बंगाल में व्यापार और नगरीकरण के पतन की जानकारी देते हैं। तोशियो यामाजाकी ने पांचवीं और छठी शताब्दियों में भूमि की बिक्री से संबंधित, बांग्लादेश से उपलब्ध पंद्रह ताम्रपत्र-अभिलेखों की गहराई से जांच की है।[1] इनसे व्यापार और नगरों के इतिहास में दो महत्त्वपूर्ण विकासक्रमों का संकेत मिलता है। सर्वप्रथम, हम पाते हैं कि छठी शताब्दी के बाद शिल्पी और सौदागर नगर के प्रशासन से अलग कर दिए गए। पांचवीं और छठी शताब्दियों में नगर अथवा अधिष्ठान जिले का मुख्यालय होता था। कोटिवर्ष जिले (विषय) के अधिष्ठान के प्रशासनिक बोर्ड (पर्षद) अथवा अधिकरण में प्रधान सौदागर (नगरश्रेष्ठिन्), प्रधान व्यापारी (सार्थवाह) और प्रधान शिल्पी (प्रथमकुलिक) शामिल थे। नगर-प्रशासन में वाणिज्यिक, व्यापारिक और शिल्पीय तत्त्वों की महत्त्वपूर्ण भूमिका थी, और भूमि की खरीद-बिक्री में उनकी सहमति आवश्यक समझी जाती थी। बिना उनकी राय के नागरिक पर्षद अथवा अधिकरण जिले में कोई भूमि-खंड नहीं बेच सकता था। यामाजाकी अधिकरण को मुख्यतः कानूनी अदालत[2] मानते हैं, लेकिन यह अन्य कार्य भी करता रहा होगा। जो भी हो, उपलब्ध मृण्मय मोहरों से जानकारी मिलती है कि वैशाली, गया और वाराणसी में अधिष्ठानाधिकरण का अस्तित्व था।[3] इनसे कई गुप्तकालीन नगरों में शिल्पीय और वाणिज्यिक तत्त्वों के महत्त्व की पुष्टि होती है। मोहरों में सौदागरों और शिल्पियों के निगम (श्रेष्ठि-कुलिक-निगम) की चर्चा है, और साथ ही सौदागरों, व्यापारी प्रधानों एवं शिल्पियों के निगम (श्रेष्ठि-सार्थवाह-कुलिक-निगम) का भी उल्लेख है। गुप्तकालीन स्मृतियों (विधि-ग्रंथों) से तथा **मृच्छकटिक** में पाए गए दृष्टांत जैसे साहित्यिक साक्ष्यों से पता चलता है कि अधिष्ठानाधिकरण में चल रहे मुकद्दमे में शिल्पी और सौदागर भाग लेते थे।[4] लेकिन पाल और सेन राजाओं के भूमि-अनुदान संबंधी अभिलेखों से यह निष्कर्ष नहीं निकाला जा सकता।

धार्मिक कार्यों के लिए राजाओं और सरदारों द्वारा भूमि-अनुदान देने की प्रथा गुप्तोत्तरकालीन शताब्दियों में आम हो गई, लेकिन अनुदान देने में नगर के शिल्पियों और सौदागरों से विमर्श नहीं किया जाता था। पालों की सनदों में उस **विषय** अथवा जिले का उल्लेख होता था जिसमें संबंधित भूमि अथवा गांव स्थित हो, और उन सनदों के द्वारा

पदाधिकारियों तथा अन्य लोगों को अनुदान के बारे में जानकारी दी जाती थी। गांव में रहनेवाले ब्राह्मणों से लेकर चांडालों तक विभिन्न स्तरों के लोगों को भी इसकी सूचना दी जाती थी। अनेक प्रारंभिक सनदों में सभी पदाधिकारियों, प्रतिष्ठित व्यक्तियों और गांव में रहनेवाले विभिन्न वर्गों के लोगों से अनुदान के लिए अनुमति (मतम्) लेने की चर्चा मिलती है। लेकिन न तो इस संदर्भ में और न अनुदान की सूचना पानेवाले लोगों की सूची में विषय के मुख्यालय में रहनेवाले सौदागरों, व्यापारियों और शिल्पियों की चर्चा की गई है। प्रशासन में उनके द्वारा हाथ बंटाने का तो जिक्र ही नहीं किया गया है। चर्चा के अभाव से प्रतीत होता है कि सातवीं से दसवीं शताब्दियों तक के काल में व्यापार और नगरीकरण मंद पड़ गए, और जो लोग शिल्प तथा वाणिज्य में लगे थे उनका महत्त्व भू-हस्तांतरण और नगर-प्रशासन के मामलों में समाप्त हो गया। अतएव परवर्ती भूमि-अनुदानों में व्यापारियों, सौदागरों और शिल्पियों की उपेक्षा से व्यापार और नगरीकरण के तीव्र ह्रास का प्रमाण मिलता है।

ताम्रपत्रों पर लिखित इन पंद्रह भूमि-अनुदानों से भूमि के मूल्य पर बड़ा प्रकाश पड़ता है। यामाजाकी बतलाते हैं कि एक शताब्दी तक जमीन के दाम में परिवर्तन नहीं हुआ; कोटिवर्ष जिले (विषय) में प्रति कुल्यवाप भूमि का मूल्य तीन दीनार (स्वर्ण मुद्रा) बना रहा।[5] भूमि-अनुदानों के अनुसार 443 ई. से लेकर 543 ई. तक जमीन का दाम एक ही रहा। इसी प्रकार वारक मंडल में ईसा की छठी शताब्दी में प्रति कुल्यवाप भूमि का चार दीनार मूल्य कई दशकों तक जारी रहा। प्रत्येक जिले में अलग-अलग मूल्य स्थिर बने रहे।[6] यामाजाकी ने सही तौर पर मूल्यों की स्थिरता का कारण **विषयों** की अवरुद्ध अर्थव्यवस्था को बतलाया है।[7] स्पष्टतः कोटिवर्ष के मुख्यालय में शिल्पीय, वाणिज्यिक तथा व्यापारिक तत्त्वों के मौजूद होने पर भी ग्रामीण क्षेत्र में भूमि के मूल्य में परिवर्तन नहीं हुआ। संभवतः इसका प्रभाव शहरी मूल्यों पर भी पड़ा। गुप्तकाल के अंत तक देश के कुछ भागों में शिल्पी और व्यापारी सक्रिय रहे। परवर्ती शताब्दियों में एक क्षेत्र से दूसरे क्षेत्र में मालों का आदान-प्रदान करनेवालों की गतिविधि घटकर अल्पतम हो गई, और व्यापारिक, वाणिज्यिक और शिल्पीय तत्त्वों का प्रभाव अत्यंत क्षीण हो गया। ऐसा लगता है कि देश के अधिकांश भाग में 650 ई. से 950 ई. के बीच यही सामान्य स्थिति थी।

पांचवीं शताब्दी के अंतिम चतुर्थांश और छठी शताब्दी के पूर्वार्ध के काल के ज्योतिषी वराहमिहिर की **बृहत्संहिता** में की गई भविष्यवाणियों से गुप्तकालीन नगरों के पतन का अनुमान लगाया जा सकता है।[8] वराहमिहिर नगरों, क्षेत्रों, इलाकों और विभिन्न लोगों के प्रखर पर्यवेक्षक थे।[9] उन्होंने अपने निजी अथवा अपने से फौरन पहले के ज्योतिषियों के अनुभवों को अपनी भविष्यवाणियों का आधार बनाया होगा। उन्होंने उल्लेख किया है कि तक्षशिला,[10], मथुरा,[11], उज्जयिनी,[12], काशी,[13], गिरिव्रज अथवा राजगीर, और ताम्रलिप्ति[14] का विनाश होगा अथवा इनके बुरे दिन आएंगे। त्रिपुर[15] (मध्यप्रदेश के अंतर्गत त्रिपुरी अथवा तेवर के साथ शिनाख्तशुदा) और कर्नाटक के अंतर्गत वनवासी[16] के विनाश की भविष्यवाणियां भी हैं। मिथिला[17] और सिंहपुर[18] का भी ऐसा ही भाग्य बतलाया गया है। वाल्मीकि कृत **रामायण** के आधार पर मिथिला की

शिनाख्त जनकपुर[19] से की जाती है, जो अब नेपाल की तराई में स्थित है। लेकिन विदेहनगरी नामक नगर के बारे में कोई पुरातात्त्विक सूचना नहीं है। वराहमिहिर की भविष्यवाणी से संकेत मिलता है कि हिमालय से सटे मैदानों (तराई) में स्थित अधिकतम प्राचीन नगरों की तरह गुप्तकाल के बाद विदेहनगरी का भी पतन हो गया। जिस प्रकार अनेक अन्य नगर पतनावस्था में धार्मिक महत्त्व के स्थल बन गए, उसी प्रकार परवर्ती जैन ग्रंथ **विविधकल्पसूत्र** में मिथिला को जैन तीर्थ[20] कहा गया है। सिंहपुर की शिनाख्त सौराष्ट्र में स्थित एक नगर से अथवा कश्मीर की ओर पचासी मील की दूरी पर स्थित एक नगर से की जाती है।[21] लेकिन चूंकि सिंहपुर के निवासियों का उल्लेख आभीरों, दरदों और बर्बरों के साथ हुआ है, इसलिए यह नगर संभवतः पश्चिमी भारत में स्थित रहा हो।

वराहमिहिर इसका उल्लेख भी करते हैं कि गोनर्द के लोगों पर विपत्ति आएगी।[22] गोनर्द उज्जयिनी और विदिशा के बीच स्थित था।[23] इसके बाद वे अलका नगर के विनाश की भविष्यवाणी करते हैं।[24] कालिदास ने तो अलका का वर्णन कोरी कल्पना के आधार पर किया है, लेकिन यह अलकनन्दा नदी[25] के किनारे बसा हुआ मालूम पड़ता है। जो भी हो, वराहमिहिर अपनी भविष्यवाणियों के क्रम में अनेक नगरों के विनाश और उनकी विपत्ति की चर्चा करते हैं। लगता है कि पतन की प्रक्रिया से ही इस प्रकार की कल्पना को बल मिला। प्रयाग और अवंति (उज्जैन से अनुमानित पहचान) के अंत की स्पष्टतः भविष्यवाणी की गई है।[26] राजधानियों समेत शहरों और नगरों के विनाश की भविष्यवाणी अनेक संदर्भों में की गई है। कहा गया है कि यदि घोड़ियां, ऊंटनियां, भैंसें, गायें, और हथिनियां अनोखे अथवा जुड़वे बच्चों को जन्म देती हैं, और अगर उनको अपने यूथों से अलग करके अन्य देशों में नहीं ले जाया जाता तो वे अपने यूथों, मालिकों और शहरों को विनष्ट कर देंगी।[27] सूर्य के चापाकार उगने पर, राजधानी अथवा नगरों के विनाश की बात कही गई है।[28]

राजधानी-नगरों के विनाश और उनके कब्जे के बारे में कई भविष्यवाणियां हैं। यदि अगस्त्य बहुत छोटा है, तो वह नगर पर शत्रु का कब्जा (पुर-रोध) कराएगा।[29] जब पौर नामक ग्रह उसी प्रकार के किसी और ग्रह से पराजित हो जाता है, तब अपने नगरों की रक्षा करनेवाले राजागण समान स्थितिवाले अन्य राजाओं को मार डालेंगे।[30] शुक्ल पक्ष के पहले चार दिनों में दिखनेवाले प्रभामंडल से ब्राह्मणों, क्षत्रियों, वैश्यों और शूद्रों का विनाश होता है; पांचवें से सातवें दिन में दिखनेवाला प्रभामंडल व्यापार-निगमों, नगरों और राजकीय कोषों (श्रेणीपुरकोशाणाम्) का नाश करता है; नवें, दसवें और ग्यारहवें रोज दिखनेवाले प्रभामंडल से राजा को क्षति होती है; बारहवें दिनवाला प्रभामंडल नगर पर शत्रु का अधिकार कराता है; तेरहवें दिन के प्रभामंडल से सेना में विद्रोह होता है; चौदहवें दिन का प्रभामंडल रानी के लिए खतरा पैदा करता है; और पंद्रहवें दिन का प्रभामंडल स्वयं सम्राट को खतरे में डालता है।[31] इन सारी उक्तियों का संबंध राजनीतिक उथल-पुथल से है, खासकर सेना में विद्रोह से, जिससे नगर और उसके शासक का पतन होता है। जो भी कारण हो, शहरों और उनके निवासियों के विनाश की चर्चा अनेक भविष्यवाणियों में है। **बृहत्संहिता** में सिंधु,[32], यमुना,[33], सरयू, सोन,[34], कावेरी और

नर्मदा[35] के तटों पर रहनेवालों के विनाश की भविष्यवाणी भी है। वैसे तो प्राचीन नगर सामान्यतः नदियों के किनारे ही बसे थे, लेकिन भविष्यवाणी के अंतर्गत अनेक ग्रामीण बस्तियां भी आ सकती थीं।

कई सामान्य भविष्यवाणियों से शहरों के लोगों के विनाश का संकेत मिलता है। सूर्योदय के समय सूर्याभिमुख पक्षियों की चीखों के साथ मेघ-गर्जन से न्यायाधीशों अथवा प्रशासकों, राजाओं, धनिकों, सैनिकों, स्त्रियों, व्यापारियों और गणिकाओं का नाश होता है। पहले पहर में इससे बकरों, भेड़ों, शूद्रों और नगरवासियों का; दूसरे पहर में राजसेवकों और ब्राह्मणों का, तीसरे पहर में सौदागरों और बादलों का तथा चौथे पहर में चोरों का नाश होता है।[36] इस संदर्भ में दुष्टजन, फसलों, पिशाच-समूहों, घोड़ों और हाथियों तथा प्रयाण करते हुए राजाओं के विनाश की भी चर्चा है, लेकिन तूफान से नष्ट होनेवाले लोगों की सूची से (जिनमें नगरवासी शामिल हैं) भान होता है कि तूफ़ान से प्रभावित होनेवाले अधिकतर राजधानी-नगरों के निवासी थे।

नगरों के भाग्य के विषय में भविष्यवाणी करते हुए वराहमिहिर बार-बार कहते हैं कि कलाकारों, शिल्पियों और सौदागरों के बुरे दिन आनेवाले हैं। यद्यपि वे यह स्पष्ट नहीं करते कि ये लोग शहर में रहते थे, लेकिन अन्य स्रोतों से पता चलता है कि ये लोग अधिकांशतः शहरी थे। बुध ग्रह के संक्रमण के संबंध में वे बतलाते हैं कि सौदागर, वैद्य, नाविक, मोती और शंख-सीप आदि जलोत्पन्न वस्तुएं, और घोड़े दुखी होंगे।[37] जलोत्पन्न वस्तुओं के प्रसंग से यह अर्थ निकलता है कि मोती और शंख-सीप के उद्योग को, जिसमें शिल्पी और सौदागर दोनों लगे थे, क्षति पहुंची। अनेक अनिष्ट प्रभावों के लिए राहु ग्रह उत्तरदायी होता है। यदि चैत्र माह (मार्च-अप्रैल) में उसकी गति से ग्रहण लगता है, तो इससे वैदिक विद्वान, चित्रकार, लेखक, संगीतज्ञ, वेश्याएं, स्वर्ण-व्यापारी, तथा पुंड्र, उड़ीसा, केकय और अश्मक के लोग प्रभावित होंगे।[38] इसके बाद उल्लिखित है कि शनि ग्रह की गतियां कुलटा स्त्रियों, लेखकों, चित्रकारों और चित्रित भांडों, चारणों, गुप्तचरों, संदेशवाहकों, सारथियों अथवा कथाकारों, नाविकों, अभिनेताओं, संगीतज्ञों आदि के लिए कष्टकर होंगी।[39] शनि की कुछ गतियां केवल घोड़ों, घुड़सवारों, कवियों, वैद्यों और मंत्रियों के लिए ही घातक नहीं हैं, बल्कि नर्तकों, अभिनेताओं, संगीतज्ञों, गायकों, वादकों, दुष्टों और शिकारियों का भी विनाश करती हैं।[40] इन सूचियों में शहरों में रहनेवाले अनेक प्रकार के मनोरंजन करनेवाले और व्यवसायी शामिल हैं। वराहमिहिर बहुधा दस्तकारों के बुरे दिनों अथवा विनाश की चर्चा करते हैं; इन दस्तकारों में रंगरेज,[41], नाई, कुम्हार, दरजी और हाथी पकड़नेवाले शामिल हैं। वराहमिहिर के अनुसार वेश्याओं और कोसल के लोगों के सिर पर भी विपत्ति पड़ेगी।[42] इसी प्रकार शराब बनानेवाले (शौंडिक) और गाड़ी बनानेवाले भी प्रभावित होंगे।

यदि हम **बृहत्संहिता** के आधार पर सचीनकुमार मैती के द्वारा बनाई गई छोटे-छोटे पेशों और व्यवसाओं की सूची[43] का विश्लेषण करें और उससे कृषकों, गोपालों (चरवाहों) एवं गड़ेरियों को हटा दें, तो पता चलेगा कि वराहमिहिर लगभग 24 प्रकार के दस्तकारों पर विपत्ति आने की भविष्यवाणी करते हैं। इनमें रंगरेज, शराब बनानेवाले, चित्रकार,

कुआं अथवा खान खोदनेवाले, सैनिक, वैद्य, पंसारी, अभिनेता, गायक और नर्तक शामिल हैं। निस्संदेह चोर, डाकू, जुआरी और वेश्याएं भी इस सूचा में हैं। दुर्भाग्य भोगनेवाले ये सभी लोग शहरों के निवासी मालूम पड़ते हैं। सबसे अधिक प्रभावित लोगों में वैद्य हैं जिनका बहुधा उल्लेख मिलता है।[44] यदि वैद्यों को सबसे अधिक क्षति पहुंचती है, तो उससे लोगों के स्वास्थ्य पर निश्चय ही प्रभाव पड़ेगा। एक ओर दुर्भाग्य का सामना करनेवाले लगभग दो दर्जन प्रकार के दस्तकार और (कुछ) अन्य लोग हैं, तो दूसरी ओर केवल जादूगर, बाजीगर, गायक, सैनिक, गंधिक, नौकर और चोर के समृद्ध होने की भविष्यवाणी की गई है।[45]

मैती की दूसरी सूची के परीक्षण से यह लगता है कि उद्योग में लगे मजदूरों या कारीगरों पर प्रतिकूल प्रभाव पड़ने की आशंका थी।[46] जहां कोल्हू के द्वारा तेल पेरनेवालों (तेलियों), बढ़इयों और सामान्य दस्तकारों के लिए समृद्धि की आठ भविष्यवाणियां की गई हैं, वहीं धातुकर्मियों, बढ़इयों, शराब बनानेवालों और सामान्य दस्तकारों पर विपत्ति आने के ग्यारह उल्लेख हैं।[47] यह महत्त्वपूर्ण बात है कि घरेलू व्यवहार और सुदूर व्यापार के लिए लोहे के सामान के उत्पादन संबंधी अनेक प्रकार के पेशों में लगे धातुकर्मियों को बुरी दशा में दिखाया जाता है। अतएव विभिन्न भविष्यवाणियों से पता चलता है कि कारीगरों, व्यवसायियों और अन्य नगरवासियों पर विपत्ति छा गई थी।

अनेक उक्तियों में कहा गया है कि व्यापारी और सौदागर नष्ट होंगे या विपत्ति में पड़ेंगे। जुआरियों,[48] वेश्याओं[49] और वैद्यों[50] के साथ इनका बार-बार उल्लेख मिलता है। कभी-कभी विनष्ट होनेवाले सौदागरों के प्रकार भी स्पष्ट किए गए हैं, और जिन चीजों का वे व्यापार करते थे उनके नाम भी दिए गए हैं। कहा गया है कि रसों और नमक एवं गुड़ जैसी पण्य वस्तुओं का व्यापार करनेवाले दुःख भोगेंगे।[51] यह भी बताया गया है कि जब तक शनि रहेगा तब तक वैश्यों, जुआरियों, व्यापारियों और मालगोदामों की क्षति होगी।[52] अन्य लोगों के साथ व्यापारियों (**सार्थवाह**) और सौदागरों (**वणिक**) के विनाश की भविष्यवाणी अनेक श्लोकों में मिलती है।[53] **बृहत्संहिता** में औद्योगिक उत्पादनों, पण्य वस्तुओं, व्यापार, व्यापारियों और दुकानदारों के विषय में की गई भविष्यवाणियों से व्यापारिक धंधे को धक्का लगने का अनुमान होता है। अनिवार्य माल, कच्चे माल, खाद्यान्न, तैयार माल तथा आवश्यक पण्य वस्तुओं के बाजार-मूल्यों के बारे में भी यही बात लागू होती है।[54] एक स्थान पर सोने और खनिजों के प्रचुर होने की भविष्यवाणी की गई है,[55] लेकिन अन्य स्थानों पर सोने, नमक, तेल, चीनी, घी, मधु तथा आम तौर पर जलोत्पन्न वस्तुओं की कमी होने की भविष्यवाणी भी की गई है।[56] सोने का इस्तेमाल आभूषण बनाने में और बड़े-बड़े लेन-देन के लिए होता होगा, लेकिन तेल और नमक तो दैनिक जीवन के लिए अनिवार्य हैं। इन वस्तुओं के अभाव के कारण आंतरिक विनिमय घटकर अल्पतम हो गया होगा। मूल्य बढ़ने के अनेक प्रसंग हैं जिनसे सौदागरों को प्रोत्साहन मिलने की जानकारी मिलती है, लेकिन इससे कहीं अधिक हवाले उचित और निम्न मूल्यों के मिलते हैं।[57] अन्न के निम्न मूल्यों[58] से व्यापारियों और सौदागरों को

लाभ नहीं हो सकता था।

यद्यपि **बृहत्संहिता** के कुछ श्लोकों में पशुओं के विक्रेताओं, लोहे के सामान के सौदागरों और अनाज, मूलों (कंदों), फलों, मधु, घी, ऊनी कपड़े, केसर, शंख-सीपों, मूंगों, मोतियों, सोने, चांदी, हथियारों आदि के व्यापारियों के लिए लाभ की भविष्यवाणी की गई है, लेकिन ऐसे प्रसंग दर्जनभर से अधिक नहीं हैं।[59] नमक और गुड़, मालगोदामों, व्यापारियों, तरल पदार्थों के विक्रेताओं, नाविकों, समुद्रयात्रियों, सौदागरों के निगमों, प्रमुख तथा सामान्य सौदागरों की क्षति के लगभग दो दर्जन प्रसंग हैं।[60] लाभ-हानि के चिट्ठे से तिजारती घाटा स्पष्ट हो जाता है। वराहमिहिर की भविष्यवाणियों में अनावृष्टि, रोग, अग्निकांड, दुर्भिक्ष आदि के उल्लेख भरे पड़े हैं।[61] प्राकृतिक विपत्तियों की सूची बहुत लंबी है, और 146 जगहों पर उनका उल्लेख है।[62] कहा गया है कि किसानों को कष्टों का सामना करना पड़ेगा यद्यपि उसी सांस में अच्छी फसलों और देश की उन्नति की भविष्यवाणी भी की गई है।[63] **बृहत्संहिता** के संपादक और अनुवादक एम. आर. भट खाद्यान्नों के मूल्यों में गिरावट को किसानों की विपत्ति का कारण मानते हैं,[64] लेकिन यह वास्तव में करों की वृद्धि के कारण भी हो सकती है। ऐसी भविष्यवाणियों में, जिनका संबंध धूमकेतुओं की गतियों से है, अच्छी फसलों और खाद्यान्नों के प्रचुर होने की बहुधा चर्चा मिलती है।[65] मैती ने खाद्यान्न की कमी के पांच प्रसंगों के विपरीत उसकी प्रचुरता के उनतीस प्रसंगों की गणना की है।[66] जनता की उन्नति और सुख-शांति के शकुनों की चर्चा छत्तीस प्रसंगों में मिलती है और सामान्य रूप से दुर्दिन बतलानेवाले अपशकुनों का उल्लेख सत्ताईस प्रसंगों में है।[67] ये प्रसंग पूरे जनसमूह के लिए मालूम पड़ते हैं। कुल मिलाकर यह बात महत्त्वपूर्ण है कि दुर्भाग्य मुख्यतः दस्तकारों, सौदागरों, व्यवसायियों, व्यापार और नगरों के हिस्से में रखा गया है।

वराहमिहिर 'सस्यजातकम्' शीर्षक अध्याय में साधारणतया फसलों के बढ़िया होने की भविष्यवाणी करते हैं, और साथ ही उनके विनाश अथवा विनाशकारी कीड़ों से आक्रांत होने की बात भी कहते हैं।[68] लेकिन **बृहत्संहिता** में मिला-जुलाकर नगरों, व्यापार और व्यापारियों तथा शिल्पों एवं शिल्पियों के पतन का उल्लेख है। एस. के. मैती ने इस ज्योतिषग्रंथ में सितारों और ग्रहों के शुभाशुभ संयोग के अनिष्टकर प्रभावों का पूरा अध्ययन किया है। उन्होंने गरीबी, वाणिज्यिक असफलता, पारिवारिक विनाश आदि से संबंधित "इतने अधिक" प्रसंग खोज निकाले हैं कि गुप्तकाल में "अनेक लोगों की आर्थिक स्थिति अत्यंत दयनीय" मालूम पड़ती है।[69] अतएव **बृहत्संहिता** से मोटे तौर पर गुप्तकाल में नगरों के पतन से संबंधित पुरातात्त्विक साक्ष्यों की पुष्टि होती है। महत्त्वपूर्ण बात यह है कि इस ग्रन्थ में शिवियों, यौधेयों और आर्जुनायनों के पतन की भविष्य-वाणियां हैं,[70] लेकिन गुप्तों के पतन की चर्चा नहीं है। चूंकि उन जनजातीय/अल्पतांत्रिक राज्यों के अंत के बारे में की गई भविष्यवाणियों में वास्तविकता की झलक है, अतएव नगरों के पतन संबंधी भविष्योक्तियां पांचवीं और छठी शताब्दियों के यथार्थ से दूर नहीं हो सकतीं।

दरबारी जीवन से जुड़े रहने के कारण काव्यों में नगरों के व्यापक पतन का

प्रतिबिंब नहीं मिलता। फिर भी कुछ साहित्यिक ग्रन्थों में फीकी प्रतिध्वनियां अवश्य मिलती हैं। राम के वन चले जाने पर वाल्मीकि ने अयोध्या का जो वर्णन किया है उससे उजड़े नगर का स्पष्ट संकेत मिलता है। वहां व्यस्त जीवन का कोलाहल नहीं पाया जाता। इसके अलावा गलियों में गाड़ियां और रथ नहीं चलते, यज्ञ नहीं होते और ग्राहकों को आकर्षित करने के लिए पण्य-वस्तुएं फूलों और मालाओं से नहीं सजाई जातीं। दुकानें सौदागरों से खाली हैं; सौदागर अपने व्यापार के अंत से चिंतित हैं।[71] बहुत कम दुकानें और बाजार खुले हैं, और सौदागर किंकर्त्तव्यविमूढ़ हैं।[72] **रघुवंश** से पता चलता है कि राम की मृत्यु के बाद अयोध्या की फिर यही दशा हो जाती है। इसकी सड़कें, गलियां, महल, जलाशय, वाटिकाएं और फलोद्यान उजड़ जाते हैं, और नगर की देवी अपने भाग्य को रोती है।[73] **रघुवंश** गुप्तकाल का है, यद्यपि **रामायण** उससे पहले की हो सकती है। फिर भी कालिदास का उन्नतिशील उज्जयिनी का वर्णन भौतिक अवशोषों से मेल नहीं खाता।[74] **वायु पुराण** में उस शाप की चर्चा है जिसने वाराणसी को उजाड़ दिया।[75] फिर, नवीं शताब्दी की रचना **भविस्यत्तकहा**[76] में एक समृद्ध लेकिन उजड़े हुए नगर[77] का वर्णन मिलता है। इन थोड़ी-सी सूचनाओं से अधिक जानकारी नहीं मिलती, लेकिन विदेशी विवरणों से पुष्ट पुरातात्त्विक साक्ष्य गुप्त तथा गुप्तोत्तरकालों के नगरों के ह्रास का स्पष्ट प्रमाण देते हैं। स्वभावतः, यहां तीसरे नगरीकरण के आगमन की बात कही जा रही है।[78] आठवीं शताब्दी के शुरू से दसवीं शताब्दी तक के राजसी कन्नौज की चर्चा के प्रसंग में यू. एन. घोषाल का ठीक कहना है कि भारतीय जीवन में ग्रामीण तत्त्व की प्रधानता के कारण तत्कालीन साहित्य में नगर में पले शहरी ढंग के मानव (नागरक) का कोई विशेष उल्लेख नहीं मिलता, जिसका वात्स्यायन के **कामसूत्र** में बहुत अच्छा वर्णन है। इसके विपरीत दामोदरगुप्त (सातवीं शताब्दी) के **कुट्टनीमतम्** में ठेठ ग्रामीण जमींदार का पूर्ण तथा स्पष्ट चित्र विलक्षण ढंग से उपस्थित किया जाता है।[79]

प्राकृत में सातवीं शताब्दी की जैन टीका **निशीथ चूर्णि**[80] में अनेक नगरों का उल्लेख हुआ है।[81] लेकिन पूरब, उत्तर और उत्तर-पश्चिम में स्थित नगरों का वर्णन प्राचीन कथाओं अथवा गल्पों में मिलता है; केवल पश्चिम और दकन स्थित नगर सातवीं शताब्दी के हैं।[82]

आठवीं शताब्दी के दो प्राकृत ग्रन्थों—हरिभद्र सूरि रचित **समराइच्छकहा** और उद्योतन सूरि विरचित **कुवलयमाला**[83]—में नगरों और समुद्रपारी व्यापार का उल्लेख है।[84] लेकिन कई कारणों से उनकी सच्चाई में संदेह होता है। विषय के आधार पर इनके स्तर निर्धारित नहीं हुए हैं। ये ग्रन्थ जो बातें आठवीं शताब्दी के बारे में कहते हैं, वे इससे पहले के किसी काल की भी हो सकती हैं। विंटरनित्ज के अनुसार ब्राह्मण-धर्मावलंबी तथा सामान्य भारतीय साहित्य से सभी मनोनुकूल लोकप्रिय विषयों को अपनाने का प्रयास बौद्धों से अधिक जैनों ने किया।[85] वे कहते हैं कि **समराइच्छकहा** के लेखक हरिभद्र ने अपनी मुख्य विषय-वस्तु को प्राचीनतर स्रोतों से ग्रहण किया।[86] **कुवलयमाला** के लेखक ने भी प्राचीनतर स्रोतों से बहुत कुछ ग्रहण किया है। ऐसा लगता है कि इस ग्रंथ में चर्चित नगरों और अन्य देशों के अनेक नाम वस्तुतः प्राचीनतर काल में प्रचलित

और महत्त्वपूर्ण थे। इसमें अयोध्या के अत्यधिक उल्लेख[87] का कारण उसका प्राचीन गौरव ही हो सकता है, क्योंकि आठवीं शताब्दी में यह नगर महत्त्वहीन हो चुका था। रत्नद्वीप (दक्षिण-पूर्वी एशिया में कहीं स्थित) और सुवर्णद्वीप (सुमात्रा), जो लगभग छठी शताब्दी अथवा उससे भी पहले[88] के ग्रन्थ **वसुदेवहिंडि** में समुद्रपारी व्यापार के स्थानों के रूप में चर्चित हैं, **बृहत्कथाश्लोक-संग्रह** में भी उल्लिखित हैं।[89] वस्तुतः **वसुदेवहिंडि** दूसरी-तीसरी शताब्दी की रचना गुणाढ्य की **बृहत्कथा** का प्राचीनतम परिवर्धित जैन ग्रन्थ है।[90] रत्नद्वीप और सुवर्णद्वीप की समुद्री यात्राएं केवल **समराइच्छकहा** में ही वर्णित नहीं हैं, बल्कि हरिसेन कृत **बृहत्कथाकोष**[91] में भी उल्लिखित हैं जो ग्यारहवीं शताब्दी का संस्कृत ग्रन्थ मालूम पड़ता है।[92] यद्यपि सिंहलद्वीप, कटाहद्वीप इत्यादि सहित सुदूर देशों की समुद्रयात्राओं का बार-बार उल्लेख मिलता है, लेकिन चौथी से दसवीं शताब्दियों के बीच दक्षिण-पूर्वी एशिया के साथ व्यापार के बारे में पुरातात्त्विक साक्ष्य बहुत कम हैं।

कुवलयमाला[93] में तक्षशिला, श्रावस्ती, अयोध्या, पाटलिपुत्र, उज्जयिनी तथा प्रतिष्ठान अथवा पैठन महत्त्वपूर्ण नगरों के रूप में मिलते हैं। इसके अतिरिक्त **समराइच्छकहा**[94] में चंपा, मिथिला, कौशांबी, श्रावस्ती, हस्तिनापुर और बैराट बड़े शहरों के रूप में चर्चित हैं। लेकिन मिथिला की पहचान नहीं हो सकी है और यह वाल्मीकि-**रामायण** में नगर के रूप में उल्लिखित है। इसे छोड़कर शेष के विषय में पुरातात्त्विक और अन्य स्रोत बतलाते हैं कि आठवीं शताब्दी में वे ह्रासग्रस्त थे। **समराइच्छकहा** में कुछ शहरों को नगर-राज्य कहा गया है; ये नाम उन्हीं नगरों के लिए ठीक हो सकते हैं जिन्होंने 200 ई. पू. से 200 ई. के बीच सिक्के जारी किए।[95] आठवीं शताब्दी अथवा इसके बाद की दो शताब्दियों में किसी नगर ने सिक्का जारी नहीं किया। और न कोई अन्य संकेत है जिससे आरंभिक मध्यकाल में नगर-राज्यों के अस्तित्व का पता चलता हो।

हरिभद्र सूरि के द्वारा **सुवन्न** शब्द के प्रयोग[96] से कुषाणों और गुप्तों के चलाए सोने के सिक्कों की याद आती है, क्योंकि 600 ई. से 1000 ई. के बीच सोने के सिक्कों की उपलब्धि प्रायः शून्य है। **दीनार** शब्द, जिसका उल्लेख **समराइच्छकहा** में अनेक स्थलों पर मिलता है,[97] राजस्थान से उपलब्ध तत्कालीन अभिलेखों में अंकित नहीं है, लेकिन अन्य क्षेत्रों के गुप्तकालीन अभिलेखों में इसका उल्लेख पाया जाता है।[98] इसी प्रकार इसी ग्रन्थ का **कार्षापण** शब्द सामान्यतया आरंभिक ऐतिहासिक स्रोतों में उल्लिखित है, लेकिन आरंभिक मध्यकालीन भारत के आलेखों में नहीं पाया जाता।[99]

ऐसा लगाता है कि आठवीं शताब्दी के जैन ग्रन्थ कुछ दृष्टियों से तीसरी-चौथी शताब्दियों के बौद्ध अवदान ग्रन्थों में उपलब्ध तिजारती माहौल की याद दिलाते हैं। इसका मतलब यह नहीं है कि आठवीं शताब्दी के बाद सभी प्रकार के व्यापार बंद हो गए। निस्संदेह राजाओं, सामंती सरदारों और मठों, मंदिरों, विहारों आदि के प्रमुखों की जरूरत के लिए कीमती, प्रतिष्ठापरक तथा विलासिता की वस्तुओं का कुछ व्यापार चलता रहा। हाथीदांत, मूल्यवान पत्थर और इन सबसे बढ़कर घोड़ों का व्यापार[100] महत्त्वपूर्ण मालूम पड़ता है। लेकिन जैन ग्रंथों में गैर-कृषक बस्तियों में दस्तकारियों के केंद्रित होने का पर्याप्त साक्ष्य नहीं है। दूसरी और आठवीं शताब्दी के जैन ग्रंथों से सामंतवादी

राजनीति[101] के विकास और तीर्थों के बढ़ते हुए महत्त्व[102] पर प्रकाश पड़ता है; ये तीर्थ अनेक प्राचीन स्थलों पर विकसित हो रहे थे।

1000 ई. के आसपास अथवा बाद में स्थापत्य-कला पर रचित अनेक ग्रन्थों में नगरों की अपेक्षा गांवों को अधिक महत्त्व दिया गया है। यह बात **मयमत** के बारे में सही है जिसमें नगर-विन्यास से संबंधित 94 श्लोक और ग्राम-विन्यास से जुड़े 130 श्लोक हैं।[103] यह विषमता **मानसार** में बढ़ जाती है। यद्यपि **मानसार** का संकलन पंद्रहवीं/सोलहवीं शताब्दी में हुआ, लेकिन उसमें सातवीं-आठवीं शताब्दियों की सामग्री पाई जाती है। **मानसार** के नवें अध्याय में गांव की विशेषता (ग्रामलक्षण) 269 श्लोकों में वर्णित है; इसके विपरीत (दसवें अध्याय में) नगर-विन्यास अथवा नगरविधान की चर्चा 58 श्लोकों में ही अंकित है।[104] लेकिन जैसाकि पहले कहा जा चुका है, नगर और गांव में भिन्नता सुस्पष्ट नहीं है। इस तथ्य में किले (दुर्ग) की प्रधानता मालूम पड़ती है। अनेक प्रकार के गांवों की किलेबंदी की व्यवस्था की जाती है।[105] नगरविधान में अलग-अलग करके केवल आठ प्रकार के नगरों की गणना है,[106] लेकिन अनेक प्रकार के किलों (दुर्गों) की संख्या कुल मिलाकर सोलह है।[107] लेकिन वाणिज्यिक नगर भी दीवार से घिरे हैं,[108] और कुछ किलों (दुर्गों) में भी दुकानें और सौदागर हैं।

उल्लेखनीय है कि **मानसार** में नगर का सर्वप्रथम राजनीतिक चरित्र बतलाया गया है। इसकी स्थापना राजा के द्वारा करने का विधान है, और इसका आकार राजा/राजकुमार की कोटि के अनुसार बदल जाता है, क्योंकि यह वास्तव में उसका निवास और शक्तिस्थल होता है। इस आधार पर अधिक से अधिक नौ कोटियों के राजा कोटि-क्रम से बतलाए गए हैं। यदि हम नीचे से आरंभ करें तो उनकी गिनती इस प्रकार है : (1) अस्त्रग्राहिन्, (2) प्रहारक, (3) पट्टभाज, (4) मण्डलेश, (5) पट्टधर, (6) पार्ष्णिक, (7) नरेंद्र, (8) महाराज और (9) चक्रवर्तिन।[109] नगर की कोटि वहां के निवासी राजा अथवा अधीनस्थ जागीरदार की कोटि से निर्धारित होती है, न कि उसकी शिल्पीय और वाणिज्यिक गतिविधियों के आधार पर। ऐसा लगता है कि मध्यकाल में नगर के सैनिक और राजनीतिक पक्ष मजबूत हो गए तथा उसके शिल्पीय और वाणिज्यिक पहलू धुंधले पड़ गए।

स्कंधावार का उदय भी, जिसका बहुधा उल्लेख आरंभिक मध्यकालीन भूमि-अनुदानों में मिलता है, नया तथ्य है। इसमें आरंभिक ऐतिहासिक नगर की विशेषताएं नहीं मिलती हैं। **मानसार** में स्कंधावार उस स्थान को कहा गया है जो नदी के निकट स्थित हो, और जो उद्यानों, राजमहलों तथा नदी-तट पर स्थित अनेक आवासीय मकानों से सुसज्जित हो।[110] इससे किसी अस्थायी फौजी छावनी का नहीं, बल्कि स्थायी ढांचे से युक्त राजनीतिक केंद्र का बोध होता है। **मानसार** की परिभाषा अभिलेखों में उल्लिखित अनेक स्कंधावारों पर लागू नहीं होती क्योंकि वे तात्कालिक विजय-प्राप्ति के लिए लगाए गए सैनिक शिविर थे। मानसार में स्कंधावार के अतिरिक्त दुर्ग और नगर जैसे अन्य प्रकार की अनेक गैर-कृषक बस्तियों की परिभाषा दी गई है,[111] लेकिन अधिकांश परिभाषाओं में शिल्पीय और वाणिज्यिक तत्त्वों की उपेक्षा हुई है।

ह्वेन सांग ऐसे नगरों का उल्लेख करता है जहां गलियों के किनाने-किनारे दुकानों की कतारें थीं; और कसाई, मछुए, नर्तक, जल्लाद, सफाई मजदूर, इत्यादि नगर के बाहर, उसके उपनगरों में रहते थे। वह गांवों की दीवारों और उसके भीतरी प्रवेशद्वारों की भी चर्चा करता है।[112] लेकिन उसके विवरण पर शहरी ह्रास, विशेषकर उत्तरी भारत के नगरों के पतन की छाप है। हमने उसके लिखे उन अंशों का हवाला दिया है जिनसे बौद्ध धर्म से जुड़े शहरों में उत्खनन से उद्घाटित पतनावस्था की पुष्टि होती है। उसने उन सभी बौद्ध नगरों को उजड़ा हुआ देखा जो हिमालय की तराई में थे। श्रावस्ती, कपिलवस्तु, रामग्राम और कुशीनगर इसी कोटि में आते हैं। रामग्राम को छोड़कर सभी नगरों के बारे में पुरातात्त्विक सूचना मिल चुकी है। ह्वेन सांग उल्लेख करता है कि रामग्राम का राज्य अनेक वर्षों से उजड़कर वीरान हो गया है, और इसके नगरों का पतन हो गया है एवं यहां थोड़े-से ही निवासी हैं।[113] यह क्षेत्र कपिलवस्तु से दूर नहीं था, और शाक्यों के राज्य से रोहिणी नदी के द्वारा अलग होता था। इसी प्रकार ह्वेन सांग के विवरण से गया के पतन का स्पष्ट संकेत मिलता है, जो एक महत्त्वपूर्ण प्राचीन नगर था। वह उल्लेख करता है कि "यह नगर स्वभावतः सबल (पथरीला और चट्टानी) है। यहां मात्र कुछ ही निवासी हैं और यहां ब्राह्मणों के लगभग 1000 परिवार मात्र हैं"।[114] फिर भी प्राचीन नगर के आवासीय क्षेत्र की समुचित पहचान और खुदाई आवश्यक है।

ह्वेन सांग ऊपरी दोआब के अंतर्गत स्रुघ्न नामक क्षेत्र की चर्चा करता है। यह थानेसर से 400 **ली** उत्तर-पूर्व में स्थित था, और पूर्व में गंगा नदी से और उत्तर में ऊंचे पहाड़ों से घिरा था।[115] ह्वेन सांग लिखता है कि इसकी राजधानी यमुना नदी के पश्चिमी किनारे पर लगभग 20 **ली** की परिधि में स्थित थी और उसका विनाश हो चुका था।[116] हरियाणा के अंतर्गत जगाधरी के निकट सुघ नामक स्थान में नगर के ध्वंसावशेष की पहचान प्राचीन स्रुघ्न नगर से की गई है। सातवें दशक के प्रारंभ में इस स्थल पर किए गए सीमित उत्खनन से पता चला कि लगभग 300 ई. में इस नगर का पतन हो चुका था। कुल मिलाकर ह्वेन सांग के विवरण से जानकारी मिलती है कि सातवीं शताब्दी में उत्तरी भारत में नगरों का ह्रास हो रहा था।

नवीं-दसवीं और उसके बाद की शताब्दियों में अरब के भूगोलवेत्ता, जो पश्चिमी भारत से अधिक परिचित थे, उस भाग के नगरों का उल्लेख करते हैं, लेकिन पूरे देश के संदर्भ में वे नगरों की कमी की ओर संकेत करते हैं। सौदागर सुलेमान (851 ई.) कहता है कि भारत के अधिकांश भाग में नगर नहीं हैं, यद्यपि चीन के प्रत्येक भाग में बड़े-बड़े किलेबंद नगर पाए जाते हैं।[117] इब्न-अल-फकीह हमदानी, जिसने अपनी पुस्तक **किताबुल बुलदन** का संपादन 903 हिजरी (1497-98 ई.) में किया, लिखता है कि चीन में तो बड़े-बड़े नगर हैं, लेकिन उसके विपरीत भारत में नगर नहीं हैं।[118] फिर वह कहता है कि चीन अधिक आबादीवाला देश है तथा इसके नगर बड़े-बड़े और सुरक्षित हैं।[119] ये वर्णन अतिशयोक्तिपूर्ण हो सकते हैं, लेकिन ह्वेन सांग और अलबैरूनी के वर्णनों को मिलाकर देखने से मोटे तौर पर पुरातात्त्विक साक्ष्य से प्रदर्शित नगरीय पतन की पुष्टि होती है।

के. ए. अशरफियान ने अलबैरूनी द्वारा दी गई, उत्तरी और पश्चिमी भारत के नगरों की सूची की तुलना कुषाणों और उनके पूर्ववर्ती काल के नगरों से की है। उनसे प्राचीन काल से मध्ययुग में संक्रमण के दौरान अनेक प्राचीन नगरों के लुप्त होने के संकेत मिलते हैं। जो नगर बच गए उनका ह्रास हुआ और उनकी आर्थिक एवं सामाजिक संरचना का धीरे-धीरे रूपांतरण हुआ।[120] अशरफियान बाईस कुषाणपूर्व नगरों की शिनाख्त करती हैं, जो हमारी योजना के अनुसार केवल उत्तरी भारत में ही नहीं बल्कि मध्य और पश्चिमी भारत में भी पड़ते है। ये अंग्रेजी वर्णमाला के क्रमानुसार निम्न प्रकार हैं :

> अयोध्या, भरहुत, बोधगया, हस्तिनापुर, इंद्रप्रस्थ, कपिलवस्तु, कपिसा, कौशांबी, कुशीनारा, लंपक,, मथुरा, पाटल, पाटलिपुत्र, राजगृह, सांची, सारनाथ, श्रावस्ती, तक्षशिला, ताम्रलिप्ति, उज्जयिनी, वैशाली और वाराणसी।

इस सूची में पाकिस्तान में पड़नेवाले लंपक, पाटल और तक्षशिला भी शामिल हैं जिन पर प्रस्तुत अध्ययन में विचार नहीं किया गया है। दूसरी ओर चंपा, एरण, शृंगवेरपुर और विदिशा (बेसनगर) के सदृश कुछ अन्य महत्त्वपूर्ण नगर इस सूची में रखे जा सकते हैं; इस प्रकार यह 26 नगरों की सूची बन जाती है। इसमें से केवल अयोध्या, मथुरा, पाटलिपुत्र, उज्जैन और वाराणसी नामक पांच नगर अलबैरूनी के ग्रंथ में उल्लिखित हैं।[121] इनमें से अधिकांश धार्मिक केंद्रों के रूप में बने रहे, जिनका विकास, जैसाकि आगे बतलाया जाएगा, नगरों की शिल्पीय और व्यापारिक विशेषता समाप्त हो जाने के बाद हुआ। इस प्रकार प्राचीन नगरों के ह्रास और लोप की प्रक्रिया स्पष्ट है।

अशरफियान इस मत को स्वीकार करती हैं कि अहिच्छत्रा, भरूकच्छ, चंपा, दशपुर, कान्यकुब्ज अथवा कन्नौज, पद्मावती, प्रयाग, पुरुषपुर, शाकल और वलभी कुषाण-गुप्तकाल में नगरों के रूप में उभरे।[122] लेकिन इनमें से आधे वस्तुतः कुषाणकाल से पहले के नगर थे। इनके उदय का समय जो भी हो, पर अहिच्छत्रा, दशपुर, पद्मावती और शाकल का उल्लेख **अलबैरूनी का भारत**[123] में नहीं है। अशरफियान के अनुसार भारतीय स्रोतों से जिन उत्तरी नगरों का ज्ञान प्राप्त होता है उनके बारे में अलबैरूनी की सूची से भान होता है कि प्राचीन नगर विलुप्त हो गए थे अथवा पतनावस्था में थे।

हम देखेंगे कि गुप्त और गुप्तोत्तरकालों में नगरों के ह्रास पर प्रकाश डालनेवाला भारतीय साहित्यिक साक्ष्य सबल नहीं है। स्वभावतः जो लोग प्राचीन भारतीय गौरव अथवा उसके आर्थिक-सामाजिक ढांचे के सनातन होने की धारणा से अभिभूत हैं, वे केवल साहित्यिक स्रोतों का राग अलापते हैं। पर ध्यान देने का विषय है कि देशी साहित्य मुख्यतः दरबारी था जिसके कारण इनके लेखक आर्थिक और सामाजिक परिवर्तनों की बहुत कम चर्चा करते हैं। भारतीय लेखक भारत पर सिकंदर की चढ़ाई जैसी महत्त्वपूर्ण घटना को नहीं देख पाते, लेकिन इससे उसकी ऐतिहासिकता कम नहीं होती। दूसरी ओर भारतीय ग्रंथ नगरों के ह्रास संबंधी प्रसंगों से एकदम खाली भी नहीं हैं। अधिक महत्त्वपूर्ण बात यह है कि अभिलेख और विदेशी विवरण उत्खननों के द्वारा उद्घाटित ह्रास की प्रक्रिया की पुष्टि करते हैं।

टिप्पणियां

1. टी. यामाजाकी, 'सम एस्पेक्ट्स ऑव लैंड-सेल इंसक्रिप्शंस इन फिफ्थ एंड सिक्स्थ सेंचुरी बंगाल,' **एक्टा एशियाटिका**, 43, जापानीज स्टडीज इन एंशिएंट एंड मेडिवल इंडियन हिस्टरी, टोकियो, 1982, पृ. 17-36.
2. वही, पृ. 35.
3. वही, पृ. 34.
4. वही, पृ. 35.
5. वही.
6. वही.
7. वही.
8. **वराहमिहिर्स बृहत्संहिता**, सं. और अनु. : एम. रामकृष्ण भट, भाग I, इंट्रोडक्शन, पृ. xi; सामान्यतया रचनाकार की तिथि 505 ई. निर्धारित की गई है। ए. एम. शास्त्री, **इंडिया ऐज सीन इन द बृहत्संहिता ऑव वराहमिहिर**, पृ. 16 देखें।
9. ए. एम. शास्त्री, पूर्वोक्त, अध्याय 2 में वराहमिहिर द्वारा उल्लिखित भौगोलिक आंकड़ों की अच्छी विवेचना मिलती है।
10. **बृहत्संहिता**, X. 14.
11. वही, IV. 26.
12. वही, X. 15; XI. 56 से तुलना करें।
13. वही, V. 72.
14. वही, X.14.
15. वही, V. 39.
16. पुंड्रापरांत्यशूलिकवनवासीद्रविडसामुद्रान्। **वही**, IX.15; एम. आर भट (पूर्वोक्त, पृ. 103) 'वनवासी' शब्द का अर्थ 'वनों में बसनेवाला' बतलाते हैं, लेकिन वस्तुतः यह 'वनवासी' कदंबों की राजधानी का नाम है।
17. वही, X. 14.
18. वही, V. 42.
19. वही, I. 48-49.
20. वी. के. माथुर, **ऐतिहासिक स्थानावली**, पृ. 745-46.
21. वही, पृ. 963.
22. **बृहत्संहिता**, IX. 13.
23. ए. एम. शास्त्री, पूर्वोक्त, पृ. 109.
24. **बृहत्संहिता**, XI. 58.
25. वी. के. माथुर, पूर्वोक्त, पृ. 41-42.
26. **बृहत्संहिता**, XI. 35.
27. **बृहत्संहिता**, XLVI. 53-55; नगरं स्वामिनं यूथं अन्यथा तु विनाशयेत्...
28. वही, III. 31; XLVI. 7 से तुलना करें।
29. वही, XII. 20.
30. वही, XVII. 8; पौर पौरेण हते पौराः पौरान् नृपान् विनिघ्नंति।
31. वही, XXXIV. 19-20.
32. वही, V. 66, 80.

33. वही, V. 37.

34. वही, V. 65.

35. वही, V. 64.

36. वही, XXXIX. 2; अर्कोदयेऽधिकरणिकनृपधानियोधाङ्गाना वणिग्वेश्या:, आप्रहरांशे अजाविकमुपहन्याच्छुद्रपौरंश्च। XXXIX. 3 भी देखें।

37. वही, XII. 6.

38. वही, V. 74.

39. वही, X.10; चित्रस्थे प्रमदाजनलेखकचित्रज्ञ-चित्रभांडानि, स्वतौ मगधचरदूतसूतपो-तप्लवनटाद्या:। एम. आर. भट ने 'प्रमदाजन' का अर्थ 'स्त्री' बतलाया है, लेकिन इसका बेहतर अर्थ 'कुलटा स्त्री' किया होगा।

40. **बृहत्संहिता**, X. 3.

41. वही, X. 5: एम. आर. भट ने 'रजक' के दोनों अर्थ 'रंगरेज' और 'धोबी' किए हैं।

42. वही, X. 9: हस्ते नापितचक्रिकचौरभिषकशुचिका द्वीपग्राहा:, बंधक्य: कौशलका मालकाश्च पीड्यते।

43. एस. के. मैती, **इकॉनमिक लाइफ ऑव नॉर्दर्न इंडिया इन द गुप्त पीरियड (सर्का ए.डी. 300-550)**, पृ. 195.

44. वही.

45. वही.

46. वही, पृ. 193.

47. वही.

48. **बृहत्संहिता,** X. 6.

49. वही, X. 8.

50. वही, V. 41; X. 17.

51. वही, X. 8.

52. वही, X. 6-7.

53. वही, IV. 13; V. 40.

54. एस. के. मैती, पूर्वोक्त, पृ. 194-195.

55. वही, पृ. 193.

56. वही.

57. वही, पृ. 194-95.

58. वही, पृ. 195.

59. वही, पृ. 194.

60. वही.

61. **बृहत्संहिता,** XI.

62. एस. के. मैती, पूर्वोक्त, पृ. 197.

63 **बृहत्संहिता,** IV. 9.

64. वही, भाग I, पृ. 35.

65. वही, XI; पृ. 146-151 भी देखें।

66. एस. के. मैती, पूर्वोक्त, पृ. 196.

67. वही.

68. **बृहत्संहिता,** XLI.

69. एस. के. मैती, पूर्वोक्त, पृ. 190.

70. **बृहत्संहिता**, XI. 59.
71. **रामायण**, अयोध्याकांड, अध्याय 71, 19-43.
72. वही, 113-14.
73. **रघुवंश**, XVI. 9-23.
74. निहाररंजन राय, **ए आइ**, सं. 18-19, 1962-63, पृ. 227.
75. डी. आर. पाटिल, **कल्चरल हिस्टरी फ्रॉम द वायु पुराण**, पृ. 329-30; यह शाप शिव के सेवक निकुंभ के द्वारा दिया गया।
76. **भविसयत्तकहा**, IV. 8.
77. सी. डी. दलाल और पी. डी. गुणे (सं.), **भविसयत्तकहा बाइ धनपाल**, पृ. 3; जे. जॉली दसवीं सदी का सुझाव देते हैं, लेकिन मुनि जिनविजयजी के तर्क से नवीं सदी का सुझाव मिलता है।
78. बी. डी. चट्टोपाध्याय, 'अर्बन सेंटर्स इन अर्ली मेडिवल इंडिया : ऐन ओवरव्यू,' **सिचुएटिंग इंडियन हिस्टरी : फॉर सर्वपल्ली गोपाल**।
79. **एच सी आइ पी**, IV, पृ. 382.
80. मधु सेन, **ए कल्चरल स्टडी ऑव द निशीथ चूर्णि**, पृ. 8-9.
81. वही, परिशिष्ट बी.
82. वही, पृ. 10-11.
83. एम. विंटरनित्ज, **ए हिस्ट्री ऑव इंडियन लिटरेचर**, भाग II, पृ. 479, पादटिप्पणी।
84. झिनकू यादव, **समराइच्छकहा एक सांस्कृतिक अध्ययन**, पृ. 19-35, 167-71; जगदीश चंद्र जैन, **प्राकृत साहित्य का इतिहास**, पृ. 362-66, 371-73; वासुदेवशरण अग्रवाल, 'ए कल्चरल नोट ऑन द कुवलयमाला,' ए. एन. उपाध्ये (सं.), **कुवलयमाला**, भाग 2, पृ. 115-124 भी देखें।
85. विंटरनित्ज, पूर्वोक्त, पृ. 486.
86. वही, पृ. 523.
87. **कुवलयमाला**, भाग I, पृ. 199.
88. जगदीशचंद्र जैन, पूर्वोक्त, पृ. 329.
89. वही, पृ. 335.
90. वही, पृ. 328-29.
91. झिनकू यादव, पूर्वोक्त, पृ. 168.
92. तुलना करें जगदीशचंद्र जैन, पूर्वोक्त, पृ. 322 से।
93. जगदीशचंद्र जैन, पूर्वोक्त, पृ. 362-66, 373; **कुवलयमाला**, भाग I, पृ. 199 (अयोध्या के वर्णन); भाग 2, प्राक्कथन, पृ. 54-57 देखें।
94. झिनकू यादव, पूर्वोक्त, पृ. 19-34.
95. **कुवलयमाला** में कुल मिलाकर चौवालीस नगरों का वर्णन है। प्रेमसुमन जैन, **कुवलयमाला का सांस्कृतिक अध्ययन**, पृ. 62-74 देखें। लेकिन उनके वर्णन प्राचीन परंपरा पर आधारित हैं।
96. वही, पृ. 161.
97. वही, पृ. 162.
98. बी. डी. चट्टोपाध्याय, 'मार्किट्स एंड मर्चेंट्स इन अर्ली मेडिवल राजस्थान,' **सोशल साइंस प्रोबिंग्स**, II, 1985, पृ. 414 देखें। फिर भी क्षेमेंद्र के **लोकप्रकाश** और कल्हण की **राजतरंगिणी** में 'दीनार' शब्द का उल्लेख है। **राजतरंगिणी** में यह सोने, चांदी और तांबे के सिक्कों का बोधक है।
99. वही, पृ. 414, पादटिप्पणी 5.

100. चित्रलेखा गुप्त, 'हॉर्स ट्रेड इन नॉर्थ इंडिया, सम रिफ्लेक्शंस ऑन सोशियो-इकॉनमिक लाइफ,' **जर्नल ऑव एंशिएंट इंडियन हिस्टरी,** XIV, 1983-1984, पृ. 186-206 देखें।

101. जगदीशचंद्र जैन, पूर्वोक्त, पृ. 372; झिनकू यादव, पूर्वोक्त, पृ. 53-56.

102. जगदीशचंद्र जैन, पूर्वोक्त, पृ. 373.

103. **मयमत**, प्रिमिए पर्ताई, एडिशन क्रिटिक, त्रादक्शन एत नोत्स, ब्रुनो दगेंस, पांडीचेरी, 1970, प्रस्तावना, पृ. 4; अध्याय 9 और 10 भी देखें।

104. नगरविधान को नगरलक्षण (X. 1) और नगरविन्यासलक्षण भी कहा गया है।

105. **मानसार**, IX.71.

106. पी. के. आचार्य आठ प्रकार के नगर, यथा राजधानी, नगर, पुर, नगरी, खेट, खर्वट, कुब्जक और पत्तन बतलाते हैं। **आर्किटेक्चर ऑव मानसार**, प्राक्कथन, पृ. XXVI; इनके वर्णन X. 19-21 में मिलते हैं।

107. शिबिर, वहिनीमुख, स्थानीय, द्रोणक, संविद्ध, अथवा वर्द्धक, कोलक, निगम और स्कंधावार आठ मुख्य प्रकारों के किले (दुर्ग) हैं। वही, प्राक्कथन, पृ XXVI; X. 21-53 भी देखें।

108. वही, X. 19-21.

109. वही, X. 1-31.

110. **मानसार,** X. 43; नद्यादिकननोपेतं बहुतीर जनालयम्, राजमंदिरसंयुक्तं स्कंधावारमुदाहृतम्।

111. वही, X.

112. **सी-यू-कि**, I, पृ. 73-74.

113. वही, II, पृ. 26.

114. वही, II, पृ. 113.

115. वाटर्स, **ऑन युवान च्वांग्स ट्रेवेल्स**, I, पृ. 137.

116. वही, पृ. 318; पांच **ली** एक मील के बराबर होते हैं।

117. फेरांद, **रिलेशंस देस वॉइजिज एन तेक्स्त जियोग्राफीकेस अरबेस पेर्शंस एत तुर्को रिलातिफ्स ए ल'एक्स्त्रीम—ऑरिएंत दु विले आउ XVIII-ए साइक्लीस, दो खंडों** में, पेरिस, 1913-14, 63 की टिप्पणी; आर. सी. मजुमदार (सं.), **हिस्टरी एंड कल्चर ऑव द इंडियन पीपुल,** IV, पृ. 397, पादटिप्पणी 167 में उद्धृत।

118. के. ए. फरीक, **अरब लिटरेचर में कदीम हिंदुस्तान** (उर्दू), पृ 23; इस सन्दर्भ के लिए मैं डॉ. एच. सी. वर्मा का आभारी हूं। **किताब** शीर्षक संबंधित ग्रंथ का संपादन दे गोजे (लाइडेन, 1885) ने किया है।

119. मुइनुद्दीन अहमद नादिर, **हिंदुस्तान अरबों की नजर में,** I, पृ. 156-58; इस मूल पाठ के संक्षिप्त संस्करण से जानकारी मिलती है कि भारत के नगर आकार में बड़े होते हैं और चीनी नगर अधिक आबादीवाले होते हैं। **मुख्तसर किताबुल बुलदन** (लाइडेन, 1302 हिजरी) शीर्षक इस ग्रंथ का अवलोकन प्रोफेसर कयामुद्दीन अहमद ने मेरे लिए किया।

120. 'द एंशिएंट एंड मेडिवल टाउंस ऑव इंडिया : द प्रॉब्लम ऑव कांटिन्यूइटी,' भारतीय इतिहास अनुसंधान परिषद के तत्त्वावधान में 'ट्रांजिशन फ्रॉम एंशिएंट टु मेडिवल पीरियड्स' विषय पर आयोजित संगोष्ठी में प्रस्तुत आलेख, नई दिल्ली, 1985, अप्रकाशित। अशरफियान ने भी **मेडिवल टाउंस ऑव इंडिया,** (मास्को, 1983) शीर्षक से एक पुस्तक प्रकाशित की है, लेकिन मैंने इस पुस्तक का उपयोग नहीं किया है।

121. एडवर्ड सी. सचाउ (सं.), **अलबैरूनीज इंडिया**, लंदन, 1914, जिल्द I, पृ. 198-206 देखें। अलबैरूनी अनेक स्थानों पर 'शहर', 'नगर', 'दुर्ग' अथवा 'राजधानी' शब्दों का प्रयोग करता है। कुछ स्थानों के वर्णन में तो वह 'ग्राम' शब्द का प्रयोग भी करता है। लेकिन कन्नौज से पूरब, दक्षिण-पूरब, दक्षिण-पश्चिम, उत्तर-पश्चिमोत्तर और पश्चिम की तरफ के मार्गों पर

पड़नेवाले स्थानों का उल्लेख करते समय वह उनका स्पष्ट परिचय नहीं देता। उदाहरणार्थ, उसने खजुराहो को शहर और राजधानी, दोनों कहा है और ग्वालियर तथा कालंजर को दुर्ग कहा है (I, पृ. 202)। कन्नौज से पूरब की ओर के मार्ग पर पड़नेवाले अनेक स्थानों की शिनाख्त नहीं की जा सकती है, इनमें बीहटनगर भी शामिल है। कन्नौज और थानेसर दो महत्त्वपूर्ण नगर मालूम पड़ते हैं (I, पृ. 199)।

122. 1969 ई. में दुशांबे में कुषाणों पर आयोजित अंतर्राष्ट्रीय सम्मेलन में वी. जुडेरमान ने यह मत प्रकट किया था।

123. के. ए. अशरफियान, पूर्वोक्त।

अध्याय 7

आरंभिक मध्यकाल में मठप्रधान बस्तियों का स्वरूप

आरंभिक ऐतिहासिकयुगीन स्तरों से प्राप्त भौतिक अवशेषों की तुलना में आरंभिक मध्यकाल के भौतिक अवशेष सामान्यतः गैर-शहरी मालूम पड़ते हैं। यह तुलना उन स्थलों पर आसानी से की जा सकती है जहां छठी शताब्दी के बाद आबादी बरकरार रही। एक ही स्थल पर क्रमानुसार पाई गई भौतिक संस्कृतियों के बीच तुलना करना कठिन नहीं है। लेकिन प्राचीन शहरी स्थलों के भौतिक अवशेषों की तुलना गुप्त और गुप्तोत्तरकालों में नए स्थलों पर आबाद बड़ी-बड़ी बस्तियों से उपलब्ध भौतिक अवशेषों से भी की जा सकती है। नगरों के उजाड़ और पतन के चिह्नों की पहचान पुरातात्त्विक दृष्टि से हो सकती है। यदि गलियों, नालियों, औजारों, बारीक मिट्टी के बरतनों, परिमार्जित और छोटे आकारों की मिट्टी की मूर्तियों, अन्नागारों, विभिन्न शिल्पीय वस्तुओं, सिक्कों, सिक्कों के सांचों इत्यादि से युक्त सघन इमारतों से नगरीकरण का संकेत मिलता है, तो उनकी कमी अथवा अनुपस्थिति को उसके पतन का लक्षण मानना तर्कसंगत है।

बहुसंख्य स्थलों में गुप्तकालीन स्तरों में शहरी तत्त्वों का आभास पहले ही दिखाया जा चुका है। आरंभिक मध्यकाल के बौद्ध मठों में उपलब्ध भौतिक अवशेषों के स्वरूप पर हम उत्खननों की रिपोर्टों के आधार पर विचार कर सकते हैं। स्तूपों और मंदिरों से युक्त बौद्ध प्रतिष्ठानों के अतिरिक्त बांग्लादेश, बिहार, उड़ीसा और पूर्वी उत्तरप्रदेश में जो गुप्त और गुप्तोत्तरकालीन मठ पाए गए हैं उनके साथ गलियां और नालियां मिली हैं।[1] इनसे खासकर बौद्ध भिक्षुओं, उनके परिचरों और भक्तों की घनी आबादी होने का पता चलता है। इस प्रकार की आबादी, जिसमें पुजारी, उनके सेवक और अनेक स्थायी तथा अस्थायी भक्त शामिल थे, दक्षिण भारतीय मंदिरों में रहती थी; इसका संकेत पुरातत्त्व से अधिक अभिलेखों से मिलता है। लेकिन धार्मिक आबादी की आर्थिक गतिविधियों को शहरी कहा जा सकता है या नहीं, इसकी जांच आवश्यक है।

सामान्यतः आरंभिक मध्यकाल की मठप्रधान बस्तियों से जो पुरावशेष मिले हैं, वे आरंभिक ऐतिहासिकयुगीन स्थलों के शहरी अवशेषों जैसे नहीं हैं। बोधगया स्थित ताराडीह में उत्खनित पालकालीन अवशेषों से इसका कुछ अनुमान लगाया जा सकता है। इसके मठपरक ढांचों में दीवारें, फर्श और ढंकी नाली शामिल हैं, लेकिन अभी तक खपड़े

नहीं मिले हैं। इन सतहों से कोई विशिष्ट अथवा परिमार्जित मृद्‌भांड नहीं मिलता। यहां सिक्के और सिक्के ढालने के सांचे बिलकुल अनुपस्थित हैं। इसी प्रकार मोहरें भी नहीं पाई जातीं, जिससे शिल्पीय और वाणिज्यिक गतिविधियों के अभाव का संकेत मिलता है। न तो शीशे की और न ही हाथीदांत की वस्तुएं मिली हैं। उत्खनित क्षेत्र की दृष्टि से कम कीमती पत्थर के मनके, जिनमें गोमेद, स्फटिक और कारनेलियन के उदाहरण शामिल हैं, बहुसंख्य नहीं हैं। जेवर भी अनुपस्थित हैं। मृण्मय गोले और मनके मिले हैं, लेकिन प्राचीनतर काल की बेहतर मिट्टी की मूर्तियों का अभाव है।

\ ताराडीह तांबे के एक दर्पण की उपलब्धि के लिए विख्यात है, लेकिन यहां इमारती बनावट छोड़कर शिल्पीय गतिविधि से संबंधित अवशेष अत्यल्प हैं। टीले के बाहरी भाग से ढेंकी के प्रयोग के संकेत मिलते हैं; ढेंकी के द्वारा कूटकर उबले हुए धान से भूसी अलग करके चावल तैयार किया जाता था।[2] इसके समीप ही लंबा आयताकार चूल्हा मिला है जिसका इस्तेमाल धान को उबालने के लिए होता रहा होगा। धान भेंट में मिलता था अथवा अनुदान में मिली भूमि पर खेती करनेवाले किसानों से उगाहा जाता था। स्पष्टतः मठों में काम करनेवाली स्त्रियां धान से चावल तैयार करती थीं। कुल मिलाकर ताराडीह के पालकालीन मठवासीय संकुल को शहरी नहीं कहा जा सकता।

चूंकि हम ऐतिहासिक काल में नगरीकरण के कुछ लक्षणों की पहचान कर चुके हैं, इसलिए हम यह पता लगा सकते हैं कि वे किस हद तक आरंभिक मध्ययुग की धार्मिक गैर-कृषक आबादियों पर लागू होते हैं। धातु के सिक्कों का प्रचलन प्राचीन ऐतिहासिक काल के नगरों का एक प्रमुख लक्षण है। बहुसंख्य स्थलों से प्राप्त सिक्के प्राचीन लौहयुगीन आबादियों के नगरीकरण का स्पष्ट संकेत देते हैं। लेकिन अनेक स्थलों के मध्ययुगीन संस्तरों में कुछ प्रतिहार-सिक्कों[3] को छोड़कर सिक्के प्रायः नहीं पाए गए हैं। कहा जा सकता है कि धार्मिक ढांचों में सिक्कों को खोजना उचित नहीं है। लेकिन पश्चिमी चंपारण जिलांतर्गत लौरिया-नंदनगढ़ के प्राचीनकालीन स्तूप-संकुल में सिक्के मिले हैं। इस स्थल पर ईसापूर्व पहली शताब्दी का सिक्का ढालनेवाला सांचा भी मिला है। आंध्रप्रदेश में धुलिकट्ट नामक मठवासीय स्थल पर भी सिक्का ढालनेवाला सांचा मिला है। दस वर्षों से अधिक की अवधि में दस ऋतुओं तक की खुदाइयों के बावजूद भागलपुर में स्थित अंतीचक के पालकालीन मठवासीय क्षेत्र में चांदी के केवल दो और तांबे के सात सिक्के बरामद हुए हैं। वे ऊपरी संस्तरों में पाए गए हैं, चांदी के सिक्के ग्यारहवीं शताब्दी से पहले के नहीं हैं।[4] तांबे के सिक्के भी परवर्ती काल के लगते हैं। कटक के निकट रत्नगिरि के मठवासीय संकुल में प्राप्त सिक्के गंगों अथवा तुगलकों के हैं, अर्थात् तेरहवीं शताब्दी से पहले के नहीं हैं, यद्यपि इस मठवासीय संकुल का निर्माण आठवीं शताब्दी में हुआ था।[5] प्रायः 600 ई. से 1000 ई. के बीच कश्मीर, पंजाब, पश्चिमी उत्तरप्रदेश और राजस्थान के अंतर्गत कुछ अपवादों को छोड़कर इस उपमहादेश के लगभग सभी भागों में सिक्कों का अभाव दिखाई देता है। गधैया पैसे अवश्य मिलते हैं, लेकिन उनमें से अधिकांश 1000 से 1500 ई. के मालूम पड़ते हैं। जब तक धातु-मुद्रा का पर्याप्त प्रचलन था, तब तक प्राचीनकाल में सामान्यतः भक्त, जिनमें शिल्पी और सौदागर शामिल थे,

सिक्के चढ़ाते थे या उनका दान करते थे। ऐसा प्रतीत होता है कि कभी-कभी मठ-परिसरों में सिक्के टकसाल में ढलते थे। जब सिक्कों की कमी हो गई, तब कौड़ियां, जिनका प्रयोग पालयुग में विनिमय के लिए होता था, पूर्वी भारत के कुछ मठों (बौद्ध विहारों) में प्रचुर मात्रा में मिलती हैं,[6] यद्यपि धातु-मुद्रा के अत्यधिक मूल्य और टिकाऊपन के कारण विनिमय में कौड़ियों की भूमिका पर्याप्त नहीं हो सकती थी। सुदूर-व्यापार कौड़ियों के माध्यम से नहीं किया जा सकता था। काहिरा से प्राप्त ग्यारहवीं-बारहवीं शताब्दियों के अरब दस्तावेज बतलाते हैं कि मध्य-पूर्वी देशों के साथ भारत के व्यापार में मालों का मूल्य दीनारों में निर्धारित होता था और भुगतान उसी मुद्रा में किया जाता था।[7] "पूर्वी देशों से भेजे गए उत्पादों के लिए नगद भुगतान का प्रचलन था।"[8] अतएव आरंभिक मध्ययुगीन स्तरों में सिक्के ढालने के सांचों का अभाव विचारणीय है। आरंभिक ऐतिहासिकयुगीन स्थलों में सिक्के ढालने के बहुसंख्य सांचों के मिलने से टकसाल-नगरों के अस्तित्व की जानकारी मिलती है, जो स्पष्टतः गुप्तोत्तरकाल में नहीं पाए जाते। आरंभिक मध्ययुगीन स्थलों में सिक्कों के चिह्नोंवाली मोहरें नहीं मिलतीं। इस प्रकार के अंतिम चिह्न मध्य भारत में कुमारगुप्त प्रथम और उसके उत्तराधिकारियों के चलाए हुए चांदी के सिक्कों के ऊपर पाए जाते हैं; इनका प्रचलन छठी शताब्दी तक सीमित रहा है।[9] यह छठी शताब्दी के बाद सिक्कों की कमी का एक और संकेत है।

गुप्तोत्तरकाल में सिक्कों के अभाव पर संदेह किया गया है।[10] लेकिन यह धारणा ठीक ही है कि 600 ई. से 1000 ई. के बीच भारत में सोने के सिक्के प्रायः गायब थे और प्राचीनतर काल की तुलना में गुप्तोत्तरकाल में धातु-मुद्रा का सामान्य अभाव था। यह ठीक ही कहा गया है कि "आदि वराह प्रकार के उदाहरणों को छोड़कर सासानी प्रकार के चांदी के व्यापक सिक्कों को ज्ञात राजाओं और राजवंशों का मानना वस्तुतः असंभव है।"[11] ये सिक्के सामान्यतः उत्तर-पश्चिमी भागों में पाए जाते हैं, यद्यपि अंतीचक के उत्खननों से प्राप्त कुछ दृष्टांत ईसा की ग्यारहवीं-बारहवीं शताब्दियों के हैं। कश्मीर में टकसाल में तांबे के सिक्कों की ढलाई के महत्त्व को बहुत बढ़ा-चढ़ाकर नहीं रखा जा सकता।[12] इस समस्या की नवीनतम समीक्षा से पता चलता है कि आरंभिक मध्यकाल में सिक्कों के अभाव की संभावना को रद्द नहीं किया जा सकता।[13] अनेक मुद्राशास्त्रियों का मत है कि मुद्रा और उन्नत व्यापार के बीच एक संबंध होता है, और वे आरंभिक मध्यकाल में सिक्कों के अभाव का कारण पतनोन्मुख विदेशी व्यापार को मानते हैं।[14] यह मत कि नगरों के क्षय के कारण मुद्रा का क्षय हुआ,[15] भारत में प्रथम सहस्राब्दी के उत्तरार्ध पर लागू होता है। सिक्का शहरी उन्नति का प्रतीक होता था,[16] और इसका अभाव शहरी जीवन के क्षय का संकेत होता था। संभव है पुराने सिक्के कुछ समय तक चलते रहे हों, लेकिन किसी बड़े क्षेत्र और बड़ी आबादी में उनका प्रसार बहुत क्षीण था। इसके अतिरिक्त, आरंभिक मध्यकालीन राजा और बड़े-बड़े भूस्वामी विरासत में मिले पैसे को हथियार और विलासिता की वस्तुएं खरीदने में लगाते थे।

भीटा,[17] वाराणसी[18] और वैशाली[19] में स्तरीकृत परतों से प्राप्त बहुसंख्य

आरंभिक ऐतिहासिकयुगीन मोहरें केवल धार्मिक और प्रशासनिक प्रयोजन के लिए ही नहीं, बल्कि वाणिज्यिक प्रयोजन के लिए भी बनी थीं। उनमें सिक्कों के ऊपर मिलनेवाले चिह्न भी पाए जाते हैं। सामान्यतः गुप्तोत्तर परतों में मोहरों की संख्या कम मालूम पड़ती है, यद्यपि ये मठपरक प्रतिष्ठानों में अच्छी संख्या में मिलती हैं। रत्नगिरि महाविहार से 'महाविहार' शब्द अभिलिखित मोहरों को छोड़कर लगभग 1386 मोहरें निकली हैं।[20] लेकिन उनका प्रयोजन मुख्यतः धार्मिक प्रतीत होता है। उनमें संभवतः भिक्षुओं अथवा उपासकों के नाम मिलते हैं, और इनमें से अनेक मोहरें बौद्ध देवताओं और मंदिरों के प्रति तीर्थयात्रियों का सम्मान व्यक्त करती हैं।[21] नालंदा से प्राप्त मोहरों की तरह कुछ अन्य मोहरों से महाविहार और उसके रखरखाव के लिए अनुदान में प्राप्त गांवों के बीच कारोबार का संकेत मिलता है, क्योंकि एक ही मोहर पर महाविहार और गांव तथा जिला-कार्यालय के नाम अंकित हैं।[22] निस्संदेह भूमि-अनुदानों का उल्लेख करनेवाले ताम्रपत्रों पर अनेक राजकीय मोहरों की छापें मिलती हैं। ताम्रपत्रीय भूमि-अनुदानों पर मोहरों की छापों के अतिरिक्त हर्ष, मौखरियों और सेन राजाओं की मोहरें भी मिली हैं, परंतु गुप्तकाल के बाद की शताब्दियों में आम तौर पर सौदागरों, व्यापारियों और शिल्पियों के संघों (श्रेष्ठि-सार्थवाह-कुलिक-निगम) की मोहरों जैसी मोहरें नहीं मिलतीं।[23] आरंभिक मध्यकालीन नगरों का व्यापार-संघों/निगमों[24] की मोहरों से संबंध नहीं के बराबर है; इनमें सिक्कों का जारी किया जाना बंद हो चुका था।

परिष्कृत प्रकारों के मृद्‌भांड के प्रयोग से नगरवासियों की उच्चतर भौतिक संस्कृति का प्रमाण मिलता है। उत्तरी काली पालिशदार मृद्‌भांड एक चमकदार उत्पादन था, जो उच्च वर्गों के इस्तेमाल के लिए बना था। लाल पालिशदार मृद्‌भांड भी इसी कोटि का था, जो अपनी पतली काट और बारीकी के लिए प्रसिद्ध है। ईसा की तीसरी शताब्दी तक केवल काल-विशेष की पहचान करानेवाला ही मृद्‌भांड नहीं मिलता, बल्कि उसके नए-नए प्रकार भी पाए जाते हैं। ये सब व्यापार और नगरीकरण से जुड़े हैं। परंतु गुप्तकालीन मृद्‌भांड कोई खास नहीं है और इसमें आकार का नयापन शायद ही पाया जाता हो। गुप्तोत्तरकालीन मृद्‌भांड भी, जिसमें पालों के समय का मृद्‌भांड भी शामिल है, इसी कोटि में आता है। परिष्कृत मृद्‌भांड के स्थान पर लोग धातु के बने बरतन का व्यवहार कर सकते थे, लेकिन यह गुप्त और गुप्तोत्तरकाल में प्रचलित नहीं हुआ। अतएव बारीक कामवाले मृद्‌भांड का लोप शहरी पतन का संकेत है।

प्राचीन स्तरों से पत्थरों और मिट्टी के सांचे मिले हैं जिनसे सोने, चांदी और तांबे के आभूषण बनाए जाते थे। पत्थर के सांचे तक्षशिला और सांभर के कुषाणकालीन स्तरों से बरामद हुए हैं।[25] तांबे, कांसे, पत्थर और हाथीदांत के ठप्पों का इस्तेमाल इसी काम के लिए होता था।[26] सोनारों के द्वारा इस्तेमाल किए जानेवाले पत्थर, तथा हड्डी और मिट्टी के अनेक ठप्पे अमरेली, बेसनगर, देवनीमोरी, रंगमहल, तक्षशिला और वाडनगर के लगभग 200 ई. पू. से प्रायः 300 ई. के बीच के संस्तरों से मिलते हैं।[27] लेकिन आरंभिक मध्ययुगीन संस्तरों अथवा स्थलों से ऐसे ठप्पे और सांचे बहुत कम मिलते हैं। कभी-कभी

दोहरे खानेवाले सांचे, जिनसे मिट्टी की खोखली सुंदर मूर्तियां बनाई जाती थीं, अनेक प्राचीन स्थलों में पाए गए हैं। कुछ आरंभिक मध्यकालीन स्थलों में भी सांचे पाए गए हैं, लेकिन इनमें मृण्मय फलक ढाले जाते थे। प्राचीन मृण्मय वस्तुएं छोटे आकार की होती थीं और उनका इस्तेमाल खिलौनों अथवा सुंदरता और सजावट के सामान की तरह किया जाता था, यद्यपि उनका धार्मिक उपयोग भी होता था। गुप्तकाल तक भी ऐसी अधिकांश वस्तुएं बिना फलक की होती थीं। संभवतः महत्त्वपूर्ण शहरी केंद्रों में मृण्मय वस्तुओं का कुछ व्यापार होता था। दूर-दूर के नगरों की मृण्मय वस्तुएं हूबहू एक प्रकार की लगती हैं, और शुंगों से गुप्तों तक के समय की मृण्मय वस्तुओं में मानकीकरण पाया जाता है। लेकिन मध्यकालीन मठों में प्राप्त बड़े-बड़े मृण्मय फलक मुख्यतः धार्मिक प्रयोजन में आते थे।[28] इनको ताकों पर रखा जाता था जहां चूने और बारीक बालू से बनी बहुसंख्य मूर्तियां भी बिठाई जाती थीं। आरंभिक मध्यकाल में मृण्मय वस्तुओं की संख्या में कमी मालूम पड़ती है, और उनका उपयोग मुख्यतः धार्मिक उद्देश्यों के लिए होता था, यद्यपि राजा और अभिजात भूस्वामी मांगलिक अवसर पर अपने महलों को सजाने के लिए उनका उपयोग करते होंगे।[29] चूंकि शहरी आबादी का बहुत ह्रास हो चुका था, अतएव मृण्मय वस्तुओं की अधिक मांग नहीं थी। विशेषकर बाजार के लिए उत्पादन की कोई गुंजाइश नहीं थी।[30] पत्थर और कांसे की मूर्तियों की तरह मृण्मय मूर्तियों का भी क्षेत्रीय रूप महत्त्व ग्रहण करने लगा था।

ईसवी सन् की पहली दो सदियों में पत्थर के मनकों का निर्माण, शंख की वस्तुओं का उत्पादन और सबसे बढ़कर हाथीदांत और शीशे के सामान की गढ़ाई जैसे कुछ शिल्प शिखर पर पहुंच गए। उत्तर भारत और प्रायद्वीपीय भागों के अनेक नगर उद्योगों के केंद्र कहे जाते हैं। ईसा की आरंभिक शताब्दियों में दक्षिण-पूर्वी एशिया के कुछ भागों के साथ भारत का मनकों का व्यापार होता था।[31] यह बात काफी महत्त्वपूर्ण है कि चौथी शताब्दी के बाद ऐसे व्यापार के लिए पुरातात्त्विक साक्ष्य का अभाव है। गुप्तकाल और उसके बाद के समय में शीशे के सामान के उत्पादन में कमी आ गई। जैसाकि भारतीय शीशे के एक इतिहासकार ने बतलाया है, "गुप्तकाल में भारत के शीशे के उद्योग का पतन उस सीमा तक हो चुका था कि यह अनुमान लगाना गलत नहीं होगा कि शीशे का न कोई महत्त्व था और न उसके लिए कोई चिंता की जाती थी।"[32] उन्होंने कहा है कि "यह बड़ा आश्चर्य है कि श्रावस्ती, नालंदा, भीटा, कसिया इत्यादि स्थलों में गुप्तकालीन स्तरों से एक भी शीशे की शिल्प-वस्तु उपलब्ध नहीं हुई है।"[33]

यह संभव है कि प्राचीन भारत के नगरों में शीशे के काम से हाथीदांत के काम का अत्यधिक महत्त्व रहा हो। हाथीदांत के सामान सुदूर व्यापार में महत्त्व के माल होते थे। पांपेई में भारतीय हाथीदांत की मूर्ति की प्राप्ति सुविदित है। इसकी तुलना टेर अथवा टगर से उपलब्ध उसी प्रकार की मूर्ति से की जाती है। परंतु इससे कहीं बहुत अधिक उल्लेखनीय बात यह है कि अफगानिस्तान में प्राचीन कपिसा के राजधानी-नगर बेगराम में उत्खनन से निर्विवाद भारतीय मूल के हाथीदांत के सामान सीरियाई शीशे के बरतन और यूनानी कांसे की वस्तुओं के साथ मिले हैं।[34] इनकी संख्या छः सौ है जिसमें अधिकतम

स्त्री-प्रतिमाएं हैं।[35] हाथीदांत के सामान सहित सारे संग्रह को "अपने समय की खोजों में सबसे आश्चर्यजनक खोज" कहा जाता है, और यह किसी समृद्ध सौदागर का माल माना जाता है जिसने तीसरी शताब्दी के मध्य में इसे संचित किया।[36] हाथीदांत की वस्तुएं बहुसंख्य कारखानों में बनती थीं, लेकिन ये सभी एक ही काल,[37] अर्थात् दूसरी और तीसरी शताब्दियों की हैं।[38]

कम कीमती पत्थर के कुछ मनके, और उससे बहुत कम हाथीदांत और शीशे के सामान भारतीय स्थलों के आरंभिक मध्ययुगीन पुरावशेष के जमाव में पाए जाते हैं। संभवतः इन वस्तुओं का इस्तेमाल अब ग्रामीण अभिजात, और किले में रहनेवाले सरदार और दूसरे लोग करते थे, लेकिन खुदाई से यह संकेत नहीं मिलता कि आरंभिक मध्यकालीन स्थलों में हुनर और दक्षता तथा शिल्पियों और सौदागरों का संकेद्रण था। ऐसा प्रतीत होता है कि आरंभिक मध्ययुग की उत्पादन-पद्धति का संबंध ग्रामीण क्षेत्रों में शिल्पों और हुनरों के प्रसार से था।

खासकर मध्य और प्रायद्वीपीय भारत में कुछ प्राचीन शहरी आबादियां लोहे के उपकरणों के उत्पादन में समृद्ध थीं। यह सोचना गलत हो सकता है कि परवर्ती शताब्दियों में लोहे की वस्तुओं का अधिक संख्या में उत्पादन बंद हो गया था, लेकिन एक ही स्थल पर वे अधिक संख्या में नहीं मिलतीं।[39] लौह प्रौद्योगिकी के व्यापक प्रसार का भी अनुमान लगाया जा सकता है। कुठालियां, भट्ठियां और लोहे के धातुमल, जिनसे आम तौर पर लोहे के औजार ढालने का संकेत मिलता है, उत्तर भारत के अनेक प्राचीन स्थलों में पाए गए हैं; इन स्थलों में खैराडीह भी शामिल है, जहां यह जखीरा बहुत प्रभावोत्पादक है। धातु पिघलानेवाली छोटी-छोटी कुठालियां बेसनगर, भोकर्दन, देवनीमोरी, माहेश्वर, नासिक, नावडाटोली, नेवासा और तक्षशिला में लगभग 500 ई. पू. से 400 ई. तक के स्तरों में मिलती हैं। ये मोटी और बलुआही मिट्टी की हैं और अनेक आकारों में बनी हुई हैं।[40] यद्यपि कुठालियां और भट्ठियां आरंभिक मध्ययुगीन स्तरों में मिलती हैं, पर ये संख्या में बहुत कम हैं। ये अधिकांशतः कांसे की बौद्ध प्रतिमाएं बनाने के काम में आती थीं।

उत्खननों और अन्वेषणों से प्राप्त कांसे की आरंभिक मध्ययुगीन वस्तुएं गुणवत्ता में कांस्य युग की कांस्य-वस्तुओं से बढ़कर हैं। नालंदा से प्राप्त इन वस्तुओं से, जो ईसा की छठी से बारहवीं शताब्दी की हैं, उच्च तकनीकी और धातुकर्मीय ज्ञान परिलक्षित होता है।[41] आरंभिक मध्ययुगीन कांस्य वस्तुएं पूर्वी भारत के बौद्ध मठपरक और दक्षिण भारत के मंदिरवाले स्थलों में मिलती हैं।[42] इनकी संख्या इतनी है[43] कि इनकी तुलना में नगर कहलानेवाले आरंभिक ऐतिहासिक स्थलों से प्राप्त कांसे की वस्तुएं नगण्य हैं। कांसे के औजार नहीं मिलते, क्योंकि उनकी जगह लोहे के औजारों ने ले ली जिनसे कांस्य-वस्तुओं के निर्माण को भरपूर प्रोत्साहन मिला। लेकिन कांसे के बरतन मिलते हैं और फिर बौद्ध तथा ब्राह्मण-धर्मावलंबी देवताओं की कांस्य प्रतिमाएं पाई जाती हैं। यह स्पष्ट नहीं है कि क्या शिल्पी और सौदागर व्यक्तिगत/सामूहिक रूप से इन कांप्य-वस्तुओं के उत्पादन में संलग्न थे। लेकिन तांबे और कांसे की ढलाई के बारे में कोई संदेह नहीं है,

जैसाकि पहाड़पुर[44] और नालंदा [45] की भट्ठियों से पता चलता है। कुठालियां पहाड़पुर[46] और अंतीचक[47] में मिलीं। दो बड़ी कुठालियां और छोटा दोहरा चूल्हा रत्नगिरि में पाए गए जिनसे कुछ कांसे, तांबे अथवा पीतल का उत्पादन होता था।[48] निस्संदेह आरंभिक मध्ययुगीन परतों से प्राप्त कुठालियां अपेक्षाकृत कम हैं, तो भी इनको बौद्ध प्रतिमाओं को गढ़ने के लिए मठों के अहातों में लगाया गया।

तांबा और टिन किस प्रकार मठपरक प्रतिष्ठानों को प्राप्त होता था, यह स्पष्ट नहीं है। तांबा छोटानागपुर पठार से मिल सकता था, लेकिन उस क्षेत्र से टिन मिलने का साक्ष्य सबल नहीं है। जो भी हो, इन धातुओं को कौन-सी एजेंसियां लाती थीं, इसका पता नहीं है। ऐसा लगता है कि कांसा उत्पादन करनेवाली इकाइयों में शिल्पी और सौदागर काम करते थे, और इन पर किसी धार्मिक संस्था का नियंत्रण था। यह स्पष्ट नहीं है कि कांसे का कोई व्यापार होता था। मठों को दिए गए भूमि-अनुदानों से संकेत मिलता है कि शिल्पी मठों से जुड़े थे और वे रसद के रूप में अथवा भूखंडों के अनुदान के रूप में मठों से पारिश्रमिक पाते थे। ऐसे अनुदान स्पष्टतः मरम्मत के काम के लिए, जिसमें संगतराश, राजमिस्त्री और अन्य शिल्पी संलग्न रहते थे, दिए जाते थे। आरंभिक मध्यकाल में कांसे की वस्तुओं का व्यापार न तो अभिलेखों से प्रमाणित होता है और न साहित्यिक ग्रंथों से, यद्यपि करनाल[49] और ग्वालियर[50] जिलों तथा राजस्थान एवं पश्चिमी उत्तरप्रदेश के कई भागों में घोड़े, तेल, नमक और खाद्यान्न तक के भी व्यापारियों के बारे में जानकारी मिलती है।[51]

ईसा की प्रायः पहली शताब्दी में तक्षशिला और मथुरा जैसे शहरी केंद्रों में पत्थर की मूर्तियों का निर्माण प्रारंभ हुआ। ईसवी सन् की पहली दो शताब्दियां मूर्तियों के सिलसिले में सही अर्थों में सृजन का काल हैं। पत्थर की गुप्तकालीन मूर्तियों में मौलिकता की अपेक्षा विस्तार और परिमार्जन अधिक है। गुप्त और गुप्तोत्तरकाल काले पत्थर, लाल या पांडु रंगवाले बलुआही पत्थर, चूना-पत्थर और अन्य किस्मों के पत्थर से बनी बहुसंख्य मूर्तियों के लिए प्रसिद्ध हैं। लेकिन पत्थर और कांसे की प्रतिमाओं की स्थानीय शैलियों से पता चलता है कि इनका निर्माण किसी व्यापक क्षेत्र में प्रचलन के लिए नहीं हुआ था। ब्राह्मण, जैन और बौद्ध धर्मों के विभिन्न पंथों से जुड़ी, पत्थर की मूर्तियों का उत्पादन कांसे की प्रतिमाओं की तरह ही होता था। राजकीय संरक्षण प्राप्त मंदिरों में अनेक प्रतिमाएं स्थापित की जाती थीं और वहां पत्थर के खंभों और दीवारों पर छेनी से काटकर भी मूर्तियां उभारी जाती थीं। आज कांसे और पत्थर की 'एंटीक्स' का मूल्य सोने से भी अधिक माना जाता है, पर उस समय संभवतः ऐसी स्थिति नहीं थी। मंदिरों के प्रतिष्ठान की ओर से समय-स्मय पर मरम्मत और विस्तार के लिए स्थायी रूप से थोड़े-से संगतराश और मूर्तिकार रखे जाते होंगे। पर प्रारंभिक चरण में बड़े पैमाने पर इमारतों और प्रतिमाओं के निर्माण में श्रमिकों और सामग्रियों की व्यवस्था के लिए निश्चय ही ठोस राजकीय संरक्षण की आवश्यकता होती होगी।

गुप्त और गुप्तोत्तरकालों में विदेशी सिक्के अथवा मृद्‌भांड इतने नहीं मिलते कि भारतीय बंदरगाहों/नगरों और विदेशों के बीच घनिष्ठ और निरंतर संपर्क साबित किया

जा सके। दक्षिण-पूर्वी एशिया में दांतेदार चक्रित मृद्‌भांड (रौलेटेड वेयर) के मिलने से पता चलता है कि ईसा की आरंभिक सदियों में रोम के व्यापार का जाल भारत और दक्षिण-पूर्वी एशिया, दोनों तक फैला हुआ था। इस मृद्‌भांड का अंश अनुकरण के रूप में भारत में बनता होगा। आरंभिक मध्यकाल में भारतीय देवताओं के अनुकरण दक्षिण-पूर्वी एशिया में मिलते हैं, लेकिन मृद्‌भांड के बारे में अभी तक कोई जानकारी नहीं है। पश्चिमी देशों के साथ संपर्क भी इसी प्रकार कमजोर हो चुका था। चौथी से छठी शताब्दियों के बीच के कुछ बैजंताई सिक्के आंध्रप्रदेश के स्थलों में पाए गए हैं,[52] लेकिन रोमी सिक्कों की तुलना में इनकी संख्या नगण्य है। गुप्तोत्तरकाल में ये छोटी-छोटी वस्तुएं भी लुप्त हो जाती हैं।

दक्षिण भारत से कुछ चीनी सिक्के मिलने की सूचना है, लेकिन वे सामान्यतः 1000 ई. के बाद के हैं। रोमी सिक्के अधिकतर सोने के थे, पर चीनी सिक्के तांबे के बनते थे। तंजवुर में तांबे के 1818 चीनी सिक्कों का जखीरा मिला, और इसका काल 585 ई. से 1200 ई. के बीच बतलाया गया है।[53] यह पता नहीं है कि कितने सिक्के 1000 ई. के पहले के हैं। दूसरे जखीरे में तांबे के केवल बीस सिक्के हैं, जिनमें से कुछ नवीं शताब्दी के और कुछ दसवीं शताब्दी के बाद के हैं।[54] 323 सिक्कों के तीसरे जखीरे का काल लंबा है। प्राचीनतम सिक्के लगभग 142 ई. पू. के हैं, लेकिन उनमें से कुछ 621 ई. से 1252 ई. के काल के हैं।[55] लेकिन यहां भी इन सिक्कों के कालक्रमिक प्रसार के बारे में कोई जानकारी नहीं है। यह और भी अधिक महत्त्वपूर्ण है कि सोने के सिक्के नहीं मिले। अतएव चीनी सिक्कों के आधार पर व्यापार के बारे में कुछ अधिव नहीं कहा जा सकता । पुरातत्त्व से पता चलता है कि दकन और दक्षिण भारत के अनेक स्थलों में नगरों की उन्नति रोम के साथ संपर्क के कारण हो रही थी। लेकिन आरंभिक मध्यकालीन पुरावशेषों से विदेशों के साथ इसी प्रकार के गहरे व्यापारिक संपर्क का संकेत नहीं मिलता। ऊपरी सतह पर प्राप्त कुछ चीनी ताम्र-मुद्राओं के अतिरिक्त, ऐसे संपर्क का एकमात्र साक्ष्य स्तरीकृत परतों में चीनी मूल के काही (सेलेडन) बरतन की प्राप्ति है। काही बरतन को प्रायः नवीं शताब्दी अथवा उसके बाद का माना जाता है। लेकिन अधिकतम स्थानों में यह चमकीले मृद्‌भांड और कभी-कभी शीशे की बहुरंगी चूड़ियों के साथ पाया जाता है जिनका समय मुस्लिम शासन के आरंभ के साथ जोड़ा जाता है। ऐसी स्थिति में काही बरतन बारहवीं शताब्दी से पहले का नहीं हो सकता।

बौद्ध और अन्य स्थलों से तीसरी शताब्दी से पहले और बाद के जो भौतिक अवशेष प्राप्त हुए हैं उनकी तुलना से नगरीकरण के ह्रास के दो चरणों के संकेत मिलते हैं। पहले संकेत तीसरी शताब्दी के बाद और दूसरे संकेत छठी शताब्दी के बाद दृष्टिगोचर होते हैं। दूसरे चरण की अपेक्षा पहले चरण में कहीं बहुत अधिक नगरों का पतन हुआ। गुप्तकाल दोनों चरणों के बीच का संक्रमण-काल प्रतीत होता है, क्योंकि इस काल में पूर्वी उत्तरप्रदेश और बिहार के अनेक स्थलों में नगरीकरण देर तक जारी रहा। अभिलिखित मोहरें, जिनसे गुप्तकालीन शिल्पीय और वाणिज्यिक गतिविधियों का संकेत

मिलता है, भीटा, वाराणसी और वैशाली (खासकर वैशाली) में पाई जाती हैं, यद्यपि इन स्थलों में गुप्तकालीन ढांचे गुप्तपूर्व ढांचों की अपेक्षा प्रायः घटिया हैं। सिक्कों और इन मोहरों से शहरी गतिविधियों के निरंतर जारी रहने का संकेत मिलता है। किंतु छठी शताब्दी के बाद ऐसी गतिविधियां या तो समाप्त हो जाती हैं अथवा अल्पतम हो जाती हैं। सिक्कों, उन्हें ढालने के सांचों और वाणिज्यिक मोहरों के अभाव के आधार पर ऐसा कहा जा सकता है। शंख, हाथीदांत, शीशे और मिट्टी की वस्तुओं का उत्पादन प्राचीन-काल में बड़ी मात्रा में होता था, और उनके इस्तेमाल में कमी होने से भी यह निष्कर्ष निकाला जा सकता है। लोहे के उपकरण भी एक ही स्थल पर बहुत बड़ी मात्रा में नहीं पाए जाते, यद्यपि मिला-जुलाकर लोहे का इस्तेमाल व्यापक हो गया और अनुपयोगी कार्यों के लिए भी इसका इस्तेमाल हुआ। कांसे की कलाकृतियों का बड़ी मात्रा में उत्पादन होता था, यद्यपि वे धार्मिक उपयोग के लिए होती थीं।

उत्खननों से अधिकतम आरंभिक ऐतिहासिक नगर-स्थलों में इमारती संरचनाओं के पतन अथवा लोप का पता लगता है। लेकिन परवर्ती गुप्त और गुप्तोत्तरकालों के नवस्थापित केंद्रों से मंदिरों और विहारों के रूप में कहीं बहुत बड़े ढांचों की जानकारी मिलती है। फिर भी, ढांचों का मूल्यांकन प्रयोजन के आधार पर होना चाहिए, न कि मात्र आकार के आधार पर। ढांचे कितने ही बड़े क्यों न हों, केवल उन्हीं से नगरीकरण का संकेत नहीं मिल सकता। ऐसा मालूम पड़ता है कि यह तथ्य कम से कम 1000 ई. तक किलेबंद बस्तियों, और सरदारों तथा भूमि-अनुदानभोगियों के बड़े-बड़े महलों पर भी लागू होता होगा। अतिविशाल इमारतें केवल आवासीय प्रयोजनों के लिए नहीं होती थीं। उनका निर्माण स्पष्टतः धार्मिक और प्रशासनिक लोगों की सुरक्षा और आम जनता में सत्ता के प्रति भय और आदर की भावना भरने के निमित्त होता था। ये इमारतें प्रशासी वर्गों और उनके मित्रों की शक्ति और सम्मान के प्रतीक होती थीं। उनका निर्माण बेगारी (विष्टि और सर्वपीडा) के माध्यम से हुआ होगा जो देश के विभिन्न भागों में प्रचलित थी। अतएव बड़े-बड़े ढांचों के निर्माण का तात्पर्य सारे परिवेश को देखकर ही समझा जा सकता है।

यद्यपि आरंभिक मध्यकालीन हिंदू और बौद्ध मंदिरों के क्षेत्र अपेक्षाकृत बड़े थे, तथापि इन विशाल इमारतों की उतनी आबादी नहीं थी जितनी समान आकार की गैर-धार्मिक इमारतों की। विहारों में अच्छी-खासी संख्या में भिक्षु रह सकते थे, लेकिन चूंकि इनके परिवार नहीं होते थे, इसलिए इनकी संख्या नहीं बढ़ सकती थी। मंदिरों और विहारों को चलानेवाली अर्थव्यवस्था के स्वरूप को समझना अत्यधिक महत्त्वपूर्ण है। आरंभिक मध्यकालीन प्रतिष्ठानों से बाजार के लिए शिल्पीय गतिविधि और कारीगरी, दक्षता और विशेषज्ञता के संकेद्रण के बारे में जानकारी नहीं मिलती। वे ग्रामीण इलाके से एकत्रित कृषीय अधिशेष पर निर्भर थे। प्रायः छठी से दसवीं शताब्दी के बीच के काल के भौतिक अवशेषों से ठेठ शहरी कार्यकलापों का अनुमान लगाना बहुत कठिन है।

टिप्पणियां

1. देबला मित्र की पुस्तक **बुद्धिस्ट मॉन्यूमेंट्स** में बौद्ध ढांचों का अच्छा विवरण मिलता है।
2. मैं इन सारी सूचनाओं के लिए डॉ. सीताराम राय और श्री नसीम अख्तर का आभारी हूं, जो श्री ए. के. प्रसाद के साथ ताराडीह के उत्खनन से संबद्ध थे।
3. प्रतिहारों के सिक्के अहार में मिलते हैं (**ए एस आर**, 1925-26, पृ. 57); वहां प्राप्त चांदी के पांच सिक्कों में से तीन सिक्के किसी न किसी विग्रहपाल के माने जा सकते हैं। ये प्रायः 900 ई. के माने जाते हैं (वही, पृ. 57-58)।
4. उत्खनन से संबद्ध एस. के. चौधरी से सूचना। **आइ ए आर**, 1975-76, पृ. 7; 1978-79, पृ. 43 से तुलना करें।
5. देबला मित्र, **रत्नगिरि**, I, पृ. 28, 33, 52-53, 155.
6. **ए एस आर**, 1929-30, पृ. 142.
7. **इस्लामिक कल्चर**, XXXVII, 1963, पृ. 195-99, 195 की पादटिप्पणी 10.
8. वही, पृ. 199.
9. के. के. थपलियाल, **स्टडीज इन सील्स इन एंशिएंट इंडिया**, पृ. 5.
10. डी. सी. सरकार, **अर्ली इंडियन न्युमिसमेटिक एंड एपिग्राफिकल स्टडीज**, अध्याय 3-7; जे. एस. डेयेल, 'लिविंग विदाउट सिल्वर, मॉनीटरी हिस्टरी ऑव अर्ली मेडिवल इंडिया,' अप्रकाशित पी-एच. डी. थिसिस, विस्कांसिन विश्वविद्यालय, 1982 देखें।
11. बेला लाहिड़ी, 'कांप्लेक्सिटीज इन द स्टडी ऑव अर्ली मेडिवल क्वायंस ऑव नार्दर्न इंडिया,' **जे एन एस आइ**, XLII, 1980, पृ. 85.
12. वाइ. बी. सिंह, 'कॉपर क्वायंस एंड देयर मिंटिंग इन अर्ली मेडिवल कश्मीर : ए प्रॉब्लम,' **जे एन एस आइ**, XLIV, 1982, पृ 180-184.
13. के. एम. श्रीमाली, 'अर्ली इंडियन क्वायंस एंड इकॉनमिक हिस्टरी : ट्रेंड्स एंड प्रॉस्पेक्ट्स,' टंकित प्रति, **रिसेंट ट्रेंड्स इन द स्टडी ऑव सोशियो-इकॉनमिक हिस्टरी ऑव इंडिया** पर आयोजित सेमिनार, जबलपुर विश्वविद्यालय, 1986 में प्रस्तुत।
14. बेला लाहिड़ी, पूर्वोक्त, पृ 88; वाइ. बी. सिंह, पूर्वोक्त से तुलना करें।
15. मारिस लांबर्ड; कार्ल एम. सिपोला (सं.), **द फोंटाना इकॉनमिक हिस्टरी ऑव यूरोप : द मिडिल एजेज**, पृ. 73 में उद्धृत।
16. सिपोला, पूर्वोक्त में जाक ले गोफ का आलेख, पृ. 81.
17. **ए एस आर**, 1911-12, पृ. 44-45.
18. ए.के. नारायण और टी. एन. राय, **रिपोर्ट ऑन एक्सकेवेशंस ऐट राजघाट**, भाग II, पृ. 14.
19. **ए एस आर**, 1903-04, पृ. 88, 101, 104; 1913-14, पृ. 99.
20. देबला मित्र, **रत्नगिरि**, भाग II, पृ. 395.
21. वही.
22. के. के. थपलियाल, पूर्वोक्त, पृ. 18.
23. **ए एस आर**, 1903-4, पृ 104, 110.
24. वही.
25. सी. मार्गबंधु, **आर्कियोलॉजी ऑव द सातवाहन क्षत्रप टाइम्स**, पृ. 325.
26. वही.
27. वही.

28. देवांगना देसाई, 'सोशल बैकग्राउंड ऑव एंशिएंट इंडियन टेराकोटाज (सर्का 600 बी सी-ए डी 600)', **हिस्टरी एंड सोसाइटी, एस्सेज इन ऑनर ऑव प्रोफेसर निहाररंजन राय,** सं. : देबीप्रसाद चट्टोपाध्याय, पृ. 161-64 से तुलना करें।

29. वही, पृ. 164.

30. वही, पृ. 163-64.

31. एच. बी. सरकार, **कल्चरल रिलेशंस बिटविन इंडिया एंड साउथ ईस्ट एशियन कंट्रीज,** पृ. 248.

32. एम. जी. दीक्षित, **हिस्टरी ऑव इंडियन ग्लास,** पृ. 69; आगे पृ. 128, पादटिप्पणी 39 से तुलना करें।

33. वही, पृ. 63.

34. ज्यांनीन औबोये (Jeannine Auboyer), 'एंशिएंट इंडियन आइवरीज फ्रॉम बेगराम, अफगानिस्तान,' **द जर्नल ऑव द सोसायटी ऑव ओरिएंटल आर्ट,** XVI, 1948, पृ. 34-35

35. वही, पृ. 36; मैंने काबुल संग्रहालय में हाथीदांत की अनेक वस्तुएं देखीं।

36. वही, पृ. 35.

37. वही, पृ. 36, पादटिप्पणी 1.

38. वही, पृ. 35.

39. इस संदर्भ में नालंदा (**ए आइ,** सं. 8, 1952) और प्रकाश अवश्य अपवाद माने जाएंगे, जहां शीशे और धातु के अनेक उपकरण उपलब्ध हैं।

40. सी. मार्गबन्धु, पूर्वोक्त, पृ. 324-25.

41. **ए आइ,** सं. 12, पृ. 13-14.

42. वही; **ए एस आर,** पृ. 302-303.

43. वही.

44. **ए एस आर,** 1930-31 से 1933-34, पृ. 122.

45. ए घोष, **अ गाइड टु नालंदा,** पृ. 18.

46. **ए एस आर,** 1930-31 से 1933-34, पृ. 120.

47. बौद्ध विहार-संकुल के बाहर ईट के साधारण ढांचे चूल्हों, बरतनों, पत्थर की चक्कियों, लोढ़ों इत्यादि के साथ मिले हैं। **आइ ए आर,** 1977-78, पृ. 14 देखें।

48. देबला मित्र, **रत्नगिरि,** II, पृ. 271, 353.

49. **इ आइ,** I, सं. 23, पृ. 1-17.

50. **इ आइ,** I, सं. 20.

51. आर एस. शर्मा, **इंडियन फ्युडलिज्म,** पृ. 102-109.

52.. **आइ ए आर,** 1978-79, पृ. 39; महबूबनगर जिले में कुडवेल्ली से प्राप्त ये (दो) बैजंताई सिक्के लटकनों (लोलकों) और समय-समय पर चालू सिक्के के रूप में इस्तेमाल होते रहे।

53. पी. सी. बागची, 'रिपोर्ट ऑन अ न्यू होर्ड ऑव चाइनीज क्वायंस,' **साइनो-इंडियन स्टडीज,** IV, 1953, पृ. 194-96 देखें।

54. 'चाइनीज क्वायंस फ्रॉम तंजौर,' **एस आइ एस,** I, 1950, पृ. 60 और आगे।

55. एन. शंकरनारायण, 'थ्री होर्ड्स ऑव चाइनीज क्वायंस इन मद्रास गवर्नमेंट म्यूजियम,' **जे एन एस आइ,** XXXIII, 1971, पृ. 61-68; चीनी सिक्कों के इन तीनों हवालों के लिए मैं प्रोफेसर के. एम. श्रीमाली का आभारी हूं।

अध्याय 8

शहरी पतन की व्याख्या

अनेक पुरातत्त्ववेत्ता प्राचीन नगरों के पतन का उल्लेख करते हैं। वाइ. डी. शर्मा के दो आलेखों से संकेत मिलता है कि नगरों का पतन गुप्त और गुप्तोत्तरकालों में हुआ। आर. एन. मेहता और एस. एन. चौधरी लिखते हैं कि "पश्चिमी भारत के अनेक स्थलों से ईसा की प्रथम सहस्राब्दी के उत्तरांश में स्थलों के उजाड़ के साक्ष्य जमा हो रहे हैं।"[1] सी. मार्गबंधु बतलाते हैं कि उत्तर-पश्चमी और पश्चिमी भारत के कुछ हिस्सों को छोड़कर, जहां आबादियां बनी रहीं, सातवाहनों के शासन के अंत में और मोटे तौर पर लगभग 200 ई. से 400 ई.[2] के बीच गुजरात, राजस्थान और मध्यप्रदेश में नगर अपना महत्त्व खो बैठे। महाराष्ट्र के स्थलों की रिपोर्टों में तीसरी शताब्दी के बाद नगरों के पतन के तथ्य को अनेक उत्खननकर्त्ता स्वीकार करते हैं।[3]

नगरों के पतन का कारण राजनीतिक कारक को बतलाया जाता है। कहा जाता है कि राज्यों के पतन के कारण नगरों का पतन होता है। इसी प्रकार सातवाहनों के पतन से उनकी राजधानी प्रतिष्ठान (पैठन) की गरिमा को गहरी क्षति पहुंची।[4] भोकर्दन की अर्थव्यवस्था और उन्नति में गिरावट का यही कारण माना जाता है।[5] नासिक का ह्रास तीसरी शताब्दी के बाद पुरावशेषों की कमी से झलकता है; इसके लिए सातवाहनों और क्षत्रपों के पतन को निर्विवाद रूप से उत्तरदायी माना जाता है। कहा जाता है कि राजनीतिक दुर्गति से आर्थिक अवनति हुई, और नासिक, नेवासा, जुन्नर, टेर, कोल्हापुर और भोकर्दन जैसे नगर अपनी प्रतिष्ठा खो बैठे।[6]

टी. ब्लॉख के मतानुसार गुप्त राजवंश के पतन के कारण वैशाली ध्वस्त और उजाड़ हुई।[7] यह भी कहा जाता है कि मुस्लिम आक्रमण ने तीसरी से तेरहवीं सदियों के बीच राज्य करनेवाले राजवंशों के भौतिक अवशेषों का सफाया कर दिया। कौंडिन्यपुर में वाकाटकों, राष्ट्रकूटों आदि के कालों के स्तरों के सफाए का कारण मुस्लिम[8] कब्जे को बतलाया जाता है। लेकिन इस सांप्रदायिक पूर्वाग्रह का कोई आधार नहीं दिखता। के. सी. जैन के विचारानुसार विदेशी आक्रमण, खासकर मुस्लिम आक्रमण, राजस्थान में नगरों और शहरों के विनाश के बड़े कारण हैं,[9] लेकिन यह उन शहरों पर कैसे लागू हो सकता है जिनका पतन तीसरी अथवा छठी सदी में ही हो गया था? पुरातत्त्व से स्पष्ट प्रमाण मिलता है कि अनेक शहरों का पतन ईसा की छठी शताब्दी तथा उसके बाद की

शताब्दियों में हो चुका था। लेकिन तुर्क आक्रमण दसवीं शताब्दी के अंत में शुरू हुए और तेरहवीं शताब्दी के प्रारंभ तक होते रहे, जब 1206 ई. में दिल्ली सल्तनत की स्थापना हुई। अतएव शहरों के पतन के लिए मुस्लिम आक्रमण को जिम्मेदार ठहराना गलत है। फिर जिन स्थानों पर आक्रमण हुए, वहां भी आबादी लगातार बनी रही। उलटे, ध्यान देने का विषय यह है कि ग्यारहवीं-बारहवीं शताब्दियों में तुर्क आक्रामकों के आगमन के साथ-साथ उत्तरी भारत में सिक्कों, व्यापार और नगरीकरण का फिर से थोड़ा-सा उत्थान हुआ।

आर. एन. मेहता और एस. एन. चौधरी 'प्रथम सहस्राब्दी के उत्तरांश में' पश्चिमी भारत में स्थलों को उजड़ते देखते हैं, लेकिन उनके विचार में उजाड़ के कारण स्पष्ट नहीं हैं। वे राज्यों के बीच आधिपत्य के लिए हुए संघर्ष को शहरी पतन का कारण मानते हैं। लेकिन क्या "आबादी पर इस संघर्ष का अथवा कुछ प्राकृतिक कारणों का असर पड़ा," इस पर आगे बहुत काम करने की आवश्यकता है।[10] गुप्त और गुप्तोत्तरकाल में नगरीकरण के ह्रास और लोप के कारण की पहचान आवश्यक है। दलील दी जा सकती है कि विदेशी आक्रमणों ने शहरों को नष्ट किया, लेकिन यह स्पष्ट नहीं होता कि इससे ईसा की तीसरी और उसके बाद की चार शताब्दियों में पतन और उजाड़ क्यों हुआ, क्योंकि इस समय कोई हमला नहीं हुआ। उत्खननों से पता चलता है कि ईसा की तीसरी शताब्दी में अथवा उसके कुछ बाद उत्तर भारत और दकन में भी अधिकतर नगर उजड़ गए अथवा परित्यक्त हो चुके थे। लेकिन उस समय कोई विदेशी आक्रमण नहीं हुआ। हूणों के आक्रमण से पांचवीं शताब्दी में उत्तरी भारत में कुछ शहरों का विनाश हुआ होगा। ऐसे तीन उदाहरण दिए जा सकते हैं। होशियारपुर से लगभग बारह किलोमीटर दक्षिण-पूर्व में स्थित अजरम में, जहां तक्षशिला, हिंद-यूनानियों और कुषाणों[11] के सिक्कों के साथ अनेक मौर्यकालीन सिक्के मिले हैं, राख की दो परतें मिलती हैं।[12] इसका अर्थ लगाया जाता है कि इस नगर को दो बार क्रमशः हूणों और मुसलमानों ने जलाया।[13] संघोल और कौशांबी में भी हूणों के द्वारा किए गए विध्वंस का साक्ष्य मिलता है, लेकिन इस प्रकार के अन्य दृष्टांत नहीं मिल रहे हैं। जो भी हो, उत्तर भारत के अधिकांश नगरों के विनाश का कारण तुर्क-मुस्लिम हमलों को नहीं बतलाया जा सकता।

न ही हमें तीसरी अथवा छठी-सातवीं शताब्दियों में किसी देशव्यापी प्राकृतिक संकट के बारे में जानकारी है। उत्खनित स्थलों में कभी-कभी जलने के चिह्न मिलते हैं, पर आग आंतरिक कलह के कारण भी लग सकती है। जिन नदियों के किनारे शहर बसे थे, उनके मार्गों के परिवर्तन को भी पहचाना जा सकता है। घग्घर अथवा प्राचीन सरस्वती नदी का सूखना रंगमहल के लोप का प्रमुख कारण माना जाता है। पुरातात्त्विक उपलब्धियों और कुछ जलवायु-वैज्ञानिक लक्षणों से संकेत मिलता है कि ईसा की छठी शताब्दी के मध्य के बाद घग्घर में नदी कहलाने-भर का पानी नहीं था। इससे खाद्यान्न में कमी होने के कारण लोगों को जीविका के लिए अन्यत्र जाना पड़ा। सातवीं शताब्दी के आसपास कुरुक्षेत्र में रचित **वामन पुराण** में उल्लिखित है कि अनेक पुण्य स्थान, जो कभी बड़े-बड़े सरोवरों से संबद्ध थे, बालू के बढ़ते टीलों के कारण असहाय महसूस करने

लगे।[14] अग्नि, अकाल अथवा बाढ़ के कारण कुछ खास शहरों के नष्ट होने की सामान्य व्याख्या संभव है कुछ दृष्टांतों पर लागू होती हो। लेकिन पुरातात्त्विक साक्ष्य यह नहीं दिखाते कि एक ही साथ अनेक नगर प्रभावित हुए होंगे।

यह कहा जा सकता है कि उत्तर भारत में कुषाणों और दकन में सातवाहनों की सत्ता का अंत होने से राजनीतिक शून्य आया और तीसरी शताब्दी में या उसके बाद शहरों का पतन हो गया। ऐसे ही परिणाम छठी शताब्दी में गुप्त सत्ता के अंत होने पर हुए होंगे। ऐसे मत का अर्थ है कि शक्तिशाली राजतंत्रों को शहरों की आवश्यकता होती थी, और वे शहरों की स्थापना, रखरखाव तथा संरक्षण करते थे। ऐसे राजतंत्रों के विनाश के साथ ही शहर भी नष्ट हो गए। नगरीकरण को बढ़ाने में राजसत्ता की भूमिका को नकारा नहीं जा सकता। पर उत्खननों से ज्ञात होता है कि मौर्य साम्राज्य के पतनोपरांत छोटे राज्यों के काल में 200 ई. पू. के बाद शहरीकरण जोरों से बढ़ा। दूसरी शताब्दी ई.पू. से पहली शताब्दी ई. पू. के बीच उत्तरी-पश्चिमी भारत पर आकस्मिक रूप से बैक्ट्रियाई यूनानियों, शकों, पह्लवों (पार्थियों) और कुषाणों के आक्रमण हुए। गुप्तों के पहले और बाद राजनीतिक शून्य आया, परंतु दोनों कालों में शहरी स्थिति पर इसका प्रभाव समान रूप से नहीं पड़ा है। पहले काल में शहरों की प्रगति हुई और दूसरे काल में उनकी दुर्गति। निस्संदेह राजसत्ता द्वारा शांति और सुरक्षा की स्थापना व्यापार और वाणिज्य के लिए सहायक होती है। इससे भी अहम बात यह है कि सबल राज्य करों और नजरानों को कारगर ढंग से वसूल कर सकता है, जिनसे शहरों में रहनेवाले प्रशासी वर्गों का निर्वाह होता है और शिल्पियों तथा सौदागरों से सामान खरीदा जाता है। ये सारे शहरवासी अनाज नहीं उपजाते। पर नगर के विकास में राज्य की भूमिका ही एकमात्र घटक नहीं है। निस्संदेह कुषाणों और सातवाहनों की अपेक्षा गुप्तों का शासन भारत के अधिक बड़े भाग पर था, फिर भी गुप्त साम्राज्य में अधिकतम शहर लुप्त अथवा वीरान हो चुके थे। इसके विपरीत, सातवाहनों, क्षत्रपों और कुषाणों के अतिरिक्त और बहुत-से राज्य भी लगभग 200 ई. पू. से 300 ई. के बीच कायम थे। राज्यों की बहुलता के कारण अधिक अधिशेष वसूलने में कठिनाई हो सकती थी। फिर भी नगरीकरण की प्रगति नहीं रुकी। इस काल में अभिलिखित सिक्के बहुसंख्य 'जनजातियों', नगरों, निगमों और राजवंशों द्वारा जारी किए गए। प्राचीन भारतीय इतिहास के किसी काल में इतने प्रकारों की और इतनी बहुलता में धातु-मुद्राएं नहीं मिलतीं।

गुप्त और गुप्तोत्तरकालों में शहरों का पतन सुदूर-व्यापार के पतन के कारण हुआ। सातवाहन-कुषाणकाल में शिल्प और वाणिज्य की उन्नति हुई तो इसका आंशिक कारण यही था कि देश मध्य एशिया और रोमी साम्राज्य के पूर्वी भाग के साथ व्यापार करता था। इस प्रकार इस काल में विनिमय-क्षेत्र बहुत व्यापक बन गया था। सोलहवीं शताब्दी के बाद पूंजीवाद के उदय और विकास के कारण सारा विश्व धीरे-धीरे एक आर्थिक सूत्र में बंध गया। यद्यपि प्राचीन विश्व की यह विशेषता नहीं थी, तथापि इसकी आर्थिक प्रक्रियाओं को एक-दूसरे से अलग करके नहीं समझा जा सकता। छोटे राज्यों के होते हुए भी विनिमय-क्षेत्र व्यापक बना हुआ था। इस व्यापकतर विनिमय-क्षेत्र में होनेवाले

घटनाक्रम भी संकीर्ण राजनीतिक सीमाओं के अंदर होनेवाले घटनाक्रमों से कुछ कम महत्त्वपूर्ण नहीं थे। इस क्षेत्र के एक भाग में जो घटना घटती थी उसका प्रभाव दूसरे भाग के लोगों पर पड़ता था। मध्य एशिया अथवा रोमी साम्राज्य के घटनाक्रमों का भारतीय समाज और अर्थव्यवस्था पर कभी-कभी वैसा ही प्रभाव पड़ता था जैसा इस उपमहाद्वीप के अपने घटनाक्रमों का। पंजाब और पश्चिमी उत्तरप्रदेश में शहरों की उन्नति हुई, क्योंकि इस उपमहाद्वीप में उत्तर-पश्चिमी भारत कुषाण सत्ता का हृदयस्थल था। लेकिन कुषाण साम्राज्य के पतन के साथ ही मध्य एशिया के साथ संबंध टूट गए। कुषाणों का आधिपत्य मध्य-गांगेय मैदान से लेकर ऑक्सस नदी तक फैला हुआ था। अनेक स्थल, जो मथुरा और तक्षशिला के बीच कुषाण-मार्ग पर स्थित थे, कुषाण सत्ता के अंत के बाद ईसा की तीसरी शताब्दी में उजड़े दीख पड़ते हैं। शकों और कुषाणों ने उत्तर-पश्चिमी सीमांत से पश्चिमी समुद्रतट तक दो मार्गों का इस्तेमाल किया। एक मार्ग तक्षशिला को निचली सिंधु घाटी से जोड़ते हुए सीधे उत्तर से दक्षिण जाता था। तक्षशिला को छोड़कर इस मार्ग पर पड़नेवाले स्थलों पर इस सर्वेक्षण में विचार नहीं किया गया है, लेकिन पाकिस्तान में भी शहरों का पतन तीसरी शताब्दी के बाद हुआ,[15] और इस दृष्टि से वहां की स्थिति भिन्न नहीं थी।

यद्यपि उत्तरी अफगानिस्तान और पूर्व सोवियत संघ के अंतर्गत आनेवाले ताजिकिस्तान तथा उजबेकिस्तान के पड़ोसी क्षेत्र पर (इन्हीं तीनों को मिलाकर बैक्ट्रिया बना), इस अध्ययन में विचार नहीं किया गया है, फिर भी इन क्षेत्रों में भी ह्रास की वैसी ही स्थिति मिलती है। मध्य एशिया में शहरों की उन्नति रेशम मार्ग के व्यस्त यातायात और सिंचाई और कृषि में कुषाणों की अभिरुचि के कारण हुई, पर कुषाण सत्ता के अंत के बाद इसका तीव्र गति से पतन हो गया। लगभग पहली से चौथी शताब्दियों में मध्य एशिया के पांच शहरी केंद्र बाद में गांव या दुर्ग बन गए।[16] चूंकि गुप्त सत्ता का केंद्र मध्य भारत (मध्यदेश) और मध्यप्रदेश के पड़ोसी क्षेत्रों तथा पश्चिमी भारत में था, इसलिए इन क्षेत्रों में शहरों का उतना ह्रास नहीं हो पाया। पाकिस्तान और भारत के पंजाब एवं पश्चिमी उत्तरप्रदेश के भागों में, जो इस उपमहादेश में कुषाण सत्ता के केंद्र थे, गुप्तों के सिक्के तथा अभिलेख बहुत कम मिले हैं। इससे संकेत मिलता है कि मध्य एशिया के साथ गुप्तों का संबंध बहुत सीमित अथवा नहीं के बराबर था।

भारत के निर्यात में ह्रास और मध्य एशिया और रोमी साम्राज्य से सोने की आपूर्ति रुक जाने के कारण गुप्तोत्तरकाल में स्थिति बहुत कुछ बदली हुई मालूम पड़ती है। यह प्रक्रिया कुषाण साम्राज्य के अंत के साथ ही शुरू हो चुकी थी। मध्य एशिया और पश्चिमी एशिया के साथ गुप्तों के संपर्क का जो कुछ चिह्न बचा था, उसे हूणों ने पांचवीं शताब्दी में पूर्णतः ध्वस्त कर दिया। उल्लेखनीय है कि लगभग तीन सौ वर्षों तक भारत में सोने के सिक्के नहीं पाए जाते। जब उनका पुनरागमन लगभग 1000 ई. में होता है, तब वे कुषाणों और गुप्तों की स्वर्णमुद्राओं की तुलना में अत्यंत साधारण प्रतीत होते हैं। मध्ययुग में ताजिक (ईरानी) कहलानेवाले तुर्क-पूर्व मुसलमानों के उपनिवेश कश्मीर को छोड़कर देश के अनेक भागों में बसे, परंतु इस काल में फारस अथवा मध्य एशिया में

भारतीय उपनिवेशों के होने की सूचना नहीं है। हां, ईसवी सन् की आरंभिक शताब्दियों में सिकंदरिया में भारतीय रहते थे।

रोमी सिक्कों, शीशे के सामानों, ताबीजों तथा मृद्‌भांड की उपलब्धि से पता चलता है कि रोम का भारतीय प्रायद्वीप के साथ अच्छा-खासा व्यापार था। चित्रद्रुग जिलांतर्गत ब्रह्मगिरि में रोमी कांस्य-मूर्ति भी मिलती है। रोमी सिक्के आठ उत्खनित स्थलों में मिलते हैं, पर उपलब्धियों की कुल संख्या सौ से अधिक है, जिनमें अधिकांश जखीरे ऊपरी सतह से मिले हैं।[17] यद्यपि रोमी सिक्कों की संख्या कुल 6000 है, लेकिन इनके प्रसार और प्रभाव से ऐसा लगता है कि वास्तव में इनकी संख्या बहुत अधिक रही होगी। रोमी प्रभाव के कारण ताबीज अथवा लोलक (लॉकिट), जिन पर रोमी सम्राटों की आकृतियों की नकल है, और रोमी सिक्के, जिन पर पशुओं का चित्रण है, पांच उत्खनित स्थलों से बरामद हुए हैं। इन मृण्मय अनुकृतियों का इस्तेमाल सांकेतिक सिक्कों अथवा आभूषणों के रूप में होता था। पच्चीस उत्खनित स्थलों से रोमी मृद्‌भांड मिला है। रोमी वस्तुएं प्रायः महाराष्ट्र आंध्रप्रदेश, कर्नाटक, तमिलनाडु, गुजरात, और उड़ीसा तथा पश्चिमी बंगाल के समुद्रतटीय इलाकों में पाई जाती हैं। दांतेदार चक्रित मृद्‌भांड के ठीकरे को अयोध्या का भी बतलाया गया है जहां के व्यापारी रोम से व्यापार करनेवाले तामलुक नामक बंदरगाह जाया करते थे। प्लिनी के आंकड़ों से संकेत मिलता है कि रोम से प्रतिवर्ष सात टन सोना आता था।[18] यह अतिरंजित है, लेकिन इसमें कोई संदेह नहीं कि रोम भारत से खासी मात्रा में मालों का आयात करता था। भूगोलविद् स्ट्राबो के अनुसार भारत के साथ व्यापार इतना अधिक बढ़ चुका था कि उसके समय में लाल सागर के मेयोस होरमुज बंदरगाह से प्रतिवर्ष 120 जहाज भारत के लिए रवाना होते थे।[19] सोने के हाथ से निकलने के संबंध में प्लिनी की शिकायत केवल भारत और श्रीलंका में बहुसंख्य रोमी स्वर्णमुद्राओं की उपलब्धि से ही नहीं, बल्कि पूर्वी देशों से रेशम और छुरी-कांटों के आयात पर लगे राजकीय प्रतिबंध से भी साबित होती है। रोम की राजनीति में जो परिवर्तन हुआ, उसका भारत के सुदूर-व्यापार पर विपरीत प्रभाव पड़ा। चौथी सदी के शुरू में रोमी साम्राज्य दो भागों में बंट गया और अंततः इसका पतन हो गया। फलतः प्रायद्वीपीय भारत के बंदरगाहों से होनेवाला सुदूर-व्यापार बिलकुल कम हो गया। चौथी और पांचवीं शताब्दियों के बैजंताई सिक्के[20] इस प्रायद्वीप में मिलते हैं जिनसे छठी सदी तक बैजंतिया के साथ व्यापार होता था।[21] पुरातत्त्व से पता चलता है कि सातवीं-आठवीं शताब्दियों में पूर्वी रोमी साम्राज्य की अर्थव्यवस्था सिकुड़ गई थी।[22]

यद्यपि गुप्तकाल में भारत बैजंतिया के साथ व्यापार करता था, तथापि दक्षिण भारत में प्राप्त बैजंताई सिक्कों की संख्या के आधार पर यह नहीं कहा जा सकता[23] कि व्यापार उसी पैमाने पर चलता रहा जिस पैमाने पर अविभाजित रोमी साम्राज्य के साथ चल रहा था। इस व्यापार में रेशम महत्त्वपूर्ण वस्तु था, और फारसवासी इसे न केवल चीनियों से बल्कि भारतीयों से भी खरीदकर बैजंतिया ले जाते थे। परंतु छठी शताब्दी के मध्य तक बैजंताई लोग रेशम के कीड़ों को शहतूत की पत्तियों पर पालना सीख चुके थे,[24] जिसके फलस्वरूप इस साम्राज्य के साथ भारत के व्यापार को धक्का लगा। यद्यपि

मध्य-पूर्वी देशों के साथ व्यापार ग्यारहवीं शताब्दी के अंत तक फिर से जारी हुआ,[25] फिर भी भारतीय व्यापार में उत्तरी अफ्रीका के सौदागरों की भूमिका प्रमुख थी।[26] मध्य-पूर्वी देशों से भारत को भेजी जानेवाली 103 मदों में सबसे बड़ा समूह सूती कपड़ों और पहनावे के वस्त्रों का था,[27] लेकिन सभी आयात-वस्तुओं का मूल्य कम था।[28] भारत से मध्य-पूर्वी देशों में निर्यात होनेवाली सतहत्तर मदों में लोहा और इस्पात महत्त्वपूर्ण थे।[29]

पुरातत्त्व इस धारणा की पुष्टि नहीं करता कि ईसा की चौथी से दसवीं शताब्दी तक दक्षिण-पूर्वी एशिया के साथ दक्षिण भारत का उन्नतिशील वाणिज्यिक संबंध था। जैसाकि अरिकमेडु अथवा पांडीचेरी के निकट वीरपतनम् और कंबोज (कंबोडिया) स्थित ओक इओ से प्राप्त पुरावशेष बतलाते हैं, ईसवी सन् की आरंभिक शताब्दियों में भारत दक्षिण-पूर्वी एशिया के साथ मनकों का व्यापार करता था।[30] उत्तर-पश्चिमी जावा में रोमी-भारतीय दांतेदार चक्रित मृद्‌भांड के मिलने से ज्ञात होता है कि ईसा की पहली दो सदियों में इंडोनेशिया के उस भाग के साथ दक्षिण भारत का व्यापार होता था। दूसरी से पांचवीं शताब्दियों के बीच भारत में प्रचलित पत्थर-छापवाले और चिकने घोल/लेप से युक्त मृद्‌भांड भी उत्तर-पश्चिम जावा में पाए जाते हैं।[31] लेकिन आरंभिक मध्यकालीन व्यापारिक संपर्क के लिए पुरातात्त्विक साक्ष्य का अभाव है। सामान्यतः ईसा की चौथी और दसवीं शताब्दियों के बीच भारत और दक्षिण-पूर्वी एशिया के बीच हो रहे व्यापार से संबद्ध वस्तुएं नहीं मिली हैं।[32]

दोनों ओर सिक्कों का साक्ष्य समान रूप से कमजोर है। यद्यपि गुप्तों के कुछ सिक्के जावा में पाए गए हैं,[33] लेकिन दक्षिण-पूर्वी एशिया का कोई सिक्का भारत में नहीं मिलता। इसका कारण यह है कि बर्मा और कंबोज (कंबोडिया) सोलहवीं शताब्दी तक अपनी मुद्रा-व्यवस्था विकसित नहीं कर सके थे।[34] नवीं से तेरहवीं शताब्दी के बीच दक्षिण-पूर्वी एशिया में दक्षिण भारतीय व्यापारसंघ (गिल्ड्स) पाए जाते हैं,[35] पर नवीं और दसवीं शताब्दियों में दक्षिणी समुद्रों में अधिकांशतः अरब ही व्यापार करते थे। नवीं और तेरहवीं शताब्दियों के बीच दक्षिण-पूर्वी एशियाई व्यापार में भारत की सहभागिता नहीं के बराबर थी।[36] आरंभिक मध्ययुगीन दक्षिण भारत में चीनी ताम्रमुद्राओं का जब-तब मिलना अधिक व्यापार का संकेत नहीं देता।[37] कुल मिलाकर ईसा की तीसरी शताब्दी के बाद और खासकर छठी शताब्दी के मध्य के बाद सुदूर-व्यापार कमजोर पड़ गया था, जिससे शहरों को क्षति पहुंची।

चौथी से छठी शताब्दियों के दौरान अथवा उसके तुरंत बाद शहरों को भोजन देनेवाले कृषि-क्षेत्र के क्षीण होने की संभावना प्रतीत होती है। गांगेय और अन्य मैदानों में जंगलों की कटाई और पृष्ठप्रदेशों की उत्पादन-क्षमता के घटने का प्रभाव नगरों पर पड़ा होगा। पांचवीं शताब्दी ई. पू. में पहले-पहल गौतम बुद्ध ने स्पष्टतः कृषि की आवश्यकताओं की पूर्ति के लिए पशु-धन की सुरक्षा पर बल दिया था। ईसवी सन् की शुरुआत के साथ गोरक्षा धर्मसिद्धांत बन गई; इसने इतना तूल पकड़ा कि अनुपयोगी पशु का पोषण भी आवश्यक हो गया। लगता है कि जैसे-जैसे समय बीतता गया, वनस्पतियां नष्ट होती गईं। इस दीर्घकालीन परंपरा के कारण वनस्पति-जगत बहुत कुछ नष्ट हुआ

होगा। कृषि के विस्तार के लिए जंगलों का और सफाया किया गया। भारी चराई और जंगलों के सीधे सफाये के माध्यम से वनों के नाश के फलस्वरूप नाइट्रोजन की आपूर्ति और वर्षा में कमी हुई होगी, जैसाकि बिहार-अंतर्गत रांची क्षेत्र में गत एक सौ वर्षों में देखा गया है। इससे पृष्ठप्रदेश (पड़ोसी इलाका) कंगाल हो गया होगा। औद्योगिक काल के पहले यातायात की कठिनाइयों के कारण शहरों को मुख्यतः पृष्ठप्रदेश के अंतर्गत भूमि में गहन खेती पर निर्भर करना पड़ता था। यदि भूमि की उर्वरता समाप्त हो जाती थी तो उसे नई कृषि-तकनीक के द्वारा फिर से उपजाऊ बनाया जा सकता था। किंतु तीसरी और उसके बाद की दो सदियों में नई तकनीक के विकास का कोई संकेत नहीं मिलता, यद्यपि लोहे के औजारों का बढ़ता इस्तेमाल दिखता है। ध्यान देने की बात है कि औद्योगिक तकनीक के आगमन के पहले शहरों को कृषि-अधिशेष का बहुत छोटा हिस्सा मिलता था। प्राकृतिक संकट अथवा सामाजिक अव्यवस्था के कारण अधिशेष में नगरों के भाग के प्रभावित होने पर आसानी से उसकी क्षतिपूर्ति नहीं की जा सकती थी।[38] फिर भी, इस परिकल्पना पर पर्याप्त शोध की आवश्यकता है।

कलियुग के पुराणों में प्राप्त वर्णन में सामाजिक कलह का जो प्रतिबिंब मिलता है उसके संदर्भ में नगरीकरण के पतन और लोप को बेहतर स्पष्ट किया जा सकता है।[39] ऐसे एक वर्णन-समूह को ईसा की तीसरी शताब्दी के अंत और चौथी शताब्दी के प्रारंभ का माना जाता है, और दूसरे समूह को आठवीं शताब्दी का।[40] काफी महत्त्व की बात यह है कि कलियुग के लिए निर्धारित काल शहरी ह्रास के दो कालों के साथ मेल खाते हैं। इनमें पहला काल तीसरी और चौथी शताब्दियों का है और दूसरा काल सातवीं और आठवीं शताब्दियों का। व्यापक अशांति के वर्णन केवल पुराणों में ही नहीं पाए जाते हैं, बल्कि उनकी प्रतिध्वनियां **बृहत्संहिता** (505 ई.) में भी सुनी जाती हैं, जिसके रचयिता चौथी शताब्दी की परिस्थितियों से अनभिज्ञ नहीं रहे होंगे। वराहमिहिर के अनुसार जब बृहस्पति विशाखा नक्षत्र को और शनि कृत्तिका नक्षत्र को अपने अधीन कर लेंगे, तब प्रजा में भयानक अशांति और हिंसा फैलेगी, और जब ये दोनों ग्रह एक ही नक्षत्रमंडल में आ जाएंगे, तब राजधानी पर आक्रमण होगा।[41]

यूनान और रोम के नगर नागरिक भूस्वामियों के निवासस्थान होते थे, और देहाती क्षेत्र में इन्हीं भूस्वामियों की जमीनों पर गुलामों द्वारा खेती की जाती थी। लेकिन प्राचीन भारतीय शहरों में जो लोग प्रभावशाली थे उनमें भूस्वामियों की संख्या अधिक नहीं मालूम पड़ती। कुछ किसानों को छोड़कर शहरों के रहनेवाले अधिकतर लोग गैर-कृषक होते थे। साधारणतया सौदागर व्यापार के लाभ पर निर्वाह करते थे, शिल्पी अपने शारीरिक अर्जन पर, और धार्मिक तथा प्रशासनिक कार्यकर्त्ता किसानों, शिल्पियों और सौदागरों द्वारा दिए गए दानों, करों, धर्मशुल्कों और नजरानों पर। इस प्रकार शहर गांव पर शासन करता था। स्पष्टतः सामाजिक विप्लव से, जो कलियुग के आगमन से जुड़ा हुआ लगता है, ग्रामीण क्षेत्र से करों का मिलना रुक गया। इमारती निर्माणों में अनगढ़ पत्थरों, ईंटों के टुकड़ों इत्यादि के प्रयोग से शहरों में आंतरिक विद्रोह का संकेत मिलता है। उल्लेखनीय है कि उत्तर भारत के बहुत-से स्थलों पर खुदाई में गुप्तकाल के स्तर

अस्तव्यस्त मिले हैं। उन्हें देखने से तोड़-फोड़ होने का आभास मिलता है। पर इस दृष्टि से पुरातात्त्विक साक्ष्य को नहीं परखा गया है। ऐसा लगता है कि कलियुग के संकट से पश्चिमी और मध्य दकन अधिक प्रभावित हुए जहां 300 ई. के आसपास अनेक नगर उजड़ गए। उत्तर भारत के अच्छे-खासे भाग में, और खासकर पूर्वी उत्तरप्रदेश और बिहार में इसी प्रकार का चित्र मिलता है।

सामाजिक संकट के कारण पुरोहितों और पदाधिकारियों की जीविका के लिए शासकों द्वारा ग्राम-अनुदान देने की प्रक्रिया तीव्र हुई, और बड़े पैमाने पर शहरों का जागीरों में परिवर्तन भी हुआ। शहरों को व्यापक अनुदान-पद्धति के जाल में खींच लिया गया। शहर अथवा उसकी दुकानों को एक प्रकार की जागीर माना जाने लगा। ईसवी सन् की आरंभिक शताब्दियों की स्मृतियों (विधिग्रंथों) में प्रशासनिक कार्यों के लिए शहरों के अनुदान का प्रावधान है। लगभग दूसरी शताब्दी के स्मृतिकार मनु के अनुसार एक हजार गांवों के प्रभारी पदाधिकारी को एक शहर का राजस्व पारिश्रमिक के रूप में मिलना चाहिए।[42] शहरों को अनुदान में देने की प्रथा इतनी चल पड़ी कि उससे अनेक झगड़े पैदा होने लगे। अतएव पांचवीं शताब्दी के स्मृतिकार नारद शहरों के अनुदान-संबंधी विवादों का उल्लेख पुरप्रदानसम्भेदः के रूप में करते हैं।[43] जुलियस जॉली को शहरों के अनुदान पर आश्चर्य होता है और उन्हें संदेह है कि यह राजकीय परिवार के छोटे राजकुमार को दिया जाता था।[44] बाद में उनका विचार यह हो गया कि यह ब्राह्मणों और अन्य लोगों को दिया जाता था, और यह 'अग्रहार' का द्योतक था।[45] लेकिन मनु, ह्वेन सांग और अभिलेखों से पता चलता है कि शहरों का अनुदान केवल धार्मिक प्रयोजनों के लिए नहीं बल्कि वित्तीय और प्रशासनिक सेवाओं के लिए भी दिया जाता था।

अभिलेखों और ह्वेन सांग के विवरण से जानकारी मिलती है कि शहर और दुकानें मंदिरों और विहारों को उनकी आवश्यकताओं की पूर्ति के लिए सौंप दी जाती थीं। ऐसे अनुदान मंत्रियों और सेना तथा प्रशासन के पदाधिकारियों को भी दिए जाते थे। ह्वेन सांग अनेक ऐसे विहारों का उल्लेख करता है जिन्हें दान में शहर दिए गए थे। उसके अनुसार राज्य के मंत्रियों और आम पदाधिकारियों के पास जमीन का अपना-अपना हिस्सा होता था, और उनका भरण-पोषण उनको दिए गए नगरों के द्वारा होता था।[46] बनारस के इलाके से प्राप्त, सातवीं/आठवीं शताब्दी के एक अभिलेख में पुर के रखरखाव के लिए एक सौ नगर-क्षेत्रों (पत्तन) के अनुदान का उल्लेख है।[47] पुर शब्द नगर अथवा मंदिर के रूप में अनूदित होता है,[48] लेकिन चूंकि यह महलों और प्रवेशद्वारों[49] से युक्त होता था, इसलिए इसके धार्मिक और प्रशासनिक, दोनों प्रकार के केंद्र होने की संभावना है।[50] नवीं शताब्दी में उत्तरप्रदेश के ललितपुर जिलांतर्गत स्थित सियादोनी नामक शहर के द्वारा ब्राह्मणों को छोटा शहर अनुदान में दिया गया जिसे रायक कहते थे और इसके लाभभोगी रायकभट्ट कहलाते थे।[51] चंदेलों के 1136 और 1191 के अनुदानों में भट्टाग्रहार के रूप में पाटलिपुत्र का वर्णन है।[52] यह बहुत पहले ही कुछ ब्राह्मणों के भरण-पोषण के लिए अग्रहार के रूप में दिया गया होगा। शिल्पियों और सौदागरों से राजा जो महसूल और कर वसूलता था, वे ऐसे अनुदानों के द्वारा विहारों को हस्तांतरित हो जाते थे। इसका यह

अभिप्राय भी हो सकता है कि लाभभोगी को शहर के प्रशासन का भार भी सौंपा जाता था। इस प्रथा से स्पष्ट है कि राज्य और शहर के बीच तथा शहर और शहर के बीच के आर्थिक संबंध टूट गए, क्योंकि स्थानीय लाभभोगी के लिए स्वाभाविक था कि वह शहर के साधनों का शोषण करने के लिए शहर का पूरा नियंत्रण रखे। पूर्वकाल में मठ (विहार) अथवा संघाराम साधारणतः शहरी तथा अन्य आबादियों से भिक्षुओं द्वारा एकत्रित किए गए साधन से अपनी आवश्यकताओं की पूर्ति किया करता था; भिक्षा में प्राप्त इन साधनों से सेवा और सामान जुटाए जाते थे। लेकिन भूमि-अनुदान पानेवालों के इस वर्ग के उदय से उत्पादक और उपभोक्ता के बीच सीधा संबंध स्थापित हुआ। इस संबंध के कारण व्यापारी की आवश्यकता नहीं रही। लगता है कि लाभभोगी ऐसी वस्तुओं के उत्पादन के लिए शिल्पियों को बाध्य करने लगे जिनमें शिल्पियों की अभिरुचि नहीं थी। उपयोगी वस्तुओं के स्थान पर विलासिता की वस्तुओं को तरजीह दी जाने लगी। इस प्रकार संभवतः अनुदान शहर के आर्थिक कार्यकलाप को सीमित करने लगे और धीरे-धीरे उसको सामंती रूप देने लगे। ऐसे अनुदानों की शर्तें और प्रतिबंध यद्यपि किसी स्रोत में उल्लिखित नहीं हैं, फिर भी ये बुनियादी तौर पर ग्राम-अनुदानों से अधिक भिन्न नहीं मालूम पड़ते हैं जिनमें कभी-कभी लाभभोगी के नियंत्रण में सौदागरों और शिल्पियों को सौंपने का विशेष रूप से उल्लेख है।

एक ओर दुकानों के और सीमा-शुल्कों के अनुदान से व्यापारिक गतिविधियों को क्षति पहुंची और दूसरी ओर सौदागर अनुदान में प्राप्त भूमि के प्रबंध में अधिकाधिक व्यस्त होने लगे। जातकों में कुछ सेट्ठियों की भूसंपत्ति का उल्लेख है, पर गुप्त और गुप्तोत्तरकालों के कुछ अभिलेख बताते हैं कि देश के विभिन्न भागों में काफी सौदागर भूमि-प्रबंध में लगे थे। मध्य भारत में उच्छकल्प के शासक ने 512-13 ई. में दो देवताओं की पूजा और उनके मंदिरों की मरम्मत के लिए एक ग्राम अनुदान में दिया। इस अनुदान में गांव का आधा हिस्सा सौदागर शक्तिनाग और संभवतः कुमारनाग और स्कंदनाग नामक दो और सौदागरों को दिया गया।[53] यह पता नहीं है कि लाभभोगी सौदागर शहरों के निवासी होते थे या नहीं। एक अन्य दृष्टांत से पता चलता है कि दो मंदिरों को गांव की व्यवस्था का काम सौंपा गया था।

पश्चिमी समुद्रतट पर इसी तरह के उदाहरण पाए जाते हैं। आठवीं शताब्दी के प्रारंभ में कोंकण क्षेत्र के चालुक्य शासक भोगशक्ति की दो सनदों से पता चलता है कि सौदागरों को धार्मिक कार्यों के लिए दी गई भूमि का प्रबंध कैसे सौंपा जाता था। एक ऐसा उदाहरण है जिसमें मंदिर को अनुदान के रूप में दिए गए आठ गांवों और मुद्राराशि को पांच-पांच या दस-दस स्थानीय सौदागरों के समूहों के नियंत्रण में रखा गया। ये सौदागर राज्य को महसूल देने और राजकीय पदाधिकारियों के निमित्त रसद जुटाने से मुक्त कर दिए गए थे। इन पर वार्षिक धार्मिक शोभायात्रा की निगरानी की जिम्मेदारी थी।[54] एक और उदाहरण है जिसमें उजड़े हुए शहर को फिर से आबाद कराया गया और उसे तीन निकटवर्ती गांवों के साथ दो ऐसे सौदागरों को सौंपा गया; उन्हें एक प्रकार का नागर-अधिकारपत्र भी दिया गया था।[55] यह प्रक्रिया देश के विभिन्न भागों में जारी रही।

दसवीं शताब्दी के दौरान उड़ीसा में मंदिरों को दिए गए गांव का प्रबंध सौदागरों के हाथ में होता था।[56] कमलवन-वणिक-स्थान नाम से विदित संस्था शहरी रही होगी। सौदागरों द्वारा धार्मिक कार्यों के लिए अनुदान में दी गई भूमि के प्रबंध की प्रथा आंध्रप्रदेश और दक्षिण भारत के अन्य भागों में भी पाई जाती थी। आंध्रप्रदेश से प्राप्त 1261-62 के मलकापुरम् अभिलेख से पता चलता है कि साठ द्राविड़ ब्राह्मणों में से प्रत्येक को बड़े मठ (विहार) के संस्थापक के द्वारा भूमि-अनुदान मिला हुआ था। यह माना जाता है कि ये सभी ब्राह्मण संभवतः सौदागर थे।[57] यदि सौदागरों को भूमि के प्रबंध में लगाया जाता था तो उनकी व्यापारिक गतिविधियों में कमी आना अवश्यंभावी था। धीरे-धीरे सौदागरों के संपन्न भूमिपतियों में [58] परिवर्तित होने से उन्हें कुछ सामाजिक प्रतिष्ठा तो प्राप्त हुई होगी, परंतु वे अपने शहरी कार्यकलापों से अलग हो गए होंगे।

टिप्पणियां

1. 'एक्सप्लोरेशन ऑव हिस्टॉरिकल साइट्स', **ए आइ,** सं. 9, 1953, पृ. 116-69; वाइ. डी. शर्मा, 'रिमेंस ऑव अर्ली हिस्टॉरिकल सिटीज' **आर्कियोलॉजिकल रिमेंस, मॉन्यूमेंट्स एंड म्यूजियम्स,** भाग I; आर. एन. मेहता और एस. एन. चौधरी, **एक्सकेवेशन ऐट धतवा,** पृ. 66 देखें।
2. सी. मार्गबंधु, **आर्कियोलॉजी ऑव द सातवाहन-क्षत्रप टाइम्स,** पृ. 30.
3. एस. बी. देव और आर. एस. गुप्ते, **एक्सकेवेशंस ऐट भोकर्दन,** पृ. 216; एम. जी. दीक्षित, **कौंडिन्यपुर,** पृ. 27.
4. एस. बी. देव और आर. एस. गुप्ते, पूर्वोक्त, पृ. 216; सी. मार्गबंधु, पूर्वोक्त, पृ. 30 में भी यही धारणा व्यक्त हुई प्रतीत होती है।
5. एस. बी. देव और आर. एस. गुप्ते, पूर्वोक्त, पृ. 212, 216.
6. एस. बी. देव, 'हिस्टॉरिकल आर्कियोलॉजी रिव्यू एंड पर्सपेक्टिव', **पुरातत्त्व,** इंडियन आर्कियोलॉजिकल सोसाइटी का बुलेटिन, सं. 13-14, 1981-83, पृ. 88.
7. **ए एस आर,** 1903-04, पृ. 88.
8. एम. जी. दीक्षित, **कौंडिन्यपुर,** पृ. 27.
9. के. सी. जैन, **सिटीज एंड टाउंस इन राजस्थान,** अध्याय 13.
10. आर. एन. मेहता और एस. एन. चौधरी, **एक्सकेवेशंस ऐट धतवा,** पृ. 66.
11. **आइ ए आर,** 1969-70, पृ. 31.
12. वही.
13. वही.
14. वी. एस. अग्रवाल, **वामन पुराण : ए स्टडी,** पृ. xvi, 9.
15. प्रोफेसर ए. एच. दानी से प्राप्त सूचना।
16. रूसी पुरातत्त्वविद् प्रोफेसर वी. मस्सों से प्राप्त सूचना।

17. मैनफ्रेड जी. राशकी, 'रोमन क्वायन फाइंड्स ऑन द इंडियन सबकंटिनेंट : ए कैटेलॉग एंड एनालिसिस', अप्रकाशित।
18. कीथ हॉपकिंस, 'इकॉनमिक ग्रोथ एंड टाउंस इन क्लासिकल एंटिक्विटी,' **टाउंस इन सोसाइटीज,** सं. : फिलिप एब्रम्स और इ. ए. रिगले, पृ. 50.
19. स्ट्राबो, II. 5.12; उपरोक्त में उद्धृत।
20. तांबे के लगभग तीस हजार बैजंताई सिक्के श्रीलंका में पाए गए हैं। डॉ. रॉलैंड सिल्वा से प्राप्त सूचना।
21. एन. सी. घोष और के. इस्माइल, 'टु फॉरेन गोल्ड क्वायंस फ्रॉम एक्सकेवेशन ऐट कुडावेल्ली, डिस्ट्रिक्ट महबूबनगर, आंध्रप्रदेश,' **जे एन एस आइ,** XLII, 1980, पृ. 11-17.
22. रिचर्ड हॉजेस और डेविड व्हाइटहाउस का मत; **द टाइम्स लिटरेरी सप्लीमेंट,** 6 जुलाई, 1984, पृ. 258 में उद्धृत।
23. ए. कोरोत्सकया, **द रोल ऑव सिटी इन द हिस्टरी ऑव इंडिया** (हिंदी में), पृ. 95.
24. एस. के. मैती, **इकॉनमिक लाइफ ऑव नॉर्दर्न इंडिया इन गुप्त पीरियड,** पृ. 136-39; रिचर्ड पैनखर्स्ट, **ऐन इंट्रोडक्शन टु द इकॉनमिक हिस्टरी ऑव इथियोपिया,** पृ. 46-47; आर. एस. शर्मा, **इंडियन फ्यूडलिज्म,** पृ. 54-55.
25. यह काहिरा-अंतर्गत गेनिजा के दस्तावेजों के आधार पर कहा जा सकता है। अधिकतर दस्तावेज 1080 ई. से 1160 ई. के बीच के काल के हैं; मात्र थोड़े से दस्तावेज 1160 ई. से 1240 ई. के बीच के हैं। **इस्लामिक कल्चर,** XXXVII, 1963, पृ. 195 देखें।
26. वही, पृ. 199.
27. वही, पृ. 197-98.
28. वही, पृ. 198.
29. वही, पृ. 196.
30. एच. बी. सरकार, **कल्चरल रिलेशंस बिटविन इंडिया एंड साउथ-ईस्ट एशियन कंट्रीज,** पृ. 248.
31. माइकेल जे. वाकर और एस. सैंतोसो, 'रोमानो-रौलेटेड पॉटरी इन इंडोनेशिया', **पुरातत्त्व,** अंक 9, 1977-78, पृ. 104-08.
32. वही, अध्याय II; पूर्वी और दक्षिणी भारत में कांसे की वस्तुओं के निर्माण के लिए इंडोनेशिया से टिन का आयात होता होगा। लेकिन इसे साबित करना अभी बाकी है।
33. एस. सहाय, 'मीडियम ऑव एक्सचेंज इन एंशिएंट कंबोडिया,' **जर्नल ऑव द न्युमिसमेटिक सोसाइटी ऑव इंडिया,** XXXIII, भाग I, 1971, 93, पादटिप्पणी 1.
34. वही, पृ. 93.
35. लतिका वरदराजन, 'इंडियन पार्टिसिपेशन इन द ट्रेड ऑव द सदर्न सीज सर्का नाइंथ टु थर्टींथ सेंचुरीज,' हिंद महासागर पर अंतर्राष्ट्रीय संगोष्ठी (सेमिनार), नई दिल्ली, 1985 में प्रस्तुत टंकित निबंध।
36. वही।
37. पीछे पृ. 168-69 देखें।
38. इस परिकल्पना का परीक्षण अभी बाकी है।
39. आर. एस. शर्मा, 'द कलि एज : ए पीरियड ऑव सोशल क्राइसिस,' एस. एन. मुखर्जी (सं.), **इंडिया : हिस्टरी एंड थॉट, एस्सेज इन ऑनर ऑव ए. एल. बाशम,** पृ. 186-203.
40. वही, पृ. 187.
41. **बृहत्संहिता,** X. 19.
42. **मनु,** VII. 119.

43. **द नारदीयमनु संहिता विद द भाष्य ऑव भवस्वामिन्,** सं. : के. सांबशिव शास्त्री, त्रिवेंद्रम संस्कृत सीरिज, सं. XCVII, त्रिवेंद्रम, XVIII, 2 देखें। इस पद्य की पाठरचना में संपादक ने पुरप्रधानसम्भेदः शब्द को तरजीह दी है, लेकिन पांडुलिपि **क** और **ग** में **ध** के स्थान पर **द** है (वही, पृ. 175, पादटिप्पणी 1)। **वीरमित्रोदय** में इस अतिमहत्त्वपूर्ण उद्धरण को उद्धृत करते हुए मित्रमिश्र ने **पुरः प्रदानम्** लिखा है, जिसका अनुवाद जे. जॉली ने **नारदीय धर्मशास्त्र** अथवा **द इंस्टीट्यूट्स ऑव नारद,** वुर्जबुर्ग, 1875, पृ. 110 में 'शहर का दान या अनुदान" के रूप में किया है। **एस बी इ (सैक्रेड बुक्स ऑव द ईस्ट)** , XXXIII, ऑक्सफोर्ड, 1889, में भी जॉली इसी अनुवाद पर अडिग हैं।
44. **नारदीय धर्मशास्त्र,** पृ. 110 की पादटिप्पणी।
45. **एस बी इ,** XXXIII, पृ. 214, पादटिप्पणी 2.
46. वाटर्स, **ऑन युआन च्वांग्स ट्रेवेल्स,** I, पृ. 177.
47. **ग्रामाभिधान-नयनोत्सव-पत्तनं दत्तं शतम्**''', **इ आइ,** XXXIV, सं. 39, पृ. 246.
48. वही, पृ. 246.
49. वही.
50. वही, 246; इस अनुदान में गांव (ग्राम) और शहर (पत्तन) में कोई भेद नहीं किया जाता था। अनुदान सौ गांवों के नाम से दिया गया। स्पष्ट है कि ये नगरक्षेत्र ग्रामीण बस्तियों में परिवर्तित होने की प्रक्रिया में थे।
51. **इ आइ,** I, सं. 11.
52. बी. पी. मजुमदार, 'सेलेक्शन ऑव कैपिटल सिटीज इन एंशिएंट नॉर्दर्न इंडिया,' **जर्नल ऑव एंशिएंट इंडियन हिस्टरी,** XIV, 1983-84, पृ. 117-39, 127; तथापि दूसरे चंदेल अनुदानपत्र में पाटलिपुत्र को नगर कहा जाता है। वही।
53. **सी आइ आइ,** सं. III, पृ. 128.
54. आर. एस. शर्मा, **इंडियन फ्यूडलिज्म,** पृ. 57.
55. वही.
56 बी. पी. मजुमदार, 'कलेक्टिव लैंडग्रांट्स इन अर्ली मेडिवल इंसक्रिप्शंस (सर्का ए डी 606-1206),' **जर्नल ऑव एशियाटिक सोसाइटी,** X, सं. 1-4, 1968, पृ. 7.
57. डी. सी. सरकार, **एपिग्राफिक डिस्कवरीज इन ईस्ट पाकिस्तान,** पृ. 38.
58. आर. एस. शर्मा, **इंडियन फ्यूडलिज्म,** पृ. 58.

अध्याय 9

शहरी पतन के परिणाम

शहर में कौन-से लोग रहते थे और प्राचीन आर्थिक और सामाजिक व्यवस्था में उनकी क्या भूमिका थी, यह जाने बिना शहरी ह्रास के सामाजिक महत्त्व को पूरी तरह नहीं समझा जा सकता। कौटिल्य ने किलेबंद नगर में रहनेवाले बीस प्रकार के शिल्पियों (दस्तकारों) का स्पष्ट उल्लेख किया है।[1] बाद की शताब्दियों में शिल्पों की संख्या तेजी से बढ़ी। **महावस्तु** और **मिलिन्द-पञ्हो** में शहर के लोगों के व्यवसायों के सुस्पष्ट वर्णन मिलते हैं; मिश्र (हाइब्रिड) संस्कृत में लिखित ये दोनों ग्रंथ ईसा की पहली शताब्दी के हैं। लगभग तीसरी शताब्दी का द **गारलैंड ऑव मदुरई** नामक तमिल ग्रंथ इनका पूरक हो सकता है।[2] **मिलिन्द-पञ्हो** में धम्मनगर[3] नामक काल्पनिक नगर के पचहत्तर व्यवसायों का उल्लेख है, और **महावस्तु** में राजगृह[4] और कपिलवस्तु[5] नामक दोनों नगरों में प्रत्येक के लगभग एक सौ धंधों की चर्चा है। इन बौद्ध सूचियों में, जहां अधिकतर सौदागरों और शिल्पियों की चर्चा है, वहीं परंपरागत संवर्गों अर्थात् वर्णों और वर्णसंकर जातियों का उल्लेख नहीं है। **महावस्तु** की दो सूचियां केवल **मिलिन्द-पञ्हो** की सूचियों से ही भिन्न नहीं हैं, बल्कि इनमें आंतरिक भिन्नताएं भी दिखती हैं। तमिल ग्रंथ में व्यवसायों की सूची उतनी बड़ी नहीं है,[6] लेकिन इसमें त्योहार के दिन मदुरई की गतिविधियों का दिया हुआ वर्णन वास्तविक मालूम पड़ता है।

राजधानीवाले नगर राजगृह और कपिलवस्तु में और साथ ही साथ शाकल[7] और धम्मनगर में प्रचलित धंधों के विश्लेषण से पता चलता है कि ब्राह्मण, श्रमण, श्रेष्ठी, व्यापारी और फेरीवाले, वेश्याएं और मनोरंजन करनेवाले और सबसे बढ़कर सैनिक तथा सेना के चारों विभागों के कर्मचारियों जैसे लोग किसान अथवा शिल्पी नहीं होते थे। इनमें से अधिकतम लोग उत्पादन में सीधा हाथ नहीं बंटाते थे; यहां तक कि वितरण में भी इनका हाथ नहीं था। इसलिए ये शहरी समाज के परजीवी वर्ग माने जा सकते हैं। यह बात खासकर राजधानीवाले नगरों में तैनात बड़ी सेनाओं के बारे में कही जा सकती है। राजगृह और कपिलवस्तु में सामान्य रूप में सैनिकों और उच्चाधिकारियों की चर्चा है,[8] लेकिन **मिलिन्द-पञ्हो** में अनेक प्रकार के सैनिकों की लंबी सूची मिलती है।[9] इस ग्रंथ में केवल हाथियों, घोड़ों, रथों और पैदल सेना का ही उल्लेख नहीं है, बल्कि सहायक सैनिकों के साथ सोलह विशिष्ट प्रकार के योद्धाओं[10] की भी चर्चा है। जहां धम्मनगर[11]

नामक नगर में नर्तक, पहलवान, कलाबाज इत्यादि मिलते हैं, वहीं **महावस्तु** के अनुसार राजगृह[12] और कपिलवस्तु[13] नामक दोनों राजधानी-नगरों में लगभग तीस प्रकार के मनोरंजन करनेवाले पाए जाते हैं, जिनमें विभिन्न प्रकार के गायक और वादक शामिल हैं। राजगृह की सूची में एक ही प्रकार की वेश्या की चर्चा है जिसे गणिका कहते हैं, लेकिन धम्मनगर की सूची में दो अन्य प्रकार की वेश्याएं, लसिका या नर्तकी और कुम्भदासी अथवा रखैल, भी जोड़ी गई हैं।[14] मदुरई में भी वेश्याएं मिलती हैं।[15]

पुरोहितों, सैनिकों, पदाधिकारियों और समृद्ध सौदागरों की शारीरिक सेवा के लिए सेवक परिचरों की सूची मिलती है। **मिलिन्द-पञ्हो**[16] में योद्धाओं की सूची के तुरंत बाद संगीतज्ञों और अनेक प्रकार के अन्य मनोरंजन करनेबालों के अतिरिक्त रसोइयों, धोबियों, स्नान-सहायकों और दूतियों का उल्लेख है।

प्राचीन शहरों की गैर-उत्पादक आबादी का आकलन करने के लिए हमारे पास कोई तरीका नहीं है। लेकिन क्षत्रियों, ब्राह्मणों, श्रमणों और बहुसंख्य पदाधिकारियों के साथ सैनिकों और मनोरंजन करनेवालों का काफी बड़ा समुदाय था जिसके लिए भोजन, कपड़ा, मकान और जीवन की अन्य आवश्यकताएं जुटानी पड़ती थीं, यद्यपि ये लोग इन चीजों के लिए सीधे कुछ नहीं करते थे। अतएव इस समुदाय को गैर-उत्पादक और परजीवी कहा जा सकता है। इनमें से कुछ, जिनमें (बौद्ध) भिक्षु, पुरोहित और राज्य के पदाधिकारी शामिल हैं, संग्राहक का काम करते थे, लेकिन ये सारे के सारे लोग उत्पादक नहीं, मुख्यतः उपभोक्ता थे।

इसके बावजूद भी शहरी अर्थव्यवस्था के उत्पादक पक्ष की उपेक्षा नहीं की जा सकती। प्राचीन ग्रंथों के अनुसार राजधानीवाले नगरों में शिल्पियों की बड़ी संख्या थी। (1) सोनार, लोहार और अन्य धातुकर्मी, (2) सीपी (शंख), बहुमूल्य और साधारण पत्थर तथा हाथीदांत के सामान बनानेवाले,[17] (3) हथियार बनानेवाले,[18] (4) वस्त्र-निर्माता और रंगरेज, (5), वाहनकर्मी,[19] (6) कुम्हार और भवन-निर्माता और (7) विभिन्न प्रकार के खाद्य पदार्थ तैयार करनेवाले अनेक शिल्पी पाए जाते हैं। सोने और चांदी के काम करनेवाले धातुकर्मियों के अतिरिक्त टिन, तांबे, पीतल और सीसे के काम करनेवाले धातुकर्मी भी होते थे।[20] वस्त्र-निर्माताओं में रेशम और ऊन के बुनकर शामिल थे।[21] ऐसा लगता है कि शहतूत की पत्तियों पर रेशम के कीड़े पालने की कला भारत में ईसा की पहली शताब्दी में प्रचलित थी। सेना के लिए वस्त्र तैयार करनेवाले बुनकरों और देवताओं (तथा संभवतः पुजारियों) के निमित्त कपड़ा बुनने में दक्षता हासिल करनेवाले जुलाहों के उल्लेख से वस्त्रोत्पादन की विशेषज्ञता का पता चलता है। धुलाई-घरवाले (लौंड्रीमेन), रंगरेज, रजक (क्लीनर्स) और सूत कातनेवालों के बारे में जानकारी मिलती है।[22] दरजी (तुन्नवाय) और ऊनी शाल (दुस्सिका)[23] का व्यापार करनेवाले इन शिल्पियों के कहीं अधिक निकट थे। रूई और सूती कपड़े का व्यवसाय करनेवाले कार्पासिक[24] कहलाते थे। **द गारलैंड ऑव मदुरई** में शिल्पियों और दुकानदारों में विशेष भेद नहीं किया गया है। इस ग्रंथ के अनुसार चित्रकार, जुलाहे, स्वर्णकार (सोनार), ताम्रकर्मी, बजाज, माली, चंदन की लकड़ी बेचनेवाले और शंख-सीपी की चूड़ियां बनानेवाले जैसे दस्तकार

(शिल्पी) अपनी-अपनी दुकानों में काम करते थे।[25]

घर बनाने और घरेलू सामान तथा बरतन आदि बनाने का काम राजगीर, बखार बनानेवाले, साज-सज्जा करनेवाले, पलस्तर करनेवाले, कुम्हार, मिट्टी की मूर्ति बनानेवाले, टोकरी बनानेवाले, उत्कीर्णक, बढ़ई, चित्रकार और चर्मकर्मी (चमड़े से खाल बनानेवाले) करते थे।[26] इस संबंध में कुआं खोदनेवालों की भी चर्चा की जा सकती है।[27] प्रसंगवश, इन सूचियों में ईंट बनानेवाले के लिए किसी शब्द का प्रयोग नहीं है।

शिल्पियों तथा उसी प्रकार के कुछ अन्य लोगों का वर्ग काफी बड़ा था जो शहरी आबादी के लिए खान-पान जुटाने में लगा रहता था। **महावस्तु** में दो प्रकार के शराब बनानेवालों (किण्वकों) का उल्लेख है।[28] **द गारलैंड ऑव मदुरई** में उल्लिखित है कि त्योहार के दिन आह्लादित करनेवाली ताड़ी की दुकानों पर झंडे फहराते हैं। यहां तक कि प्रातःकाल भी प्यासे यात्रियों के लिए ताड़ी बेची जाती है, और शराबी लड़खड़ाते चलते और गलियों में चिल्लाते हैं।[29] **महावस्तु** में लगभग एक दर्जन प्रकार के रसोइयों और विशेषज्ञों का उल्लेख है जो गेहूं का आटा, सत्तू (भुने हुए खाद्यान्न का आटा), भात और अनेक प्रकार के मिष्ठान्न बनाते थे, जिनमें दही, चीनी, गुड़ इत्यादि शामिल थे।[30] ये लोग व्यापारी का काम करते हैं, लेकिन ये उत्पादक भी प्रतीत होते हैं। इनके अतिरिक्त घास, लकड़ी, भात, पत्ते, फल, मूल, उबला चावल (ओदन) और मीठी रोटी (केक) के विक्रेता और फेरीवाले, मछली के व्यापारी तथा कसाई (मांस बेचनेवाले) मिलते हैं।[31] मदुरई के बारे में कहा जाता है कि छोटे-छोटे दुकानदार मीठी रोटियां (केक), सुगंधित चूर्ण, पान के बीड़े और फूलों की मालाएं बेचते हैं।[32] यह भी बतलाया गया है कि मदुरई की खाद्यसामग्री की दुकानों में हरी सब्जियां, कटहल, आम, मिसरी, भात और पका मांस बिकते हैं।[33] इन सभी प्रकार के सामान मिलने से बहुत-से नगरवासियों के अस्तित्व का भान होता है। उनकी खाद्य-संबंधी आवश्यकताओं की पूर्ति फेरीवाले और व्यापारियों द्वारा की जाती थी।

बौद्ध ग्रंथों में केवल श्रेष्ठी, जो निगम का मुख्य सौदागर होता था, और काफिले के नेता सार्थवाह, जो सौदागरों के संघ (वणिजग्रामो) का मुखिया होता था, का ही उल्लेख नहीं मिलता, बल्कि इनके अतिरिक्त लगभग आधे दर्जन छोटे-छोटे सौदागरों का भी उल्लेख है जो वाणिजा कहलाते हैं। ये फलों, मूलों, पके भोज्य पदार्थ, चीनी, वल्कल-वस्त्र, अन्न या घास की गराड़ियों और बांस के सौदागर होते थे, जो क्रमशः फलवाणिजा, मूलवाणिजा, अट्टवाणिजा, सर्करवाणिजा, वल्कलवाणिजा, स्तंबवाणिजा और वंशवाणिजा कहलाते थे।[34] अतएव ये सौदागर शहरी जनता के भोजन, वस्त्र और घर से संबंधित तरह-तरह की जरूरतें पूरी करते थे। इनमें अत्तारों (इत्रफरोश) अथवा सर्वोद्देश्यीय सौदागरों को, जिनको गंधिक[35] कहते हैं, जोड़ा जा सकता है; गांधी शब्द गंधिक से ही निकला है। अनेक प्रकार के तेलियों को भी, जिनमें कुछ सुगंधित तेलों के व्यापारी होते थे, इसी शब्द के दायरे में रखा जाता है।[36] आग्रीवनीजा[37] शब्द दुर्बोध प्रतीत होता है, लेकिन यदि **न** का **ल** में भाषाई परिवर्तन स्वीकार कर लिया जाए तो इसे अग्रवाल का पूर्ववर्ती रूप माना जा सकता है।

मौर्योत्तर शताब्दियों में शिल्पियों में आर्थिक, व्यावसायिक अथवा आनुष्ठानिक आधार पर विभेदीकरण की जो कुछ भी प्रकृति रही हो, लेकिन दस्तकारियों में विलक्षण विशेषता दिखती है। **मिलिन्द-पञ्हो** में धनुष-निर्माण के संदर्भ में धनुष बनानेवालों, धनुष की डोरी (प्रत्यंचा) बनानेवालों और तीर बनानेवालों का उल्लेख है।[38] इसी प्रकार इसमें चित्रकारों, रंग बनानेवालों और रंगरेजों की चर्चा है।[39] किसी शहरी स्थल के उत्खनन में प्राप्त पुरावस्तुओं से बहुसंख्य शिल्पों और उनकी शाखाओं के होने का पता चलता है। मिट्टी के बरतनों, धातु की बनी चीजों, हाथीदांत के बने सामानों, शीशे की वस्तुओं, पत्थर के मनकों इत्यादि में पाई जानेवाली विभिन्नताओं के आधार पर नाना प्रकार के शिल्पी प्रकाश में आते हैं। समय और स्थान के संदर्भ में उनकी पहचान अभी तक नहीं हुई है। पर प्रमुख नगरों में पाए जानेवाले शिल्पियों की सामान्य सूची हमें तैयार करनी है। यदि अभिलेखीय साक्ष्य को छोड़ भी दिया जाए, तो भी पुरावस्तुओं से बौद्ध ग्रंथों में चर्चित अधिकांश शिल्पियों का और ऐसे बहुत-से अन्य शिल्पियों का भी पता चलता है जिनका सुस्पष्ट उल्लेख इनमें नहीं है। भवन-निर्माण करनेवालों में राजमिस्त्री, खपड़ा बनानेवाले, ईंट पाथनेवाले, गीली मिट्टी की दीवार बनानेवाले, कुआं खोदनेवाले इत्यादि शामिल थे। मिट्टी के काम करनेवालों में कुशल और अकुशल कुम्हार, मृण्मय वस्तुएं बनानेवाले, मूर्तिकार, मोहर बनानेवाले, ताबीजिये (बुले बनानेवाले), सिक्कों और आभूषणों के निमित्त सांचे बनानेवाले, मिट्टी की छोटी-छोटी मूर्तियां बनानेवाले लोग सम्मिलित थे। पत्थर के काम करनेवालों में पत्थर काटनेवाले, मूर्तियां बनानेवाले, स्तंभ और स्तूप, फलक, घेरे, प्रवेशद्वार आदि बनानेवाले होते थे। धार्मिक और सजावटी कार्यों में प्रयोग होनेवाले मनकों और लटकनों के निर्माण के लिए बहुसंख्य शिल्पी अनेक प्रकार के कीमती और कम कीमती पत्थर काटकर इकट्ठा करते और उन पर काम करते थे। मनका-निर्माण के कारखाने अनेक शहरी स्थलों में, खासकर दकन और दक्षिण भारत में मिलते हैं। इसी प्रकार शीशे की वस्तुओं से बहुसंख्य शीशाकर्मियों और शीशे की वस्तुओं के निर्माण के लिए आवश्यक कच्ची सामग्री जुटानेवालों का पता चलता है। धातु की बनी चीजों से केवल जौहरियों और स्वर्णकारों (सोनारों) का अस्तित्व ही प्रमाणित नहीं होता, बल्कि सीसे, टिन, लोहे, पीतल, कांसे, तांबे और चांदी के दस्तकारों का अस्तित्व भी प्रमाणित होता है। अभिलेखों में अनेक प्रकार के शिल्पियों की चर्चा है। इनमें अत्तार (इत्रफरोश) और आटा पीसनेवाले शामिल थे। वे धार्मिक कार्यों के निमित्त दान देते थे, और कुछ धार्मिक कार्यों के लिए जमा धन के बैंकरों का काम भी करते थे।

शिल्पियों और सौदागरों की बौद्ध ग्रंथों में पाई जानेवाली सूचियां न तो संपूर्ण हैं और न उनमें उल्लिखित शिल्पीय और व्यापारिक शब्दों का पूरा विवेचन किया गया है। लेकिन जो कुछ ऊपर बतलाया गया है वह शहरी व्यवस्था में शिल्पियों और सौदागरों के महत्त्व को स्पष्ट करने के लिए पर्याप्त है। **द गारलैंड ऑव मदुरई** में गलियों को उन लोगों की चौड़ी नदियां कहा गया है जो बाजार में खरीद-बिक्री करते हैं।[40] शाकल नगर के वर्णन में आपण शब्द की पुनरावृत्ति से दुकानदारों के महत्त्व का संकेत मिलता है।[41] इसकी दुकानें काशी, कोटुंबर तथा अन्य स्थलों में बने अनेक प्रकार के वस्त्रों से भरी

दिखती हैं।[42] अनेक शिल्पी और सौदागर निगमों में संगठित थे, जिनको श्रेणि और आयतन कहते थे, लेकिन ये संगठन किस प्रकार कार्य करते थे, इसका संकेत न **महावस्तु** में मिलता है और न **मिलिन्द-पञ्हो** में। शिल्पी और सौदागर, दोनों उच्च, निम्न और मध्यम कोटियों में विभक्त थे।[43] हुनर, प्रतिष्ठा और आय के संदर्भ में इसका क्या अभिप्राय है, यह स्पष्ट नहीं है। निश्चय ही बड़े और छोटे व्यापारी और सौदागर, और साथ ही कुशल तथा अकुशल शिल्पी भी होते थे। जौहरियों, स्वर्णकारों और कम कीमती पत्थरों के काम करनेवाले शिल्पियों जैसे विलासी उपकरणों का उत्पादन करने और बेचनेवाले कुशल शिल्पियों और संपन्न सौदागरों के बीच अधिक अंतर नहीं था।

निस्संदेह शहर विनिमय, उत्पादन और प्रौद्योगिकी के केंद्र होते थे। आदर्श शहर वह कहलाता था जिसके अन्नागार तथा कोषागार अपार अन्न, धन और विभिन्न खाद्य-सामग्रियों से भरे रहते थे, और जहां खाद्य, पेय तथा विभिन्न भोज्य पदार्थों का बाहुल्य होता था।[44] लेकिन ये सामग्रियां शिल्पियों, सौदागरों और शहर के अन्य बहुसंख्य निवासियों के पास कैसे पहुंचती थीं, यह स्पष्ट नहीं है। आदर्श नगर के रूप में शाकल को सिक्कों (कहापण), चांदी, सोने, कांसे और मूल्यवान पत्थरों से भरा बतलाया गया है।[45] इसके साथ-साथ मुद्रा में भुगतान के बारे में कौटिल्य की व्यवस्था से पता चलता है कि शहरी समाज के धार्मिक, सैनिक और प्रशासनिक वर्गों के साथ-साथ शिल्पी और सौदागर भी मुख्यतः मुद्रा में कारोबार करते थे। साहित्य तथा पुरातत्त्व, दोनों के द्वारा प्रमाणित सिक्कों का बाहुल्य बतलाता है कि वे मुख्यतः विनिमय में लगाए जाते थे। हिरण्यक, जिसका बौद्ध ग्रंथों में बारंबार उल्लेख हुआ है, संभवतः सिक्कों के पारखी थे,[46] और सीसकार[47] तथा रूपकार सिक्के ढालनेवाले मालूम पड़ते हैं। सीस (लेड) शब्द का प्रयोग सिक्के के अर्थ में भी होता था, और सातवाहनों के द्वारा जारी किए गए सीसे के सिक्कों की प्रचुरता को देखते हुए सीसकार केवल सीसे का काम करनेवाला ही नहीं, बल्कि सीसे के सिक्के ढालनेवाला भी मालूम पड़ता है।

आरंभिक ऐतिहासिक काल में अनेक प्रकार के शहरी शिल्पियों और छोटे-छोटे सौदागरों का खाना-पीना कैसे चलता था? स्पष्टतः वे अपना परिश्रम बेचकर या अपना बनाया सामान बेचकर जो पैसा पाते थे, उससे सौदागरों और दुकानदारों से अनाज तथा अन्य खाद्य-सामग्रियां खरीदते थे। इसी प्रकार नकद वेतन पानेवाले पदाधिकारी और राजकीय कार्यकर्त्ता, और दान में नकद राशि पानेवाले पुरोहित (पुजारी) तथा (बौद्ध) भिक्षु भी अपनी जरूरत की चीजें खरीदते होंगे; अंतर केवल इतना ही होगा कि समृद्ध लोगों को केवल उपयोगी और अनिवार्य वस्तुओं की ही नहीं, बल्कि विलासिता की चीजों की भी आवश्यकता पड़ती होगी। शिल्पियों द्वारा उत्पादित उपयोगी वस्तुओं की जरूरत केवल शहरी लोगों को ही नहीं थी, बल्कि उससे कहीं बढ़कर गांव के लोगों को होती थी जिनके पास सारे शिल्पी नहीं होते थे। कांस्य युग के संदर्भ में कहा गया है कि शिल्पियों से शहरी लोगों की प्राथमिक आवश्यकताएं बहुत कम पूरी होती थीं।[48] यदि इसका अभिप्राय यह है कि शहर अपना खर्च आप नहीं चलाता था तो यह ठीक ही लगता है। लेकिन शहरी आबादी को कर और उपहार, जिससे वह निर्वाह करती थी, कैसे प्राप्त होते

थे ? प्रत्यक्षतः शहर में रहनेवाले राजकीय पदाधिकारी कृषकों से कर वसूलते थे। जाहिर है कि शिल्पी भी किसानों के हाथ अपने बनाए औजार और अन्य सामान बेचकर उसका मूल्य नकद अथवा जिंस में प्राप्त करते थे। इन औजारों के परिमाण का पता लगाना कठिन था। एक जातक-कथा बतलाती है कि गांव के व्यापारी ने शहर के सौदागर के पास पांच सौ हल जमा किए।[49] संभवतः ये लोहे के फाल रहे होंगे। कृषि-कार्य में इस्तेमाल के लिए शिल्पियों द्वारा बनाए गए औजारों की क्षमता और गुणवत्ता की उपेक्षा नहीं की जा सकती। कारगर औजारों से पृष्ठप्रदेश में उत्पादन की वृद्धि होती थी जिससे शहरी आबादी का निर्वाह होता था। जब लोहे के औजारों का बड़े पैमाने पर इस्तेमाल होने लगा, तब खेती की पैदावार में भारी वृद्धि हुई। साहित्यिक और पुरातात्त्विक साक्ष्यों से स्पष्ट है कि लोहे के औजार बनाने के केंद्र शहर में होते थे। शिल्पियों द्वारा बनाई गई विलासिता की सामग्रियों का स्थानीय इस्तेमाल होता था, और व्यापारी उन्हें दूर-दूर तक भी ले जाते थे। ऐसा लगता है कि मुख्य उत्पादों, कच्चे माल और तेल और कपड़ा समेत तैयार माल का व्यापार अधिकांशतः स्थानीय स्तरों पर होता था। हाथीदांत की वस्तुओं, शीशे के सामानों, कम कीमती पत्थर के मनकों और ऊनी, रेशमी और सूती वस्त्र समेत उत्तम वस्त्रों का व्यापार दूर-दूर तक होता था। मसालों, धातुओं और लोहे के बने छुरी-कांटों का व्यापार भी इसी प्रकार होता था। अतएव शिल्पी और सौदागर का संबंध विलासिता और उपयोगिता, दोनों प्रकार की वस्तुओं से था।

जिस प्रकार के समाजों में शहर स्थित होते हैं, उनका ध्यान किए बिना शहरों को परजीवी नहीं कहा जा सकता। सामंती समाज के प्रारंभिक चरण में वे वैसे प्रतीत होते हैं, यद्यपि इसके बाद के चरण में ये उत्पादन में लगे दिखाई देते हैं। यह बात खासकर पश्चिमी यूरोप के इतिहास पर लागू होती है। प्राचीन और प्राक्सामंती समाज में शहर महत्त्वपूर्ण आर्थिक कार्यों का संपादन करते थे और विकास में योगदान देते थे।[50] यह बात भारत के प्राचीन शहरों पर भी लागू होती है। यद्यपि शहर में रहनेवाले काफी लोग दूसरे की कमाई पर जीते थे, तथापि अर्थव्यवस्था और राजनीतिक शक्ति के विकास में शिल्पियों और सौदागरों का योगदान नगण्य नहीं माना जा सकता।

कौटिल्य के **अर्थशास्त्र** में देहाती इलाके (राष्ट्र) से अधिक शहर (दुर्ग) में राजकीय आय के स्रोतों के होने का उल्लेख है।[51] एक किलेबंद बस्ती अथवा शहर राजस्व के कम से कम बीस स्रोतों से युक्त दिखाई देता है।[52] इनमें से तीन का संबंध टकसालों, पारपत्रों (पासपोर्टों) और मंदिरों के अधीक्षकों के द्वारा वसूल की गई आय से था। मंदिरों के अधीक्षक (देवताध्यक्ष) देवताओं पर अर्पित चढ़ावों से, टकसाल के अधीक्षक सिक्कों के परीक्षण से और पारपत्रों के अधीक्षक देश में प्रवेश करनेवालों से वसूल किए गए राजस्व की देखभाल से जुड़े रहे होंगे। शराब, कसाईखाने, बुनाई और माप-तौल से भी राज्य को आमदनी होती थी।[53] स्पष्टतः यह आय शिल्पीय तथा वाणिज्यिक गतिविधियों के कारण होती थी। आय के स्रोत के रूप में नगर-अधीक्षक (नागरिक) का भी उल्लेख मिलता है।[54] जाहिर है कि वह नगर-नियमों का उल्लंघन करनेवाले अपराधियों से जुर्माना वसूल करता था। तेल, घी, गुड़ अथवा चीनी, सोनार, बाजार, शिल्पियों और

कलाकारों के समूह, सीमा-शुल्कों (महसूलों) तथा नगर-प्रवेशद्वार पर और बाहरी व्यक्तियों से प्राप्त शुल्क से भी राज्य को आमदनी होती थी। वेश्याएं, जुआ और भवन भी राजस्व के स्रोत मालूम पड़ते हैं।[55] ये सभी शहरी समाज की आय की ठेठ इकाइयां हैं। इनमें दंडः[56] अथवा जुरमानों को जोड़ा जा सकता है, जो स्पष्टतः न्यायालय अथवा दंडनायकों के द्वारा लगाए जाते थे। कौटिल्य के **अर्थशास्त्र** के दूसरे खंड की चाहे जो भी रचना-तिथि हो, लेकिन उससे यह सारी जानकारी मिलती है। **अर्थशास्त्र** के दूसरे खंड की रचना प्राक्सामंती काल में हुई प्रतीत होती है। उत्पादन और वितरण के द्वारा प्राचीन शहर राज्यकोष की वृद्धि में पर्याप्त योगदान देते थे। स्वभावतः कौटिल्य नियोजित ढंग से नगर बसाने की नीति की अनुशंसा करता है, और यह अनुशंसा **मिलिन्द-पन्हो** में भी मिलती है।[57]

प्राक्सामंती भारत में शिल्पी साज-सामान के निर्माण के द्वारा तथा राज्य को कर का भुगतान करके बड़ी सेना के भरण-पोषण में सहयोग देते थे।[58] ईसापूर्व चौथी शताब्दी में मौर्यों के पास छः लाख सैनिक होने का उल्लेख है। रोम के साम्राज्य के पास भी उसके उन्नत काल में इतनी ही सेना थी। इसलिए मौर्य सेना की यह संख्या अतिरंजित नहीं लगती। शांतिप्रिय नीति के बावजूद अशोक ने सेना को विघटित नहीं किया। अतएव उसके अधीन भी सैनिक बल बरकरार रहा होगा। सातवाहनों, कुषाणों और क्षत्रपों के अधीन सैनिकों की संख्या घट गई होगी। जो भी हो, युद्ध करने और विद्रोहों को दबाने के लिए बड़ी सेना रखनी ही पड़ती थी। अनुदान में दिए गए कुछ गांवों में सैनिक नहीं प्रवेश कर सकते थे, पर फिर भी देहाती क्षेत्र में शांति-व्यवस्था कायम रखने और सीधे-सीधे अपने अधीन राज्य की सुरक्षा के लिए सेना की आवश्यकता थी। मौर्यों के उत्तराधिकारियों के अधीनस्थ राज्यों में छोटे-छोटे राजाओं के द्वारा सैनिक जुटाने की प्रथा व्यापक रूप से प्रचलित नहीं थी।

प्राक्सामंती राज्य अपनी बड़ी-बड़ी सेनाओं के लिए भोजन, मकान, वस्त्र, साज-सामान और परिवहन की कैसे व्यवस्था करते थे? इस कार्य में शहरों की भूमिका बड़े महत्त्व की लगती है। शहरों और व्यापार से जो आय प्राप्त होती थी, वह देहाती क्षेत्र से एकत्रित आय जितनी नहीं हो सकती थी, लेकिन राज्य के हित में इसे बेकार नहीं समझा जा सकता। उल्लेखनीय है कि बड़ी-बड़ी सेनाओं को हथियारों और परिवहन के साधनों की आवश्यकता होती थी। कौटिल्य राजमहल के निकट शहर का एक भाग ऊन, सूत, बांस, चमड़े, कवच, हथियार और ढाल के काम में लगे लोगों के लिए आरक्षित करता है। उसके अनुसार शूद्रों और इन शिल्पियों को शहर के पश्चिमी चतुर्थांश में रहना चाहिए।[59] लेकिन धातुओं और जवाहरात के दस्तकारों तथा ब्राह्मणों को उत्तरी चतुर्थांश दिया जाता है।[60] यह कहना कठिन है कि राज्य की तात्कालिक आवश्यकता के लिए शिल्पियों को मौर्यकाल में एक स्थान पर रखा गया और यह प्रथा मौर्योत्तरकाल में जारी रही। लेकिन ईसा की लगभग पहली शताब्दी के बौद्ध ग्रंथों में चर्चित शिल्पियों में रथ बनानेवाले, धनुष, धनुष की डोरी (प्रत्यंचा) और वाण बनानेवाले, तथा सेना के लिए वस्त्र बुननेवाले (बुनकर अथवा जुलाहे) शामिल हैं।[61] प्राक्सामंती काल में काफी बड़े पैमाने

पर मुद्रा के प्रचलन से पता चलता है कि शिल्पी छोटे-मोटे माल तैयार करते थे, और किसान तथा दूसरे लोग पैसे से अथवा विनिमय के द्वारा इन्हें खरीदते थे। इस प्रक्रिया के कारण शिल्पी और व्यापारी, दोनों कर चुका सकते थे, अन्यथा किलेबंद नगर (दुर्ग) से इतने अधिक करों की वसूली कैसे संभव थी ?

गुप्त और गुप्तोत्तरकालों में शहरों के पतन के कारण व्यापारियों की कर चुकाने की क्षमता घंटी। यही कारण है कि एक जैन प्राकृत ग्रंथ पर तेरहवीं शताब्दी में की गई संस्कृत टीका में नगर को नकर अर्थात् 'कर नहीं चुकानेवाला' बतलाया गया है। दूसरी ओर यह उल्लिखित है कि गांव अठारह प्रकार के करों (अष्टादशकराः) से उत्पीड़ित हैं।[62] परंतु बड़े पैमाने पर ग्राम-अनुदान के कारण ग्रामीण राजस्व के स्रोत की भी क्षति हुई। अतएव राजा को मुख्यतः अपने अधीनस्थ राज्यों पर निर्भर करना पड़ता था। ह्वेन सांग बतलाता है कि हर्ष के पास साठ हजार लड़ाकू हाथी और एक लाख घुड़सवार थे।[63] इस प्रकार यह सेना चंद्रगुप्त मौर्य की सेना से बहुत भिन्न थी क्योंकि चंद्रगुप्त मौर्य के पास नौ हजार लड़ाकू हाथी और तीस हजार घुड़सवार थे। यद्यपि ह्वेन सांग ने पैदल सिपाहियों की संख्या का उल्लेख नहीं किया है, तथापि अन्य प्रकार के सैनिकों की संख्या को दृष्टि में रखते हुए, हर्ष की पूरी सेना की संख्या लगभग दो करोड़ रही होगी, क्योंकि मौर्यों के पैदल सैनिकों की संख्या लगभग छः लाख थी। विस्तृत मौर्य साम्राज्य और हर्ष के छोटे साम्राज्य के बीच सेना के इस अंतर की कैसे व्याख्या की जाए? स्पष्ट है कि हर्ष के अधीनस्थ राजे उसके लिए युद्ध के समय सैनिक जुटाते थे। नवीं शताब्दी के मध्य के आसपास के अरबी सौदागर सुलेमान द्वारा लिखित विवरण से इस प्रथा के प्रचलित होने की पुष्टि होती है। वह लिखता है : "भारतीय राजाओं के सैन्यदल बहुसंख्य होते हैं, लेकिन उनको वेतन नहीं मिलता। राजा उनको केवल धार्मिक युद्ध के अवसर पर ही एकत्रित करता है। उसी समय वे बाहर आते हैं, और राजा से कुछ प्राप्त किए बिना अपना निर्वाह कर लेते हैं।"[64] इसका अर्थ है कि राजा के लिए युद्ध करनेवाले अधिकतम सैनिक उससे वेतन नहीं पाते थे। अधीनस्थ अथवा छोटे-छोटे राजा जो अधिपति (ऑवरलॉर्ड) के लिए निश्चित संख्या में सिपाही जुटाते थे, इन सिपाहियों के वेतन का प्रबंध करते थे। किंतु यह कथन कि राजा केवल धार्मिक युद्ध करने के लिए सैनिकों को संगठित करता था, मुसलमान अरबों और हिंदू गुर्जर-प्रतिहारों के बीच के युद्ध के संदर्भ में कहा गया मालूम पड़ता है। पश्चिमी और उत्तरी भारत में भारतीय राज्यों के बीच धार्मिक युद्ध होने के उदाहरण दुर्लभ हैं। फिर भी जब सौदागर सुलेमान राजाओं के अवैतनिक सैनिकों की चर्चा करता है, तब वह इसमें बलहार अथवा राष्ट्रकूट राजा को शामिल नहीं करता, जो अरबों का मित्र था। वह कहता है कि बलहार "अरबों की तरह अपने सैन्यदलों को नियमित वेतन देता है।"[65] इसका आशय यह है कि राष्ट्रकूट राजा वेतनधारी पेशेवर सेना रखता था; यह व्यवस्था हमारी दृष्टि में सभी अन्य राजाओं पर भी लागू होती होगी। स्पष्ट है कि प्रत्येक राज्य अल्पतम आवश्यक सेना रखता था, और यह किसानों के कर से पाली जाती थी। परंतु शहरी ह्रास और ग्राम-अनुदान की प्रथा के फलस्वरूप राजस्व घट गया जिससे राजा को अपने अधीनस्थ जागीरदारों और छोटे-छोटे राजाओं से पहले से अधिक

फौज लेनी पड़ी और ग्रामीण क्षेत्रों में अमन-कानून कायम रखने की जिम्मेदारी अनुदानभोगियों को देनी पड़ी।

नगरवासियों को नगरों के पतन ने किस प्रकार प्रभावित किया? प्राचीन शहरी आबादी के स्वरूप का संकेत अनेक ग्रंथों में मिलता है। कौटिल्य के **अर्थशास्त्र** से जानकारी मिलती है कि राजमहल के निवासी, पार्षद, पुरोहित (पुजारी) और गुरु, सेनानायक, और सबसे बढ़कर सेना के चारों विभाग, जिनमें हाथी, घोड़े, रथ और पैदल सैनिक शामिल होते थे, किलेबंद नगर में रहते थे।[66] **मिलिन्द-पञ्हो** भी बतलाता है कि अनेक प्रकार के योद्धाओं और सैनिक अधिकारियों के साथ चतुरंग सेना नगर की आबादी का बड़ा हिस्सा होती थी।[67] ये सारे लोग या तो पुराने पतनशील नगरों में बसे रहे अथवा उनके उजड़ जाने पर नए किलेबंद स्थानों को चले गए। परंतु ऐसा लगता है कि साल-भर लगातार रहनेवाली स्थायी सेना की संख्या में बहुत कमी आई। किसानों से मिले करों पर पलनेवाली स्थायी राजकीय सेना सामंतों द्वारा राजा को दी गई सेना के कारण युद्ध के समय बहुत बड़ी हो जाती थी। बदले में सामंतों को या तो गांव दिए जाते थे या अपने-अपने क्षेत्रों में राजा उनके अधिकार को मान्यता प्रदान करता था। गुप्त और गुप्तोत्तरकालों में गैर-कृषक बस्तियां फौजी छावनियों, प्रशासनिक केंद्रों, तीर्थस्थानों, धार्मिक प्रतिष्ठानों इत्यादि के रूप में उभरकर सामने आईं। पांचवीं से आठवीं शताब्दियों के बीच के भूमि-अनुदान संबंधी अभिलेखों में अनेक पतनशील नगरों को सैनिक शिविर अथवा स्कंधावार कहा गया है।[68]

अन्न, वस्त्र, सुंगध (इत्र) आदि के व्यापारियों समेत उन सौदागरों की दशा का अनुमान हम लगा सकते हैं जिनका **अर्थशास्त्र**[69] और **मिलिन्द-पञ्हो**[70] में नगरवासियों के रूप में उल्लेख हुआ है। पालि तथा अन्य ग्रंथों में शहर को निगम कहा गया है और ग्रामीण क्षेत्र को जनपद। उल्लेखनीय है कि निगम शब्द का, जिसका शाब्दिक अर्थ 'बाहर जाने का स्थान' है और जिससे व्यापार और गतिशीलता का बोध होता है, इस्तेमाल केवल शहर के अर्थ में ही नहीं, बल्कि शिल्पियों और व्यापारियों के संघों के अर्थ में भी होता था। संभव है कि उनकी संख्या कम हुई हो। कुछ सौदागरों ने कृषि और भूमि-व्यवस्था को अपनाया होगा, और अन्य छोटी-छोटी पण्य वस्तुओं के साथ गांव-गांव घूमकर भ्रमणशील फेरीवाले बन गए होंगे। यद्यपि कौटिल्य नगरोपांत में कुछ किसान गृहस्थों के बसने का उल्लेख करता है,[71] तथापि छोटे-छोटे दुकानदारों को शहर के पतन के बाद कृषि-व्यवसाय अपनाने में कोई कठिनाई नहीं हुई होगी। छोटे-छोटे सौदागर ग्रामीण क्षेत्रों में बसने चले गए होंगे, जहां वे या तो खेती करते रहे होंगे अथवा छोटे पैमाने पर अपना पुराना पेशा चलाते रहे होंगे। ध्यान रखना चाहिए कि कृषि और व्यापार, दोनों वैश्यों के लिए धर्मशास्त्र में सम्मत थे।

जहां भी अवसर मिला होगा, बड़े-बड़े सौदागर भूस्वामी भी बन गए होंगे। यहां सौदागर उदयमान और उसके दो भाइयों का उदाहरण दिया जा सकता है, जो व्यवसाय के लिए अयोध्या से ताम्रलिप्ति गए और बहुत-सा धन अर्जित किया।[72] घर लौटते समय किसी कारणवश वे हजारीबाग जिले के एक गांव में ठहर गए। जब स्थानीय राजा

आदिसिंह उस जंगली इलाके को देखने आए, तब उदयमान ने अपने उपहार (अवलगन) से राजा को प्रसन्न कर दिया।[73] राजा ने सौदागर को मुकुट (श्रीपट्ट) से विभूषित किया, और राजकीय सहमति से भ्रमरशाल्मलि गांव के निवासियों ने उसको अपना राजा बना लिया।[74] दो अन्य गांवों के निवासियों के अनुरोध पर उदयमान ने अपने दोनों भाइयों में से प्रत्येक को एक-एक गांव का शासक (महीपति) बनाया।[75] यह सारी बात आठवीं शताब्दी के एक अभिलेख में घटना के कई पीढ़ियों बाद उत्कीर्ण की गई।[76] अभिलेखन में विलंब इसलिए हुआ कि बड़े भाई उदयमान के वंशज (गोत्र) दो अन्य गांवों के शासक, छोटे भाइयों के वंशजों पर अपनी श्रेष्ठता कायम करना चाहते थे।[77] यह घटना दो शताब्दी पहले घटी होगी, जब अयोध्या का शहर के रूप में पतन हो चुका था। हजारीबाग के जंगली इलाके में सौदागर ने तीन गांव क्यों प्राप्त करने चाहे, इसका उल्लेख नहीं है। पर इसमें संदेह नहीं कि उन्होंने स्थानीय राजा के समर्थन से ग्रामस्वामियों के रूप में अपने को स्थापित करने के लिए प्रचुर धन (सुवर्ण-मणि-माणिक्य-मुक्ता-प्रभृति) का प्रयोग किया।[78] उन्हें ग्रामीणों का समर्थन प्राप्त था जिन्होंने उनसे अधिपति बनने का अनुरोध किया था। संभवतः अन्य शहरों के कुछ बड़े-बड़े सौदागर भी इसी प्रकार ग्रामाधीश बने।

लगता है कि नगरों के पतन से मुख्यतः शहरों में संकेंद्रित शिल्पियों के प्रति घृणा बढ़ी। यद्यपि अनेक पालि ग्रंथों में टोकरी बनाने, रथ बनाने आदि कुछ शिल्पों को हीन (हीनसिप्पानि) माना गया है, फिर भी जातकों में बारंबार वर्णित शिल्पियों के अठारह संघों यानी श्रेणियों को हीन दृष्टि से नहीं देखा गया है। परंतु आरंभिक मध्यकाल आते-आते शिल्पियों की अठारह श्रेणियों की पहचान अठारह जातियों अथवा प्रकृतियों से होने लगी और उन्हें हीन माना जाने लगा।[79] आरंभिक मध्ययुगीन स्रोतों से शिल्पियों की निम्नतर स्थिति का पता चलता है।[80] कुछ शिल्पियों को अछूतों की कोटि में रखा गया। इनमें जुलाहे (बुनकर), रंगरेज, दरजी, नाई, ठठेरे, मोची, तेली, मछुए, मूर्तिकार और स्वर्णकार (सोनार) शामिल हैं।[81] पांचवीं शताब्दी के अभिलेख से जुलाहों (बुनकरों) की ऊंची स्थिति का पता चलता है, लेकिन अलबैरूनी ने इनको अछूतों की सूची में रखा है।[82]

शहरों से शिल्पियों का स्थानांतरण कहीं अधिक महत्त्वपूर्ण परिणाम था। पांचवीं शताब्दी के अंत में रेशम के बुनकरों का संघ गुजरात से मालवा-अंतर्गत मंदसौर में आया और इसके सदस्यों ने दूसरे पेशों को अपनाया, जिनमें कवि और धनुषधारी के पेशे भी शामिल थे।[83] इस प्रकार के स्थानांतरण और व्यवसाय-परिवर्तन स्वाभाविक लगते हैं। अधिकांश शिल्पी पृष्ठप्रदेश में स्थानांतरित हुए होंगे जिसके कच्चे उत्पाद के सहारे वे जीवनयापन करते थे। यदि यह संभव नहीं होता था तो वे कहीं और चले जाते थे या अपने पेशे को बदल लेते थे। ग्रामीण क्षेत्रों में शिल्पों का प्रसार शहरों के पतन का महत्त्वपूर्ण परिणाम प्रतीत होता है।

लगता है कि शिल्पियों के स्थानांतरण अनेक रूप में हुए। शिल्पी शहरों के अंदर निश्चित इलाकों में रहते थे। इसलिए जब वे गांव गए तो वहां भी शहरवाला स्थानीकरण

एक प्रकार से बना रहा। वाकाटकों के भूमि-अनुदानपत्रों में पाए गए गांवों के नामों से यह अनुमान लगाया जा सकता है। ऐसे छः गांव मिलते हैं जिनमें प्रत्येक में किसी न किसी प्रकार के शिल्पियों का बाहुल्य था। कंसकारग्राम[84] में पीतल के काम करनेवाले ठठेरे रहते थे जिन्हें आजकल कसेरा कहते हैं। यह सोचना गलत होगा कि उस समूचे गांव में केवल ठठेरे ही बसते थे, लेकिन उनकी आबादी इतनी तो जरूर रही होगी कि गांव का नाम कंसकारग्राम पड़ा। संभवतः ठठेरे अपने औजारों के साथ जिनमें धौंकनी (भाथी) से जुड़ी छोटी भट्ठी, निहाई और हथौड़ा शामिल थे, जगह-जगह घूमकर पड़ोसी गांवों के लिए पीतल के उपकरण और बरतन बनाते थे और उनकी मरम्मत करते थे। यह भी संभव है कि ग्राहक अपनी जरूरतों की पूर्ति के लिए उनके कुटीर-कारखानों में जाते थे। इसी प्रकार बढ़इयों के एक स्थानीकृत समूह ने शहर से निकलकर कर्मकारग्राम बसाया।[85] बढ़ई भी ठठेरों की तरह ही काम करते होंगे। हां, ठठेरों को टिन, लोहे, तांबे आदि की जरूरत पड़ती होगी और बढ़इयों को लकड़ी की। इसी प्रकार लवणतैलिक[86] ग्राम, अर्थात् नमक बनानेवालों और तेल तैयार करनेवालों का गांव, ह्रासग्रस्त शहरों से निकले हुए शिल्पियों द्वारा बसाया गया होगा। ऐसी बस्तियों का विशेष महत्त्व है, क्योंकि गांव के साधारण लोगों को भी नमक और तेल की जरूरत होती थी। मधुकज्झरी नामक ऐसे गांव का भी उल्लेख है[87] जिसे महुआ से शराब बनानेवालों ने बसाया होगा। सुवर्णकारग्राम अर्थात् सोनारों का गांव पतनोन्मुख नगरों से निकले हुए जौहरियों ने स्थापित किया होगा। वे संभवतः संपन्न शिल्पी और सौदागर थे जो ग्रामीण समाज के समृद्ध वर्गों के साथ कारोबार करते थे।[88] लोहनगर अर्थात् लोहारों का गांव भी शहरी शिल्पियों द्वारा बसाया हुआ लगता है। चर्म्मांक[89] अर्थात् चमारों का गांव या तो इन शिल्पियों के शहर छोड़ने के कारण स्थापित हुआ था अथवा यह उपनगरीय बस्ती[90] के रूप में था। वेतालिक (वतालिक के रूप में लिखित) नामक गांव की चर्चा भी मिलती है, जहां संभवतः नट, नर्तक आदि मनोरंजन करनेवाले लोग रहते थे।

वाकाटक साम्राज्य के अंतर्गत पौनार, कौंडिन्यपुर तथा अन्य शहरों के पतन को ध्यान में रखें तो यह संभव मालूम पड़ता है कि शहरी शिल्पी निकटवर्ती अथवा दूरस्थ इलाकों में जाकर बस गए, और उन्होंने ग्रामीण लोगों की सेवा करके अपनी जीविका चलाई। इस कारण गांव और शहर के बीच घूम-घूमकर व्यवसाय करनेवाले छोटे-छोटे सौदागरों की उपयोगिता घटी। इस प्रक्रिया में उन्होंने ग्रामीण इलाकों में शिल्पों का प्रसार किया ताकि गांव की जरूरतें बिना शहर के पूरी हो सकें और ग्रामीण जनता आत्मनिर्भर बन सके।

शहरी शिल्पियों के हुनर और विशेषज्ञता का गांवों में प्रसार हुआ। संभवतः ठेठ शहरी शिल्पों और विलासिता की वस्तुओं का देहाती इलाकों में प्रसार हुआ। लगता है कि पुराने बसे देहाती इलाकों के उभरते भूस्वामी (जमींदार) इन विलास-वस्तुओं का उपभोग करते थे, जबकि शिल्पों के उत्पादों का उपभोग किसान और भूस्वामी दोनों करते थे। जिस प्रकार प्रमुख हड़प्पाई केंद्रों के लुप्त होने पर हड़प्पा संस्कृति के तत्त्वों का प्रसार सिंध और गुजरात की देहाती बस्तियों में हुआ, वैसा ही परिणाम कुषाण-सातवाहनकालीन

शहरी संस्कृति और गुप्तकालीन नगरों के पतन के पश्चात् भी हुआ होगा। इस परिकल्पना की जांच तब तक नहीं हो सकती जब तक मध्ययुगीन ग्रामीण स्थलों के पुरातत्त्व का विकास न किया जाए। लगता है कि देहाती इलाकों में कुछ शहरी तत्त्वों का प्रवेश हुआ होगा, और कुछ शहरी इलाके देहाती बन गए होंगे। शहरी ह्रास और तकनीक के प्रसार और शहर से देहात के बीच का विभेद समाप्त हो गया। इसलिए कुछ मध्ययुगीन ग्रंथों में निगम शब्द का अर्थ गांव लगाया जाने लगा और गांव को पुर या नगर कहा जाने लगा।

शहर और गांव के बीच के विभेद का विलोपन **मानसार** से स्पष्ट होता है। **मानसार** का विषय वास्तुकला से है और इसका संकलन बारहवीं शताब्दी के बाद हुआ था। इस ग्रंथ में गांव और शहर की योजना की ऐसी विवेचना है कि एक-दूसरे में विभेद नहीं किया जा सकता। ग्रंथ के नवें अध्याय को 'ग्रामलक्षण' कहा गया है और दसवें अध्याय को 'नगरविधान'। इस ग्रंथ के संपादक तथा अनुवादक पी. के. आचार्य के अनुसार दोनों अध्यायों में नगर-योजना का ही विवेचन है। उनका मानना है कि गांव, शहर और किले की कोटियों के अंतर्गत नगर-योजना की विवेचना हुई है।[91] अतएव किला शहर की तरह नहीं माना जाता। खेट और खर्वट नामक शहरों की दो छोटी-छोटी कोटियों के लिए वही मापें निर्धारित हैं जो इन नामों से जाने जानेवाले गांवों के लिए हैं।[92] **मानसार** में प्रस्तर प्रकार के गांव के वर्णन के क्रम में विधान किया गया है कि गांव का निर्माण पत्तन, खेटक या खर्वट नामक तीनों शहरी कोटियों की तरह होना चाहिए।[93] पत्तन वह स्थान कहलाता है जहां मुख्यतः वैश्य निवास करते हैं, खेटक में मुख्यतः शूद्र बसते हैं, और खर्वट में मुख्यतः प्रतिलोम बसते हैं।[94] प्रतिलोमों अथवा मिश्रित जातियों के लोगों (वर्णसंकर) की उत्पत्ति उच्चतर जातियों की स्त्रियों और निम्नतर जातियों के पुरुषों के संयोग के फलस्वरूप होती है। खर्वट में वर्णसंकर जातियों के, खासकर अछूतों के जमा होने से आरंभिक मध्यकाल में शहरों को घृणा की दृष्टि से देखा जाता था।

आरंभिक मध्यकाल में शहर और देहात के बीच का भेद बहुत अधिक धुंधला गया। जो भी हो, **मानसार** योजनात्मक रूपरेखा की दृष्टि से गांव को शहर से अधिक भिन्न नहीं मानता। दंडक प्रकार के गांव के विस्तृत वर्णन[95] में यह कहा गया है कि यदि यह गांव नदी के तट पर स्थित हो, तो यह पुर कहलाएगा।[96] इसी प्रकार नंद्यावर्त प्रकार का गांव पुर तभी कहलाता है जब इसके दूसरे, तीसरे और चौथे घेरों में क्रमशः क्षत्रिय, वैश्य और अन्य जातियां बसी हों;[97] प्रत्यक्षतः इसके पहले घेरे में ब्राह्मण निवास करते थे।[98] अतएव **मानसार** पुर को कई प्रकार के गांवों से भिन्न नहीं समझता। इसमें गांव और नगर के बीच विभेद का अभाव दिखाई पड़ता है। जिस दंडक गांव में पचास दीक्षित ब्राह्मणों का समुदाय हो उसको नगर कहते हैं।[99] **मानसार** के कुछ और प्रावधान महत्त्वपूर्ण हैं। यह कहता है कि स्वस्तिक नामक गांव, जहां सभी जातियों के लोग निवास करते हों, राजा के आवास योग्य है।[100] इसका अभिप्राय है कि या तो राजा शहर में रहता था अथवा स्वस्तिक गांव में बड़े-बड़े अधीनस्थ सामंत रहते थे।

नंद्यावर्त गांव में भी,[101] जहां अधीनस्थ राजा (सामंत) और भू-स्वामी (स्वामिप)

रहते हैं,[102] राजमहल बनाने की व्यवस्था है। इस गांव में तेलियों और कुम्हारों,[103] मछुओं, किरातों और कसाइयों,[104] धोबियों और नर्तकों,[105] दरजियों, प्रसव के समय सहयोग करनेवाली धायों,[106] बढ़इयों और टोकरी बनानेवालों,[107] अस्त्र-शस्त्र बनानेवालों और चर्मकारों,[108] तथा अन्य व्यवसायों से आजीविका चलानेवाले सभी[109] के वासों के लिए प्रावधान किया गया है। प्रत्यक्षतः इस प्रकार के गांव में रहनेवाले शिल्पी राजपरिवार की सेवा करते थे। संभवतः राजा कर के रूप में वसूल किए गए अनाज में से, जजमानी पद्धति के द्वारा, इन दस्तकारों (शिल्पियों) को जिंस रूप में पारिश्रमिक देता था। यह भी प्रावधान है कि नंद्यावर्त गांव में चार हजार तक ब्राह्मण वास कर सकते हैं।[110] स्पष्टतया इन्हें भूमि-अनुदानों से सहायता दी जाती थी; यह प्रथा सातवीं शताब्दी तक काफी फैल गई थी।

300 ई. से 1000 ई. तक का काल, जो सामंतवाद के पहले चरण के समकक्ष है, गैर-कृषक बस्तियों से रहित नहीं था, लेकिन उनकी जनसंख्या की रचना और व्यवसायों में परिवर्तन दिखाई पड़ता है। बहुसंख्य सैनिकों के अतिरिक्त ऐसे लोग मिलते हैं जो धर्म, प्रशासन और सैनिक कार्यों का संचालन करते थे। शिल्पियों और व्यापारियों की संख्या बहुत घट गई। राजधानियां, फौजी छावनियां, मंदिर, (बौद्ध) मठ और तीर्थस्थल मुख्यतया उपभोग के केंद्र बन गए। शिल्पों के क्षेत्र में उत्पादन बहुत घट गया, यद्यपि व्यापार एकदम खत्म नहीं हुआ। सुदूर-व्यापार स्पष्टतः सम्मान, विलासिता और धार्मिक उपयोग की मूल्यवान वस्तुओं तक ही सीमित रह गया।

उपहारों के आदान-प्रदान और करों की वसूली की पद्धति से राजा, सरदार और भूस्वामी अपने-अपने क्षेत्रों में अनुपलब्ध सामान प्राप्त करते थे, परंतु पारस्परिक आदान-प्रदान की प्रथा कितनी फैली थी, इसका पता नहीं चलता। बीस किलोमीटर की सीमा के अंतर्गत रहनेवाले किसान परिवारों के बीच विवाह संबंध और बंधुत्व के तंत्र को बनाए रखने के लिए उपहारों का लेन-देन होता था। उससे एक हद तक व्यापार की कमी पूरी हो जाती होगी।

सामुदायिक भोज पारस्परिक उपहारों के सहारे चलते थे पर शहरी चरण में उन्नत व्यापार और मुद्रा-विनिमय के कारण पारस्परिक लेन-देन को धक्का लगा होगा। व्यापार और शहरी जीवन के पतन से पारस्परिक आदान-प्रदान को बल मिला होगा। सामुदायिक भोजों में मुद्रा से अधिक खरीदारी करने की जरूरत नहीं पड़ती थी, बल्कि ये पारस्परिक उपहारों और एक-दूसरे के श्रम-सहयोग पर आधारित थे। इनकी शुरुआत जनजातीय प्रथाओं के रूप में हुई, और बाद में आचार और धर्म से इनको प्रतिष्ठित किया गया। सामुदायिक भोज के अवशेष उत्तर भारत के विभिन्न देहाती भागों में पाए जाते हैं, लेकिन भागलपुर जिले के एक गांव में पारस्परिक उपहारों की प्रथा सत्तर वर्ष पहले तक भी बहुत सबल थी।[111] इसमें विवाह, अन्त्येष्टि और अन्य घरेलू अनुष्ठानों के लिए आवश्यक सामग्रियों का साठ प्रतिशत भाग मातृ-पितृ-पक्षों के संबंधियों के उपहारों तथा श्रम-सहयोग के जरिए प्राप्त हो जाता था। यहां तक कि गैर-रिश्तेदार लोग भी योगदान करते थे। इस प्रकार के सहयोग से केवल खाद्यान्न और अन्य खाद्य-सामग्रियां ही नहीं,

कपड़े भी मिलते थे। संबंधियों और अन्य लोगों से उपहारों की प्राप्ति इतनी पर्याप्त होती थी कि बुरे दिन आ जाने पर कई लोग विवाह, उपनयन आदि सदृश कोई घरेलू यज्ञ करके निर्वाह करते थे। इससे घरवाले की तात्कालिक समस्या हल हो जाती होगी और भोज के बाद उसके पास कुछ माह के खर्च के लिए पर्याप्त सामग्री बच जाती होगी।[112]

शहरी पतन के फलस्वरूप शिल्पियों के व्यवसायों का देहातीकरण हुआ और जिस अर्थव्यवस्था में वे काम करते थे उसमें मुद्रा-विनिमय का लोप हो गया। अनेक प्रतिष्ठानों में जो शिल्पी काम करते थे, उन्हें आजीविका के लिए भूमि-अनुदान दिए गए। दक्षिण भारत के मंदिरों में यह प्रथा विशेष रूप से प्रचलित थी।[113] इस उपमहाद्वीप के पूर्वी भाग के अंतर्गत बांग्लादेश में सिलहट से प्राप्त दसवीं शताब्दी के भूमि-अनुदान ताम्रपत्र में शिल्पियों और व्यावसायिक वर्गों द्वारा की गई सेवा के लिए पारिश्रमिक की व्यवस्था का अच्छा दृष्टांत मिलता है। यहां अनेक प्रकार के शिल्पी एक बड़े धार्मिक प्रतिष्ठान की सेवा में लगे थे। ऐसे उदाहरण भारतीय उपमहादेश के उत्तरी भाग से प्राप्त अभिलेख में दुर्लभ हैं।[114] श्रीचंद्र के 930 ई. के पश्चिमभाग ताम्रपत्र में एक बड़े मठ को और अन्य आठ छोटे मठों को चलाने के लिए भूमि-अनुदान देने का उल्लेख है। इसमें लिखा है कि पुंड्रवर्धन के अंतर्गत चंद्रपुर में 120 पाटक भूमि, जो 1800 एकड़ के बराबर है, बड़े मठ को अनुदान में दी गई।[115] यह भूमि मंदिर-मठ की सेवा में रहनेवाले अनेक शिल्पियों, पेशेवरों और मनोरंजन करनेवालों को दी गई। लाभभोगियों में एक व्याकरण-शिक्षक, दस छात्र, पांच अतिथि ब्राह्मण, मंदिर-निर्माता ब्राह्मण, लेखापाल और लिपिक शामिल थे।[116] मनोरंजन करनेवालों में एक नर्तक, दो सीप-शंखवादक, दो ढोल बजानेवाले, पांच बड़े-बड़े ढोल बजानेवाले, और आठ नक्कारे बजानेवाले सम्मिलित थे।[117] शिल्पियों और सेवकों के समूह में चार माली, दो तेली, दो कुम्हार, दो बढ़ई, दो राजमिस्त्री, दो लोहार, और आठ मेहतर (वेट्टिक) पड़ते थे।[118] यह बड़े महत्त्व का विषय है कि बाईस खेतिहर मजदूरों और चर्मकारों को भी अनुदान में भूमि दी गई। उनको 23.5 पाटक भूमि मिली।[119] इसके अतिरिक्त, सैंतालीस पाटक भूमि का प्रावधान बड़े मठ में मरम्मत के काम (नवकर्म) के लिए किया गया।[120] संभवतः इस भूमि से प्राप्त उपज भवन-निर्माण की सामग्री जुटाने और राजमिस्त्रियों, वास्तुकारों, परिवहनकर्मियों, इत्यादि के भरण-पोषण के लिए रखी गई थी।

यद्यपि अलग-अलग निजी तौर पर बड़े मठ के काम में अनेक लोग लगे थे, परंतु सब मिलाकर देखें तो आठों मठों (चार वंगाल में और चार उसके बाहर स्थित) के साथ और भी अधिक शिल्पी, पेशेवर लोग, मनोरंजन करनेवाले और भृत्य भूमि-अनुदान के जरिए जुड़े थे। इन मठों के कब्जे में 280 पाटक भूमि थी।[121] इस भूमि के लाभभोगियों में आठ शिक्षक (उपाध्याय), चालीस विद्यार्थी, दो महत्तर ब्राह्मण, दो कायस्थ, दो वारिक अथवा वितरक, दो लेखापाल (गणक), और दो वैद्य अथवा चिकित्सक थे। सोलह वेट्टिकों अथवा मेहतरों में से प्रत्येक को तीन-चौथाई पाटक भूमि दी गई थी। इसके अतिरिक्त, आठों मठों को मरम्मत के लिए अस्सी पाटक भूमि दी गई थी,[122] जिसमें विभिन्न प्रकार के अनेक राजमिस्त्री लगाए गए होंगे। इनके अलावा भी आठ

पुष्पविक्रेताओं/मालियों, आठ नाइयों, आठ तेलियों, आठ धोबियों में से प्रत्येक को आठों मठों में काम करने के लिए आधा पाटक भूमि दी गई थी।[123] और भी अधिक महत्त्व की बात यह है कि चौंसठ खेतिहर मजदूरों और चर्मकारों में से प्रत्येक को अपने काम के लिए आधे पाटक भूमि का अनुदान स्वीकृत किया गया।[124] जाहिर है कि अपने पेशे में लगे रहने के अतिरिक्त चर्मकार आठ छोटे मठों और एक बड़े मठ के गैर-कृषिकर्मियों के खेतों में भी काम करते थे। चर्मकार अथवा चमार स्पष्टतया हलवाहों के रूप में काम करते थे जिसके लिए उनको अनुदान में भूमि दी गई थी। इस प्रथा के अवशेष बिहार, उत्तरप्रदेश और उत्तर भारत के अन्य भागों में व्यापक रूप से फैले हुए हैं। लेकिन जिन चमारों को चमड़े के काम के लिए जजमानी प्रथा का अंग बनाया गया था, उनको या तो निश्चित पुलिये में कटी फसलें अथवा अनाज की निश्चित मात्राएं दी जाती थीं। बदले में वे जूतों और हल की साज-सज्जा के लिए चमड़े के फीतों (पट्टों) की आपूर्ति करते थे।

चंद्रपुर मठ से, जो बड़ा था, लगभग सौ लाभभोगियों का और शेष आठ मठों से लगभग ढाई सौ लाभभोगियों का भरण-पोषण होता था।[125] इनमें केवल अध्यापक, विद्यार्थी और उच्चाधिकारी ही नहीं आते थे, बल्कि भूमि-अनुदान पर निर्भर अनेक शिल्पी भी सम्मिलित थे। कुछ चमारों और खेतिहर मजदूरों को छोड़कर सभी गैर-कृषक थे। शिल्पियों और खेतिहर मजदूरों को जमीन मिलने से उत्पादन के साधनों पर उनका नियंत्रण हुआ और जजमानी प्रथा में उनको जितनी आजादी थी, उससे कहीं अधिक आजादी मिली।

भूमि के उपसामंतीकरण के द्वारा पारिश्रमिक देने का तरीका, मंदिर-मठ जैसे प्रतिष्ठानों में प्रचलित था। अब इसे राजाओं, सरदारों और बड़े-बड़े धर्मनिरपेक्ष प्रतिष्ठानों ने अपनाया जहां गैर-कृषकों की बड़ी संख्या होती थी। दुर्भाग्यवश इसके लिए लिखित प्रमाण जुटाना कठिन है। लगता है कि राजाओं ने जान-बूझकर नए इलाकों में सामंती ढांचों पर मठ-मंदिर जैसे प्रतिष्ठानों की स्थापना की। इन संस्थाओं से केवल राजसत्ता ही सबल नहीं हुई, बल्कि पतनशील शहरों अथवा अत्यधिक आबादीवाले गांवों को छोड़नेवाले लोगों की आजीविका का भी प्रबंध हुआ।[126]

शहरों के बारे में बौद्ध और संस्कृत ग्रंथों से प्राप्त वर्णन बतलाते हैं कि वहां केवल शासक, पदाधिकारी, सैनिक, व्यापारी और शिल्पी ही नहीं, बल्कि श्रमण और ब्राह्मण भी रहते थे। कौटिल्य ने ब्राह्मणों को नगरनिवासी बतलाया है,[127] और ऐसी ही बात **मिलिन्द-पञ्हो** में भी मिलती है।[128] **मिलिन्द-पञ्हो** में धम्मनगर और शाकल के वर्णन में ब्राह्मणों तथा श्रमणों का उल्लेख मिलता है। **महावस्तु** में राजगृह और कपिलवस्तु के वर्णन में भी ब्राह्मणों का मुख्य रूप से उल्लेख है। वे राजाओं, पदाधिकारियों, सौदागरों और शिल्पियों द्वारा दिए गए उपहारों पर जीते थे। अतएव शहरों के पतन से उनकी आजीविका के स्रोत पर असर पड़ा। इसलिए यह सही माना जाता है कि ब्राह्मण अपने जीवन-निर्वाह के स्रोतों की खोज में, जिनमें भूमि-अनुदान शामिल हैं, देहात की ओर चल पड़े।[129] प्रवासी ब्राह्मणों के मूल निवासों के नामों से अनेक शहरों से उनके स्थानांतरण का पता चलता है। चौथी से सातवीं शताब्दियों के अभिलेखों में मूल निवासस्थान के

रूप में उत्तरप्रदेश के अंतर्गत अयोध्या, कन्नौज, मथुरा और श्रावस्ती; मध्यप्रदेश में स्थित मंदसौर (जिसकी शिनाख्त दशपुर से की जाती है), उज्जैन और विदिशा; गुजरात के अंतर्गत भड़ौच, नौसारी, सोपारा (जिसकी शिनाख्त अनिरुद्धपुर से की जाती है), वाडनगर या वदनेर और वलभी (वल्लभी) और बांग्लादेश के पुंड्रवर्धन अथवा महास्थानगढ़ शामिल हैं।[130] ग्यारहवीं शताब्दी तक के परवर्ती अभिलेखों में ब्राह्मणों के मूल निवासस्थान के रूप में उत्तर भारत के अहिच्छत्रा, पाटलिपुत्र और वैशाली; गुजरात के अंतर्गत गिरनार; महाराष्ट्र स्थित करड (करहाटक) और कर्नाटक के अंतर्गत बनवासी का उल्लेख है।[131]

पश्चिमी समुद्रतट समुद्री वाणिज्य से संबद्ध है जिससे नगरीकरण का उद्‌भव हुआ। लेकिन यह महत्त्व का विषय है कि गुप्तोत्तरकालीन अभिलेखों में तटीय इलाके के शहरों से ब्राह्मणों के लगातार स्थानांतरण का उल्लेख हुआ है। भूमि-अनुदान संबंधी अभिलेख बतलाते हैं कि अपने शहरी निवासों से देहात की ओर केवल एक से तीन ब्राह्मणों ने ही नहीं, बल्कि एक-एक बार में 34, 40, 44 और 63 ब्राह्मणों ने खिसकना जारी रखा।[132] यह प्रक्रिया छठी से आठवीं शताब्दियों के बीच स्पष्ट दिखाई देती है, और उसके बाद की शताब्दियों में जारी रहती है। पश्चिमी भारत के अनेक तथा अन्य नगर-स्थलों का, जहां से ब्राह्मणों का स्थानांतरण हुआ, उत्खनन हुआ है, और ये गुप्त तथा गुप्तोत्तरकालों में पतनावस्था में दिखते हैं। फिर भी, अहिच्छत्रा, पाटलिपुत्र और वैशाली से स्थानांतरित होनेवाले ब्राह्मण बीच में कुछ समय के लिए कहीं बसे होंगे, जहां से वे दान में प्राप्त गांवों में गए होंगे क्योंकि कई ऐसे उदाहरण हैं जिनमें अनुदानभोगियों के मूल निवासों से दान में दिए गए गांव बहुत दूर पड़ते हैं। देहाती इलाकों में ब्राह्मणों के फैलाव से किसानों का सांस्कृतिक स्तर ऊंचा उठा होगा और खेती की तकनीक में तरक्की हुई होगी।

ब्राह्मणों के विपरीत बौद्ध भिक्षु नगर के अंदर नहीं रहते थे। मार्शल का कहना ठीक है कि बौद्ध मठ शहर के निकट होता था, जहां बौद्ध भिक्षु अपनी जीविका के वास्ते भिक्षाटन के लिए जाते थे।[133] बुद्ध प्रायः किसी नगर के अड़ोस-पड़ोस में वर्षा ऋतु बिताते थे। अतएव प्रारंभिक भिक्षुओं के निवास के लिए आदर्श स्थान वह होता था जो न शहर से बहुत दूर और न बहुत निकट हो, जो जाने-आने के लिए अनुकूल हो, जहां आसानी से सभी लोगों की पहुंच हो, जो लोगों से अलग (एकांत में) हो और संसारनिवृत्त जीवन के लिए बिलकुल उपयुक्त हो।[134] स्वभावतः प्रारंभिक संघाराम अथवा मठ नगर से सटे उपनगरों में पाए जाते हैं। यह बात तक्षशिला, भीटा, सारनाथ, पिपरहवा, कुशीनगर, वैशाली, सांची, नागार्जुनकोंडा के मठों और स्तूपों, तथा नासिक, कार्ले, जुन्नर इत्यादि की गुफाओं के बारे में ठीक लगती है। "एक संभव मगर संदिग्ध अपवाद को छोड़कर तक्षशिला के किसी नगर की दीवारों के भीतर संघाराम खड़ा करने का एक भी उदाहरण नहीं है।"[135]

आरंभिक ऐतिहासिक काल में शहरों से बौद्ध धर्म को बड़ा बल मिलता था। सांची और भरहुत में शिल्पी और सौदागर बुद्ध के सम्मान में मन्नत के स्तूपों के निर्माण

और स्तंभों के गाड़ने में होड़ लगाते थे। वे जिन शहरों में रहते थे, उनका उल्लेख गर्व के साथ करते थे। नगरीकरण और आरंभिक बौद्ध धर्म के बीच का घनिष्ठ संबंध नागार्जुनकोंडा में मिलता है। सामान्य जनता ने, जिसमें सौदागर शामिल थे, बौद्ध इमारतों के निर्माण को बढ़ावा दिया। उपासक बोधिश्री ने अनेक इमारतों का निर्माण किया। कुमारनंदी नामक श्रेष्ठी ने विहार को पत्थर की चित्रवल्लरी दान की, और अधिकांशतः सौदागर समुदाय से प्राप्त उपहारों से एक मठ का नवीकरण हुआ।[136] श्रावस्ती के करोड़पति सौदागर अनाथपिंडक की प्रसिद्ध कथा सर्वविदित है। उसने जेतवन विहार में बुद्ध और उनके शिष्य भिक्षुओं के आवास की व्यवस्था पर चौवन करोड़ धातु-मुद्राएं खर्च कीं। इस बौद्ध विहार के लिए जमीन पर अठारह करोड़ खर्च हुए, मठ के निर्माण पर उतनी ही राशि लगी, और उतनी ही उसके उद्घाटन पर।[137] अतिशयोक्ति के बावजूद भी यह कथा शहरी सौदागरों के द्वारा बौद्ध धर्म की वित्तीय सहायता का स्पष्ट चित्रण करती है। जेतवन की खरीदारी सांची, भरहुत,[138] गया और अधिक विस्तार से अमरावती की उभरी हुई मूर्तियों में चित्रित की गई, ताकि अन्य सौदागरों को भी उसी प्रकार दानी बनने की प्रेरणा मिले। कर्जदारों को ऋण चुकाने की सलाह देकर बौद्ध धर्म ने सूद पर पैसे लगाने की प्रथा को बढ़ाया। व्यापार में सफलता की क्या कुंजी है, इसे बुद्ध ने सिखाया।[139] व्यापारियों और बौद्ध धर्म के बीच का घनिष्ठ संबंध महायानी अवदान ग्रंथों से पुष्ट होता है। स्वभावतः प्राचीन शहरों के पतन के साथ पड़ोसी मठों का पतन हो गया। भरण-पोषण के नए स्रोतों के अभाव में पुराने विहार नष्ट हो गए। चूंकि बौद्ध धर्म की ठोस भौतिक अभिव्यक्ति विहारों के द्वारा होती थी, अतएव चीनी यात्रियों फाहियान और खासकर ह्वेन सांग ने मठों और विहारों पर विशेष ध्यान दिया।

छोटे-छोटे (बौद्ध) मठ या विहार, जो पहले शहरों के अड़ोस-पड़ोस में स्थापित किए गए थे, अधिकांशतः वीरान हो गए। गुप्त और गुप्तोत्तरकालों में बड़े-बड़े ढांचे, जो विहार या महाविहार कहलाते थे, शहरों से स्वतंत्र रूप से विकसित हुए। दीवारों से घिरी इन आत्मनिर्भर इमारतों के भीतर रहनेवाले निवासियों को भरण-पोषण के लिए अनुदान में गांव दिए जाते थे। ईसा की दूसरी शताब्दी में पश्चिमी भारत के अंतर्गत सातवाहन राजाओं ने बौद्ध मंदिरों अथवा बौद्ध भिक्षुओं के समुदायों को भूखंडों के अनुदान दिए थे। लेकिन यह प्रथा देश के अन्य भागों में भी फैली और आरंभिक मध्यकाल में बहुत बड़े पैमाने पर प्रचलित हुई। आरंभिक मध्ययुग में बांग्लादेश तथा भारत के पूर्वी, उत्तरी और दक्षिणी भागों में बौद्ध मठों का भरण-पोषण भूमि-अनुदानों से होता था। कुछ महत्त्वपूर्ण दृष्टांत प्रस्तुत किए जा सकते हैं। कोमिल्ला से पांच मील पश्चिम मैनामती (पट्टिकेरा) में 115 कमरोंवाले, लगभग 550 वर्गफुट के बहुत बड़े मठ[140] का पोषण स्पष्टतया भूमि-अनुदानों से होता था। बौद्ध राजा भवदेव (लगभग आठवीं शताब्दी) के ताम्रपत्र अभिलेख में वेंडमती विहारिका के रत्न-त्रय को भूमि-अनुदान देने का उल्लेख है।[141] ऐसे अनुदान चंद्र राजवंश (लगभग 900-1050 ई.) के बौद्ध राजाओं के अधीन मुख्य विहार को दिए जाते होंगे।[142] राजशाही जिलांतर्गत पहाड़पुर के मठप्रधान संकुल को, जिसका केंद्र सोमपुर का विहार था, इसी प्रकार का समर्थन मिलता होगा। कर्णसुवर्ण

से शिनाख्त किए जानेवाले राजबाड़ीडांगा में पाए गए रक्तमृतिका विहार के साथ यही बात रही होगी।[143] भागलपुर जिलांतर्गत अंतीचक में पाई गई मठप्रधान बस्ती को, जिसे विक्रमशिला बतलाया गया है, अनेक गांव दिए गए होंगे। यद्यपि अंतीचक के नौ टीलों में केवल एक का उत्खनन हुआ है, फिर भी 204 कमरे पाए गए हैं, और मठ तथा मंदिर की इमारत में बौद्ध भिक्षुओं और उनके परिचारकों को मिलाकर कम से कम एक हजार लोग रहते होंगे।[144] नालंदा में, जहां दस हजार बौद्ध भिक्षु-छात्रों के रहने की चर्चा है, ग्राम-अनुदानों का साक्ष्य स्पष्ट और निश्चित है। ह्वेन सांग के अनुसार नालंदा का बड़ा मठ (महाविहार) पहले के राजाओं से दान में मिले कम से कम एक सौ गांवों का उपभोग करता था।[145] इत्सिंग इस संख्या को बढ़ाकर दो सौ कर देता है।[146] सुमात्रा के राजा बालपुत्रदेव के अनुरोध पर देवपाल ने नालंदा को पांच गांवों का अनुदान दिया।[147] पूर्वी भारत में बोधगया बौद्धों का सबसे बड़ा धार्मिक केंद्र था; यद्यपि यहां मठ जैसे बड़े ढांचों का अभाव है। धर्मस्वामी के अनुसार तेरहवीं शताब्दी के पूर्वार्द्ध में यहां बारह विहार अथवा मठ स्थित थे।[148] जयसेन ने, जिसे पीठिपति और आचार्य कहा गया है, अपने पिता बुद्धसेन की तरह वज्रासन (बोधगया मंदिर) को एक गांव दान में दिया और अधिकारपत्र (सनद) को भिक्षु मंगलस्वामी के हाथों में सौंप दिया, जो मूलतः श्रीलंका के निवासी थे।[149]

उड़ीसा में मठों को दिए गए भूमि-अनुदानों के अनेक उदाहरण मिलते हैं। छठी शताब्दी के पूर्वार्द्ध के लगभग एक ताम्रपत्र अभिलेख में कल्याणकारी आर्य-अवलोकितेश्वर की आनुष्ठानिक पूजा का और भिक्षुओं की आवश्यकताओं के लिए बोधिपद्रक में विहार अथवा मठ की स्थापना के वास्ते ग्राम-अनुदान दिए जाने का उल्लेख है। भिक्षुओं को केवल अन्न, वस्त्र, दवा, इत्यादि की ही नहीं, बल्कि परिचारकों की भी जरूरत पड़ती थी।[150]

उत्खननों से पता चलता है कि कटक से लगभग पैंतालीस किलोमीटर दक्षिण-पश्चिम में स्थित रत्नगिरि में नालंदा जैसा ही एक मठप्रधान प्रतिष्ठान था।[151] यहां दो बड़े-बड़े विहार थे, यद्यपि रत्नगिरि के अड़ोस-पड़ोस में कुछ अन्य विहार भी थे। लगता है कि वे सब ग्राम-अनुदानों से चलते थे। धेनकनाल जिलांतर्गत तलचर से प्राप्त दो भौम-कर अनुदानों (सनदों) में जयाश्रम-विहार स्थित बुद्ध के मंदिर के लिए दो गांवों के दान का उल्लेख है। गांवों से मिलनेवाले लगान को तीन हिस्सों में बांटा गया था। एक-तिहाई लगान बुद्ध-प्रतिमा की आनुष्ठानिक पूजा के लिए होता था, जिसमें दीप, धूप, गंध, पुष्प इत्यादि की व्यवस्था के साथ-साथ बलि, चरु और नैवेद्य के निमित्त चढ़ावे शामिल थे।[152] स्पष्टतया उसी हिस्से से बौद्ध भिक्षुओं और उनके दस परिचारकों के लिए भोजन, बिछावन, वस्त्र, दवा और भोजन-पात्रों का प्रबंध किया जाता था।[153] दूसरा एक-तिहाई हिस्सा मरम्मत के लिए सुरक्षित रखा जाता था,[154] जिसका व्यय भवन-सामग्री जुटाने के साथ-साथ इस काम में लगाए गए राजमिस्त्रियों, शिल्पियों इत्यादि को मजदूरी देने में होता होगा। भवन की मरम्मत और उसके रखरखाव को बहुत महत्त्व दिया जाता था, क्योंकि इन पर गांव से प्राप्त आय का एक-तिहाई खर्च होता था। शेष एक-तिहाई

हिस्सा उपकारी व्यक्ति (दानपति) के, अर्थात् संभवतः मंदिर के निर्माता के परिवार के भरण-पोषण के निमित्त आरक्षित होता था।[155] बाद में ग्यारहवीं शताब्दी के अंत और बारहवीं शताब्दी के शुरू के आसपास तीन ताम्रपत्रों का सोमवंशी अनुदान (सनद) मिलता है, जिसमें रत्नगिरि से तेरह मील दूर सलोणपुर-महाविहार की रहनेवाली रानी कर्पूरश्री को अनुदान में ग्राम देने का उल्लेख है। रत्नगिरि टीले से उपलब्ध ताम्रपत्रों से पता चलता है कि यह रानी रत्नगिरि में संसार-निवृत्त जीवन बिताती थी।[156] इसी तरह के अनुदान रत्नगिरि के दो मठों को दिए गए होंगे।

पूर्वी उत्तरप्रदेश के देवरिया जिलांतर्गत कसिया अथवा कुशीनगर के और सारनाथ के मठ भी भूमि-अनुदान के सहारे चलते होंगे। पर इनके विषय में अभी तक अभिलेख नहीं मिले हैं। फिर भी, श्रावस्ती में, जहां ह्वेन सांग ने अधिकतम ढांचों को पतनावस्था में देखा, जेतवन विहार के रखरखाव के लिए अनुदान मिला हुआ था। गाहडवाल शासक गोविंदचंद्र ने 1130 ई. में ताम्रपत्र (सनद) जारी किया, जिसके अनुसार जेतवन महाविहार के भिक्षुओं को छः गांव अनुदान में मिले।[157]

यद्यपि दक्षिण भारत में ब्राह्मण-धर्मावलंबी मंदिरों को बहुत-से भूमि-अनुदान मिले थे, तथापि बौद्ध प्रतिष्ठानों को दिए गए अनुदानों का अभाव नहीं है। वृष्णिकुलीन वरगुण की पलियन पट्टिकाओं (लगभग 868 ई.) के प्रारंभ में बौद्ध प्रार्थना है और बाद में तिरुमूलवादम् के भट्टारक को भूमि-अनुदान देने का उल्लेख है।[158] 1065 ई. का एक अभिलेख उस मंत्री द्वारा बल्लिगव में विहार की स्थापना का कीर्तिगान करता है जिसने मठों (विहारों) और तारा, लोकेश्वर और बुद्ध तथा उनके परिचारक देवताओं के लिए अनुदान दिए।[159] तमिलनाडु के अंतर्गत 1006 ई. की लाइडेन की बड़ी पट्टिकाओं के अनुसार राजराज ने नागपट्टम् के चूलामणि विहार में स्थापित बुद्ध को ग्राम-अनुदान दिया।[160] विहार स्थित मंदिर को अनुदान में ग्राम मिलने से[161] विहार को आय का एक बड़ा स्रोत मिला।

दक्षिण भारत में, विशेषकर तमिलनाडु में हिंदू मंदिरों को दिए गए, जमीन और गांवों के बहुसंख्य अनुदानों के आशयों की विवेचना अनेक प्रकाशनों में हो चुकी है।[162] इन अनुदानों से तिरुपति और तंजावुर सदृश बड़े-बड़े धार्मिक तीर्थ-मंदिरों में रहनेवाली विशाल आबादियों का भरण-पोषण होता था। बहुसंख्य छोटे-छोटे पदाधिकारियों, शिल्पियों और परिचारकों को भरण-पोषण के लिए मंदिर से, जो स्वयं बड़ा भूस्वामी होता था, अनुदान के रूप में जमीन मिलती थी।[163]

मंदिरों की विशाल आबादियों का भरण-पोषण कैसे होता था, इसका सबसे अधिक स्पष्ट उदाहरण गुजरात के अंतर्गत सोमनाथ का मंदिर है। सोमनाथ का बुत दूसरे बुतों का राजा था और अन्य बुत उसके द्वारपाल और कंचुकियों के रूप में थे। एक हजार ब्राह्मण मूर्ति की पूजा करने के लिए नियुक्त थे;[164] पांच सौ गायिका और नर्तकी बालिकाएं तथा दो सौ संगीतज्ञ मंदिर की सेवा करते थे। सूर्यग्रहण और चंद्रग्रहण के समय एक करोड़ तीर्थयात्रियों के सिर और दाढ़ी मूंड़ने के लिए तीन सौ नाई नियुक्त थे। प्रत्यक्षतः मंदिर की आबादी के पोषण और उसकी विभिन्न आवश्यकताओं की पूर्ति के

लिए दूरस्थ स्थानों से उपहार आते थे। अधिक महत्त्वपूर्ण विषय यह है कि हिंदुस्तान के राजाओं ने इसे दस हजार गांव देकर संपन्न किया था,[165] जो इसके रखरखाव की आवश्यकता से अधिक थे। अभिलेखीय साक्ष्य की अनुपस्थिति में इस विशाल संख्या पर संदेह किया जा सकता है, लेकिन इस विशाल मंदिर की आबादी को देखते हुए बहुसंख्य गांवों के अनुदान के बारे में संदेह नहीं किया जा सकता।

भूमि-अनुदान के कारण आरंभिक मध्ययुगीन हिंदू मंदिर और साथ ही साथ जैन और बौद्ध प्रतिष्ठान आत्मनिर्भर आर्थिक इकाइयों के समान काम करते थे। भिक्षु अब प्राचीन शहरों पर निर्भर नहीं रह सकते थे जिनका या तो पतन हो चुका था या जो विलुप्त हो गए थे। जहां-तहां कुछ शहर कायम थे, और उनमें से कुछ शहरों में, खासकर प्रतिहारों के अधीन राजस्थान और पश्चिमी उत्तरप्रदेश में, माल और मकान पर लगनेवाले करों का एक अंश मंदिरों को दान कर दिया गया था। पर कुल मिलाकर बड़े-बड़े धार्मिक प्रतिष्ठानों में भूमि-अनुदानों पर आधारित आत्मनिर्भर अर्थव्यवस्थाएं प्रचलित थीं।

शहरों के पतन का एक अत्यधिक महत्त्वपूर्ण परिणाम यह हुआ कि कुशल शिल्पी देहाती इलाकों में चले गए जिससे कृषि-अर्थव्यवस्था मजबूत हुई। उनमें से कुछ शिल्पियों ने युगों पुराने व्यवसायों को छोड़कर कृषि को अपना लिया। असम से प्राप्त ग्यारहवीं शताब्दी के अनुदानपत्र (सनद) में दिनाजपुर जिले[166] में चौबीस बुनकरों (जुलाहों) के पास भूमि होने का उल्लेख मिलता है।[167] बुनकर (जुलाहे) के लिए प्रयुक्त शब्द तंत्री है। पूर्वी भारत में 'तांती' नामक एक जाति पाई जाती है, लेकिन इस जाति के लोगों ने प्रायः बुनने का काम छोड़ दिया है, और ये खेतिहर मजदूर बन गए हैं। गुप्तोत्तरकाल में पुंड्रवर्धन अथवा बोगरा इलाके में कुछ बुनकर (जुलाहे) शहरों से निकल गए होंगे, और बाद में उन्होंने आबादी के बढ़ जाने के कारण कृषि को अपना लिया होगा। यह दिखाया गया है कि इस इलाके में चर्मकारों ने भी कृषि को अपना लिया था। साधारणतया गांव के शिल्पी किसानों की सहायता करते थे। शिल्पियों के नए हुनर और उनकी तत्काल सहायता से कृषि-उत्पादन को बढ़ावा मिला तथा अधिक लोगों को आजीविका प्राप्त हुई।

शहरी पतन से सामाजिक संबंध नए ढंग से पुनर्गठित हुए, यद्यपि वर्ण-व्यवस्था के व्यापक ढांचे को सैद्धांतिक रूप से नकारा नहीं गया। शिल्पी संघों ने जातियों का रूप धारण कर लिया।[168] बाजार और मुद्राधारी उपभोक्ताओं की कमी के कारण शहरी व्यवसाय घृणा की दृष्टि से देखे जाने लगे।[169]

यदि प्राचीनकाल में शिल्पियों और जिनके लिए वे सामान बनाते थे, उनके संबंधों पर विचार किया जाए, तो आरंभिक मध्यकाल में इन संबंधों में हुए परिवर्तन को समझा जा सकता है। प्राचीनकाल में शिल्पी मोटे तौर पर तीन कोटियों में विभक्त थे :

1. गांवों में रहनेवाले (ग्रामशिल्पी)[170] और कृषकों की सहायता करनेवाले शिल्पियों के बिखरे परिवार;

2. संगठित शिल्पी जिनकी अपनी बस्तियां होती थीं, जैसे धातुकर्मियों और बढ़इयों की बस्तियां;[171] और

3. शहरों में रहनेवाले शिल्पी।[172]

पहली कोटि में दो प्रकार के शिल्पी दिखते हैं : वे शिल्पी जो अपने निवास पर काम करते थे और वे जो रोजगार देनेवाले के निवास पर जाकर मजदूरी के लिए काम करते थे।[173] दूसरी कोटि के शिल्पी स्पष्टतया अपने उत्पाद को शहरों में ले जाते थे, माल की आई हुई मांग को पूरा करते थे या शहरी और देहाती ग्राहकों के निवास पर जाकर मजदूरी के लिए काम करते थे। कौटिल्य के **अर्थशास्त्र** के अनुसार दुर्ग में विशेषज्ञ शिल्पी राजमहल के उत्तर और पश्चिम में रहते थे।[174] वे संघों में संगठित होते थे, और उनकी मजदूरी, जिसका भुगतान नकद होता था, राज्य के द्वारा निश्चित की जाती थी।[175] यह भी बतलाया गया है कि कुछ शिल्पी राजा अथवा समृद्ध सौदागरों से जुड़े होते थे,[176] लेकिन लगता है कि ऐसा शहरों में होता होगा। इन शिल्पियों की मजदूरी का भुगतान न तो भूमि-अनुदानों के द्वारा होता था और न फसलों की कटाई के समय। इस पूरी पद्धति को, जिसके अंदर वे अपनी आजीविका अर्जित करते थे, जजमानी नहीं कहा जा सकता। अपनी इच्छा से काम करनेवाले और अपने उत्पादों को बेचनेवाले स्वतंत्र शिल्पी गांवों में रहते थे, और उनके परिश्रम और उत्पादों के लिए उन्हें नकद अथवा जिंस-रूप में भुगतान किया जाता होगा। सामान्यतया यह प्रतीत होता है कि शहरी और देहाती शिल्पियों को काफी हद तक स्वतंत्रता प्राप्त थी, यद्यपि उनको कच्चे माल के लिए राज्य पर अथवा शिल्पीय उत्पादों और सेवाओं की मांग करनेवालों पर निर्भर रहना पड़ता होगा।

शहरों के विकास के साथ शिल्पी स्वभावतः वहां एकत्रित हो गए, और गांवों के समृद्ध वर्ग तथा सामान्य किसान भी आवश्यक औजार और घरेलू साज-सामान पैसा देकर खरीदने लगे। परंतु शहरों के ह्रास और शिल्पियों तथा सौदागरों के बिखराव के साथ स्थिति बदल गई होगी। शिल्पी देहाती इलाकों में जाकर बस गए होंगे। गांव में एक बार बस जाने के बाद वे व्यक्तिगत और सामूहिक रूप से वहां की उच्चतर जाति के धनी-मानी भूस्वामियों तथा सामान्य किसानों से संबद्ध हो गए होंगे। संभवतः वे जजमानी प्रणाली के अनिवार्य अंग बन गए, जिसके अंतर्गत उन्हें भूमि-अनुदानों के द्वारा अथवा फसलों की कटाई के समय जिंस-रूप में पारिश्रमिक दिया जाने लगा। उनकी स्थानिक और व्यावसायिक गतिशीलता नष्ट हो गई, और इस तरह वे कृषिदासों जैसे हो गए।

संक्षेप में, आरंभिक ऐतिहासिककालीन शहरों के पतन से सामंतवाद के उदय के लिए आवश्यक परिस्थितियां तैयार हुईं। शहरों से प्राप्त होनेवाली अच्छी-खासी आय के क्षय के कारण राज्य ने बाध्य होकर देहाती इलाकों में भूमि-अनुदान देकर वहां लाभार्थियों को बसाया और उनके ऊपर अमन-कानून कायम करने की जिम्मेदारी डाली। इसी प्रकार राज्य को मजबूर होकर अधीनस्थ राज्यों और भूस्वामियों पर युद्ध के समय सैनिकों की आपूर्ति के निमित्त निर्भर होना पड़ा। बराबर रहनेवाली पेशेवर सेना का स्थान सामंती सेना ने ले लिया। शहरी पतन से बड़ी संख्या में ब्राह्मणों का स्थानांतरण देहाती इलाकों में हुआ, जहां वे राजा तथा सरदारों द्वारा दान में दी गई भूमि से प्राप्त आय पर जीने लगे। शिल्पी देहाती इलाकों में बिखर गए, जहां वे अपने संरक्षकों की सेवा में लग गए। बदले में उन्हें जमीन दी जाती थी अथवा फसलों की कटाई के समय जिंस-रूप में नियत भुगतान कर दिया जाता था। अनेक प्रकार के शिल्पियों ने अपने प्रवासी शिल्पी-संघ

बनाए और स्पष्टतया निकटवर्ती गांवों के संरक्षकों की सेवा की। बुनकर (तंत्री) और चर्मकार छोटे किसान और खेतिहर मजदूर बन गए।

धार्मिक और राजनीतिक प्रतिष्ठानों के लिए काम करनेवाले शिल्पी पूर्णकालिक विशेषज्ञ नहीं रहे। काम के बदले जमीन मिलने से उन्हें कृषि-कर्म अपनाना पड़ा। उनके पेशों के स्वरूप में भी परिवर्तन हुआ। उन्होंने मंदिरों और विहारों के लिए आनुष्ठानिक सामानों का, खासकर बड़ी संख्या में कांसे की प्रतिमाओं का उत्पादन किया। अनेक अधीनस्थ सामंतों के पास अपने सैनिक रहते थे जिनकी आवश्यकताओं की पूर्ति के लिए शस्त्रास्त्रों का निर्माण अत्यंत आवश्यक और महत्त्वपूर्ण शिल्प बन गया। लेकिन आरंभिक मध्ययुग में ग्रामीण क्षेत्र का अधिक विस्तार हुआ,[177] जिससे संपूर्ण देश में शिल्पियों की संख्या और शिल्प-उत्पाद के परिमाण में वृद्धि आवश्यक प्रतीत होती है।

सौदागर जितना ही भूमि-प्रबंध के द्वारा आजीविका अर्जित करते गए, उतना ही वे देहाती बनते गए। व्यवसायियों और अनेक प्रकार के राज्याधिकारियों को भूमि-अनुदानों के जरिए भुगतान किया जाने लगा। पतनशील नगर तीर्थस्थलों में बदल गए और इस प्रकार उन्होंने अपनी पहचान बरकरार रखी। परंतु आरंभिक मध्ययुग के धार्मिक तथा सैनिक और प्रशासनिक प्रतिष्ठान गैर-कृषक होते हुए भी प्रौद्योगिकी, शिल्प-उत्पादन और मुद्रा से मालों के विनिमय के उतने बड़े केंद्र नहीं थे जितने उपभोग के थे। आरंभिक मध्यकाल की बस्तियों की विशिष्टता उनकी सीमित अर्थव्यवस्था थी, जिसमें उनकी बुनियादी जरूरतों अर्थात् भोजन, वस्त्र, आवास आदि की आपूर्ति दान में दिए गांवों और उनसे जुड़े शिल्पियों से हो जाती थी। विदेशी विवरणों के अनुसार नालंदा के विहार को दो सौ गांव और सोमनाथ के मंदिर को दस हजार गांव दान में मिले हुए थे। भूमि-अनुदान और देहाती इलाकों में शहरी लोगों के छितराव से शहरी युग के बाद कृषि का भारी विस्तार हुआ।

टिप्पणियां

1. **अर्थशास्त्र,** II, 4; II.6..
2. ए. एल. बाशम, **द वंडर दैट वाज इंडिया,** पृ. 203.
3. ट्रेंकनर का संस्करण, पृ. 331.
4. सेनार्ट का संस्करण, III, पृ. 442-43.
5. वही, पृ. 113-114.
6. **पत्तुपट्टु, मदुरैकाञ्जि;** ए. एल. बाशम, पूर्वोक्त, पृ. 204. 507, पादटिप्पणी 14 में उद्धृत।
7. **मिलिन्द-पञ्हो,** पृ. 1-2.
8. राजगृह में राजमहल के द्वार पर जो लोग बुद्ध के स्वागत के लिए एकत्रित थे उनमें कुमारामात्य और पार्षदगण (कुमारामात्यपार्षदयाः) शामिल थे (**महावस्तु,** III. पृ. 442), लेकिन कपिलवस्तु में ऐसे ही अवसर पर भीड़ में केवल कुमारामात्य ही शामिल नहीं थे, बल्कि धुनकरथिकहस्त्यारोह(वही, 114) भी शामिल थे।

9 **मिलिन्द-पञ्हो,** पृ. 2. 331.

10. इनमें धनुग्गहा थरुग्गहा, चेलका, चलका, पिंडदाविका, उग्गा, राजपुत्ता, पखण्डिनो, महानागा, सूरा, वम्मिनो, योधिनो, दासिकपुत्ता, भट्टिपुत्ता, मल्लगणा और आलारिका शामिल हैं। वही, पृ. 331 देखें।

11. नटका, नच्चका, लघका, इद्रजालिका, वेतालिक और मल्ला; वही।

12. तद्यथा, चक्रिक-तालिक-गंधर्विका नट-नर्तक-ऋल्ल-मल्ल-पणिस्वरिका शोभिका लंघका कुम्भतूणिका वेलंबका द्विस्तलभाणका पंचवटुका गायनका गुणवर्ता तांडविका चेतयिका गणिका हास्यकारका भेरि-शख-मृदग-पाटहिका तूण-पणव-वीणा-वल्लकी एकादसायेल्ल-वाद्यका अन्ये च बहुवाद्यकरा राजकुल-द्वारे सेन्निपतेंसुः सर्वायो च श्रेण्यो। **महावस्तु,** III. पृ. 242 देखें।

13. **महावस्तु** में पहले चर्चित कपिलवस्तुवाली सूची थोड़ी छोटी है, लेकिन इसमें राजगृहवाले अधिकतम वर्ग शामिल हैं। वही, पृ. 113 देखें।

14. **मिलिन्द-पञ्हो,** पृ. 331.

15. ए. एल. बाशम, पूर्वोक्त, पृ. 204.

16. सुदा कप्पका नहापका चुंदा। **मिलिन्द-पञ्हो,** पृ. 331 देखें।

17. प्रयुक्त शब्द हैं : प्रावारिका, शखिका, दंतकारका, मणिकारका और प्रस्तारिका। **महावस्तु,** III, पृ. 113, पृ. 442 से तुलना करें।

18. धनुकारा, जियकारा, उसुकारा। **मिलिन्द-पञ्हो,** पृ. 331 देखें।

19. मृत्तिकवाहका ... नाविकाओलुंपिका; **महावस्तु,** III. पृ. 113; और काष्ठवाहका; वही, पृ. 443 देखें।

20. सुवन्नकारा सज्झकारा सीसकारा तिपुकारा लोहकारा वट्टकारा अयकारा। **मिलिन्द-पञ्हो,** पृ. 331 देखें।

21. कौशाविक; **महावस्तु,** III. पृ. 113 देखें। इस शब्द का, जिसे कोशाविक भी पढ़ा जाता है, कभी-कभी अनुवाद 'तलवार के म्यान बनानेवाले' किया जाता है, लेकिन स्पष्टतः यह कौशेयाविक का दूसरा रूप है जिसका उल्लेख मनु, V. 120 में है। इसका अर्थ वह व्यक्ति है जो रेशम के कीड़ों के कोयों (कोश) और भेड़ के रोयों (अवि) से बने धागों को बुनता है।

22. उर्ण-वायका-बरूथ-तंत्रवायका देवता-तंत्रवाय-चैलधोवका रजका शृचिका तंत्रवाया; **महावस्तु,** III, पृ. 113 देखें। **मिलिन्द-पञ्हो** में रंगकार, रजक और तुन्नवाय (दरजी) का उल्लेख

23. **मिलिन्द-पञ्हो,** पृ. 331.

24. **महावस्तु,** III, पृ. 442.

25. ए. एल. बाशम, पूर्वेक्त, पृ. 204, 527, पादटिप्पणी 14.

26. निम्नांकित सूची मूल-पाठ के मुख्य भाग में अंकित क्रम के अनुसार नहीं है—चित्रकारका वर्धकिरूपकारका: कालपात्रिकाः पेललकाः पुस्तकारकाः पुस्तककर्मकारकाः नापिता कल्पिका चेदका लेपका स्थपतिसूत्रधारका उप्तकोष्ठकारका कूपखनका। **महावस्तु,** III, पृ. 113 देखें।

27. कूपखनक (वही) का अनुवाद खान खोदनेवाला (खनिक) भी किया जाता है।

28. सुंठिकाः सीधुकारकाः। **महावस्तु,** III, पृ. 113 देखें।

29. ए. एल. बाशम, पूर्वोक्त, पृ. 204.

30. तैलिका घटकुंडिका गोलिका दध्यिका ... खंडकारका मोदककारका कंदुका समितकारका गुडपाचका मधुकारका ... ये च अन्ये पि व्यवहारिका। **महावस्तु,** III, पृ. 442 देखें।

31. तिणहारका कट्ठहारका भतका पण्णिका फलिका मूलिका ओदनिका पूथिका मचोहिका मंसिका मज्जिका। **मिलिन्द-पञ्हो,** पृ. 331 देखें। **महावस्तु,** III ,पृ .113 में लकड़ी, घास, स्तंब और बांस के व्यापारियों का उल्लेख क्रमशः काष्ठवणिजा, तृणवणिजा, स्तंबवणिजा और

वंशवणिज़ा के रूप में है। **महावस्तु** और **मिलिन्द-पञ्हो** में कुछ शब्दों के हिज्जे में भिन्नताएं हैं।

32. ए. एल. बाशम, पूर्वोक्त, पृ. 204.
33. वही.
34. **महावस्तु,** III, पृ. 113, 442-43.
35. **मिलिन्द-पञ्हो,** पृ. 331.
36. **महावस्तु,** III, पृ. 113.
37. वही.
38. **एस बी इ,** XXXVI, भाग V, पृ. 209-11.
39. वही.
40. ए. एल. बाशम, पूर्वोक्त, पृ. 204.
41. **मिलिन्द-पञ्हो,** पृ. 331.
42. कासिक-कोटुंबरक-आदि-नानाविध-वथ्-आपण-संपन्नम्। वही।
43. एते चान्ये च उच्चावचा जनता हीनोत्कृष्टमध्यमा सर्वे राजकुले संनिपतेंसु। **महावस्तु**, III, पृ. 443 देखें।
44. पहूत-धन-धञ्ञ-वितु उपकरणं परिपुण्ण-कोस कोट्ठागारं बहु-अन्नपानं बहु-विध-खज्ज भोज्ज-लेय्य-पेय्य सायनीयम्····। **मिलिन्द-पञ्हो,** पृ. 2 देखें।
45. कहापण-रजत-सुवण्ण-कंस-पथर-परिपूरं-पज्जोतमान-निधिनिकेतम्···· वही।
46. प्रविष्टि 'हेरण्णिक'; टी. डब्ल्यू. रीस डेविड्स और विलियम स्टेड, **द पालि टेक्स्ट सोसाइटीज पालि-इंगलिश डिक्शनरी।**
47. प्रविष्टि 'सीस'; मोनियर-विलियम्स, **संस्कृत-इंगलिश डिक्शनरी।**
48. आर. एम. एडम्स, 'द नेचुरल हिस्टरी ऑव अर्बनाइजेशन,' ग्रेगरी एल. पॉसेहल (सं.), **एंशिएंट सिटीज आव द इंडस,** पृ. 20.
49. **जातक,** II, पृ. 181.
50. फिलिप एब्रम्स और इ. ए. रिगले (सं.), **टाउंस इन सोसाइटीज** में कीथ हॉपकिंस का लेख 'इकॉनमिक ग्रोथ एंड टाउंस इन क्लासिकल एंटिक्विटी', पृ. 73-75.
51. **अर्थशास्त्र,** आर. पी. कांगले का संस्करण, II. 6.2-3.
52. वही, II.6.2.
53. वही.
54. वही.
55. वही.
56. वही.
57. ट्रेंकनर का संस्करण, पृ. 330-31.
58. **मिलिन्द-पञ्हो,** पृ. 331; **महावस्तु,** III, पृ. 113, 443 देखें। **महावस्तु** में सेना के जुलाहों (बुनकरों) के लिए वरुथ-तंत्रवायका शब्द का प्रयोग है।
59. **अर्थशास्त्र,** कांगले का संस्करण, II, 4.12-13.
60. वही, II, 4.14.
61. **मिलिन्द-पञ्हो,** पृ 331; **महावस्तु,** III, पृ. 113, 443.
62. 'नास्ति' न विद्यते 'त्राष्टकराणामेको' पि कर इति नकरम्। **बृहत्कल्पसूत्र निर्युक्ति,** II, भाष्य गाथा 1089, पृ. 342 देखें। अष्टदशानां कराणामिति व्युत्पत्त्या ग्रसते····ग्राम उच्यते। मलयगिरि और क्षेमकीर्ति ने, जिनका काल 1275 ई. के आसपास है, यह टीका लिखी।

जे. सी. जैन, **प्राकृत साहित्य का इतिहास,** पृ. 180 देखें।

63. **सी-यू-कि,** I, पृ. 213.
64. एच. एम. इलियट और जॉन डासन, **दि हिस्टरी ऑव इंडिया ऐज टोल्ड बाई इट्स ओन हिस्टॉरियंस,** I, पृ. 7.
65. वही, पृ. 3.
66. **अर्थशास्त्र,** II, 4.
67. टी. डब्ल्यू. रीस डेविड्स (अनु.), **द क्वेश्चंस ऑव किंग मिलिंद, एस बी इ,** XXXVI, भाग V, पृ. 209-11. यह वर्णन धम्मनगर नामक काल्पनिक नगर से संबंधित है, लेकिन इसको वास्तविकता से दूर नहीं माना जा सकता। वस्तुतः यह कौटिल्य द्वारा **अर्थशास्त्र,** II, 4 में किए गए किलेबंद नगर (दुर्गनिवेश) के वर्णन से बहुत मिलता-जुलता है।
68. आर. एन. नंदी, 'क्लाएंट, रिचुअल एंड कांफ्लिक्ट इन अर्ली ब्रह्मनिकल आर्डर', **द इंडियन हिस्टॉरिकल रिव्यू,** VI, पृ. 81-85.
69. **अर्थशास्त्र,** II, 4.
70. **एस बी इ,** XXXVI, भाग V, पृ 209-11.
71. **अर्थशास्त्र,** II, 4.
72. एफ. कीलहॉर्न, 'दूधपानी रॉक इंसक्रिप्शन ऑव उदयमान', **इ आइ,** II, सं. 27, पंक्ति, 2-3.
73. वही, पंक्ति 6-7.
74. वही, पंक्ति 8-9.
75. वही, पंक्ति 10-11.
76. वही, पृ. 344.
77. **इ आइ,** II, सं. 27, पंक्ति 11-13.
78. वही, पंक्ति 6-7.
79. बी. एन. एस. यादव, **सोसाइटी एंड कल्चर इन नॉर्दर्न इंडिया इन द ट्वेल्फ्थ सेंचुरी,** पृ. 42, 54, 96-97, पादटिप्पणियां 463-66.
80. गाइ. वोयतिला, **लेस कम्युनाउतेस रूरलेस, त्रोइसिएमे पार्तिए, एशिए ऐत इस्लाम,** पृ. 121.
81. बी. एन. एस. यादव, पूर्वोक्त, पृ. 42-43, 45-47.
82. वही, पृ. 42.
83. डी. सी. सरकार, **सेलेक्ट इंसक्रिप्शंस, I,** बी के, III, सं. 24.
84. राघवेंद्र वाजपेयी, 'ऑपोजिट पुल्स ऑव डि-अर्बनाइजेशन एंड सेमी-अर्बनाजेशन इन विदर्भ इन द टाइम ऑव द वाकाटकाज', भारतीय इतिहास कांग्रेस के अमृतसर सत्र (1985) में प्रस्तुत आलेख (अप्रकाशित) में अंकित 95 ग्रामों की सूची से जानकारी मिलती है कि अनेक बस्तियों में पतनशील शहरों से स्थानांतरित शिल्पियों की प्रधानता थी। वाजपेयी ने के. एम. श्रीमाली कृत **एग्रेरियन स्ट्रक्चर इन सेंट्रल इंडिया एंड द नॉर्दर्न डेक्कन** (सर्का ए डी 300-500) से कुछ सामग्रियों का प्रयोग किया है।
85. वाजपेयी, पूर्वोक्त।
86. वही.
87. वही.
88. वही.
89. वही.
90. वही.
91. पी. के. आचार्य (अनु.), **आर्किटेक्चर ऑव द मानसार,** पृ. xxxv.

92. **मानसार,** X, 18.

93. वही, IX, 228-29.

94. वही। **वैश्यसंघ** और **शूद्रसंघ** के प्रयोग हुए हैं। पी. के. आचार्य पृथुलोम पढ़कर इसका अर्थ 'बड़े-बड़े बालवाले क्षत्रिय' करते हैं, लेकिन स्पष्टतः शुद्ध पाठ प्रतिलोम है।

95. **मानसार,** IX, 57-60.

96. वही, 60.

97. वही, 108.

98. वही.

99. वही, 61.

100. वही, 182.

101. वही, IX, 111-13.

102. वही, IX. 114.

103. वही, IX. 121.

104. वही, 122.

105. वही, 123.

106. वही, 124; पी. के. आचार्य दरजी शब्द को तरजीह देते हैं।

107. वही, 125.

108. वही, 126.

109. वही, 127.

110. वही, IX, 155-56.

111. सामुदायिक भोज की प्रकृति के बारे में सूचना मुझे भागलपुर जिलांतर्गत थाना बीहपुर के गौरीपुर गांव के निवासी श्री नथन झा (86) से मिली। श्री झा चौथे दशक के प्रारंभ तक किसी ब्रिटिश नीलहे के अधीन राजस्व कर्मचारी के रूप में काम करते थे।

112. इन सभी सूचनाओं के लिए मैं नथन झा का आभारी हूं।

113. बी. के. पांडेय, **टेंपल इकॉनमी अंडर द चोलाज,** (सर्का ए. डी. 850-1070), पृ. 60-63.

114. डी. सी. सरकार, **एपिग्राफिक डिस्कवरीज इन ईस्ट पाकिस्तान,** पृ. 32, 37.

115. वही, पृ. 21 और आगे।

116. के. जी. चौधुरी, 'पश्चिमभाग कॉपर प्लेट ऑव महाराज श्रीचंद्रदेव (टेंथ सेंचुरी ए डी)', **एन. के. भट्टशाली कमेमोरेशन वाल्यूम,** पृ. 166-98, अभिलेख की पंक्ति 37-38.

117. वही, पंक्ति 39-40.

118. वही, पंक्ति 38-41 देखें। डी. सी. सरकार वेट्टिकानाम् शब्द के स्थान पर चेट्टिकानां को तरजीह देते हैं; पूर्वोक्त, पृ. 67 देखें।

119. द्वाविंशति-कर्म्मकर-चर्मकारानाच्च प्रत्येकमर्धपाटकाः। के. जी. चौधुरी, पूर्वोक्त, पंक्ति 40 देखें। डी. सी. सरकार कर्म्मकर का अनुवाद नौकर करते हैं जिससे वास्तविक अर्थ स्पष्ट नहीं होता। स्पष्टतया चर्मकार अथवा चमार केवल मोचियों के रूप में ही नहीं, बल्कि खेतिहर मजदूरों के रूप में भी काम करते थे, जैसाकि वे आज भी उत्तर भारत में करते हैं। चमारों की कोटि में रखे गए कर्म्मकर मूलतः किराए के मजदूर (अक्सर **दास-कर्म्मकर** वाक्यांश में शामिल) होते थे, लेकिन अब वे भूमि-अनुदानों के साथ कृषिदास बना दिए गए थे। इस प्रथा से शिल्पी भी प्रभावित हुए।

120. के. जी. चौधुरी, पूर्वोक्त, अभिलेख की पंक्ति 41.

121. वही, पंक्ति 47.

122. वही, पंक्ति, 42-47.

123. वही, पंक्ति 44-45.
124. वही
125. के. जी. चौधुरी, पूर्वोक्त, पृ. 195 से तुलना करें।
126. शिल्पियों और अन्य लोगों को भूमि-अनुदान के जरिए पोसने की प्रथा बाद की शताब्दियों में बरकरार रही। आंध्रप्रदेश से प्राप्त, 1261-62 ई. के मलकापुरम् प्रस्तर-स्तंभ-अभिलेख से जानकारी मिलती है कि विश्वेश्वर ने, जो श्रीविश्वेश्वर गोलकी नामक मठ के संस्थापक तथा उससे संबद्ध महाविद्यालय के प्राचार्य भी थे, 101 लोगों को अनुदान में भूमि दी थी। इन लोगों में शिक्षक और अन्य व्यवसायी, जिनमें नर्तक, गायिकाएं और ढोल बजानेवाले समेत मनोरंजन करनेवाले और ग्राम-रक्षक (गांव के पहरेदार) शामिल थे। इनमें दस मिस्त्री (कारुस), नाई, दस्तकार (शिल्पी) और अभियंता (स्थपति) भी थे जो सोने, तांबे, पत्थर, बांस और लोहे के काम करते थे। डी. सी. सरकार, **एपिग्राफिक डिस्कवरीज इन ईस्ट पाकिस्तान,** पृ. 37-39 देखें।
127. **अर्थशास्त्र,** II. 4.
128. **एस बी इ,** XXXVI, भाग V, पृ. 209-11.
129. आर. एन. नंदी, पूर्वोक्त, पृ. 80-89.
230. वही, पृ. 80-84.
131. वही, पृ. 84-88.
132. परिशिष्ट 1 देखें।
133. **टैक्सिला,** I, पृ. 230; पृ. 391 से तुलना करें।
134. **विनय टेक्स्ट्स,** अनु. टी. डब्ल्यू. रीस डेविड्स और हरमान ओल्डेनबर्ग, **एस बी इ,** XIII, पृ. 143.
135. **टैक्सिला,** I, पृ. 231.
136. एच. सरकार, 'सम आस्पेक्ट्स ऑव द बुद्धिस्ट मॉन्यूमेंट्स ऐट नागार्जुनकोंडा', **ए आइ,** सं. 16, 1960, पृ. 77.
137. जी. पी. मलालसेकर, **डिक्शनरी ऑव पालि प्रॉपर नेम्स,** प्रविष्टि 'अनाथपिंडक' देखें।
138. वही, प्रविष्टि 'जेतवन' देखें।
139. आर. एस. शर्मा, **मैटिरियल कल्चर एंड सोशल फॉर्मेशंस इन एंशिएंट इंडिया,** पृ. 125-26.
140. देबला मित्र, **बुद्धिस्ट मॉन्यूमेंट्स,** पृ. 243.
141. वही, पृ. 245.
142. तुलना करें उसी से।
143. एस. आर. दास, **एक्सकेवेशंस ऐट राजबाड़ीडांगा,** 1962, पृ. 6-8.
144. **आइ ए आर,** 1975-76, पृ. 6-7; 1976-77, पृ. 11; 1978-79, पृ. 43 देखें। विक्रमशिला परियोजना के बी. एम. झा, एस. के. चौधरी और विजयसिंह द्वारा दिखाई गई रिपोर्टों पर भी आधारित।
145. बील, **रेकॉर्डस,** II, पृ. 118.
146. ताकाकुसू, **ए रेकॉर्ड ऑव द बुद्धिस्ट रिलिजन,** पृ. 65, 154.
147. **इ आइ,** XVII, सं. 17, पंक्ति 24-40.
148. देबला मित्र, **बुद्धिस्ट मॉन्यूमेंट्स,** पृ. 223.
149. वही, पृ. 225-27.
150. वही, पृ. 227.
151. वही, पृ. 232.

152. देबाल मित्र, **रत्नगिरि,** I, पृ .19-20.
153. वही, पादटिप्पणी 2; 'दासानाम् भिक्षुनाम्' शब्द ही सही पाठ बतलाए गए हैं।
154. देबाल मित्र, **रत्नगिरि,** I, पृ. 20.
155. वही.
156. देबला मित्र, **बुद्धिस्ट मॉन्यूमेंट्स,** पृ. 232.
157. वही, पृ. 76-77.
158. वही, पृ. 192.
159. वही, पृ. 193.
160. वही, पृ. 195.
161. वही.
162. नोबोरू काराशिमा, **एस्पेक्ट्स ऑव साउथ इंडियन स्टेट एंड सोसाइटी;** बी. के. पांडेय, **टेंपल इकॉनमी अंडर द चोलाज।**
163. बी. के. पांडेय, पूर्वोक्त, अध्याय 3 और 4.
164. मुहम्मद हबीब, **सुल्तान महमूद ऑव गजनी,** पृ. 52-53.
165. वही.
166. डी. शर्मा (सं.), **टेक्स्ट्स, कामरूपशासनावली,** पृ. 130-31.
167. वही, भाग I, पृ. 79.
168. आर एस. शर्मा, **सोशल चेंज इन अर्ली मेडिवल इंडिया (सर्का ए डी 500-1200)।**
169. आर एस. शर्मा, **शूद्राज इन एंशिएंट इंडिया,** परिशिष्ट 2.
170. पाणिनि, VI. 2. 62.
171. आर एस. शर्मा, **शूद्राज इन एंशिएंट इंडिया,** पृ. 100.
172. वही.
173. पाणिनि, V. 4. 95; इससे तक्ष अथवा बढ़ई अभिप्राय है।
174. **अर्थशास्त्र,** II, 4.
175. आर. एस. शर्मा, **शूद्राज इन एंशिएंट इंडिया,** पृ. 167-78 .
176. वही, पृ. 99-101.
177. आगे अध्याय 10 देखें।

अध्याय 10

कृषि का प्रसार

साहित्य-ग्रंथों, विदेशी यात्रियों के वृत्तांतों, अन्वेषणों और उत्खननों तथा मुद्राओं और अभिलेखों से संकेत मिलता है कि ऊपरी और मध्य-गांगेय मैदानों, मालवा, गुजरात के तटवर्ती क्षेत्रों, पश्चिमी दकन, कृष्णा और गोदावरी के थाले, कावेरी के थाले, कलिंग के तटवर्ती क्षेत्रों और पश्चिम बंगाल के कुछ तटवर्ती क्षेत्रों में तीसरी सदी ईसवी में अच्छी-खासी आबादी थी। तीसरी सदी तक भी असम, पश्चिम बंगाल, उड़ीसा, उत्तरी आंध्रप्रदेश, पूर्वी मध्यप्रदेश और विदर्भ के बड़े-बड़े भागों, राजस्थान, गुजरात और कर्नाटक के अच्छे-खासे भागों, तमिलनाडु के अंदरूनी क्षेत्रों और केरल का किसी सार्थक पैमाने पर ऐतिहासिक चरण में प्रवेश नहीं हुआ था। यही बात हिमालयी क्षेत्र पर लागू होती है। यद्यपि इन क्षेत्रों में ऐतिहासिक बस्तियों की स्थापना की प्रक्रिया क्रमिक रही, फिर भी नए राज्यों या राजतंत्रों की स्थापना के लिए लगभग 400 से 650 ई. तक का काल विशेष महत्त्व का मालूम होता है। गुप्त राजसत्ताओं को छोड़ दें तो इस काल में देश-भर में 69 राज्यों की गिनती की जा सकती है।[1] इनमें 48 महाराष्ट्र, पूर्वी मध्यप्रदेश, आंध्रप्रदेश, उड़ीसा और बंगाल में थे।[2] ये राज्य जिन क्षेत्रों में थे उनमें कहीं-कहीं छोड़कर एक प्रकार की भौगोलिक निरंतरता पाई जाती है। इस क्षेत्र का एक अच्छा-खासा हिस्सा पठारी जंगल था जो ज्यादातर विंध्य क्षेत्र में पड़ता था। 'अठारह जंगलों' (अष्टादशाटवी) में मध्य भारत का एक बड़ा भाग आ जाता था। उत्तरी और डेल्टाई बंगाल तथा दकन और दक्षिण के थोड़े-से क्षेत्रों को छोड़कर बाकी गैर-आबाद क्षेत्र में लाल मिट्टी की प्रधानता थी।

यही वह संलग्न क्षेत्र है जिसमें भूमि-अनुदानपत्र 48 राज्यों के उदय के साक्ष्य प्रस्तुत करते हैं। इसमें कोई शक नहीं कि ये राजतंत्र किसानों से करों की नियमित वसूली करते थे और बलप्रयोग के तंत्र कायम रखते थे जिनका प्रबंध चट और भट नामक नियमित और अनियमित सैनिक करते थे। चट या चाट का अर्थ पुलिस-बल का सदस्य या अनियमित सैनिक है, जबकि भट या भाट का अर्थ नियमित सैनिक है। ये अनुदान जिन अधिकारियों को दिए गए थे उनके उल्लेख उनके पदों और कभी-कभी उनके नामों के साथ भी किए गए हैं, और उनके वित्तीय और प्रशासनिक अधिकार-क्षेत्रों का निरूपण भी किया गया है। कुछ अनुदानों, उदाहरण के लिए पांचवीं सदी के एक वाकाटक

अनुदान में खजाना (कोश) और पेशेवर सेना (दंड) का भी उल्लेख किया गया है जो राजसत्ता के अनिवार्य अंग थे।[3] यह विचार भी पाया जाता है कि राजसत्ता के सात तत्त्व होते हैं।[4]

पूर्वी और मध्य क्षेत्रों तथा दक्षिण के ऐसे कुछ राज्यों को समुद्रगुप्त ने परास्त किया था, लेकिन अधिकांश राजाओं को इस शर्त पर पुनर्प्रतिष्ठित किया गया कि वे कुछ सामंती दायित्वों का निर्वाह करेंगे। चौथी, पांचवीं और बाद की सदियों में अनेक राज्यों की मौजूदगी का साफ पता उनके अनुदानों से चलता है। स्पष्ट है कि इनमें से अधिकांश राज्य उन क्षेत्रों में उभरे जिनकी अपनी व्यवस्थाएं विकसित नहीं हुई थीं और न उन्होंने दूसरी व्यवस्थाओं के कार्यकलाप का अनुभव किया था। जाहिर है कि प्रत्येक क्षेत्र में एक ठोस कृषिक आधार के बिना इन राजसत्ताओं का उदय असंभव था। इन राजतंत्रों का संगठित कृषिक आधार न केवल भूराजस्व की विभिन्न मदों से, बल्कि भूमिपत्रों में दर्ज अनेक गांवों के नामों से भी स्पष्ट है। कुछ गांव तो अनुदान में दिए गए थे और दूसरों का उल्लेख चौहद्दी के तौर पर हुआ है।[5] आरंभिक अनुदानों में इन गांवों की खेतिहर पैदावारों का उल्लेख नहीं है, लेकिन कभी आगे चलकर पूर्वी मध्यप्रदेश के चंदेल अनुदानों में उनका उल्लेख पाया जाता है।

यह बात कही गई है[6] कि भूमि-अनुदानों के कारण बंगाल में और अन्यत्र नई भूमियों पर खेती प्रारंभ हुई।[7] स्पष्ट है कि यह बात खिल, अप्रहत, अवनिरंध्र और भूमिच्छिद्रन्याय जैसे शब्दों के प्रयोग के आधार पर कही जाती है जो अनजुती भूमि के अनुदान के सूचक हैं।[8] असम के भूमिपत्रों में अपकृष्ट शब्द का प्रयोग हुआ है। गुजरात, महाराष्ट्र और मध्यप्रदेश में जुते और बसे हुए क्षेत्रों के हस्तांतरण के बाद भी इनमें से अनेक शब्द परंपरावश प्रयुक्त होते रहे।[9] अगर हम भूमिपत्रों में परंपरावश निर्धारित वाक्यांशों के प्रयोग की गुंजाइश को ध्यान में रखें तो भी अनेक उदाहरण भूमि के अछूते चरित्र का संकेत देते हैं। संस्कृत अभिलेखों में अनेक गांवों के नाम असंस्कृतीय लगते हैं। जिन उदाहरणों में गांवों के नाम संस्कृतीय हैं और अनुदानों में अछूती भूमि के सूचक शब्दों का प्रयोग नहीं हुआ है, वहां भी हो सकता है कि पिछड़े गांव दान में दिए गए हों। छत्तीसगढ़ या दक्षिण कोशल क्षेत्र में शरभपूरिय और पांडु राजाओं के दानों के साथ यही बात हो सकती है। अनेक अनुदानों में शब्द 'अष्टादशाटवी-राज्य' अर्थात् 'अठारह जंगलोंवाले राज्य' का उल्लेख हुआ है।[10] लोकनाथ के 650 ई. के टिप्पेरा अनुदान में जंगल में भूमि के स्थित होने का स्पष्ट उल्लेख हुआ है। जिस जंगली क्षेत्र में सौ से ज्यादा ब्राह्मणों को दान में दी गई भूमि स्थित थी उसका वर्णन इस प्रकार हुआ है : "जहां प्राकृतिक और कृत्रिम का कोई भेद नहीं, जहां झाड़ियों और लताओं का एक घना जाल फैला हुआ है, जहां हिरन, बैल, भालू, बाघ, सांप आदि अपनी इच्छानुसार घरेलू जीवन के सभी सुख भोगते हैं।"[11]

इसी दानपत्र में[12] पिछड़े या कम विकसित क्षेत्रों में अनेक ब्राह्मणों को भूमि-अनुदान दिए जाने के अनेक उदाहरण मिलते हैं। सातवीं सदी में भास्करवर्मन के निधानपुर ताम्रपत्र सिलहट क्षेत्र (अब बांग्लादेश) में दो सौ से अधिक ब्राह्मणों को

भूमि-अनुदान दिए जाने का उल्लेख करते हैं।[13] यह बात कि इसी क्षेत्र में ब्राह्मण बड़े पैमाने पर बसाए गए, दसवीं सदी में 6000 ब्राह्मणों को 400 पाटक भूमि के दान से पता चलती है।[14] अनुमान है कि दान में दी गई यह भूमि 6000 एकड़ थी।[15] हालांकि दान की शर्तों से पता चलता है कि यह भूखंड आबाद था, फिर भी यह दान अछूती भूमि को जोत में लाने के विचार (भूमिच्छिद्रन्याय) के तहत दिया गया था। इतने अधिक ब्राह्मणों को बसाने का परिणाम केवल यही नहीं हुआ कि सिलहट क्षेत्र में राजसत्ता मजबूत हुई, बल्कि कृषि की दृष्टि से भी इस क्षेत्र का विकास हुआ।

एक पिछड़े क्षेत्र में भूमि के दान से कृषि के प्रसार की स्पष्ट संभावनाएं पैदा हुईं। बेहतर जीविका की तलाश में मध्य-गांगेय मैदानों से या ऐसे ही दूसरे उन्नत क्षेत्रों से स्थानांतरण करनेवाले पुरोहित और अन्य लाभार्थी अपने साथ एक नई महारत लेकर आए। मिसाल के लिए उन्होंने पंचांग के ज्ञान से लोगों को परिचित कराया जिससे बरसाती, बुवाई के मौसमों आदि की अच्छी जानकारी प्राप्त हो सकती थी।[16] यह संभव है कि कौटिल्य के **अर्थशास्त्र** और वराहमिहिर कृत **बृहत्संहिता** में कृषि से संबंधित अधिकांश सामग्री का प्रसार इन्हीं प्रवासियों के द्वारा हुआ हो। कबीलाई लोग गोमांसभक्षी थे और बेतहाशा पशुहत्या करते थे। ब्राह्मणों ने पशुधन के संरक्षण का विचार प्रचारित किया जो स्वाभाविक रूप से कृषि-अर्थव्यवस्था के विकास में सहायक हुआ। वर्ण-व्यवस्था की विचारधारा ने भी कृषि के प्रसार में योगदान दिया। ब्राह्मणों को स्वयं ही उत्पादन का संगठन करना होता था, इसलिए उनको हलवाहों और काश्तकारों की जरूरत पड़ती थी। वर्ण-सोपान का ऊंच-नीच का विचार उनको इस काम के लिए आदिवासियों और नाम-मात्र 'हिंदुओं' को लामबंद करने में सहायता दे सकता था। इसके अलावा सातवीं सदी का विधिग्रंथ **पराशर-स्मृति** ब्राह्मणों को भूमि जोतने की अनुमति देता है। लगता है यह बात इस तथ्य का परिणाम थी कि बहुत सारे ब्राह्मणों को भूमि के दान मिले थे।

आरंभिक मध्यकाल में हम कृषि के प्रसार के दूसरे प्रमाण भी पाते हैं। अनेक ग्रंथ गांवों की स्थापना की विवेचना करते हैं। जैसाकि कहा जा चुका है, **मानसार** नामक वास्तुकला-ग्रंथ शहरों से कहीं बहुत अधिक गांवों पर ध्यान देता है। यह अनेक श्रेणियों में उनका वर्गीकरण करता है और प्रत्येक श्रेणी को कुछ विस्तार से परिभाषित करता है। इस ग्रंथ में गांव की महत्ता की छाया हर जगह मिलती है। **मयमत** संभवतः चोलकाल का एक ग्रंथ है।[17] इसका 'ग्रामविन्यास' शीर्षक अध्याय गांवों के वर्गीकरण के बारे में ही है।[18] इसी प्रकार **शिल्परत्न** नामक ग्रंथ सोलहवीं सदी के उत्तरांश में 'प्राचीन' वास्तुकला-ग्रंथों के आधार पर रचा गया था,[19] और इसमें भी गांवों की विशेषताओं पर एक अध्याय मिलता है।[20] यह बात महत्त्वपूर्ण है कि अनेक ऐसे ग्रंथ जिनमें गांवों की स्थापना पर अध्याय पाए जाते हैं, दक्षिण भारत में रचे गए थे जहां कृषि के प्रसार की पुष्टि अभिलेखों से होती है। चौदहवीं सदी में गांवों की आबादी की पद्धति पर रचित ग्रंथ **ग्रामपद्धति** में आरंभिक मध्यकाल की बहुत सारी सामग्री पाई जाती है।[21] कर्नाटक के कुछ भागों में गांव कैसे बसाए जाते थे, इसका एक अच्छा अंदाजा इस ग्रंथ से होता है।[22]

इसमें कहा गया है कि परंपरागत रूप से 32 गांव बसाए गए थे।[23] अनेक दूसरे ग्रंथ जैसे **ग्रामविचार** और **ग्रामवाससार** भी गांवों की स्थापना के लिए मार्गदर्शक सिद्धांत प्रस्तुत करते हैं। लगता है कि ये भी मध्यकाल में लिखे गए थे।[24]

अपराजितपृच्छा, स्कंद पुराण और दूसरे आरंभिक मध्यकालीन ग्रंथों में गांवों की जो बहुत अतिरंजित संख्याएं दी गई हैं, वे बढ़ती ग्रामीण आबादियों की सूचक हैं।[25] **स्कंद पुराण** कम से कम 70 क्षेत्रों में क्षेत्रवार गांवों की संख्याएं गिनाता है।[26] देखने में ये संख्याएं अतिरंजित लगती हैं, और विभिन्न क्षेत्रों में गांवों के आकारों और उनकी जनसंख्याओं में अंतर हो सकते हैं।[27] लेकिन ये संख्याएं शायद ही इसमें संदेह रहने देती हों कि आरंभिक मध्यकाल में ग्रामीण बस्तियों का विस्फोट हो रहा था, जब किसी राजा की स्थिति का निर्धारण उसके अधिकार-क्षेत्र में आनेवाले गांवों की संख्या से होता था।

ग्रामीण आबादी का अनुमान लगाना आसान काम नहीं है। हर्ष की सेना के बारे में ह्वेन सांग ने जो संख्याएं दी हैं उनके आधार पर हम उत्तर भारत के लिए इस आबादी के आकार की कुछ कल्पना कर सकते हैं। उस चीनी यात्री के अनुसार हर्ष की सेना 60,000 लड़ाकू हाथियों और एक लाख घुड़सवारों पर आधारित थी।[28] ये दोनों संख्याएं उन संख्याओं की तीन गुनी से भी अधिक हैं जो प्राचीन लेखकों ने मौर्य सेना के हाथियों और घोड़ों के बारे में बतलाई हैं। ह्वेन सांग हर्ष के पियादा सैनिकों की संख्या नहीं बतलाता। लेकिन यह पैदल सेना भी अगर मौर्यों की पैदल सेना की तीन गुनी थी तो हर्ष को अठारह लाख पियादा सैनिकों का स्वामी कहा जा सकता है। फिर तो उसकी सेना की संख्या, जिसका अधिकांश भाग सामंतों द्वारा जुटाया जाता था,[29] आसानी से बीस लाख से अधिक कही जा सकती है। अगर आबादी का दस प्रतिशत भाग राजकीय सेना या सामंतों की जुटाई हुई सेना में काम करता रहा हो, तो उत्तर भारत की कुल आबादी दो करोड़ बैठती है। इसी आधार को लें तो मौर्यकाल में देश की आबादी 60 लाख के आस-पास बैठती है। इस तरह हर्ष की सेना की ये संख्याएं उत्तर भारत की आबादी में तीव्र वृद्धि के संकेत देती हैं। चूंकि आम तौर पर सातवीं सदी में शहरों का पतन दृष्टिगोचर होता है, इसलिए इसे देहातों में आबादी के विस्फोट के अलावा और कुछ नहीं माना जा सकता। और कृषि की बेपनाह वृद्धि के बिना ऐसे विस्फोट की कल्पना भी असंभव है।

जैसाकि हम पहले दिखा चुके हैं, नगरों का संकुचन कृषि के प्रसार का एक अहम कारण था। पश्चिमी भारत में ऐसे अनेक उदाहरण मिलते हैं जिनमें नगरवासी ब्राह्मणों ने देहातों की ओर कूच किया जहां उनको शासकवर्ग की तरफ से दान में भूमि दी गई थी।[30] आबाद गांवों में उनके आगमन से किसानों पर लगान का बोझ बढ़ा जिसके कारण उत्पादन में वृद्धि हुई। इस कारक ने पिछड़े क्षेत्रों में भी उत्पादन को बढ़ावा दिया होगा जिनको साथ में लाभार्थियों के बेहतर ज्ञान का लाभ भी प्राप्त हुआ होगा। पतनशील नगरों से दस्तकारों के स्थानांतरण के कारण उनकी उपलब्धि आसान हुई और इससे भी कृषि का लाभ हुआ।

उत्तर में **कृषिपराशर** और दक्षिण में कंबन की पुस्तक जैसे अनेक कृषि-ग्रंथ

आरंभिक मध्यकाल में रचे गए थे। हालांकि काश्यप कृत **कृषिसूक्ति** ग्रंथ दक्षिण में पाया गया है,[31] मगर यह उत्तर या दक्षिण, कहीं के भी किसी धान-उत्पादक क्षेत्र की रचना हो सकता है। लगभग दसवीं सदी का ग्रंथ **वृक्ष आयुर्वेद** पौधों के रोगों के इलाज के लिए नुस्खे बतलाता है।[32] घोड़ों पर विशेष ध्यान दिया जाता था[33] क्योंकि सरदार और राजे अपनी घुड़सेनाओं और व्यक्तिगत उपयोग के लिए उनकी भारी मांग करते थे। लेकिन इनके अलावा भी पशु-रोगों के उपचार में हुई प्रगति के कारण पशुपालन में सुधार आया।[34] इनके अलावा वराहमिहिर कृत **बृहत्संहिता, अग्नि पुराण** और **विष्णुधर्मोत्तर पुराण** में भी कृषि संबंधी विस्तृत निर्देश पाए जाते हैं।[35] सर्वप्रथम पाणिनि द्वारा उल्लिखित तीन फसलों का व्यापक ज्ञान पाया जाता था[36] और उनके बेहतर बीज पैदा किए जाते थे।[37] प्रेक्षण पर आधारित मौसम संबंधी ज्ञान **कृषिपराशर** में बहुत उन्नत दिखाई देता है। खादों के ज्ञान में बेपनाह सुधार आया, और कंपोस्ट का ज्ञान भी पाया जाता था।[38] कृषि की तकनीकों के कुछ और प्रवर्त्तन (इनोवेशंस) भी देखे जा सकते हैं। अजमेर क्षेत्र के दसवीं सदी के एक अभिलेख में बृहद्हल (बड़ा हल) का उल्लेख हुआ है;[39] यह देश के कुछ भागों में कड़ी जमीन को तोड़ने का एक अहम साधन रहा होगा। पाल-युग में प्रचलित मूसल[40] कृषि-प्रक्रियाओं के लिए इसी कदर लाभकारी रहा होगा।

सिंचाई की सुविधाओं का प्रसार इससे भी अहम था। विधिग्रंथों में तालाबों, कुओं, गड्ढों, तटबंधों आदि को नुकसान पहुंचानेवालों के लिए कठोर दंडों का विधान किया गया है।[41] वापी (सीढ़ीदार बावली) का निर्माण राजस्थान और गुजरात में बहुत लोकप्रिय हुआ। इसके महत्त्व को काश्यप के ग्रंथ में भी रेखांकित किया गया है।[42] वी. के. जैन ने एक मानचित्र तैयार किया है जिसमें उन्होंने ग्यारहवीं से तेरहवीं सदियों के दौरान पश्चिमी भारत में वापियों का वितरण दिखाया है।[43] दिल्ली के मेहरौली क्षेत्र में भी दसवीं-ग्यारहवीं सदियों की कई-एक वापियां पाई जाती हैं। यह दिलचस्प जानकारी है कि वापी शब्द की व्युत्पत्ति संस्कृत धातु वप से हुई है जिसका अर्थ 'बोना' है। स्पष्ट है कि ये सीढ़ीदार बावलियां खेतों की सिंचाई के लिए होती थीं, मगर पेय जल की आपूर्ति और बागों की सिंचाई के लिए भी वे उसी कदर उपयोगी रही होंगी। इसके अलावा नवीं-दसवीं सदियों में, खासकर राजस्थान में, अरघट्ट या रहट (पर्शियन व्हील) का भी व्यापक उपयोग होने लगा था। काश्यप का **कृषिसूक्ति** ग्रंथ मनुष्यों, बैलों या हाथियों से चलनेवाले, पानी उठाने के यंत्र (घटी-यंत्र) की सिफारिश करता है।[44] बारहवीं सदी के एक शब्दकोश में आरहट्टिय-नर शब्द का प्रयोग दिखाता है कि रहट चलाने के काम पर कुछ लोग लगाए जाते थे।[45]

इस काल में लौह उपकरणों का प्रयोग निश्चय ही एक नई ऊंचाई तक पहुंचा। **पर्यायमुक्तावली** एक मध्यकालीन शब्दकोश है जिसकी प्रतियां पश्चिम बंगाल और उड़ीसा में पाई गई हैं। इसमें लोहे के कम से कम आधे दर्जन प्रकारों या श्रेणियों का उल्लेख हुआ है।[46] सबसे बड़ी बात यह कि लोहे की वस्तुएं बड़ी संख्या में बनाई जाती थीं। उनका उपयोग छतों में शहतीरों के तौर पर होता था, और स्मृति-स्तंभों को खड़ा करने के लिए भी, जो जाहिर है कि एक अनुपयोगी कार्य था। दिल्ली के मेहरौली स्तंभ

समेत अनेक स्तंभ विजयी शासकों की विजय की स्मृति में खड़े किए गए।

चावल, गेहूं और मसूर समेत खाद्यान्नों और साथ ही फलों, फलियों, सब्जियों आदि की किस्मों की संख्या में हुई वृद्धि आश्चर्यजनक है। इनका अनुमान **अमरकोश** से ही नहीं, उससे भी बढ़कर **पर्यायमुक्तावली**[47] से किया जा सकता है। **शून्य पुराण** के अनुसार बंगाल में धान की पचास से अधिक किस्में उगाई जाती थीं।[48] इस प्रकार लगता है कि नई फसलों के प्रयोग, सिंचाई की सुविधाओं के प्रसार और खेती की तकनीकों के प्रवर्त्तन से कृषि के प्रसार में मदद मिली।[49]

ऐसा लगता है कि मध्यकाल में कृषि और कृषि-आधारित बस्तियों पर शासकगण, भूमि के लाभार्थी और आप्रवासी दस्तकार विशेष ध्यान देते थे। सिंचाई की तकनीकों, धान की रोपाई, खादों की तैयारी, प्रेक्षण पर आधारित मौसमी दशाओं, विभिन्न प्रकार के खाद्यान्नों और कृषि के कुछ अन्य पक्षों से संबंधित ज्ञान को व्यवस्थित और देश के विभिन्न भागों में प्रसारित किया गया।

ऐसा प्रतीत होता है कि आरंभिक मध्यकाल में कृषि के प्रसार के बहुत सारे साक्ष्य उपलब्ध हैं। लेकिन सबसे उल्लेखनीय तत्त्व कोई पचास राज्यों का उदय है जिनमें से हरेक का कृषिक आधार था। इस काल में शायद ही किसी ऐसे राज्य का ज्ञान हो जिसका अस्तित्व काफी या सार्थक सीमा तक व्यापार पर आधारित हो। इस कारण हम कह सकते हैं कि पूरे देश को एक साथ लें तो कृषि-क्षेत्र का असीम प्रसार हुआ। वास्तव में नगरीय संकुचन को देश की अर्थव्यवस्था के संकुचन का पर्याय नहीं कहा जा सकता; बल्कि इसके साथ कृषि का अभूतपूर्व प्रसार भी हुआ। इन दोनों के संयुक्त प्रभाव के कारण शास्त्रीय सामंतवाद के उदय और विकास के लिए एक उपयुक्त वातावरण पैदा हुआ। भूस्वामियों का वर्चस्व और किसानों का अधीनत्व इस सामंतवाद के विशिष्ट तत्त्व थे।

भूमि-अनुदानों ने कृषि के प्रसार में ही योगदान नहीं किया, उन्होंने देहातों की सामाजिक संरचना को भी निर्धारित किया। उन्होंने कृषकवर्ग के चरित्र और संरचना को बदलकर रख दिया। अनेक वित्तीय और प्रशासनिक अधिकारों से लैस लाभार्थियों के आगमन के कारण किसानों की सामान्य स्थिति में गिरावट आई। गहपति अपना रुतबा खोकर कुटुंबिन[50] (साधारण कृषक गृहस्थ) बनकर रह गए जिनको अक्सर दानपत्रों में भूदान या ग्रामदान की सूचना दी गई है। प्रथमोक्त का एक ऊंचा और द्वितीयोक्त का नीचा दर्जा होता था। इस अंतर का अनुमान मध्यकाल में उनकी छवियों से किया जा सकता है जब परिवार के मुखिया को गृहपति और उसकी पत्नी को कुटुंबिनी कहा जाता था।[51] आरंभिक मध्यकालीन स्रोत गृहपतिवर्ग की स्थिति में एक धीमी मगर निरंतर गिरावट के संकेत देते हैं। कहा गया है कि अधिकांश गहपतियों का रुतबा घटा हालांकि कुछ का रुतबा जरूर बढ़ा।[52]

हम देहातों में हुए विभेदीकरण के कई दूसरे लक्षण भी देखते हैं। प्राचीनकाल में ब्राह्मणों और क्षत्रियों को कर, उपहार और कुछ अन्य विशेष लाभ प्राप्त होते थे, लेकिन बुजुर्गों को भी सम्मान दिया जाता था। कौटिल्य के **अर्थशास्त्र** और **स्मृति**-ग्रंथों में ग्रामवृद्धों का उल्लेख हुआ है। दो श्रेष्ठतर वर्णों के सदस्यों की उच्च स्थिति तो बनी रही,

मगर ग्रामवृद्धों, संभवतः किसानों, को पीछे धकेलकर अब एक अन्य श्रेणी के लोग आगे आ गए जिनको भूमि-अनुदानों में क्रमशः 'उच्चतर' (महत्तर)[53] और 'उच्चतम' (महत्तम) कहा गया है। इन दो शब्दों का अर्थ ढीले-ढाले तौर पर गांव के बुजुर्ग लगाया जाता है, मगर वास्तव में ये उच्च स्थितियों के परिचायक हैं जिसमें गांव के 'उच्चजन' ही आते थे। संभवतः ये लोग ग्रामीण मुखियों के रूप में वित्तीय और प्रशासनिक कार्य देखते थे। किसानों में श्रेणी का निर्धारण अब मुख्यतः जन्म नहीं, वित्तीय-प्रशासनिक अधिकारों के आधार पर होने लगा। गांव के ये बड़े लोग या मुखिए देखने में साधारण काश्तकारों या किसानों से गुणात्मक और कार्यात्मक दृष्टियों से भिन्न होते थे। ये किसान साधारण निचली जातियों के और जमीन के वास्तविक जोतनेवाले होते थे। इसलिए उनको क्षुद्रप्रकृति कुटुंबिनः कहा जाता था।[54]

अगर इन ग्रामवृद्धों और किसानों को विभिन्न स्तरों के लाभार्थियों के मुकाबले रखकर देखा जाता था तो यह बात सोपान का और देहातों में उपसामंतीकरण (सब-इनफ्यूडेशन) का स्पष्ट चित्र प्रस्तुत करती है। यहां तक कि आरंभिक मध्यकाल में भी किसानों के पांच स्तरों की जानकारी मिलती है जिनमें दस हलोंवाले (दशहली) और सौ हलोंवाले (शतहली) किसान भी शामिल थे। संभव है कि दशहली किसान पचास से सौ एकड़ जमीन जोतते रहे हों और शतहली किसान पांच सौ एकड़ या इससे भी ज्यादा जमीन की जुताई करते रहे हों। ऐसे मुआमलों में जुताई की क्षमता जमीन की प्रकृति के अनुसार बदलती रही होगी। हालांकि किसानों का यह सममितीय श्रेणीकरण परंपरागत लगता है, फिर भी यह किसानों के अनेक स्तरों का सूचक है। हमारे पास यह निश्चित करने के उपाय नहीं हैं कि ये स्तर उपसामंतीकरण की प्रक्रिया से किस प्रकार जुड़े थे। मिसाल के लिए हमें पता है कि दशहली किसान खेत-मजदूरों को भी काम पर लगाते थे। यह प्रथा जिसमें हलवाहे को मात्र निर्वाह के लिए जमीन का एक टुकड़ा देकर पुश्तैनी आधार पर हलवाही के लिए मजबूर किया जाता था, इसी काल में आरंभ हुई होगी।

ग्रामीणजन से विभिन्न महसूलों की वसूली के लिए लाभार्थी अपेक्षाकृत ऊंची स्थितिवाले और बेहतरहाल किसानों का समर्थन भी लेने की हालत में थे। लेकिन इस सहयोग का परिमाण अज्ञात है। दूसरी ओर, लाभार्थियों को जो अत्यधिक और अनिरूपित वित्तीय शक्तियां प्राप्त थीं,[55] उनके कारण उनके और किसानों के बीच विवाद और टकराव की संभावनाएं भी पैदा हुईं। दान में दी गई भूमियों के किसानों से राजसी दानकर्त्ता इसी कारण बार-बार कहते थे कि वे लाभार्थियों की आज्ञाओं का पालन करें।[56] निश्चय ही लाभार्थी उनको धार्मिक आधार पर उत्पादन करने और कर चुकाने की सैद्धांतिक घुट्टी पिलाते रहते थे। इसी तरह, दान दिए गए गांवों में शाही कारकुनों और पुलिसियों को घुसने की इजाजत नहीं होने के कारण लाभार्थी बलप्रयोग की अपनी व्यवस्थाएं खड़ी करने के लिए स्वतंत्र थे। इसी प्रकार अदालतों में वित्त और कृषि संबंधी विवादों के फैसले राजसी दानपत्रों की श्रेष्ठता (राजशासन) के आधार पर किए जाते थे, और धर्म, अनुबंध और परंपरा जैसे कानून के अन्य सभी स्रोतों को ताक पर रख दिया जाता था। सबसे बड़ी बात यह है कि किसानों और भूस्वामियों पर

आधारित ग्राम-समुदाय नातेदारी, जाति, धर्म और क्षेत्र के बंधनों के कारण एकजुट रहता होगा। लेकिन इन तमाम उपायों के बावजूद टकराव और तनाव के कारण भी नामौजूद नहीं थे।

आरंभिक मध्यकाल के प्रथमांश (लगभग 600-1000 ई.) में दो सुस्पष्ट प्रवृत्तियां देखी जा सकती हैं। एक प्रवृत्ति शहरों के संकुचन और दूसरी गांवों के प्रसार की है। लगता है कि देहातों के प्रसार को गांवों की ओर दस्तकारों के स्थानांतरण से बढ़ावा मिला जहां वे आकर जजमानी व्यवस्था के अंग बन गए। शिल्पीय वस्तुओं के आपूर्तिकर्त्ता के रूप में शहरों की प्रासंगिकता देहातों के लिए जाती रही। संभव है कि कुछ नगर वित्तीय और राजनीतिक शक्ति के केंद्रों के रूप में गांवों पर हावी रहे हों, लेकिन आम तौर पर ग्रामीण मानसिकता शहरीपन पर छा गई होगी। शक्ति के ग्रामीण केंद्र अब अधिक महत्त्वपूर्ण बन गए। अनेक ग्रंथ ग्रामीण मानसिकता को प्रधानता देते हैं। ग्रामीण चाल-चलन, रीति-रिवाज और कायदे प्रामाणिक समझे जाने लगे और उनको कानून और समाज की मान्यता प्राप्त हुई। गांव की सामूहिक अस्मिता के महत्त्व को रेखांकित करने के लिए ग्रामधर्म, ग्रामाचार आदि अनेक शब्दों का प्रयोग होने लगा। चूंकि गांवों तथा सामंती, राजसी और धार्मिक प्रतिष्ठानों की शिल्पीय आवश्यकताएं स्थानीय स्तर पर पूरी होने लगीं, इसलिए अलग बस्तियों में बाजार और शिल्पीय उत्पादन का विकास रुक गया। संभव है कि गांवों में कभी-कभार लगनेवाले हाट या साप्ताहिक बाजार, जिनमें छोटे बिसातियों की प्रधानता होती थी, अंततः नगरों के रूप में विकसित हुए हों। ग्यारहवीं सदी के बाद शहरों और मौद्रिक अर्थव्यवस्था के पर्याप्त साक्ष्य मिलने लगते हैं,[57] और चौदहवीं सदी के बाद तो वे सुस्पष्ट होने लगते हैं।[58]

तीसरी सदी के बाद के छः सौ वर्षों में आत्मनिर्भर ग्राम का प्रसार हुआ, और नगरीय क्षेत्र का संकुचन हुआ जिसकी विशेषता हस्तशिल्प और वाणिज्य थे। गांव और 'नए शहर' के आर्थिक संबंध एकतरफा बन गए। 'शहर' गांवों से प्राप्त करों पर निर्भर तो था मगर उनकी अर्थव्यवस्था में बहुत कम योगदान करता था। नगरीय दस्तकार और व्यापारी एक सिरे से गायब तो नहीं हुए, मगर उनके संघ जातियों के रूप में जड़ हो गए और वे इतने महत्त्वपूर्ण नहीं रहे कि सत्ता और प्रतिष्ठा के दावे कर सकें जो बड़े भूस्वामियों के हाथों में थीं। भूस्वामी अपने सामंती स्वामियों से तो टकराते ही थे, उनकी अपनी कतारों में भी टकराव और अंतर्विरोध पाए जाते थे। विभिन्न मुद्दों पर किसानों के साथ भी उनका टकराव होता था।[59] सैनिक छावनियों, महलों, तीर्थकेंद्रों और मंदिर-प्रतिष्ठानों से युक्त यह 'नई शहरी' संवृत्ति भूस्वामी और पुरानी तर्ज की सामंती व्यवस्था के लिए अधिक उपयुक्त थी। इससे ग्रामीण कुलीनतंत्र को कोई खतरा नहीं पैदा होता था, और न ही संघर्षरत किसानों की मुक्ति की दशाएं पैदा होती थीं। स्वाभाविक है कि इस प्रकार का विकासक्रम आरंभिक मध्यकाल की गतिशीलता को कम करता था।

टिप्पणियां

1. आर. सी. मजुमदार (सं.), **कंप्रेहेंसिव हिस्टरी ऑव इंडिया,** खंड III, भाग I पर आधारित।
2. वही.
3. डी. सी. सरकार, **सेलेक्ट इंसक्रिप्शंस,** I, बी के III, संख्या 62, पंक्ति 11-12.
4. उपरोक्त, पंक्ति 40-41.
5. दोनों प्रकार के गांवों की शिनाख्त करने और उनको एक ही मानचित्र पर दिखाने का कार्य लाभदायक होगा। इससे खेतिहर बस्तियों के प्रतिमान के बेहतर संकेत मिलेंगे।
6. आर. सी. मजुमदार (सं.), **हिस्टरी ऑव बंगाल** में पी. सी. चक्रवर्ती, पृ. 648-49; डी. डी. कोशांबी, **ऐन इंट्रोडक्शन टु द स्टडी ऑव इंडियन हिस्टरी**, पृ. 291-96.
7. डी. डी. कोशांबी, पूर्वोक्त, पृ. 291-96.
8. आर. एस. शर्मा, **इंडियन फ्यूडलिज्म**, पृ. 30-32 में इन शब्दों की विवेचना की गई है।
9. वही, पृ. 30-32.
10. डी. सी. सरकार, **सेलेक्ट इंसक्रिप्शंस** I, बी के III, संख्या 50, पंक्ति 8; पृ. 395, पादटिप्पणी 3 भी देखें।
11. **इ आइ**, XX, अंक 19, पंक्ति 27-50.
12. बी. पी. मजुमदार, 'कलेक्टिव लैंडग्रांट्स इन अर्ली मेडिवल इंसक्रिप्शंस (सी. 606-1206 ए डी)', **जर्नल ऑव एशियाटिक सोसायटी**, X, 1968, पृ 7-17.
13. दिंबेश्वर शर्मा (सं.), **कामरूपशासनावली**, भाग II, पृ. 19-32.
14. के. जी. चौधुरी, "पश्चिमभाग कापर-प्लेट ऑव महाराज श्रीचंद्रदेव (टेंथ सेंचुरी ए डी)', **एन. के. भट्टशाली कमेमोरेशन वॉल्यूम**, सं. : ए बी. एम. हबीबुल्लाह, पृ. 166-98, अभिलेख की पंक्ति 47-51.
15. डी. सी. सरकार, **एपिग्राफिक डिस्कवरीज इन ईस्ट पाकिस्तान**, पृ. 33-35.
16. आर. एस. शर्मा, **इंडियन फ्यूडलिज्म**, पृ. 222-23.
17. **मयमत**, प्रेमिए पार्ताई, एदीशन, क्रितीक, त्रेदक्शन एत नोत्स, ब्रूनो दाग्ने, पांडीचेरी , 1970, प्रस्तावना, पृ. 4 से तुलना करें।
18. वही, अध्याय 9.
19. टी. गणपति शास्त्री (सं.), **शिल्परत्न बाइ श्रीकुमार**, प्राक्कथन, पृ. 2.
20. वही, अध्याय 5 (ग्रामादिलक्षणम्)।
21. बी. ए. सलेटोरे, **एंशिएंट कर्नाटक : हिस्टरी ऑव टुलुवा**, I. पृ. 341-47.
22. वही, पृ. 300-9.
23. वही.
24. गाइ. वोयतिला ने संस्कृत सूचियों के आधार पर ग्रंथों की यह सूची तैयार की है। लेकिन अभी तक इनमें से किसी पांडुलिपि की भी विवेचना नहीं हुई है।
25. बी. एन. एस. यादव, **सोसायटी एंड कल्चर इन नॉर्दर्न इंडिया इन द ट्वेल्फ्थ सेंचुरी**, पृ. 234-35 में विभिन्न क्षेत्रों के गांवों की संख्याएं दी गई हैं और उनकी विवेचना की गई है।
26. यादव, पूर्वोक्त, पृ. 234.
27. वही, पृ. 236; वास्तुकला के ग्रंथ आकार के आधार पर गांवों की विभिन्न श्रेणियां बतलाते हैं।
28. **सी-यू-कि,** I, पृ. 213.
29. समस्तसेना-मुकुटमणि-मयूख-आक्रांत-पाद-आरविंदः ऐहोल अभिलेख, पद्य 23.

30. पश्चिमी भारत के जिन नगरों से ब्राह्मण स्थानांतरण करके गांवों में पहुंचे, उनके नाम परिशिष्ट एक में मिलते हैं। लेकिन चौथी से दसवीं सदियों के बीच देश के अन्य भागों में जिन स्थानों से ब्राह्मणों ने स्थानांतरण किया उनकी सूची बनाने और शिनाख्त करने का काम अभी भी बाकी है।
31. गाइ. वोयतिला (सं.), **काश्यपीयकृषिसूक्ति, एक्ता ओरिएंतालिया एकेदेमाइ शिएनतियारुम हुंग,** XXXIII (2), 1979, पृ. 209-52; इस ग्रंथ में कृषक के लिए प्रयुक्त शब्द कृषीवल है जो आरंभिक मध्यकालीन ग्रंथों और अभिलेखों में आता है। इस कृति की अधिकांश सामग्री मध्यकाल की है और इसके बुनियादी अंश को आठवीं-नवीं सदियों का माना गया है। (वोयतिला, अनु., पूर्वोक्त, XXXIX (1), 1985,पृ. 85, पादटिप्पणी 1)।
32. डी. एम. बोस आदि (सं.), **ए कांसाइज हिस्टरी ऑव साइंस इन इंडिया,** पृ. 362.
33. वही, पृ. 255.
34. वही, पृ. 363-64.
35. वही, पृ. 358, 361, 363; **अग्नि पुराण** नवीं-दसवीं सदियों की रचना है और **विष्णुधर्मोत्तर पुराण** को आठवीं सदी का माना जाता है।
36. डी. एम. बोस आदि (सं.), पूर्वोक्त, पृ. 356-61.
37. वही, पृ. 358-59.
38. वही, पृ. 358-60.
39. बी. पी. मजुमदार, 'इंडस्ट्रीज एंड इंटर्नल ट्रेड इन अर्ली मेडिवल नार्थ इंडिया,' **जे बी आर एस,** XLV-XLVI, 1979-80, पृ. 231.
40. ताराडीह के पालकालीन स्तर में पाया गया; मुझे इसकी मौखिक सूचना ए. के. प्रसाद ने दी।
41. ये ग्रंथ ईसवी संवत् की आरंभिक सदियों के हैं। आर. एस. शर्मा, **लाइट ऑन अर्ली इंडियन सोसाइटी एंड इकॉनमी,** पृ. 90-91 देखें।
42. गाइ. वोयतिला (सं.), पूर्वोक्त, पृ. 219-20.
43. 'ट्रेड एंड ट्रेडर्स इन वेस्टर्न इंडिया,' अप्रकाशित पीएच. डी. शोधप्रबंध, दिल्ली, विश्वविद्यालय, 1983.
44. गाइ. वोयतिला (सं.), पूर्वोक्त, पद्य 167-68; बैलों से चालित घटी-यंत्र को सर्वोत्तम, मानवचालित यंत्र को निकृष्टतम और हाथियों से चालित यंत्र को मंझोले दर्जे का माना जाता है।
45. बी. एन. एस. यादव, पूर्वोक्त, पृ. 259.
46. **जे बी आर एस,** XXXI, 1945 और XXXII, 1946 में इस ग्रंथ का संपादन टी. चौधुरी ने किया था। उनके द्वारा प्रयुक्त सबसे पुरानी पांडुलिपि 1851-62 की है। हरिचरणसेन द्वारा रचित यह ग्रंथ माधवकर कृत **पर्यायरत्नमाला** (**जे बी आर एस,** XXXI, 1945, प्रस्तावना, पृ. i) पर आधारित है। चूंकि इसके अध्याय 22-23 में अमर की सामग्री स्पष्ट रूप से पाई जाती है (वही) और चूंकि इसमें आलू और तंबाकू का उल्लेख नहीं हुआ है, इसलिए यह मुगलपूर्व ग्रंथ लगता है। लोहा और अन्य धातुओं के पर्याय अध्याय (वर्ग) 6 (**जे बी आर एस,** 1945) में दिए गए हैं।
47. टी. चौधुरी, पूर्वोक्त, अध्याय 18 (**जे बी आर एस,** 1945, पृ. 31-33) में 24 प्रकार के शिंबीशुकधान्यगण (पृ. 33) की बात की गई है। लेकिन जब किस्मों की गणना की जाती है तो लगभग गेहूं, जौ, मसूर आदि समेत लगभग 110 प्रकार के खाद्यान्नों का पता चलता है। अध्याय 19 (वही, पृ. 33-34) में दस प्रकार के शालिधान्य (रोपे हुए धान) की और 19 प्रकार के तृणशालिधान्य (बिना रोपे हुए (?) धान) की बात की गई है। लेकिन गणना करने पर धान और संबद्ध खाद्यान्नों की विभिन्न किस्मों की संख्या कोई 64 आती है।

48. टी. सी. दासगुप्त, **एस्पेक्ट्स ऑव बंगाली सोसायटी**, पृ. 249-50; बी. एन. एस. यादव, पूर्वोक्त, पृ. 258 पर और 305 की पादटिप्पणी में उद्धृत। यादव (पृ. 258-59) ने अन्य कई साक्ष्य भी उद्धृत किए हैं।

49. आर. एस. शर्मा, 'हाउ फ्यूडल वाज इंडियन फ्यूडलिज्म', द **जर्नल ऑव पेजेंट स्टडीज**, सामंतवाद और गैर-यूरोपीय समाजों पर विशेष अंक, XII (2-3), 1985, पृ. 19-43 में भी इस नुक्ते की विवेचना की गई है।

50. टी. यामाजाकी, पूर्वोक्त।

51. गाइ. वोयतिला. **लेस कम्युनाउतेस रूरलेस,** त्रोइशिएमे पार्तिए, एशिए एत इस्लाम, पेरिस, 1982, पृ. 125.

52. टी. यामाजाकी, पूर्वोक्त।

53. महतो, महथा, मलहोत्रा, मेहरा, मेहरोत्रा, महेता, मेहतर आदि विभिन्न आधुनिक जातिनाम इसी महत्तर शब्द से व्युत्पन्न हैं। ये जातिनाम ज्यादातर वैश्य या बनियों जैसी मध्यवर्ती जातियों के हैं। आरंभिक चरण में महत्तर की उपाधि मुख्यतः उच्चजातीय वैश्य किसानों के बीच प्रचलित थी, लेकिन आगे चलकर वैश्य जब मुख्यतः व्यापार तक सीमित हो गए तब भी उत्तरी और पश्चिमी भारत में यह उपाधि और इससे व्युत्पन्न शब्द उन्हीं से चिपककर रह गए।

54. एस. के. मैती और आर. आर. मुखर्जी, **कार्पस ऑव इंसक्रिप्शंस ऑव बंगाल,** कलकत्ता, 1967, पृ. 58-60; बुद्धगुप्त के काल का दामोदरपुर ताम्रपत्र अभिलेख (ई. 482), पंक्ति 2-3.

55. आर. एस. शर्मा **इंडियन फ्यूडलिज्म**, अध्याय 3.

56. वही, पृ. 45, 52.

57. आर. एन. नंदी, **ग्रोथ ऑव रूरल इकॉनमी इन अर्ली फ्यूडल इंडिया,** अध्यक्षीय भाषण, प्राचीन भारत खंड, भारतीय इतिहास कांग्रेस, 45वां सत्र, 1984, पृ. 50-64.

58. तपन रायचौधुरी और इरफान हबीब (सं.), **द कैंब्रिज इकॉनमिक हिस्टरी ऑव इंडिया, सी. 1200-सी. 1750**, खंड I, पृ. 82 और आगे।

59. आर. एन. नंदी, पूर्वोक्त, पृ. 65-70.

उपसंहार

शहर मुख्यतः शिल्प तथा वाणिज्य के केंद्र थे, और इस रूप में लगभग 200 ई.पू. से 300 ई. के बीच में वे उन्नति के शिखर पर पहुंचे। निस्संदेह शताब्दियों तक बड़ी शहरी आबादी के लिए खाद्य उपलब्ध रहा। खाद्य-विक्रेताओं और हलवाइयों की उपस्थिति से अन्न के सौदागरों के होने का संकेत मिलता है। अनेक जगहों पर अन्नागार पाए गए हैं, हालांकि ये आकार में अपने हड़प्पाई पूर्ववर्तियों के अन्नागारों से बहुत छोटे हैं। कुछ अन्नागारों में राज्य-पदाधिकारी जिंस-रूप में प्राप्त करों का संचय करते थे और दूसरों का प्रयोग, लगता है, सौदागरों द्वारा किया जाता था जो नगरवासियों को पैसे लेकर खाद्यान्न बेचते थे। धुलिकट्ट के अन्नागारों में सिक्कों की उपलब्धि महत्त्वपूर्ण है। यद्यपि उत्खननों से बरामद सिक्कों की संख्या अधिक नहीं है, तथापि ये अधिकतर शहरी स्थलों में पाए गए हैं। प्राचीन भारतीय इतिहास के किसी अन्य काल में इतने अधिक सिक्के और उनके सांचे नहीं मिले हैं जितने मौर्योत्तर काल में। रोमी सिक्कों ने भारतीय सिक्कों को सुदृढ़ किया। निस्संदेह धातु-मुद्रा मौर्योत्तर शहरी जीवन की विशिष्टता थी, और इसने हिंद-रोमी तथा संभवतः मध्य एशियाई व्यापार में भी महत्त्व की भूमिका निभाई।

मौर्योत्तर नगरीकरण में हस्तशिल्पों की अद्वितीय उन्नति हुई। वात्स्यायन के **कामसूत्र** में चर्चित, शहरी परिस्थितियों से उत्पन्न चौंसठ कलाओं और शिल्पों के अतिरिक्त **मिलिन्द-पञ्हो** में पचहत्तर व्यवसाय मिलते हैं, तथा **महावस्तु** में राजगृह और कपिलवस्तु के प्रसंग में श्रेणियों में संगठित लगभग चार दर्जन धंधों का वर्णन है। **महावस्तु** से पता चलता है कि राजगृह और कपिलवस्तु के राजधानी-नगरों में से प्रत्येक में अधिकांशतः शिल्पियों और सौदागरों के कुल सौ से अधिक व्यवसाय थे। मौर्योत्तरकाल महान प्रौद्योगिक प्रगति के लिए प्रख्यात था। लगता है इसी काल में भारतीयों ने शहतूत की पत्तियों पर रेशम के कीड़े पालने की कला सीखी। यद्यपि इसे पुरातात्त्विक आधार पर प्रमाणित नहीं किया जा सकता, तथापि दक्षिण भारत में प्राप्त अनेक रंगाई के हौजों और साथ ही साथ बुनकरों (जुलाहों) के प्रसंगवाले अनेक अभिलेखों से वस्त्रों के उत्पादन और उनकी रंगाई का अनुमान लगाया जा सकता है। इसी प्रकार भारतीय छुरी-कांटों के लिए चुकाए गए भारी मूल्य के विरुद्ध रोमी प्रतिक्रिया से लोहे के माल बनने का स्पष्ट संकेत मिलता है। अनेक शहरी स्थलों में बरामद विभिन्न प्रकार की भट्ठियों और बड़ी मात्राओं

में धातुमल की उपलब्धि का संबंध लौह वस्तुओं के उत्पादन से है। लेकिन लोहे के अधिकांश उपकरण, खासकर औजार और हथियार, स्पष्टतः सैनिकों, शिल्पियों और कृषकों के लिए बनाए जाते थे। दकन के शहरी स्थल लोहे के सामानों में विशेषकर समृद्ध दिखाई पड़ते हैं।

लोहे के उन्नत काम ने विभिन्न शिल्पों को बढ़ावा दिया। इनमें मनकों और हाथीदांत की वस्तुओं का निर्माण शामिल था। अनेक शहरी स्थलों में शंख के मनके और उसी की चूड़ियों के निर्माण के कारखाने मिले हैं। खासकर देश के मध्य, पश्चिमी और प्रायद्वीपीय शहरों में कम कीमती पत्थर के मनके बनते थे। इन मूल्यवान मनकों का निर्यात दक्षिण-पूर्वी एशिया को किया जाता था। लोहे के औजारों के इस्तेमाल के कारण शिल्पी हाथीदांत की परिष्कृत वस्तुएं बना सकते थे। अफगानिस्तान स्थित बेगराम में हाथीदांत के अनेक सुंदर सामान मिले हैं, पर इटली से मात्र एक ही वस्तु अर्थात् पांपेई की प्रसिद्ध मूर्ति के मिलने की सूचना है। निस्संदेह अनेक नगर शीशे की वस्तुओं के निर्माण के केंद्र थे। मौर्योत्तर शताब्दियों में शीशे की वस्तुओं का निर्माण स्पष्टतः भारतीयों को शीशा गलाने की जानकारी प्राप्त होने के कारण बहुत आगे बढ़ा। यद्यपि शीशे की वस्तुओं के निर्माण के कारखाने अनेक स्थानों में पाए गए हैं, जिनमें पूर्वी उत्तरप्रदेश में कोपिया भी शामिल है, फिर भी भारतीय शहरों में शीशे से केवल मनकों और चूड़ियों का निर्माण होता था। तक्षशिला में शीशे की बोतल और बरतन बनते थे, पर यह स्पष्टतः यूनानी प्रभाव के कारण था।

इसलिए ऐसा प्रतीत होता है कि मूल्यवान वस्तुओं के स्थानीय और सुदूर व्यापार के कारण, पृष्ठप्रदेश से कृषि-उत्पादों की उपलब्धता के कारण तथा शिल्पीय उत्पादन होने से मौर्योत्तर शताब्दियों में शहरीकरण को बढ़ावा मिला। बहुसंख्य मोहरों और अभिलेखों से ऐसे शिल्पियों और सौदागरों का बढ़ता महत्त्व प्रमाणित होता है जो बौद्ध धर्म के बड़े हितकारी थे। शहरी वातावरण का प्रभाव इस काल की अनेक मृण्मय वस्तुओं और पत्थर की मूर्तियों में पाया जाता है।

पंजाब, हरियाणा और पश्चिमी उत्तरप्रदेश में सामान्यतः तीसरी शताब्दी के बाद शहरी केंद्रों का तेजी से ह्रास हुआ। यह बात संघोल, हस्तिनापुर, अतरंजीखेड़ा, मथुरा और अनेक अन्य शहरों पर भी लागू होती है। अन्वेषणों से भी सिंधु-गांगेय जल-विभाजक और ऊपरी गंगा के मैदानों में बहुसंख्य स्थलों पर कुषाणयुग और सल्तनतकाल के बीच पुरावशेषों का नितांत अभाव दिखता है। गुप्तकाल में मध्य-गांगेय मैदानों में अनेक स्थलों पर तेजी से ह्रास हो रहा था या वे उजड़ रहे थे; इनमें श्रावस्ती, कौशांबी, गनवरिया, खैराडीह, मांझी, चिरांद, कटरागढ़, राजगीर इत्यादि शामिल हैं। पश्चिम बंगाल में तामलुक और चंद्रकेतुगढ़ और उड़ीसा में शिशुपालगढ़ की भी यही हालत हुई।

मध्यप्रदेश, राजस्थान और गुजरात में भी अनेक स्थानों पर, जिनमें नोह, उज्जैन और नगर शामिल हैं, तीसरी सदी के बाद पतन शुरू हो जाता है। महाराष्ट्र के अंतर्गत अधिकतम शहरी केंद्रों में, ईसा की तीसरी शताब्दी में अथवा उसके बाद आबादी उजड़ गई। पौनी, कौंडिन्यपुर, नेवासा, टेर, भोकर्दन, पैठन, नासिक इत्यादि ऐसे ही शहर थे।

ऐसी ही स्थिति वडगांव-माधवपुर तथा कर्नाटक के अंतर्गत अन्य स्थलों की थी। ये सभी स्थल सातवाहनकालीन शहरी केंद्र कहे जाते हैं, जिनका प्रारंभ सातवाहन राज्य के उदय के सौ साल पहले हुआ, लेकिन अंत तीसरी शताब्दी में सातवाहन राज्य के पतन के तुरंत बाद हुआ। आंध्रप्रदेश में अधिकांश शहरों का यही हाल हुआ। यह बात अरिकमेडु और तमिलनाडु के कुछ अन्य शहरों पर भी लागू होती है।

अतएव ऐसा मालूम पड़ता है कि तीसरी शताब्दी के उत्तरार्द्ध अथवा चौथी शताब्दी में कुषाणों और सातवाहनों के समय के शहरी केंद्रों का एकाएक पतन हो गया। यह शहरी ह्रास का पहला चरण था जिसकी चपेट में आरंभिक ऐतिहासिक काल के अधिकांश शहर आए। शहरों का पतन उसी समय हुआ जब दो बड़े साम्राज्यों का पतन और हिंद-रोमी व्यापार का अंत हुआ था। शहरी पतन उत्तर भारत में गुप्तसत्ता के उदय के साथ-साथ हुआ तथा मध्य और प्रायद्वीपीय भागों में सातवाहनों के उत्तराधिकारियों और पश्चिमी भारत में क्षत्रपों के शासन के समय में। राजसत्ता किसानों और अन्य लोगों से अधिशेष वसूल कर नगरवासियों को उपलब्ध कराती है, इस मत का समर्थन एक हद तक कौटिल्य के **अर्थशास्त्र** में दी गई, नगर बसाने की सुविचारित योजना से हो जाता है, हालांकि इससे कुषाणों, सातवाहनों और उनके उत्तराधिकारियों के शासनाधीन शहरों के अस्तित्व की पूरी व्याख्या नहीं हो सकती। ईसा के आविर्भाव के दो शताब्दियों पहले और दो शताब्दियों बाद के बीच के काल में स्वायत्त राज्यों और सत्ताओं का बाहुल्य दिखता है। इससे यह आशय निकाला जा सकता है कि प्रत्येक राज्य में कर की कमी और खर्च में वृद्धि हो गई थी। ये छोटे-छोटे राज्य व्यापारियों की सुरक्षा की जिम्मेदारी नहीं ले सकते थे। अनेक जगहों पर सीमा-शुल्कों की वसूली से व्यापार में बाधा पहुंचती होगी, और फिर भी सातवाहनों और कुषाणों के अभ्युदय के पहले शहर फलते-फूलते रहे। जो भी हो, इन दो शक्तियों द्वारा स्थापित बड़े-बड़े राज्य अधिक करों की वसूली करते होंगे और व्यापारियों को सुरक्षा प्रदान करते होंगे।

किंतु भारत में गुप्त साम्राज्य उपरोक्त दोनों राज्यों में से प्रत्येक से बड़ा था, और फिर भी इसके अधीनस्थ नगरों में पतन की प्रवृत्ति दिखाई पड़ती है। पूरब से पश्चिम और उत्तर की ओर बढ़ते हुए हमें पाटलिपुत्र, वैशाली, कटरागढ़, चिरांद, खैराडीह, मांझी, वाराणसी, कौशांबी, श्रृंगवेरपुर, अयोध्या, हस्तिनापुर, मथुरा, अतरंजीखेड़ा, सोंख, पुराना किला, नोह, रोपड़, संघोल इत्यादि में पतन के लक्षण दृष्टिगोचर होते हैं। वाराणसी, कौशांबी, अहिच्छत्रा और तक्षशिला में यद्यपि क्षैतिज उत्खनन हुए हैं, फिर भी यहां के अनेक खातों में पतन का चित्र मिलता है। चिरांद और खैराडीह में, जहां यथेष्ट पैमाने पर खुदाई हुई है, गुप्तकालीन स्तरों में तेजी से पतन होने के चिह्न पाए जाते हैं। वैशाली में भी अपकर्ष दिखता है, यद्यपि यहां एक बड़ा गुप्तकालीन क्षेत्र खोदा गया है। अधिक महत्त्वपूर्ण बात यह है कि क्षैतिज विधि से उत्खनित प्राचीन शहरी स्थलों से प्राप्त पुरावस्तुओं की संख्या अधिक हो सकती है लेकिन गुणवत्ता में लंबवत् विधि से खोदे गए स्थलों से बरामद पुरावशेषों से वे बेहतर नहीं हो सकतीं। चौथी से छठी सदियों के बीच के स्थलों से मिले पुरावशेष के स्वरूप में लंबवत् अथवा क्षैतिज उत्खनन के कारण कोई

वास्तविक अंतर नहीं आता। उत्खननकर्त्ताओं द्वारा बनाए गए काट संबंधी रेखाचित्रों (सेक्शन ड्राइंग्स) से पता चलता है कि अधिकांशतः गुप्तकाल का सांस्कृतिक निक्षेप पहली दो अथवा तीन शताब्दियों के निक्षेप से पतला है। यद्यपि छिटपुट साहित्यिक संदर्भों से पतन का संकेत मिलता है, फिर भी वराहमिहिर की **बृहत्संहिता** (505 ई.) में शहरों, व्यापारियों और शिल्पियों के लिए आनेवाले बुरे दिनों अथवा विनाश की भविष्यवाणियां मिलती हैं। स्पष्टतया गुप्त नरेश तथा उनके समकालीन राजा शहरों को उतनी सहायता नहीं दे पाए जितनी उन्हें पहले मिलती थी।

निस्संदेह सुदूर व्यापार का ह्रास तीसरी और चौथी शताब्दी में शहरी पतन का महत्त्वपूर्ण कारण बना। इस व्यापार में रोमन, चीनी, पह्लव, कुषाण और सातवाहन, सभी भाग लेते थे। तीसरी शताब्दी में हान, कुषाण, पह्लव और सातवाहन साम्राज्यों के अंत से व्यापार को धक्का लगा, जिसका महत्त्व रोमी साम्राज्य के आंतरिक मतभेद के कारण और भी घटा। परंतु भारत और अन्य देशों के संदर्भ में व्यापार और राजनीति के संबंध के स्वरूप को ठीक से समझा जाना अभी बाकी है। पूर्वी देशों के माल के विरुद्ध रोम की आंतरिक स्थिति के कारण वहां जो तीखी प्रतिक्रिया हुई उसकी उपेक्षा नहीं की जा सकती।

घटते हुए व्यापार के कारण शहरी केंद्रों की आय को क्या क्षति पहुंची, इसके आकलन का कोई साधन नहीं है। तीसरी शताब्दी में रोम के सिक्के और मालों का आना करीब-करीब बंद हो जाता है। तीसरी सदी के बाद की शताब्दियों में उत्तर और दक्षिण, दोनों में इमारतों और अन्य पुरावशेषों की निर्धनता से वाणिज्यिक पतन का पता चलता है। व्यापार के विनाश का अर्थ राज्य, सौदागर, शिल्पी और अन्य लोगों की आय का क्षय होता है। इसकी क्षतिपूर्ति शहर के पृष्ठप्रदेश में नई तकनीकों द्वारा उत्पादन बढ़ाकर की जा सकती थी। किंतु चौथी से छठी शताब्दी तक और यहां तक कि उसके तुरंत बाद भी प्रौद्योगिकी में कोई महत्त्वपूर्ण प्रगति नहीं हुई। हड़प्पा संस्कृति के पतन का कारण शहरों के पृष्ठप्रदेश में जमीन का बंजर हो जाना भी बतलाया जाता है, लेकिन आरंभिक ऐतिहासिक काल के शहरों के पृष्ठप्रदेश की जमीन कब तक उपजाऊ बनी रही, यह पता लगाना बाकी है।

तीसरी-चौथी शताब्दियों में पुराणों के कलियुग-वर्णन में प्रतिबिंबित सामाजिक संकट शहरों के पतन का महत्त्वपूर्ण कारक प्रतीत होता है। गुप्तकाल की अस्तव्यस्त पुरावशेषीय परतें आंतरिक कलह का संकेत देती हैं। लगता है कि देहाती इलाके में उथल-पुथल हुई जिससे किसानों से कर वसूल करना कठिन हो गया और शहर में रहनेवाले पुरोहितों, सैनिकों, पदाधिकारियों और अन्य लोगों की क्रयशक्ति घटी। इसके फलस्वरूप शिल्पियों और सौदागरों के माल न तो स्थानीय शहरों में बिक सकते थे और न अशांति के कारण बहुत दूर भेजे जा सकते थे। सामाजिक अव्यवस्था ने शहरों में केंद्रित दस्तकारियों को क्षति पहुंचाई। हुनर और विशेषज्ञता के बावजूद शीशे और हाथीदांत के सामान, कीमती और कम कीमती पत्थर के मनके और बारीक मृद्भांड सदृश मूल्यवान वस्तुएं गुप्तकालीन परतों की खुदाई में बहुत कम मिलती हैं, और गुप्तोत्तरकाल

में तो प्रायः लुप्त हो जाती हैं। गुप्तोत्तरकाल में धातु-मुद्रा और खासकर स्वर्ण-मुद्राओं का अभाव विशेष रूप से उल्लेखनीय है।

नगरों के ह्रास का दूसरा चरण छठी शताब्दी के बाद आता है, और इसका प्रारंभ गुप्त साम्राज्य के पतन के समय होता है। यह चरण पहले चरण जैसा व्यापक नहीं है। इस चरण में मध्य गंगा के मैदानी इलाकों के अनेक प्रमुख नगर पड़ते हैं। छठी शताब्दी के बाद चंपा, पाटलिपुत्र, वैशाली, वाराणसी, भीटा इत्यादि शहर नहीं रहे। छठी शताब्दी के बाद के बौद्ध धर्मावलंबी नगरों की खुदाई से शहरी ह्रास के चिह्न स्पष्ट मिलते हैं। यह ह्रास ह्वेन सांग के विवरण, तथा शिल्पियों और सौदागरों की सामूहिक अथवा व्यक्तिगत मोहरों के अभाव से प्रमाणित होता है। साहित्य में अब व्यापारियों और शिल्पियों पर कम ध्यान दिया जाता है, इससे भी ह्रास की पुष्टि होती है। लगभग पहली शताब्दी के बौद्ध ग्रंथों में व्यापारियों की लंबी सूची मिलती है। परंतु मेरे जानते ऐसी सूचियां आरंभिक मध्ययुगीन ग्रंथों में नहीं मिलतीं। गुप्तोत्तर प्राकृत ग्रंथों में व्यापार और शहरों के कुछ वर्णन अवश्य हैं, पर वे रूढ़िगत मालूम पड़ते हैं और प्राचीनतर काल का स्मरण कराते जान पड़ते हैं।

नगरों के पतन का दूसरा चरण भी व्यापार के पतन के साथ जोड़ा जाता है। पांचवीं शताब्दी तक बैजंताई साम्राज्य भारत और श्रीलंका के साथ व्यापार करता था। श्रीलंका में प्राप्त रोम के सम्राट कांस्टेंटाइन के लगभग तीस हजार तांबे के सिक्कों से चौथी शताब्दी में हुए व्यापार की जानकारी मिलती है। पांचवीं शताब्दी तक के बैजंताई सिक्के दक्षिण भारत में और खासकर कर्नाटक में पाए गए हैं। लेकिन निश्चित रूप से इनकी संख्या प्राचीन रोमी सिक्कों की संख्या से काफी कम है। अतएव यह नहीं कहा जा सकता कि बैजंताई साम्राज्य के साथ भारत का व्यापार उतना ही उन्नत था जितना उससे पहले के रोमी साम्राज्य के साथ। मसालों के अतिरिक्त, भारत-बैजंताई व्यापार में रेशम का महत्त्वपूर्ण स्थान था; उस व्यापार में चीन और भारत एक तरफ और बैजंताई साम्राज्य दूसरी तरफ होते थे, तथा फारस के व्यापारी मध्यस्थ का काम करते थे। लेकिन छठी शताब्दी के मध्य में बैजंताई साम्राज्य के लोगों ने शहतूत की पत्तियों पर रेशम के कीड़े पालना सीखा जिससे रेशम के लिए उस साम्राज्य को भारत अथवा फारस के साथ व्यापार करने की आवश्यकता नहीं रही। पांचवीं शताब्दी से देश में भी रेशम का बाजार सिकुड़ने लगा, और इस कारण गुजरात के बुनकरों को मालवा जाकर अपना पेशा बदलना पड़ा। चौथी से दसवीं शताब्दियों के बीच के काल में भारत और दक्षिण-पूर्वी एशिया के बीच व्यापार के साक्ष्य का अपेक्षाकृत अभाव है। अतएव छठी शताब्दी के बाद सुदूर-व्यापार के बढ़ते हुए ह्रास से शहरी केंद्रों के ह्रास की गति तेज हुई।

तीसरी और चौथी शताब्दी में सामाजिक उथल-पुथल की प्रक्रिया शुरू हुई जिससे देहातों का सामंतीकरण हो गया। लगता है कि लगभग सातवीं शताब्दी के पुराणों में प्रतिबिंबित दूसरी सामाजिक अव्यवस्था ने सामंतवाद को बढ़ाया। पुरोहितों और पदाधिकारियों के भरण-पोषण के निमित्त राजाओं के द्वारा शहरों और गांवों का अनुदान दिन-प्रतिदिन आवश्यक होता गया। छठी शताब्दी के बाद शहरों और दुकानों तथा

शिल्पीय आय के अनुदान की निरंतरता से शहरी व्यवसायों पर प्रतिकूल प्रभाव पड़ा। इसने शिल्पियों और सौदागरों की पहल और स्वायत्तता को कमजोर कर दिया।

प्राचीन शहर उस आर्थिक और सामाजिक संरचना के अभिन्न अंग थे जिसमें किसान, शिल्पी और सौदागर का राज्य के साथ सीधा संबंध होता था। इस संरचना में राज्य वर्ण-व्यवस्था के सिद्धांत पर टिका हुआ था। वर्ण-सिद्धांत के अनुसार भेंट, कर, दान-दक्षिणा और नजराने के रूप में कृषि-उत्पादन से प्राप्त अधिशेष का असमान वितरण होता था, पर भूमि का असमान वितरण प्राचीनकाल की अर्थव्यवस्था में उतने महत्त्व का नहीं था। देहात से लाए गए और शहरी सौदागरों और शिल्पियों से वसूले गए कर से सेना, पदाधिकारियों तथा पूजा-पाठ करने/करानेवाले लोगों का भरण-पोषण होता था। उनका अनाज पैदा करने या दस्तकारी से कोई सीधा सरोकार नहीं था। इस अर्थ में शहर के रहने से सामाजिक विभेदीकरण बढ़ा। शासन करनेवाले लोग मुख्यतः शहरों में रहते थे। पुरोहित, पदाधिकारी और अन्य नगरवासी मिलनेवाले वेतन और उपहार के द्वारा जरूरत की चीजें दुकान से खरीद सकते थे एवं शिल्पियों तथा श्रमिकों से सामान और सेवाएं प्राप्त कर सकते थे। बड़े पैमाने पर धातु-मुद्रा के प्रयोग से प्रमाणित होता है कि आंतरिक वितरण में व्यापार की भूमिका महत्त्वपूर्ण थी। यद्यपि प्रौद्योगिक परिसीमन के कारण भारत के शहरी केंद्र पूंजीवाद के उदय का मार्ग प्रशस्त नहीं कर सके, फिर भी उन्होंने उत्पादन और वितरण की विद्यमान व्यवस्था को कायम रखने में सहायता दी। शिल्पियों और सौदागरों के संघों ने शहरी आर्थिक गतिविधियों में महत्त्वपूर्ण भूमिका अदा की। नगरों के पतन के साथ वे मध्ययुग में जातियों में बदल गए। प्राचीनकाल में शिल्पियों और सौदागरों के भारत जैसे संघ यूनान और रोम में नहीं थे, पर मध्यकाल में पश्चिमी यूरोप में इनका आविर्भाव हुआ जिससे पूंजीवाद के आगमन में सहायता मिली।

नगरों के ह्रास के कारण राज्य को आय की क्षति हुई जिससे देहाती इलाके में उपद्रव होने के कारण राजसत्ता को और भी धक्का लगा। चूंकि राजस्व का सबसे अधिक भाग स्थायी सेना के रखने पर खर्च होता था, अतएव सेना के पोषण और प्रशासनतंत्र के रखरखाव के लिए नए तरीकों को ढूंढ़ निकालना आवश्यक हो गया। अब राज्य ब्राह्मणों, मठ-मंदिरों और विहारों को अनेक गांव अनुदान में देकर उनके प्रशासन की जिम्मेदारी से अपना हाथ हटाने लगा। इसके अतिरिक्त, राज्य ने अपने अधीनस्थ सामंतों की संख्या बढ़ा ली, जो युद्ध के समय अपने लड़ाकू सैनिकों की निश्चित संख्या राजा की सेवा में हाजिर करते थे। इन्हीं कारणों से सामंती राजनीतिक व्यवस्था का निर्माण हुआ, जिसका शहरों और व्यापार के पतन के साथ निकट का संबंध था। शहरी ह्रास ने ब्राह्मणों को आजीविका के नए स्रोत खोजने के लिए देहातों का दरवाजा खटखटाने को मजबूर किया। चौथी से सातवीं शताब्दियों के और उसके बाद के भी भूमि-अनुदानों से पता चलता है कि दान पानेवाले बहुसंख्य ब्राह्मण शहरों से गांवों में जाकर बस गए। संभवतः उनके साथ-साथ दस्तकार भी देहातों में रहने आ गए, जहां वे अपने संरक्षकों या जजमानों से जुड़े, और अपनी सेवाओं और सामानों के बदले जिंस में भुगतान पाने लगे। शिल्पियों (दस्तकारों) की स्वायत्तता जाती रही, और उन्होंने मठों, मंदिरों और धनी-मानी भूमिपतियों

के यहां शरण ली।

आरंभिक मध्यकाल के मंदिर, मठ और दीवारों से घिरे ढांचे बहुत बड़े होते थे। यद्यपि अधिशेष की प्राप्ति के बिना ये सारी संस्थाएं नहीं चल सकती थीं, फिर भी दसवीं शताब्दी के अंत तक इनसे किसी महत्त्व की शिल्पीय और व्यापारिक गतिविधियों की अभिव्यक्ति नहीं होती। आरंभिक मध्ययुगीन स्थलों से प्राप्त शीशे और हाथीदांत के सामान तथा कम कीमती पत्थर के बने मनके संख्या में प्राचीन शहरी केंद्रों से मिले इसी प्रकार की पुरावस्तुओं से बहुत कम हैं। सिक्कों और सिक्के ढालने के सांचों का व्यावहारिक दृष्टि से अभाव है, और ऐसी मोहरों का भी जिन पर सिक्कों पर पाए जानेवाले चिह्न मिलते हैं। आरंभिक मध्ययुगीन बस्तियों में कांसे और पत्थर की प्रतिमाएं प्रचुर मात्रा में मिलती हैं; ये दोनों धर्म के काम में लगती थीं। प्राचीन बौद्ध विहार सामान्यतः शहरों के उपनगरों में स्थित थे, और शिल्पियों, सौदागरों और अन्य शहरवासियों के दान पर चलते थे जिनमें राजा और पदाधिकारी भी शामिल थे। लेकिन आरंभिक मध्ययुगीन धार्मिक संस्थानों का रखरखाव भूमि और गांवों के अनुदानों से होता था। ये संस्थान अपनी विस्तृत भूसंपत्ति से शिल्पियों और अन्य लोगों को उनकी सेवा और सामान के लिए जमीन के छोटे-छोटे टुकड़े दिया करते थे। दक्षिण भारत में अनेक मंदिर गैर-कृषकों के केंद्र बन गए, और कालांतर में वहां कुछ शिल्पों तथा व्यापारिक गतिविधियों का आविर्भाव हुआ, लेकिन ये तथ्य दसवीं सदी के पहले अधिक नजर नहीं आते। कहीं-कहीं लगभग 850 ई. से शिल्पीय और वाणिज्यिक गतिविधियां दिखलाई पडती हैं, लेकिन यह प्रवृत्ति व्यापक नहीं दिखती है।

आरंभिक मध्ययुग में प्राचीन शहरों के पतन को कुल मिलाकर आर्थिक पतन का सूचक मानना गलत होगा। सच तो यह है कि इस पतन के साथ एक नए प्रकार की अर्थव्यवस्था का प्रादुर्भाव होता है, जिसकी विशिष्टता शहरी संकुचन और कृषि के विस्तार में पाई जाती है। सारे देश को एक साथ मिलाकर देखने से लगता है कि शिल्प और कृषि, दोनों का उत्पादन बढ़ा। पर ये एक बड़े क्षेत्र में थोड़ा-थोड़ा करके फैले हुए थे। नगरी ह्रास के फलस्वरूप कृषि का विस्तार हुआ जिसे राजाओं और सामंतों द्वारा दिए गए भूमि-अनुदानों से बढ़ावा मिला। आरंभिक मध्ययुग में बहुसंख्य राज्यों के उदय से कृषि के विस्तार का जबरदस्त संकेत मिलता है। पांचवीं से सातवीं शताब्दियों के बीच लगभग पचास राज्य पाए जाते हैं, और उनमें से अनेक राज्यों का जन्म ऐसे क्षेत्रों में हुआ जहां लोगों को पहले कभी नियमित राजसत्ता का अनुभव नहीं हुआ था। उनके भूमि-अधिकारपत्र से जानकारी मिलती है कि इन राज्यों के पास संगठित राजसत्ता के सभी अनिवार्य अंग थे। स्पष्ट है कि प्रत्येक राज्य संस्कृत और गैर-संस्कृत नामधारी ग्रामों पर टिके विशाल कृषिगत ढांचे पर निर्भर था। ब्राह्मणों और शिल्पियों के शहर छोड़कर गांव में बसने से कृषिविस्तार को बढ़ावा मिला जिनसे कृषि और प्रौद्योगिकी के उन्नत ज्ञान का प्रसार हुआ। यह पता नहीं है कि क्या किसान भी आबाद इलाकों से हटकर कम जोते हुए इलाकों में जाकर बसे। आरंभिक मध्ययुग के ग्रंथों में कृषि के ज्ञान की व्यवस्थित विवेचना मिलती है। लोहे की उपलब्धता और इसका धातुकर्म इतना आम हो

गया कि इस धातु का इस्तेमाल अनुपयोगी उद्देश्यों के लिए होने लगा। जैसे मेहरौली में तथा अन्यत्र विजयस्तंभ खड़े करने के लिए लोहे का प्रयोग किया गया।

सामाजिक संगठन में जजमानी प्रथा का महत्त्व बहुत बढ़ गया। शहरी पतन, मुद्रा के कम प्रचलन और कृषि के विस्तार के फलस्वरूप यह स्थिति पैदा हुई। नगरों के पतन से प्रभावित सामाजिक संबंधों के पुनर्गठन एवं पुनर्वर्गीकरण के कारण केवल भूमिसंपन्न मध्यस्थों के वर्ग का ही उदय नहीं हुआ, बल्कि दस्तकारों को भी जजमानी प्रथा का अनिवार्य अंग बनाया गया और गतिशीलता की जगह उनकी स्थानिक तथा व्यावसायिक स्थिरता ने ले ली। शिल्पी और अन्य लोग अब भूमि और अपने संरक्षकों के साथ मजबूती से जुड़ गए। सेवा और सामान उपलब्ध कराने के बदले उन्हें फसल एकत्रित करते समय जिंस में भुगतान किया जाने लगा। जो चीज पहले सीमित पैमाने पर प्रचलित मालूम पड़ती है, वही मध्ययुग में आम हो गई।

अतएव शहरी ह्रास सामंतवाद के प्रथम अथवा श्रैण्य (क्लासिकल) चरण की विशेषता है जो घटते व्यापार और सर्वप्रधान कृषि-अर्थव्यवस्था की स्थिति में पैदा हुआ। इस चरण का सामंतवाद पराधीन किसानों और प्रभावी भूमिपतियों के अस्तित्व से पहचाना जा सकता है। इससे एक प्रकार की बंद अर्थव्यवस्था का युग आरंभ हुआ जिसमें बिचौलियों की जरूरतों की पूर्ति व्यापारियों के प्रभावी हस्तक्षेप के बिना स्थानीय स्तर पर ही हो जाती थी। नई स्थिति में व्यापार बहुत घट गया था, तथा उत्पादकों और उपभोक्ताओं के बीच सीधा संपर्क स्थापित हो गया था। यह संपर्क राज्य और किसानों के बीच भूमि-मध्यस्थों के उद्‌भव के कारण संभव हुआ। इससे प्राक्-सामंती किसानों का राज्य से सीधा संबंध टूट गया। राज्य के पदाधिकारी और वैचारिक समर्थक अब धनी-मानी भूस्वामियों का रूप धारण करने लगे। वे मुख्यतः किसानों और शिल्पियों से जिंस और श्रम के रूप में वसूल किए लगान पर निर्वाह करते थे। वे अब उन करों पर निर्भर नहीं रहे जिन्हें पहले राजकीय अधिकारी वसूल करके शहर में लाते थे, और उपहार तथा वेतन के रूप में बांटते थे। अतएव शहरी क्षेत्र के सिकुड़ने का संबंध राजस्व क्षेत्र के सिकुड़ने से जोड़ा जा सकता है। सामंतों को अब कर की जगह लगान मिलने लगा। अंततोगत्वा धार्मिक तथा अन्य गैर-कृषक प्रतिष्ठानों को बाजारों का रूप धारण करना ही था। खपत के केंद्र होने के कारण वे उत्पादन और माल-विनिमय के केंद्र बन सकते थे। दूसरे शब्दों में, वे शहर बनकर व्यापारी तथा शिल्पी वर्गों को मजबूत बना सकते थे। लेकिन अनेक सदियों तक ऐसा नहीं हो पाया। ग्यारहवीं शताब्दी में देश के कुछ भागों में शहरों का मंद-मंद पुनरुत्थान आरंभ हुआ, और चौदहवीं शताब्दी तक नए शहरीकरण की प्रक्रिया साफ-साफ दिखाई पड़ने लगी।

परिशिष्ट-1*

गुजरात/मालवा/कर्नाटक के शहर जहां से ब्राह्मण लोग भूमि-अनुदानों के उपभोग के लिए गुजरात में जाकर बस गए

क्र.सं.	तिथि/ईसवी	मूल निवास	मध्यवर्ती निवास	स्थानांतरित ब्राह्मणों की संख्या	प्रदत्त अनुदान	संदर्भ
1	2	3	4	5	6	7
1	605	संगपुरी (जूनागढ़ के निकट शाहपुर)	–	44	गांव	**इ आइ,** XI, 174 और आगे।
2	606	आनन्तपुर (मेहसाना जिले का वाडनगर)	वलभी	1	एक खेत और एक वापी	**ए आर डब्ल्यू एच,** राजकोट 1922-23, 10; **जे बी बी आर ए एस,** एन एस. I, 29 और आगे।
3.	609	दशपुर (मालवा में मंदसौर)	वलभी	2 (भाई-भाई)	गांव	**जे यू बी,** III, भाग I, 74 और आगे; **बी पी,** LXXXII, 411-13; **एच आइ जी,** भाग I, 134.
4.	616	काशहृद (कासंद्रा, अहमाबाद से 25 मील दक्षिण)	त्रामदि (?) (अमरेली के निकट त्रावद अथवा महुवा के निकट तरेदी)	1	दो वापियां	**आइ आइ बी एस,** 1943, I, 7 और आगे।

1	2	3	4	5	6	7
5.	623	—	हस्तवप्र (भावनगर में हाथव)	1	तीन खेत और एक वापी (सौराष्ट्र के तीन विभिन्न गांवों में)	**इ आइ,** XXI, 181 और आगे।
6.	624	—	आनंदपुर (गांव)	1	गांव	**बी पी,** CIII, 131 और आगे; **जे यू बी,** XIX, एन एस, 1 और आगे।
7.	628-29	1. जम्बूसर (भड़ौच में जम्बूसर) 2. भरुकच्छ	1. अक्रूरेश्वर विषय (जिले) में शिरीषपद्रक (अक्लेश्वर में सिसोद्र) 2. भेरज्जिका (वोर्जई, भड़ौच में अक्लेश्वर से 12 मील पूरब)	40	गांव	**आइ ए,** XIII, 81 और आगे; **सी आइ आइ,** IV, भाग I, 57 और आगे।
8.	631-32	गिरिनगर (जूनागढ़ में गिरनार)	खेटक (कैर)	1	खेत	**जे बी बी आर ए एस,** एन एस, I, 70.
9.	634 (628-29 से तुलना करें)	—	जम्बूसर	34	गांव	**आइ ए,** XIII, 88 और आगे; **सी आइ आइ,** IV, भाग I, 67 और आगे।
10.	634	—	आनर्त्तपुर	1	गांव	**बीपी,** CXXIX, 6-7; **जे ओ आइ,** XXXI, 84 और आगे।

* यह परिशिष्ट डा. स्नेहलता आनंद द्वारा संगृहीत सामग्री पर आधारित है।

1	2	3	4	5	6	7
11.	641-42	दशपुर (मलवा में मंदसौर)	क्षीरसर-ग्राम (खर्लाकुआ, वड़ौदा में स्थित संखेडा के कुकड के निकट)	1 वही 1 ब्राह्मण	खेत	**इ आइ,** V, पृ. 39 और आगे; **सी आइ आइ,** IV, भाग I. 75 और आगे।
12.	641-42	—	उपर्युक्त	1	खेत	**इ आइ,** V, 39 और आगे; **सी आइ आइ,** भाग I, 78 और आगे।
13.	642	आनर्त्तपुर	वलभी	1	खेत	**जे ओ आइ,** X, 123 और आगे; **इ आइ,** XXXV, 281 और आगे; **बी पी,** CVII, 231 और आगे।
14.	645	सिंहपुर (भावनगर के निकट सिहोर)	किक्कतापुत्र-ग्राम	दो भाई	चार खेत और एक वापी	**पी आर ए एस, डब्ल्यू सी,** 1919-20, 54; **जे बी बी आर ए एस,** X, 66 और आगे।
15.	648	—	धारपुर	1	खेत और एक शिबिर (फार्म हाउस)	**स्वाध्याय,** XIV, 172 और आगे।
16.	649	उदुम्बरगह्वर	खेटक	1	दो खेत और एक भृष्टि (उजाड़ बाग)	**आइ ए,** XV, 335 और आगे।
17.	649	आनर्त्तपुर	कासरग्राम (पेतलद से 5 मील पश्चिमोत्तर)	1	गांव	**आइ ए,** VII, 73 और आगे।
18.	654-55 (656)	—	विजय-अनिरुद्धपुरी	1	गांव	**आइ ए,** XVIII, 265 और आगे।

1	2	3	4	5	6	7
19.	656	आनंदपुर	खेटक	1	गांव	**आइ ए,** VII, 76 और आगे।
20.	661	गोमूत्रिका	श्री-वलभी	1	गांव	**आइ ए,** V, 207 और आगे।
21.	666	1. कुशहृद (कासंद्र, अहमदाबाद से 25 मील दक्षिण) 2. गिरिनगर 3. गिरिनगर	1. (?) 2. सिंहपुर 3. सिंहपुर	3 इनमें से दो एक ही परिवार के सदस्य थे– पिता और एक पुत्र)	दो गांव और एक वापी	**जे बी बी आर ए एस,** एन एस. I, 73 और आगे।
22.	666	आनंदपुर	श्री-वलभी	1	दो खेत और दो वापियां	**जे बी बी आर ए एस,** एन एस. I, 71-72.
23.	666	पुष्यशाम्वपुर	श्री-वलभी	1	तीन टुकड़ों को मिलाकर एक खेत और एक वापी	**पी आर ए सी, डब्ल्यू सी,** 1915-16. 55; **इ आइ,** XXI, 208 और आगे।
24.	668	गिरिनगर	—	दो संबंधी ब्राह्मण	गांव	**इ आइ,** XXXIV, 117 और आगे।
25.	669	द्वीप (दिउ)	—	दो भाई	तीन टुकड़ों में बंटा एक खेत और एक वापी	**इ आइ,** IV, 74 और आगे।
26.	671	आनंदपुर (वाडनगर से शिनाख्त)	वलभी	1	दो टुकड़ों को मिलाकर एक खेत	**आइ, ए,** XI, 305 और आगे।

1	2	3	4	5	6	7
27.	675-76 (सं. 29 से तुलना करें)	पुष्यशाम्वपुर	संभवत: श्री-वलभी	1	एक वापी और पांच टुकड़ों में वंटा एक खेत	**इ आइ,** XXII, 114 और आगे।
28.	676	गिरिनगर	श्रद्धिका (षाधि. वड़ौदा जिले के पाद्रा तालुका में स्थित अंति के पूरव)	1	दो टुकड़ों में वंटा एक खेत और एक भृष्टि (उजाड़ बाग)	**ए आर ए डी, बड़ौदा स्टेट,** 1938-39, 16; **आइ आइ बी एस,** I, 16 और आगे।
29.	684	गिरिनिर्झर	खेटक	1	एक खेत (पांच टुकड़े) और एक वापी	**जे ए एस बी,** VII, 966 और आगे; **एच आइ जी,** भाग I, सं. 85.
30.	685	—	आनंदपुर (वाडनगर)	दो भाई	खेत (दो टुकड़े)	**बी पी,** CXXIV, 203-04; **स्वाध्याय**, XV, 202 और आगे।
31.	687	आनंदपुर	—	14	खेत (दो टुकड़े) और एक वापी	**इ आइ,** XXXV, 281.
32.	694 (सं. 38 से तुलना करें)	आनंदपुर	—	1	एक खेत और एक वापी	**बी पी,** CV, 9-11.
33.	694	विंछु-दशपुर	वंशकट (जूनागढ़ जिले के वेरवल तालुका में महुवा अथवा वसवद के निकट विसलिय)	1	गांव	**कलेक्शन ऑव प्राकृत एंड संस्कृत इंसक्रिप्शंस,** I, 54 और आगे।

1	2	3	4	5	6	7
34.	703	—	आनंदपुर	1	गांव	**जे ओ आइ,** XVII, 59 और आगे तथा 181 और आगे।
35.	704	गिरिनगर	श्रद्धिका-अग्रहार	1	खेत (64 निवर्तन भूमि)	**आइ ए,** XIII, 75 और आगे; **सी आइ आइ,** IV, भाग I, 82 और आगे।
36.	705	—	मटसर-अधिष्ठान	त्रैविद्य और चातुर्विद्य (तीनों वेदों और चारों वेदों के ज्ञाताओं के) समूह	1. खेत (दो टुकड़े) 2. खेत (तीन टुकड़े)	**बी पी,** CIII, 9 और आगे; 73 और आगे; 102 और आगे।
37.	706 (सं. 29 और 34 से तुलना करें)	पुष्यशाम्बपुर	संभवत: श्री-वलभी	1	खेत और एक वापी	**पी आर ए एस, डब्ल्यू सी,** 1915-16, 55.
38.	706	पड्दर्शी	सौजखेड़ा (संभवत: साम्खेज, कैर से 6 किलोमीटर उत्तर)	1	खेत	**बी पी,** CXXV, 442-43.
39.	710	—	ब्रह्मपुरी (संभवत: वामनफलिया, नन्दोद से 9 किलोमीटर दक्षिण-पश्चिम		तीन टुकड़े भूमि (भूमिखंड)	**इ आइ,**XXV, 292 और आगे; **सी आइ आइ,** IV, भाग I, 90 और आगे।

1	2	3	4	5	6	7
40.	722	—	श्रीमद्-आनंदपुर	1	दो गांव	**जे ओ आइ**, XVII, 59 और आगे, 186 और आगे; **सी आइ आइ**, IV, भाग I, 137 और आगे।
41.	739	वनवासी (उत्तरी कनारा में वनवासी)	—	1 दो भाइ	गांव वही गांव गांव	
42.	739	वनवासी	—	1		**एच आइ जी**, भाग I, 15.
43.	739	आनंदपुर	—	2 (भाई-भाई)	गांव	**बी पी**, CXXV, 445; **स्वाध्याय**, XVI, 440 और आगे।
44.	744	1. — 2. —	1. आनंदपुर 2. आनंदपुर	2	गांव	**बी पी**, CXXVI, 41.
45.	757	—	जम्बूसर	1	गांव	**जे बी बी आर ए एस**, XVI, 105 और आगे।
46.	642-43 (कृत्रिम प्लेटें)	जम्बूसर (जम्बूसर-सामान्य वाजसनेय-कण्व अध्वर्यु) (भड़ौच में जम्बूसर)	—	63	गांव	**आइ ए**, VII, 241 और आगे; **सी आइ आइ**, IV, भाग I, 165 और आगे।

1	2	3	4	5	6	7
47.	लगभग 7वीं शताब्दी (शक 400)	कान्यकुब्ज (कन्नौज)	—	1	गांव	**आइ ए,** VII, 61 और आगे।
48.	लगभग 7वीं शताब्दी (शक 415)	—	कान्यकुब्ज	1	गांव	**आइ ए,** XVII, 183 और आगे।
49.	लगभग 7वीं शताब्दी (शक 417)	—	अहिच्छत्रा	1	गांव	**आइ ए,** XIII, 115 और आगे।

टिप्पणियां :

1. ब्राह्मणों के मूल या मध्यवर्ती निवास के रूप में उल्लिखित अधिकांश स्थान शहर थे जैसाकि उनकी शिनाख्त अथवा उनके नाम के अंत में जुड़े 'पुर' प्रत्यय से प्रकट होता है। जम्बूसर या लोहितकक्ष-पथक जैसे कुछ अन्य स्थान भी इस कारण से शहर माने जाते हैं कि उनके साथ 'ग्राम' शब्द संलग्न नहीं है।
2. मूल निवास-स्थान के संदर्भ में 'विनिर्गत' शब्द या 'से आए' का प्रयोग किया गया है, तथा मध्यवर्ती निवास-स्थान के संदर्भ में 'वास्तव्य' शब्द या 'के निवासी' का इस्तेमाल किया गया है यद्यपि यह शब्द मूल निवास-स्थान का भी संकेत कर सकता है।

परिशिष्ट-2

आरेख पर टिप्पणी

यह आरेख उत्खनित स्थलों पर न केवल नगरीय चरण के पतन/परित्याग को, बल्कि इसके आरंभ और विकास को भी दर्शाता है। 130 से अधिक स्थलों पर शहरीकरण की भिन्न-भिन्न नियतियां विभिन्न संकेत-चिह्नों द्वारा दिखाई गई हैं। आरेख में ऐसे कतिपय स्थल भी सम्मिलित हैं जिन पर प्रस्तुत पुस्तक में विचार नहीं किया गया है। इसमें कुछ अन्य स्थल भी दिखाए गए हैं जो मानचित्रों में नहीं हैं। किन्तु इसमें प्रयुक्त संकेत-चिह्नों की भांति ही सटीकता प्राप्त करने का प्रयास किया गया है।

उत्खनित स्थलों पर शहरी चरण की स्थिति

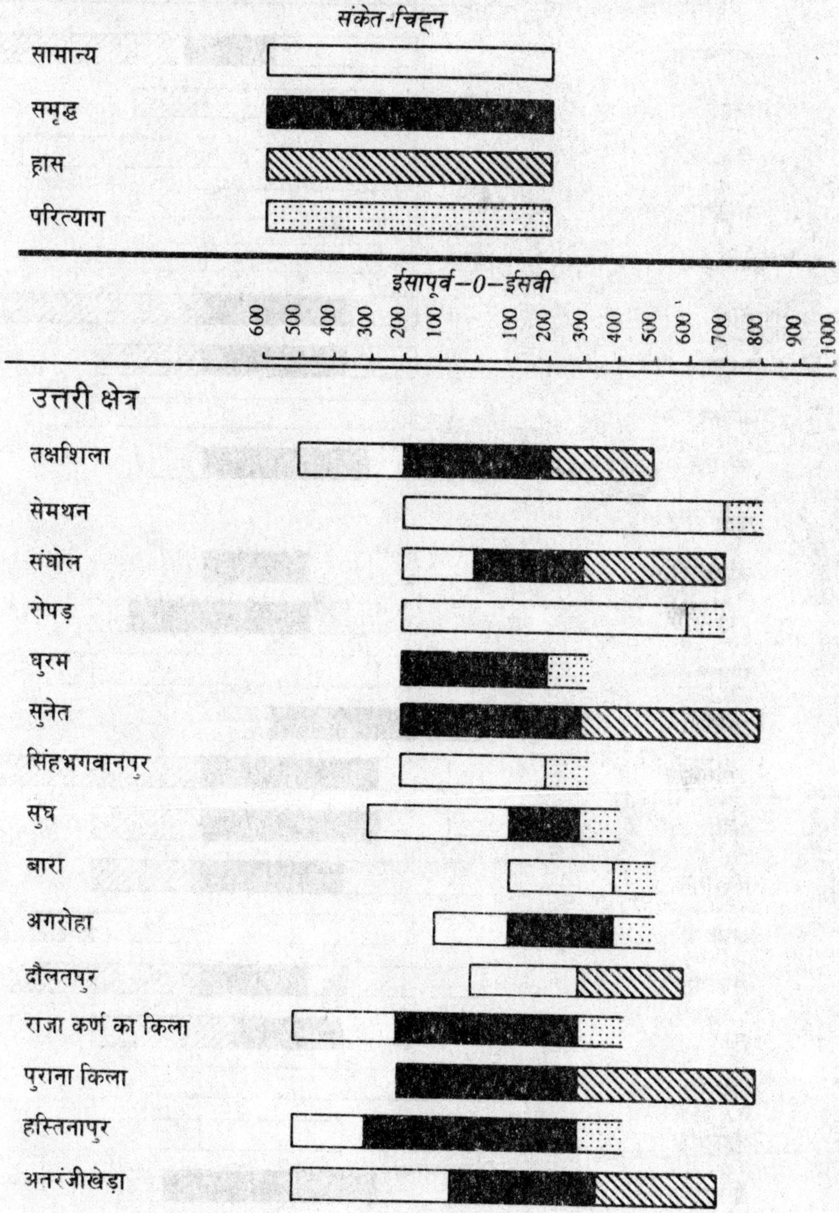

संकेत-चिह्न

सामान्य

समृद्ध

ह्रास

परित्याग

ईसापूर्व—0—ईसवी

600 500 400 300 200 100 100 200 300 400 500 600 700 800 900 1000

उत्तरी क्षेत्र

तक्षशिला

सेमथन

संघोल

रोपड़

घुरम

सुनेत

सिंहभगवानपुर

सुघ

बारा

अगरोहा

दौलतपुर

राजा कर्ण का किला

पुराना किला

हस्तिनापुर

अतरंजीखेड़ा

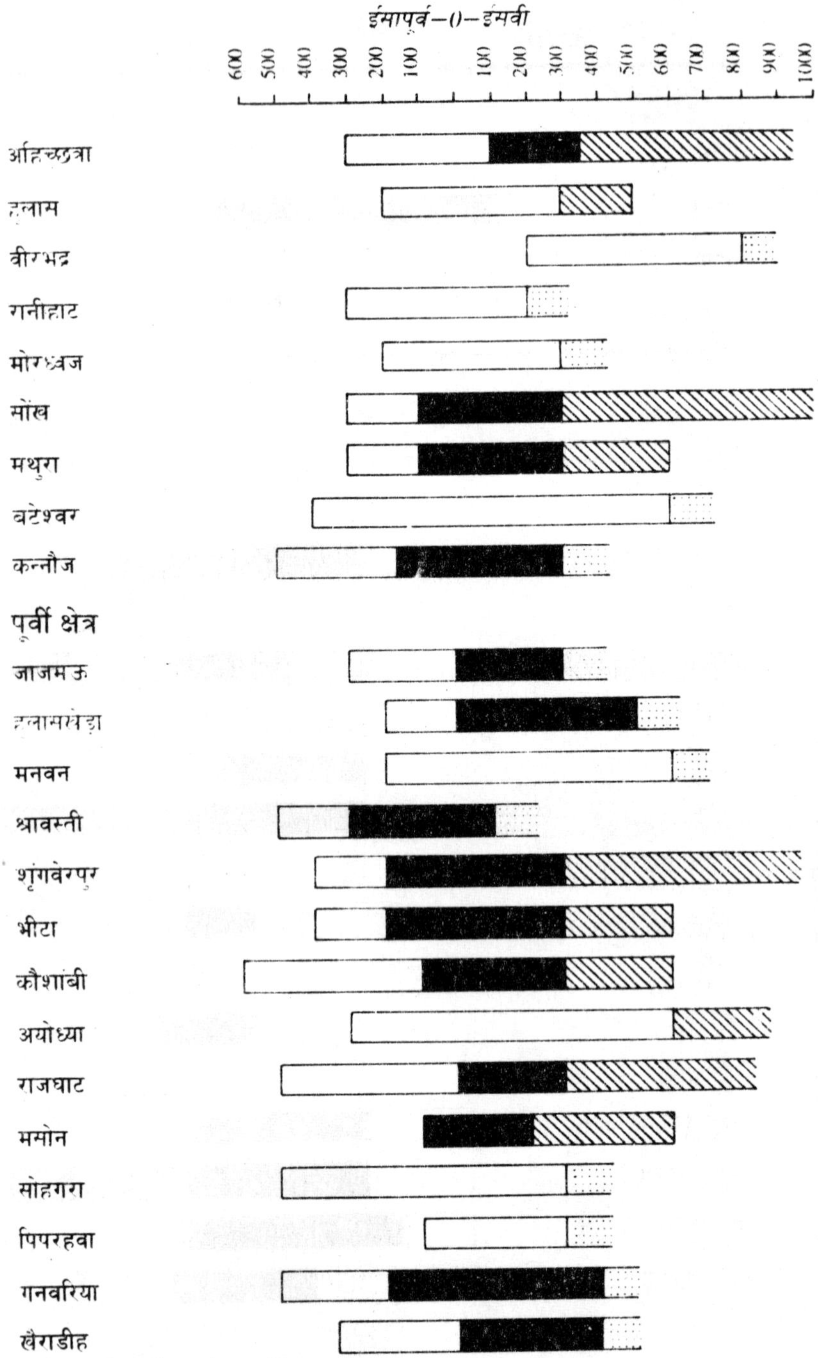

ईसापूर्व—0—ईसवी

600 500 400 300 200 100 | 100 200 300 400 500 600 700 800 900 1000

अहिच्छत्रा

हुलास

वीरभद्र

गनीहाट

मोरध्वज

सोंख

मथुरा

बटेश्वर

कन्नौज

पूर्वी क्षेत्र

जाजमऊ

हुलासखेड़ा

मनवन

श्रावस्ती

शृंगवेरपुर

भीटा

कौशांबी

अयोध्या

राजघाट

मसोन

सोहगरा

पिपरहवा

गनवरिया

खैराडीह

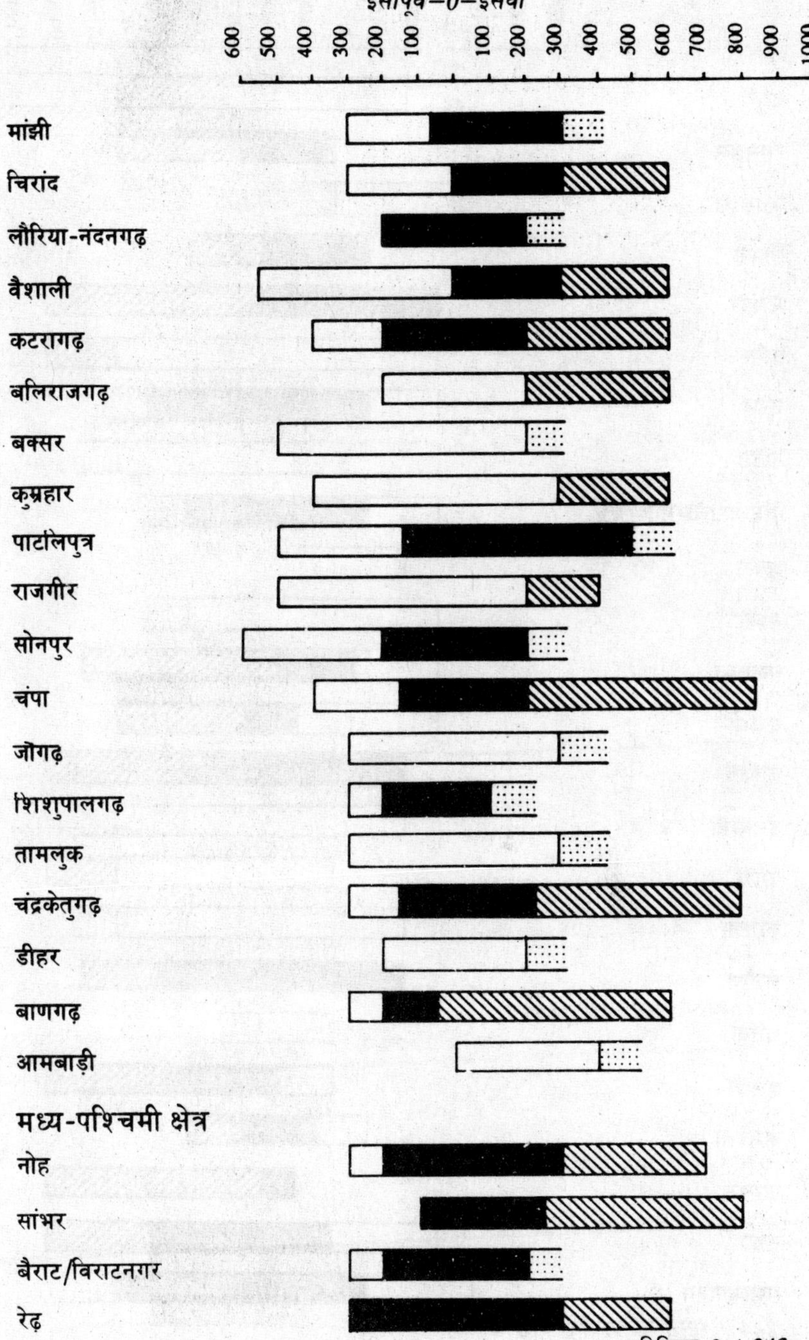
ईसापूर्व–0–ईसवी
600
500
400
300
200
100
100
200
300
400
500
600
700
800
900
1000
मांझी
चिरांद
लौरिया-नंदनगढ़
वैशाली
कटरागढ़
बलिराजगढ़
बक्सर
कुम्रहार
पाटलिपुत्र
राजगीर
सोनपुर
चंपा
जौगढ़
शिशुपालगढ़
तामलुक
चंद्रकेतुगढ़
डीहर
बाणगढ़
आमबाड़ी
मध्य-पश्चिमी क्षेत्र
नोह
सांभर
बैराट/विराटनगर
रेढ़

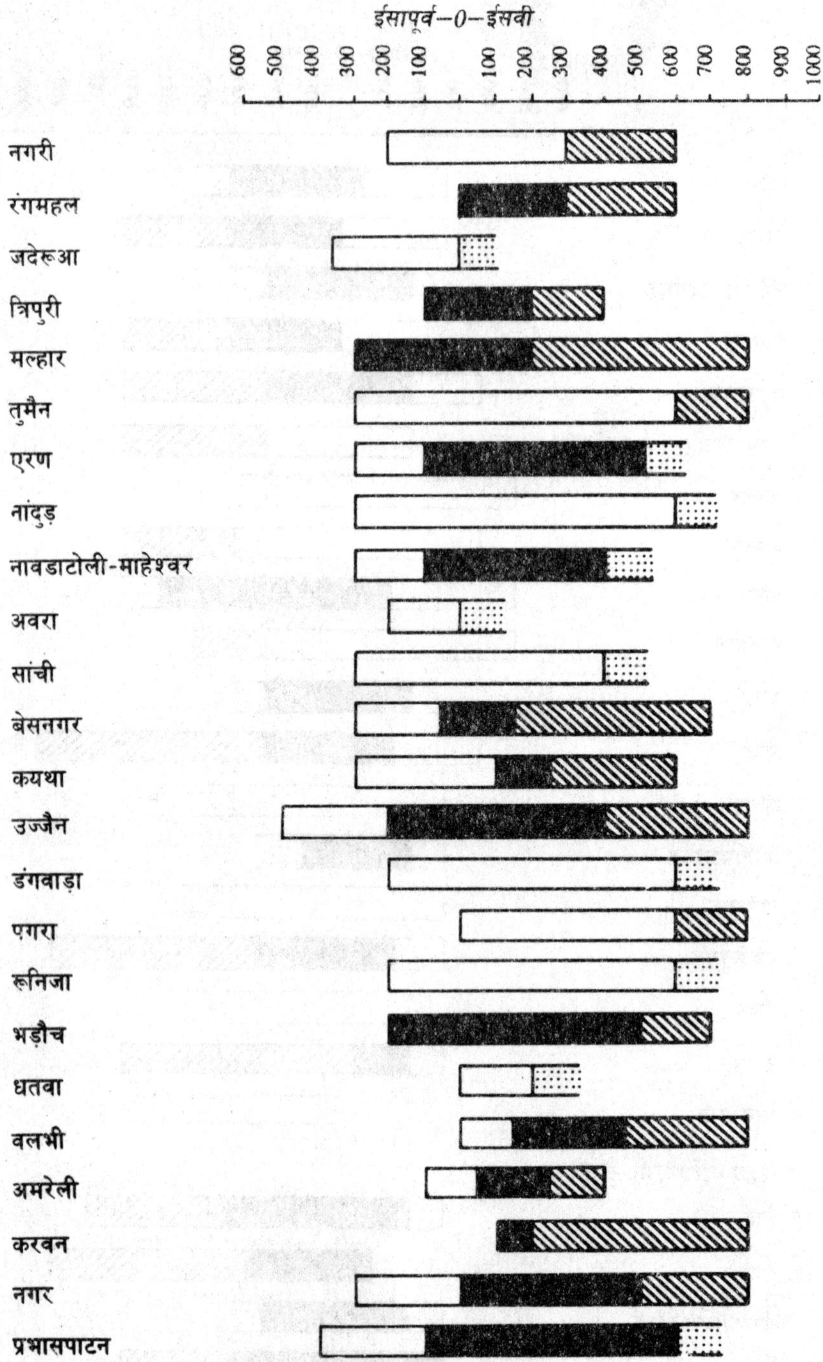

ईसापूर्व—0—ईसवी

600 500 400 300 200 100 | 100 200 300 400 500 600 700 800 900 1000

नगरी

रंगमहल

जदेरूआ

त्रिपुरी

मल्हार

तुमैन

एरण

नांदुड़

नावडाटोली-माहेश्वर

अवरा

सांची

बेसनगर

कयथा

उज्जैन

डंगवाड़ा

पगरा

रूनिजा

भड़ौच

धतवा

वलभी

अमरेली

करवन

नगर

प्रभासपाटन

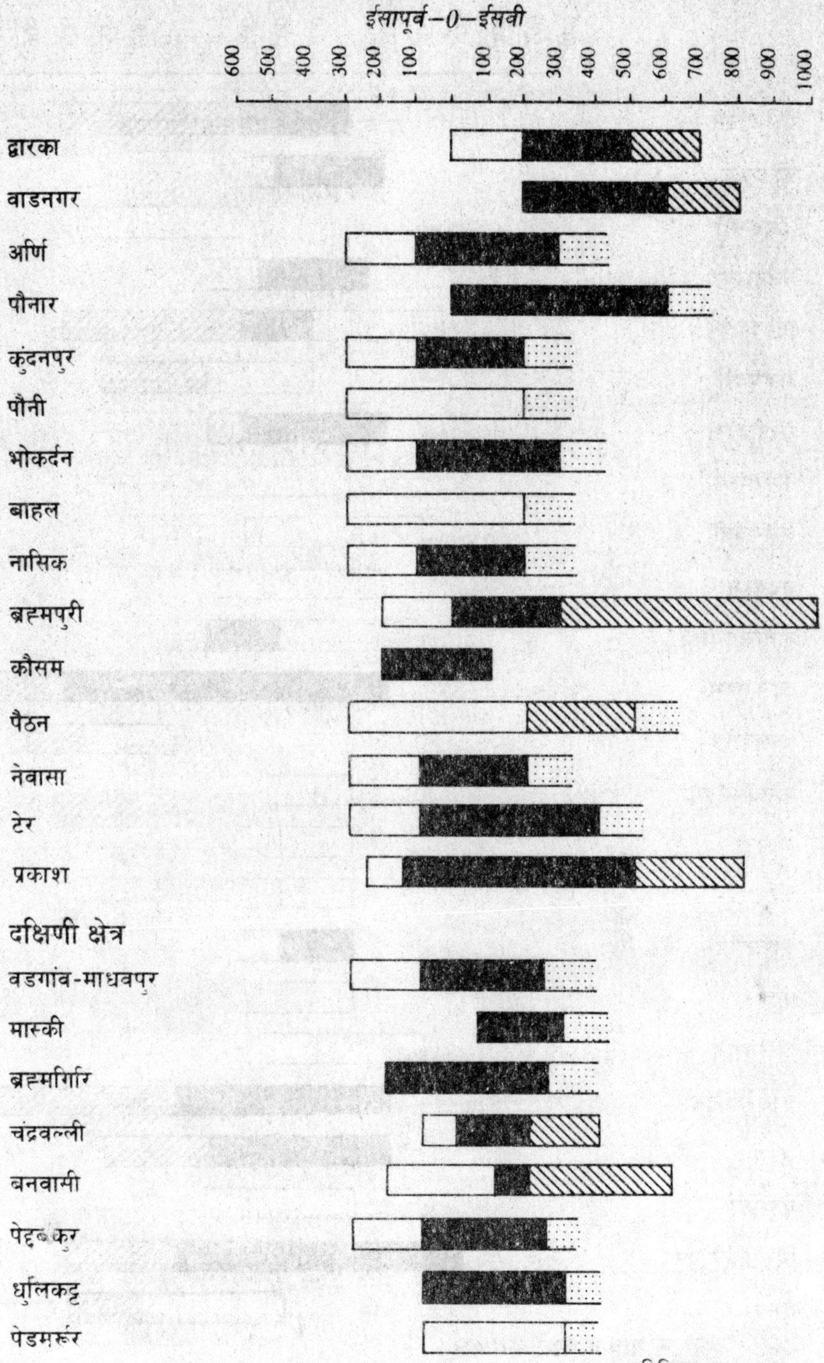

ईसापूर्व–0–ईसवी

600 500 400 300 200 100 100 200 300 400 500 600 700 800 900 1000

द्वारका

वाडनगर

अर्णि

पौनार

कुंदनपुर

पौनी

भोकर्दन

बाहल

नासिक

ब्रह्मपुरी

कौसम

पैठन

नेवासा

टेर

प्रकाश

दक्षिणी क्षेत्र

वडगांव-माधवपुर

मास्की

ब्रह्मगिरि

चंद्रवल्ली

बनवासी

पेद्दबकुर

धुलिकट्ट

पेडमरूर

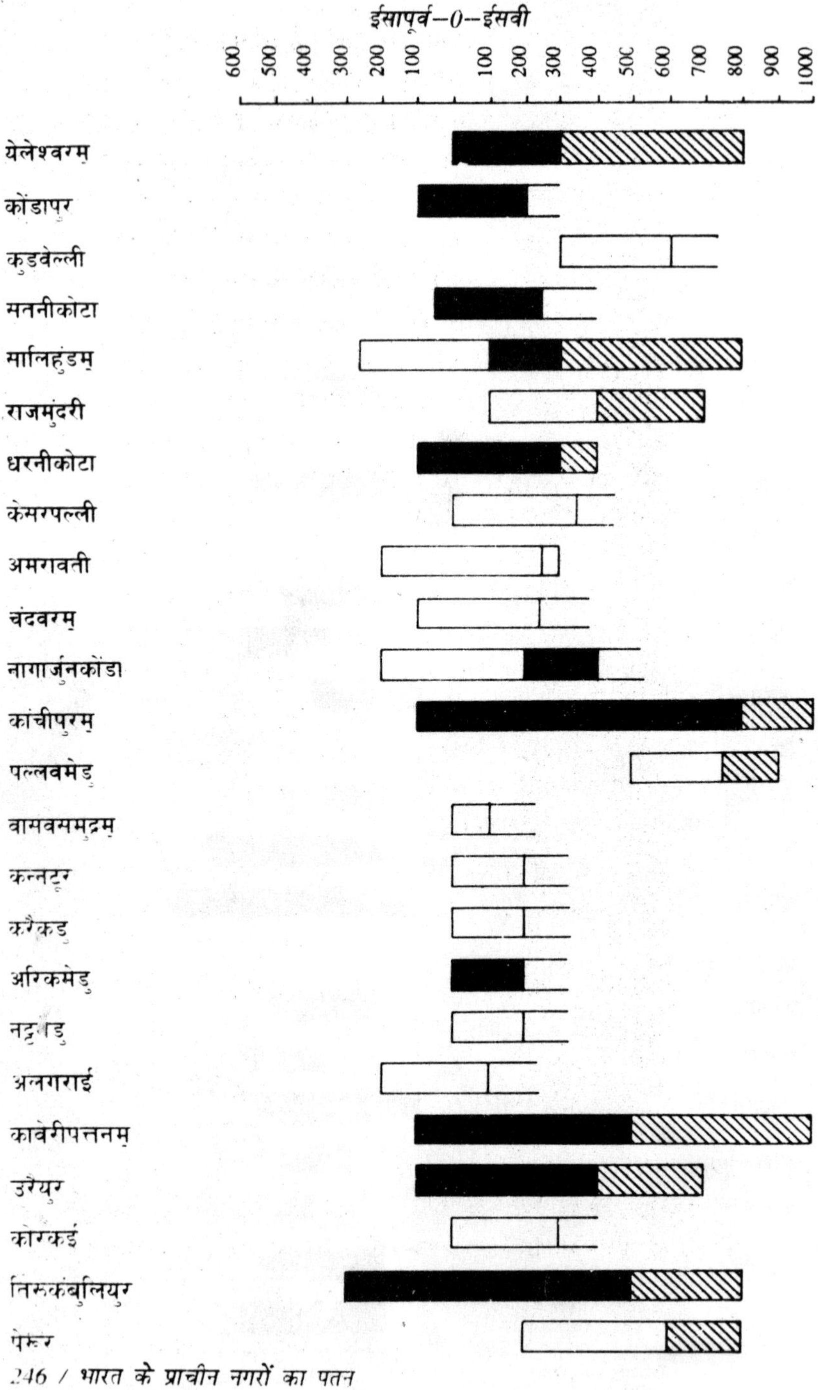

ईसापूर्व—0—ईसवी

600 500 400 300 200 100 | 100 200 300 400 500 600 700 800 900 1000

येलेश्वरम्
कोंडापुर
कुडवेल्ली
मननीकोटा
मालिहुंडम्
राजमुंदरी
धरनीकोटा
केसरपल्ली
अमरावती
चंदवरम्
नागार्जुनकोंडा
कांचीपुरम्
पल्लवमेडु
वासवसमुद्रम्
कन्नटूर
करैकडु
अरिकमेडु
नट्ट[illegible]डु
अलगराई
कावेरीपत्तनम्
उरैयुर
कोरकई
तिरुकंबुलियुर
पेरूर

परिशिष्ट-3

मानचित्रों पर टिप्पणी

ये मानचित्र प्राचीनकाल के अंत और आरंभिक मध्यकाल में देश में शहरी स्थलों के पतन और उजाड़ को दर्शाने के लिए बनाए गए हैं। (कर्नाटक में) सन्नती को छोड़कर, मानचित्रों में केवल उत्खनित स्थल ही अंकित किए गए हैं। मानचित्र में कुछ स्थलों को सम्मिलित नहीं किया जा सका क्योंकि उनके बारे में रिपोर्ट उपलब्ध नहीं थी, किन्तु कुछ ऐसे स्थल शामिल कर लिए गए जिन पर इस पुस्तक में विचार नहीं किया गया है। पूर्वी क्षेत्रों में नालंदा, अंतीचक आदि उत्खनित मठ-बस्तियों को तथा दक्षिणी भागों में कुछ आरंभिक मध्यकालीन मंदिर-संकुलों को मानचित्रों में इसलिए स्थान नहीं मिला कि वहां दसवीं शताब्दी या उसके बाद तक स्पष्ट शहरी विशेषताएं नहीं दिखाई पड़ीं। ऐसे स्थलों पर धातु-मुद्रा और अन्य शिल्पोत्पादनों का भी अभाव है, जिनसे बड़े पैमाने पर व्यापार और शिल्पियों की गतिविधियों के महत्व की व्याख्या की जा सकती है।

विभिन्न संकेत-चिह्न भिन्न-भिन्न कालों में नगरीय चरण के पतन या ह्रास को दर्शाते हैं संकेत-चिह्न बनाने में शुद्धता प्राप्त करने के लिए प्रकाशित रिपोर्टों और उत्खननकर्त्ताओं व राय को आधार बनाया गया है। चौथी शताब्दी ईसवी के आसपास उजड़ चुके शहरी स लों को उसी संकेत-चिह्न द्वारा दर्शाया गया है जिससे तीसरी शताब्दी ईसवी के बाद उजड़े स लों को। जिन स्थलों पर तीसरी शताब्दी के बाद बहुत थोड़ी आबादी बची उनके लिए त ग चौथी शताब्दी के बाद के बहुत थोड़ी आबादीवाले स्थलों के लिए एक ही संकेत-चिह्न क्त किया गया है। अंततः, पांचवीं शताब्दी के बाद के बहुत थोड़ी आबादीवाले स्थल ा छठी शताब्दी के बाद के वैसी ही आबादीवाले स्थल एक-जैसे संकेत-चिह्न से दिखाए हैं।

कुछ स्थलों का विशेष रूप से उल्लेख करना आवश्यक है। यद्यपि कुम्रहार की पहचान टलिपुत्र से की जाती है, किंतु पाटलिपुत्र को अलग से दर्शाया गया है क्योंकि इस पर एक लग उत्खनन रिपोर्ट में महावीरघाट, सदर गली और बेगम की हवेली को भी सम्मिलित या गया है। ये तीनों स्थल पटना शहर में स्थित हैं। दूसरी से आठवीं शताब्दी तक आबाद रभद्र और छठी से नवीं शताब्दी तक बसे रहे पल्लवमेडु को एक ही संकेत-चिह्न दिया या है।

परिशिष्ट-4

उत्तर में शहरी विकास और पतन

थानेसर (थानेश्वर या स्थानेश्वर)

हरियाणा के कुरुक्षेत्र जिलान्तर्गत थानेसर नामक स्थान के 900 x 500 मीटर क्षेत्रफल में 15-23 मीटर ऊंचे टीले की, जिसे स्थानीय लोग हर्ष का टीला कहते हैं, खुदाई से वही कुषाणकाल से मुगलकाल तक लगातार शहरी सांस्कृतिक अनुक्रम का पता लगता है। कुषाणकाल की सामग्री से पता चलता है कि थानेसर का शहरी रूप कायम हो चुका था। गुप्तकाल के अवशेष कम हैं और उनमें देव मूर्त्तियों की प्रधानता है। पुष्यभूति काल (600 ई.) से उसका पुनरुत्थान आरंभ होता है और राजपूत काल (800-1200 ई.) में वह निखरकर आता है। दोनों कालों के काफ़ी इमारती अवशेष हैं। सल्तनत और मुगल काल में इनकी प्रगति होती रहती है।

खोखड़ाकोट

हरियाणा के रोहतक जिले में खोखड़ाकोट नामक स्थल, जो यौधेयों के टकसाल-स्थल के रूप में प्रसिद्ध है, चित्रित धूसर मृद्‌भांड के काल में आबाद हुआ। लोहे के आगमन के साथ उत्तरी काले पालिशदार मिट्टी के बरतन के प्रयोग करनेवाले लोगों के समय से लेकर कुषाणकाल तक यह अच्छा-खासा शहर बना रहा।

कुषाणकाल में खोकड़ाकोट समृद्धि के शिखर पर था। इसके बाद इस स्थल के नागर जीवन में ह्रास प्रारंभ हो जाता है। कुषाणोत्तरकाल के भवनावशेष और पुरावशेष घटिया किस्म के मिले हैं। अधिकांश संरचनाएं ईंटों के रोड़ों से बनी थीं।[1]

जखेड़ा

उत्तरप्रदेश के एटा जिलान्तर्गत काली नदी के बाएं किनारे अतरंजीखेड़ा से लगभग 16 कि. मी. प्रतिकूल धारा की ओर स्थित जखेड़ा नामक स्थल गेरुए मृद्‌भांड (ओ.सी.पी. अर्थात् ऑकर कॅलर्ड वेयर) के व्यवहार करनेवाले लोगों के समय आबाद होना शुरू हुआ तथा चित्रित धूसर मृद्‌भांड (पेन्टेड ग्रे वेयर अर्थात् पी.जी.डब्ल्यू.) के प्रयोग करनेवाले लोगों के समय यह नगर जैसा प्रतीत होता है। उत्तरी काले पालिशदार मिट्टी के बरतन (नॉर्दर्न ब्लैक

1. *इंडियन आर्किऑलॉजी 1986-87—अ रिव्यू*, पृ. 34-35.

पॉलिश्ड वेयर अर्थात् एन.बी.पी.डब्ल्यू.) वाली संस्कृति के अन्त होते-होते यह स्थल वीरान हो गया।[1]

दराउ

उत्तरप्रदेश के बुलन्दशहर जिले में सिधपुर नामक टीले के ऊपर दराउ नामक स्थल के उत्खनन से जानकारी मिली कि यह स्थल चित्रित धूसर मृद्‌भांड (पेंटेड ग्रे वेयर) के काल से आबाद रहकर उत्तरी काले पालिशदार मृद्‌भांड के समय से कुषाणकाल तक शहर के रूप में पनपा।[2]

रतुरा

उत्तरप्रदेश के पौड़ी जिलान्तर्गत रुद्रप्रयाग शहर से सात किलोमीटर उत्तर अलकनन्दा नदी के बाएं किनारे स्थित रतुरा नामक स्थल लगभग ई.पू. दूसरी शताब्दी से लेकर ईस्वी सन् की दूसरी सदी तक छोटे शहर के रूप में आबाद रहा। पर ईसा की तीसरी सदी के बीच वह उजड़ा नजर आता है। यह स्थल पुनः मध्ययुग में आठवीं सदी में आबाद होता है और बारहवीं सदी के अन्त तक यह फिर वीरान हो जाता है।[3]

शहरी विकास और पतन : मध्य गांगेय मैदान और पूर्वी क्षेत्र

नरहन

उत्तरप्रदेश के गोरखपुर जिले में घाघरा नदी के किनारे पूरब से पश्चिम 425 मीटर लम्बे और उत्तर से दक्षिण 230 मीटर चौड़े क्षेत्रफल में स्थित नरहन नामक गांव काले और लाल रंगवाले मिट्टी के बरतन के प्रयोग करनेवाले लोगों के समय,[4] जब किसी धातु का प्रयोग वहां नहीं था, पहले-पहल आबाद हुआ।[5] उत्तरी काले पालिशदार बरतन के व्यवहार करनेवाले लोगों के अन्त तथा बादवाले काल में वहां की सभ्यता में शहरीपन दिखता है।

---

1. *इंडियन आर्किऑलॉजी—अ रिव्यू, 1974-75,* पृ. 43; *1975-76,* पृ. 50-51; *1985-86,* पृ. 79-81; *1986-87,* पृ. 77-78.
2. *इंडियन आर्किऑलॉजी 1985-86—अ रिव्यू,* पृ. 78-79.
3. *इंडियन आर्किऑलॉजी 1988-89—अ रिव्यू,* पृ. 87.
4. *इंडियन आर्किऑलॉजी 1987-88—अ रिव्यू,* पृ. 28-29.
5. *इंडियन अर्किऑलॉजी, 1984—85, अ रिव्यू,* पृ. 89-91.

चेचर

बिहार के वैशाली जिलान्तर्गत गंगा नदी के उत्तरी तट पर स्थित चेचर नामक गांव नव-पाषाणकाल से आबाद होकर उत्तरी काले पालिशदार मृद्भांड के व्यवहार करनेवाले लोगों के समय (600 ई.पू.-200 ई.पू.) नगर बन जाता है और गुप्तकाल के बाद उजड़ जाता है।[1]

मनेर

बिहार के पटना जिलान्तर्गत पटना शहर से लगभग पच्चीस किलोमीटर पश्चिम सोन नदी के दक्षिणी किनारे स्थित मनेर नामक स्थल में एक बड़ा गांव बसा था। यह स्थल नव-पाषाणकाल से आबाद होकर उत्तरी काले पालिशदार मिट्टी के बरतन (एन.बी.पी.डब्ल्यू.) तथा लोहे के व्यवहार करनेवाले लोगों के समय शहर बन जाता है। पर लगभग ईसा की पहली शताब्दी से यहां की नागर प्रकृति का ह्रास प्रारंभ हो जाता है। पुन: गहड़वालों के काल में बारहवीं शताब्दी के प्रारंभ में यह स्थल नगर-सा दिखता है और मध्ययुग में कुछ समय तक अच्छे-खासे शहर के रूप में बरकरार रहता है।[2]

सेनुआर

रोहतास जिले में सहसराम से सात किलोमीटर दक्षिण कुद्रा नदी के दाहिने किनारे स्थित सेनुआर[3] नामक गांव में 360 मीटर (उत्तर से दक्षिण) लम्बे और 300 मीटर (पूरब से पश्चिम) चौड़े टीले की खुदाई से पता चलता है कि नव-पाषाणकाल से आबाद यह स्थल लोहे और उत्तरी काले पालिशदार मिट्टी के बरतन के व्यवहार करनेवाले लोगों के समय छोटा नगर बन गया और कुषाणयुग के बाद उजड़ गया। उल्लेखनीय है कि उत्खनन से संबंधित रिपोर्ट में कुषाणकाल के बाद की आबादी का उल्लेख नहीं है।[4]

पाण्डु राजार ढिबी

पश्चिम बंगाल के बर्दवान जिले में पाण्डुक गांव में पाण्डु राजार ढिवी नामक स्थल लगभग 1600-1400 ई.पू. में आबाद होता है। इसके बाद यह दो सौ वर्षों के लिए उजड़ जाता

---

1. *इंडियन आर्किअलाजी 1977-78—अ रिव्यू,* पृ. 17-18; वही, *1988-89,* पृ. 9.
2. *इंडियन आर्किऑलॉजी—अ रिव्यू, 1984-85, 1985-86, 1986-87, 1987-88, 1988-89.* डॉ. वासुदेव नारायण का सौजन्य।
3. *इंडियन आर्किऑलॉजी—अ रिव्यू, 1986-87,* पृ. 27-28.
4. वही.

है और पुन: 1200 ई.पू. में आबाद होता है। लगभग 600 ई.पू. में लोहे के प्रयोग के साथ यहां की सभ्यता में कुछ शहरीपन नजर आता है। लगभग 300 ई.पू. के बाद प्राय: 100 वर्षों के लिए यह स्थल उजड़ जाता है और पुन: 200 ई.पू. से 200 ई. तक आबाद दृष्टिगोचर होता हैं। यह स्थल 200 ई. के बाद दीर्घ काल के लिए उजड़ जाता है और मध्यकाल में पुन: आबाद होता है।[1]

मंगलकोट

पश्चिम बंगाल के बर्धमान (बर्दवान) जिलान्तर्गत मंगलकोट नामक स्थान के उत्खनन से जानकारी मिलती है कि उक्त स्थल ताम्र-पाषाणयुग से लगातार आबाद रहकर उत्तरी काले पालिशदार मिट्टी के बरतन के व्यवहार करनेवाले लोगों के समय शहर का रूप हासिल कर लेता है, और गुप्तकाल में ही इसकी शहरी प्रकृति प्राय: क्षीण होने लगती है।[2]

कोटरा

मध्यप्रदेश के देवास जिलान्तर्गत चम्बल की सहायक नदी काली सिन्ध के पश्चिमी किनारे स्थित कोटरा नामक गांव के निकट बरसाती नाले से विदीर्ण तथा उत्तर से दक्षिण अनुस्थापित टीले की, जिसकी क्रमश: माप 250 x 30 x 11 मी. और 150 x 80 x 5 मी. थी, खुदाई से जानकारी मिलती है कि उक्त स्थल ताम्र-पाषाणयुग से आबाद रहकर उत्तरी काले पालिशदार मिट्टी के बरतन तथा लोहे के प्रयोग करनेवाले लोगों के समय शहरी रूप हासिल कर लेता है और उसके बाद वहां उजाड़ हो जाता है।[3]

नदनेर

मध्यप्रदेश के सेहोर जिलान्तर्गत नदनेर नामक स्थल के, जो नर्मदा के किनारे स्थित मौर्य सम्राट अशोक के अभिलेख के प्राप्तिस्थल 'पनगुररिया' (प्राचीन पाण्डुकुलिकग्राम) से लगभग 35 किलोमीटर दूर है, किलेबन्द क्षेत्र में किए गए दो खातों के उत्खनन से जानकारी मिलती है कि इस स्थल पर मानवीय वास के चिह्न मध्याश्मकाल (मेसोलिथिक एज) से ही मिलते हैं। यह स्थल 500 ई.पू. से 200 ई. के बीच अच्छे नगर के रूप में अवन्ति के समृद्ध व्यापार का केन्द्र बना रहा जिसकी प्रतिस्पर्धा तत्कालीन त्रिपुरी, विदिशा और उज्जैन से थी। ईसा की दूसरी शताब्दी के अन्त तक भारी बाढ़ के कारण यह स्थल सदा के लिए उजड़ गया।[4]

---

1. *इंडियन आर्किऑलॉजी 1985-86—अ रिव्यू*, पृ. 78-79.
2. *इंडियन आर्किऑलॉजी 1986-87—अ रिव्यू*, पृ. 96-98; वही, *1987-88*, पृ. 111-114.
3. *इंडियन आर्किऑलॉजी 1988-89—अ रिव्यू*, पृ. 40-41.
4. *इंडियन आर्किऑलॉजी 1986-87—अ रिव्यू*, पृ. 56-58.

सोडंगा

मध्यप्रदेश के उज्जैन जिले में उज्जैन से 15 किलोमीटर उत्तर-पश्चिम स्थित सोडंगा नामक स्थल लगभग 600 ई.पू. से आबाद हुआ। वह मौर्यकाल से लेकर शुंग, कण्व, सातवाहन, क्षत्रप तथा गुप्तों के समय तक नगर के रूप में बरकरार रहा। ईसा की छठी शताब्दी के स्तर में राख की मोटी परत सोडंगा के पूरे टीले पर प्रकाश में आई है जिससे पता चलता है कि इस स्थल का विनाश हूणों के आक्रमण के फलस्वरूप हो गया।[1]

अडम

महाराष्ट्र के नागपुर जिलान्तर्गत नागपुर शहर से 60 किलोमीटर दक्षिण-पूरब वेनगंगा के बाएं तट पर स्थित अडम नामक स्थल के उत्खनन से जानकारी मिलती है कि यह स्थल उत्तर पाषाणकाल से लगातार आबाद रहकर मौर्ययुग के कुछ समय पहले अच्छा-खासा शहर बन जाता है, और लगभग 200 ई. तक इसकी नागर प्रकृति बरकरार रहती है। इसके बाद यह उजड़ जाता है।[2] यह क्षेत्रफल[3] में 800 मीटर (पूरब से पश्चिम) लम्बा और 500 मीटर (उत्तर से दक्षिण) चौड़ा है और चौतरफा समतल भूमि से आठ मीटर से भी कुछ अधिक ऊंचा है।

---

1. *इंडियन आर्किऑलॉजी 1988-89—अ रिव्यू*, पृ. 45-46.
2. *इंडियन आर्किऑलॉजी 1988-89—अ रिव्यू*, पृ. 50-59.
3. वही, पृ. 50.

Bibliography

Sanskrit, Pāli and Prākrit Texts

Agni Purāṇa, 3 vols, ed. several hands, Bibliotheca Indica, Calcutta, 1870-79.

Arthaśāstra of Kauṭilya, ed. R. Shamasastry, third edn, Mysore, 1924; pts. I-III ed. and tr. by R.P. Kangle, Bombay, 1960-65.

Bhavisayattakahā by Dhanapāla, ed. C.D. Dalal, and P.D. Gune, Baroda, 1923.

Jātaka with commentary, ed. V. Fausböll, 7 vols (Vol. 7, Index by D. Anderson); tr. several hands, 6 vols, London, 1895-97.

Kāmasūtra of Vātsyāyana, Nirnayasagar Press, Bombay, 1900; tr. K.R. Iyangar, Lahore, 1921.

Kāśyapīyakṛṣisūkti, ed., Gy. Wojtilla, *Acta Orientalia Academiae Scientiarum Hung,* XXXIII, Fasc 2, 1979, pp. 209-52; tr; ibid., XXXIX (1), 1985, pp.85-136.

Kuvalayamālā, ed. A.N. Upadhye, pts. 1&2, Bombay, 1959-70.

Kuṭṭanī-Matam or Shambhali-Matam. (A Didactic poem composed about AD 755-786) by Dāmodara Gupta (the Chief Minister of King Jayapīḍa of Kashmir), ed. with a new commentary *Ras-Dīpikā* by T.M. Tripathi, Bombay, 1924.

Mahāvastu Avadāna, ed. R.G. Basak, 3 vols, Calcutta Sanskrit College Research Series, Calcutta, 1963-68.

Mahāvastu, ed. E. Sénart, 3 vols., Paris, 1882-97.

Mayamata, Premiére partie, Édition Critique, Traduction et Notes, Bruno Dagens, Pondichery, 1970.

Mānavadharmaśāstra, ed. V.N. Mandlik, Bombay, 1886; tr. G. Bühler, *SBE,* XXV, Oxford, 1886.

Milindapañho, ed. V. Trenckner, London, 1928; ed. R.D. Vadekar, Bombay, 1940; tr. T.W. Rhys Davids, *SBE,* XXXV-XXXVI, Oxford, 1890-94.

Nāradīya Dharmaśāstra, tr. J. Jolly, Oxford, 1875.

The Nāradīyamanu Saṃhitā with the Bhāṣya of Bhavasvāmin, ed. K. Sāmbaśiva Śāstri, Trivandrum Sanskrit Series, no. XCVII,

Trivandrum, 1929.
Nārada Smṛti with extracts from the commentary of Asahāya, ed. J. Jolly, Calcutta, 1885; tr. J. Jolly, *SBE*, XXXIII, Oxford, 1889.
Pāṇini-Sūtra-Pāṭha and *Pariśiṣṭas with Word Index*, compiled by S. Pathak and S. Chitrao, Poona, 1935.
Patañjali's Vyākaraṇamahābhāṣya with Pradipa of Kaiyaṭa and Udyota of Nāgeśabhaṭṭa, pt. III, Motilal Banarasidass, Delhi, 1967.
Raghuvaṃśa of Kālidāsa, ed. Raghunatha Nandargikar, Bombay, 1891.
Rāmāyaṇa of Vālmiki, ed. Kāśināth Pāṇḍurang, 2 pts., Bombay, 1888.
The Śilparatna by Sri Kumāra, ed. T. Ganapati Sastri, Trivandrum, 1922.
Varāhamihira's Bṛhat Saṃhitā, ed. & tr. M. Ramakrishna Bhatt, pt. I, Delhi, 1981.
Viṣṇudharmottara Purāṇa, Bombay, Śaka Saṃvat, 1834.

Archaeological and Other Sources Including Foreign Accounts

Acharya, G. V., *The Historical Inscriptions of Gujarat*, 2 pts. Bombay, 1933-35.
Adams, Robert McC, "The Natural History of Urbanism" (1968), *Ancient Cities of the Indus*, ed. Gregory L. Possehl, Delhi, 1979, pp. 16-18.
Agrawala, V.S., "A Cultural Note on the Kuvalayamālā", *Kuvalayamālā*, pt. 2, ed. A. N. Upadhye, Bombay, 1970, pp. 113-29.
________, *Vāmana Purāṇa: A Study*, Varanasi, 1964.
________, "The Terracottas of Ahichchhatrā", *Ancient India*, no. 4, pp. 104-79.
Altekar, A.S., "A History of Important Ancient Towns and Cities in Gujarat and Kathiawad", *Indian Antiquary*, LIV, Bombay, 1925.
Altekar, A.S. and Mishra, Vijayakant, *Report on Kumrahar Excavations, 1951-55*, Patna, 1959.
Annual Report on Watson Museum, Rajkot, 1922-23.
Ansari, Z.D. and Mate, M.S., *Excavations at Dwarka*, Poona, 1966.
Ansari, Z.D. and Dhavalikar, M.K., *Excavations at Kayatha*, Pune, 1975.
Ashrafyan, K. A., "The Ancient and Medieval Towns of India", Paper presented to the symposium on Transition from Ancient to

Medieval Period, unpublished, Indian Council of Historical Research, New Delhi, 1985.

Auboyer, Jeannine, "Ancient Indian Ivories from Begram Afghanistan", *The Journal of the Indian Society of Oriental Art*, XVI, 1948, pp. 34-46.

Bagchi, P.C., "Chinese Coins from Tanjore", *Sino-Indian Studies*, I, 1950. pp. 60f.

________, "Report on a New Hoard of Chinese Coins", *Sino-Indian Studies*, IV, 1953, pp. 194-96.

Basham, A.L., *The Wonder That Was India*, London, 1954.

Beal, Samuel, tr. *Si-Yu-Ki, Buddhist Records of the Western World*, London, 1884, reprinted, Delhi, 1983.

________, *The Life of Hiuen Tsang*, London, 1888, reprinted, New Delhi, 1973.

Bhattacharya, D.C., "Harikela and the Ruins at Mainamati", *The Indian Historical Quarterly*, XX, 1944, pp. 1-8.

Bloch, T., "Excavations at Basärh", *Archaeological Survey of India, Annual Report 1903-4*, Calcutta, 1906, pp. 81-122.

Bose, D.M. and others, *A Concise History of Science in India*, New Delhi, 1971.

Bronson, Bennet and Dales, George, F., "Excavations at Chansen, Thailand, 1968 and 1969: A Preliminary Report", *Asian Perspective*, XV, 1972, pp. 15-46.

Buddhiprakash (in Gujarati), Gujarat Vidyasabha, Ahmedabad.

Chandra, G.C., "Exploration at Other Sites in the Eastern Circle", *ASR, 1930-34*, pp. 128-30.

Chandra, G.C. and Dikshit, K.N., "Excavations at Paharpur", *ASR, 1930-31 to 1930-34*, pp. 113-28.

Chandra, Satish, *Some Aspects of Urbanization in Medieval India*, Urban History Association of India, Amritsar, 1986.

Chapekar, B.N., *Report on the Excavation at Ter (1958)*, Poona, 1969.

Chattopadhyaya, B.D., "Trade and Urban Centres in Early Medieval India", *IHR*, I, 1974, pp. 203-19.

________, "Markets and Merchants in Early Medieval Rajasthan", *Social Science Probings*, II, 1985, pp. 413-40.

________, "Urban Centres in Early Medieval India: An Overview" in *Situating Indian History for Sarvepalli Gopal*, eds. Sabyasachi Bhattacharya and Romila Thapar, Delhi, 1986, pp. 8-33.

Chaudhary, K. Gupta, "Paschimbhag Copper Plate of Mahārājā Sṙichandradeva (10th Century A.D.)", *N.K. Bhattasali Commemoration Volume*, ed. A.B.M. Habibullah, Dacca, 1966, pp.166-98.

Chowdhury, T., ed. *Paryāyamuktāvali* in *JBRS*, XXXI, 1945 and

XXXII, 1946.

Childe, V. Gordon, "The Urban Revolution", 1950, *Ancient Cities of the Indus*, ed. Gregory L. Possehl, Delhi, 1979, pp. 12-17.

Cipola, Carlo M., ed. *The Fontana Economic History of Europe:The Middle Ages*, London, 1972.

Das, S.R., *Excavations at Rājbāḍiḍāṅgā*, Calcutta, 1970.

________, Rājbāḍiḍāṅgā, (1962): (Chiruṭi: Jadupur), The Asiatic Society, Calcutta, 1968.

Davids, T.W. Rhys and Stede, William, *The Pali Text Society's Pali-English Dictionary*, London, 1921.

Deo, S.B., "Historical Archaeology: Review and Perspective", *Purātattva*, Bulletin of the Indian Archaeological Society, nos. 13 and 14, 1981-83, pp. 87-95.

Deo, S.B. and Dhavalikar, M.K., *Pauni Excavations (1967)*, Nagpur, 1968

Deo, S.B. and Joshi, J.P., *Pauni Excavation (1969-70)*, Nagpur, 1972.

Deo, S.B. and Gupte, R.S., *Excavations at Bhokardan (Bhogavardhana) 1973*, Nagpur, Aurangabad, 1974.

Desai, Devangana, "Social Background of Ancient Indian Terracottas (*cir.* 600 B.C.-A.D. 600)", *History and Society: Essays in Honour of Professor Nihararanjan Ray*, ed. Debiprasad Chattopadhyaya, Calcutta, 1978, pp. 143-65.

Deva, Krishna, "Excavations at Rajghat Near Benares", *Annual Bibliography of Indian History and Indology*, 2 pts., 1940, pp. 40-51.

Deva, Krishna and Mishra, Vijayakant, *Vaiśālī Excavations (1985)*, Vaiśālī Sangh, Vaiśālī (Bihar), 1961.

Deyell, J.S., "Living Without Silver: The Monetary History of Early Medieval North India", unpublished Ph.D. thesis, University of Wisconsin, 1982.

Dikshit, K.N., "Excavation in Mahasthan", *ASR, 1928-29*, pp. 87-97.

________, "Excavations at Paharpur, etc.", *ASR, 1929-30*, pp.138-43.

________, "Excavation at Paharpur", *Memoir of Archaeological Survey of India*, no. 55, Delhi, 1938.

________, "Excavation at Paharpur", *ASR, 1926-27*, pp. 140-49.

Dikshit, M.G., "Beads from Ahichchhatrā, U.P.", *AI*, no. 8, 1952, pp. 33-63.

________, *Excavations at Kaundinyapura*, Bombay, 1968.

________, *History of Indian Glass*, University of Bombay, 1969.

________, *Tripuri—1952*, Government of Madhya Pradesh, 1955.

Dutt, Breham, "Settlements of the Painted Grey Ware in Haryana", Unpublished Ph. D. thesis, Kurukshetra University, Kurukshetra,

1980.

Elliot, H.M. and Dowson, John, *The History of India As Told By Its Own Historians,* vol. I, London, 1867.

Fariq, K.A., *Arab Literature Men Kadim Hindustan,* Delhi, 1973.

Ferrand, *Relations des Voyages et Texts Geographiques Arabes, Persons et Turko-Relatife a l' Extreme-Orient du ville au xviiie Siecles,* 2 vols, Paris, 1913-14.

Gladys Franztz-Murphy, "A New Interpretation of the Economic History of Medieval Egypt: The Role of the Textile Industry 254-567/868-1171", *Journal of the Economic and Social History of the Orient*, XXIV, 1981, pp. 274-97.

Gadre, A.S., *Annual Report of the Archaeological Department,* Baroda State, 1938-39.

________, *Important Inscriptions from the Baroda State,* vol. I, Baroda, 1943.

Gaur, R.C., *Excavations at Atranjikherā,* Delhi, 1983.

Ghosh, A. and Panigrahi, K.C., "Pottery of Ahichchhatrā, U.P." *AI,* no.1, January 1946, pp. 37-40.

Ghosh, A., *The City in Early Historical India,* Simla, 1973.

________, *A Guide to Nālandā,* Delhi, 1939.

________, "Rājgir 1950", *AI,* no. 7, 1951, pp. 66-78.

________, "Taxila (Sirkap), 1944-45", *AI,* no. 4, 1948, pp. 41-84.

Ghosh, N.C., *Excavations at Satanikota,* New Delhi, 1986.

________, "Recent Archaeological Discoveries in Krishna-Tungbhadra Valley: Satanikota", Paper submitted to the South Asian Archaeological Congress, unpublished, New Delhi, 1986.

Ghosh, N.C. and Ismail, K., "Two Foreign Gold Coins from Excavation at Kudavelli, District Mahabubnagar, Andhra Pradesh", *The Journal of the Numismatic Society of India,* XLII, pp. 11-17.

Ghoshal, U.N., "Social Conditions", *History and Culture of the Indian People,* IV, *The Age of Imperial Kanauj,* ed. R.C. Majumdar, Bombay, 1955, pp. 365-98.

Goitein, S.D., "Letters and Documents on Indian Trade in Medieval Times", *Islamic Culture,* Hyderabad, XXXVII, 1963, pp. 188-205.

Goswami, K.G., "Chandraketugarh and its Archaeological Importance", *Indian Museum Bulletin,* no. 1, pp. 42-46.

________, *Excavation at Bangarh (1938-41),* Ashutosh Museum, Memoir no. 1, Culcutta, 1948.

Gupta, Chitralekha, "Horse Trade in North India: Some Reflections on Socio-Economic Life", *Journal of Ancient Indian History,*

XIV, 1983-84, pp. 186-206.

Gupta, T.C., *Aspects of Bengali Society*, Culcutta, 1935.

Habib, Mohammad, *Sultan Mahmud of Ghaznin*, Bombay, 1927, reprinted, New Delhi, 1967.

Hamid, M., "Excavations at Sanchi", *ASR, 1936-37*, pp. 84-87.

Härtel, Herbert, "Some Results of the Excavations at Sonkh", *German Scholars on India*, vol. II, Delhi, 1976, pp. 69-99.

Hodges, Richard, *Dark Age Economics*, London, 1982.

Hopkins, Keith, "Economic Growth and Towns in Classical Antiquity" in *Towns in Societies*, eds. Philip Abrams and E.A. Wrigley, Cambridge, 1979, pp. 35-77.

Indian Archaeology: A Review, 1953-54 to 1984, New Delhi.

Jacobi, H., *Samarāicca Kahā: A Jaina Prakrita Work*, vol. I, Culcutta, 1926.

Jain, Jagdishchandra, *Prākrit Sāhitya Kā Ithihās*, second edn., Varanasi, 1985 (in Hindi).

Jain, K.C., *Ancient Cities and Towns of Rajasthan*, Delhi, 1972.

Jain, Prem Suman, *Kuvalayamālākahā Kā Sāṃskṛtik Adhyayan (A Cultural Study of the Kuvalayamālākahā)*, Vaishali, 1975.

Jain, V.K., "Trade and Traders in Western India (*c.* 1000-1300)", unpublished Ph. D. thesis, University of Delhi, 1983.

Joshi, M.C. and Margabandhu, C., "Some Terracottas from Excavations at Mathura: A Study", *Journal of the Indian Society of Oriental Art*, New Series, VIII, 1976-77, pp. 16-32.

Khan, F.A., *Mainamati: A Preliminary Report on the Recent Archaeological Excavations in East Pakistan*, Karachi. 1963.

Khan, Mohammad Abdul Waheed, *A Monograph on Yeleśwaram Excavations*, Hyderabad, 1963.

Kielhorn, F., "Dudhapani Inscription of Udayamāna", *EI*, II, no 27.

Kitabul Buldan of Ibn al Fakih Hamdani, ed. de Goeje, Leyden, 1885.

Korotskaya, A., *The Role of the City in the History of India*, Moscow, 1984 (in Hindi).

Kosambi, D.D., *An Introduction to the Study of Indian History*, Bombay, 1956.

Kuraishi, M.H., "Nalanda Museum", *ASR, 1929-30*, pp. 201-2.

Lahiri, Bela, "Complexities in the Study of Early Medieval Coins of Northern India", *JNSI*, XLII, 1930, pp. 74-94.

Lal, B.B., "Śiśupālagarh 1948: An Early Historical Fort in Eastern India", *AI*, no. 5, 1949, pp. 62-105.

________, "Excavation at Hastināpura and Other Explorations in the Upper Gaṅgā and Sutlej Basins 1950-52", *AI*, no. 5, 1954 & 1955, pp. 5-151.

Lal, B.B. (Dr.), "An Examination of Some Metal Images from Nālandā", *AI.* no. 12, 1956, pp. 53-57.

________, "Examination of Some Ancient Indian Glass Specimens", *AI,* no. 8, 1952, pp. 17-27.

Legge, J.A., tr. *A Record of Buddhist Kingdoms* (being an account of the Chinese monk Fa-hsien's Travels), Oxford, 1886.

Mahalingam, T.V., *Report on the Excavations in the Lower Kaveri Valley,* University of Madras, 1970.

Maity, S.K. *Economic Life on Northern India in the Gupta Period (cir. A.D. 300-550),* Culcutta, 1957.

Maity, S.K., and Mukherjee, R.R., *Corpus of Bengal Inscriptions Bearing on History and Civilization of Bengal,* Culcutta, 1967.

Mazumdar, B.P., "Collective Landgrants in Early Medieval Inscriptions (*c.* 606-1206 A.D.)", *Journal of Asiatic Society,* X, nos, 1-4, 1963, pp. 7-17.

________, "Industries and Internal Trade in Early Medieval North India", *The Journal of the Bihar Research Society,* XLV-XLVI, pts. I-IV, 1979-80, pp. 230-55.

________, "Selection of Capital Cities in Ancient Northern India: A Study of Geographical Factors (with special reference to *c.* A.D. 600-1200)", *Journal of Ancient Indian History,* XIV, 1983-84, pp. 117-39.

Majumdar, N.G., "Excavations at Lauriya Nandangarh", *ASR, 1936-37,* pp. 47-50.

________, "Explorations at Lauriya Nandangarh", *ASR, 1935-36,* pp. 55-56.

Majumdar, R.C., ed. *History of Bengal,* vol. I, Dacca, 1943.

Malalasekera, G.P., *Dictionary of Pāli Proper Names,* 2 vols, London, 1974.

Margabandhu, C., *Archaeology of the Sātavāhana-Kshatrapa Times,* Delhi, 1985.

Marshall, John, *Taxila,* 3 vols, Cambridge, 1951, reprinted, Varanasi, 1975.

________, "Excavations at Bhita", *ASR, 1911-12,* pp. 29-94.

Mathur, V.K., *Aitihāsik Sthānāvali,* New Delhi, 1969.

Mehta, R.N., *Excavations at Timbarva,* Baroda, 1955.

Mehta, R.N. and Chowdhary, S.N., *Excavation at Dhatva,* Baroda, 1975.

________, *Excavation at Devnimori,* Baroda, 1966.

Mehta, R.N. and Patel, A.J., *Excavation at Shamalaji,* Baroda, 1967.

Mehata R.N. and Shah, D.R., *Excavation at Nagara,* Baroda, 1968.

Misra, R.N., *Ancient Artists and Art-Activity,* Simla, 1975.

Mishra, Vijayakant, *Kumrahar*, Allahabad, 1976 (in Hindi).

Mitra, Debala, *Buddhist Monuments*, Sahitya Samsad, Calcutta, 1971.

________, *Excavations at Tilaura-kot and Kodan and Explorations in the Nepalese Tarai*, Kathmandu, 1972.

________, *Ratnagiri, 1958-61*, vol. I, New Delhi, 1981; vol. II, New Delhi, 1983.

Nadvi, Muinuddin Ahmad, *Hindustan Arbon Ki Nazar Men*, Azamgarh, 1960 (in Urdu).

Nandi, R.N., "Client, Ritual and Conflict in Early Brahmanical Order", *IHR*, VI, 1979-80, pp. 64-118.

________, *Growth of Rural Economy in Early Feudal India*, Presidential Address, Ancient India Section, Indian History Congress, 45 Session, Annamalai University, Annamalainagar, 1984.

________, *Social Roots of Religion in Ancient India*, Culcutta, 1986.

Narain, A.K. and others, *Excavations at Rajghat (1957-58; 1960-65)*, pts. I-IV, Varanasi, 1976-78.

Narayana, N. Sankara, "Three Hoards of Chinese Coins in Madras Government Museum", *JNSI*, XXXIII, 1971, pp. 61-68.

Pandeya, B.K., *Temple Economy under the Colas*, New Delhi, 1984.

Pathak, B.P.N., "Society and Culture in Early Bihar", unpublished Ph. D. thesis, Patna University, 1983.

Patil, D.R., *Cultural History from the Vāyu Puraṇa*, reprinted, Delhi, 1973.

Peterson, Peter, ed., *A Collection of Prakrit and Sanskrit Inscriptions*, The Bhavanagar Archaeological Department, Bhavanagar, Date not given.

Piggott, Stuart, *Some Ancient Cities of India*, Oxford, 1945.

Prasad, Kameshwar, *Cities, Crafts and Commerce under the Kuṣaṇas*, Delhi, 1984.

Prasad, Om Prakash, "Towns in Early Medieval Karnataka", unpublished Ph.D. thesis, Patna University, 1978.

Progress Report of the Archaeological Survey, Western circle.

Puri, K.N., *Excavations at Rairh During Samvat Years 1995 & 1996 (1938-39 & 1939-40 A.D.)*, Department of Archaeology and Historical Research, Jaipur State, Date not given.

Rai, Udainarain, *Prachin Bhārat Men Nagar Tathā Nagar-Jivan*, Allahabad, 1965 (in Hindi).

Ramachandran, T.N., "Excavations at Mahasthan", *ASR, 1936-37*, pp. 51-54.

Raschkey, Manfied G., "Roman Coin Finds on the Indian Subcontinent: A Catalogue and Analysis", unpublished.

Ray, N., "Archaeology in India Today", *AI*, nos. 18 & 19, 1962-63, pp. 222-29.
Raychaudhari, Tapan and Habib, Irfan, eds. *The Cambridge Economic History of India c. 1200-c. 1750*, vol. 1, Cambridge, 1982.
Ritti, S.H., ed. *A Decade of Archaeological Studies in South India*, Ḍharwar, 1978.
Rydh, Hanna, *Rang Mahal: The Swedish Archaeologocial Expedition to India, (1952-54)*, Lund, 1959.
Saletore, B.A., *Ancient Karnataka*, Poona, 1936.
Sachau, Edward C. tr. & ed. *Alberuni's India*, London, 1888, reprinted, New Delhi, 1981.
Sahay, Sachchidanand, "Medium of Exchange in Ancient Cambodia: A Study in the Contemporary Economic Life", *JNSI*, XXXIII, 1971, pp. 90-104.
Sahni D.R., "Excavations at Bairat" *ASR, 1935-36*, pp. 84-87.
Sankalia, H.D., Deo, S.B., Ansari, Z.D. and Ehrhardt, Sophie, *From History to Prehistory at Nevasa (1954-56)*, Poona, 1960.
Sankalia, Ḥ.D. and Dikshit, M.G., *Excavations at Brahmapuri (Kolhapur) 1945-46*, Poona, 1952.
Sankalia H.D. and Deo. S.B., *Report on the Excavations at Nasik and Jorwe, 1950-51*, Poona, 1955.
Sankalia, H.D., Subbarao, B. and Deo, S.B., *The Excavations at Maheshwar and Navadatoli, 1952-53*, Poona/Baroda, 1958.
Sen, Madhu, *A Cultural Study of the Niśītha Cūrṇi*, Varanasi, 1975.
Sarkar, H., "Growth of Cities in Andhradesa", unpublished Presidential Address, Tenth Andhra Pradesh History Congress, Guntur, 1986.
________, "Some Aspects of the Buddhist Monuments at Nagarjunakonda", *AI*, no. 16, 1960, pp. 65-84.
Sarkar, H. and Nainar, S.P., *Amarvati*, New Delhi, 1972.
Sarkar, H., with contribution by Khare, M.D., "Kesarapalle 1962", *AI*, no. 22, 1966, pp. 37-74.
Sarkar, H. and Misra, B.N., *Nagarjunakonda*, New Delhi, 1972.
Sarkar, H.B., *Cultural Relations between India and Southeast Asian Countries*, Delhi, 1985.
Sarma, Dimbeswar, ed. *Kāmarūpaśāsanāvalī*, Gauhati, 1981.
Settar, S., "Roots, Relations and Relevance: The Chalukyan Backdrop", *Marg*, XXXII, Dec. 1976, pp. 9-14.
Sharma, G.R., *Excavations at Kauśāmbī, 1949-50*, New Delhi, 1969.
________, *The Excavations at Kauśāmbī, (1957-59)*, Allahabad, 1960.
Sharma, R.S., *Material Culture and Social Formations in Ancient*

India, New Delhi, 1983, reprinted, 1985.

________, *Indian Feudalism,* University of Culcutta, 1965.

________, *Perspectives in Social and Economic History of Early India,* New Delhi, 1983.

________, "How Feudal was Indian Feudalism", *Journal of Peasant Studies,* Special Issue on Feudalism and Non-European Societies, XII, nos. 2 & 3, January/April, 1985, pp. 19-43.

________, *Social Changes in Early Medieval India (c. AD 500-1200),* New Delhi, 1981.

________, "The Kali Age: A Period of Social Crisis" in S.N. Mukherjee, ed. *India: History and Thought, Essays in Honour of A. L. Basham,* Culcutta, 1982, pp. 186-203.

________, *Śūdras in Ancient India,* second edn, Delhi, 1980.

________, ed., *Survey of Research in Economic and Social History of India,* Delhi, 1986.

Sharma, Y.D., "Explorations of Historical Sites", *AI,* no. 9, 1953.

________, "Past Patterns in Living as Unfolded by Excavations at Rupar" *Lalit Kala,* pts. 1-2, 1955-56, pp. 121-29.

________, "Remains of Early Historical Cities", *Archaeological Remains, Monuments and Museums,* pt. I, ed. A. Ghosh, New Delhi, 1964, pp. 43-84.

Shastri, A.M., *India as Seen in the Bṛhatsaṃhitā of Varāhamihira,* Delhi, 1969.

________, *India as Seen in the Kuṭṭanī-Mata of Dāmodargupta,* Delhi, 1975.

Shastri, Devendrakumar, *Bhavisayattakahā Tathā Apabhraṃśa-Kathākāvya,* Bharatiya Jñānpīth, Delhi, 1970. (in Hindi).

Shastri, Hiranand, "The Nālandā Copper-Plate of Devapāladeva", *EI,* XVII, pp. 310-27.

Shrimali, K.M., "Early Indian Coins and Economic History: Trends and Prospects", Typescript paper submitted to seminar on Recent Trends in the Study of Socio-Economic History of India. University of Jabalpur, 1986.

________, *Agrarian Structure in Central India and the Northern Deccan (c. AD 300-500),* New Delhi, 1987.

Singh, B.P., *Life in Ancient Varanasi: An Account Based on Archaeological Evidence,* New Delhi, 1985.

Singh, Purushottam, "Early Historical Archaeology of Uttar Pradesh: Recent Discoveries", *JBRS,* LXV-LXVI, 1979-80, pp. 132-54.

Singh, R.P., "Varna, Jati and Technical Occupations in the Dharmasastra", *Studies in Indology (D.C. Sircar Felicitation Volume),* eds. B.N. Mukherjee and others, Delhi, 1983, pp. 295-

309.

Singh, Y.B., "Copper Coins and Their Minting in Early Medieval Kashmir: A Problem", *JNSI*, XLIV, 1982, pp. 180-84.

Sinha, B.P., and Narain, Lala Aditya, *Pāṭaliputra Excavations 1955-56*, Patna, 1970.

Sinha, B.P. and Ray, Sita Ram, *Excavations at Vaiśālī 1958-62*, Patna, 1968.

Sinha, B.P., and Varma, B.S., *Sonpur Excavations 1956 and 1959-62*, Patna, 1977.

Sinha, K.K., *Excavations at Śrāvastī, 1959*, Varanasi, 1967.

Sircar, D.C., *Epigraphic Discoveries in East Pakistan*, Culcutta, 1973.

________, *Numismatic and Epigraphical Studies*, Indian Museum Monograph, no. 8, Culcutta, 1977.

________, *Select Inscriptions Bearing on Indian History and Civilization*, I, University of Calcutta, 1965.

Spooner, D.B., "The Zoroastrian Period of Indian History", *Journal of Royal Asiatic Society*, January 1915.

________, *Annual Report of the Archaeological Survey of India, Eastern Circle for 1914-15*, Superintendent's Report, pts. I and II, Bankipore, 1915.

________, "Excavations at Basarh, 1911-12", *ASR, 1913-14*, pp. 89-185.

Srivastava, K.M., *Discovery of Kapilavastu*, New Delhi, 1986.

Srivastava, H.L., "Excavations at Theh Polar, District Karnal", *ASR, 1930-31 to 1933-34*, pp. 142-44.

Stein, Burton, "The State, the Temple and Agricultural Development: A Study in Medieval South India," *Economic Weekly*, XIII, Annual no. 1961, pp. 179-87.

Subrahmaniam, R., *Salihundam*, Hyderabad, 1964.

Svādhāya, M.S. University of Baroda Press, Vadodara (in Gujarati).

Takakusu, J., *A Record of Buddhist Religion*, Oxford, 1968, reprinted, New Delhi, 1982.

Tarafdar, M.R., "Trade and Society in Early Medieval Bengal", *IHR*, IV, 1978, pp. 274-86.

Thakur, V.K., "Recent Writings on Indian Feudalism: A Historiographical Critique", *JBRS*, XLV-XLVI, 1979-80, pp. 1-86.

________, *Urbanisation in Ancient India*, New Delhi, 1981.

Thapar, B.K., "Maski 1954: A Chalcolithic Site of the Southern Deccan", *AI*, no. 13, 1957, pp. 5-142.

________, "Prakash 1955: A Chalcolithic Site in the Tapti Valley" *AI*, nos. 20 and 21, 1964 and 1965, pp. 5-167.

Thaplayal, K.K., *Studies in Ancient Indian Seals*, Lucknow, 1972.

Vats, M.S., "Exploration and Research, Northern Circle", *ASR, 1925-26*, pp. 55-59.

Varma, T.P., *The Palaeography of Brahmi Script in North India*, Varanasi, 1971.

Walker, Michael J. and Santoso. S., "Romano-Indian Rouletted Pottery in Indonesia", *Purātattva*, no.9, 1977-78, pp. 104-8.

Waddell, L.A., *Report on the Excavations at Pataliputra*, reprinted, Delhi, 1975.

Wheeler, R.E.M., *Archaeology from the Earth*, Harmondsworth, 1956.

________, "Arikamedu: An Indo-Roman Trading-Station on the East Coast of India", *AI*, no. 2, 1946, pp. 17-124.

________, "Brahmagiri and Chandravalli 1947. Megalithic and Other Cultures in the Chitaldrug District, Mysore State," *AI*, no.4, 1947-48, pp. 181-310.

Winternitz, Maurice, *A History of Indian Literature*, Culcutta, 1933, second edn. Delhi, 1972.

Yadava, B.N.S., *Society and Culture in Northern India in the Twelfth Century*, Allahabad, 1973.

Yadav, Jhinakoo, *Samarāiccakahā Ek Sāmskṛtik Adhyayan*, Varanasi, 1977 (in Hindi).

Yamazaki, T. Toshio, "Some Aspects of Land-Sale Inscriptions in Fifth and Sixth Century Bengal", *Acta Asiatica*, 43, Japanese Studies in Ancient and Medieval Indian History, Tokyo, 1982, pp. 17-36.

Yazdani, G., "Excavations at Kondapur, An Andhra Town (*cir.* 200 B.C. to 200 A.D.)" *Annals of the Bhandarkar Oriental Research Institute*, XXII, July-October 1941, pts. III-IV, pp. 171-85.

Watters, T., tr. *On Yuan Chwang's Travels in India*. eds. T.W. Rhys Davids and S.W. Bushell, 2 vols, London, 1904-5, reprinted, New Delhi, 1973.

Wojtilla, Guyla, "Indian Village Community According to the Kṛṣiparāśara and Some Other Contemporary Literary Sources", *Les communautés Rurales*, Troisieme partie: Asie et Islam, Paris, 1982, pp. 119-29.

अनुक्रमणिका

1. पालि, पाकृत, संस्कृत तथा सम्बद्ध शब्द

2. अधिकारी ग्रन्थ तथा ग्रन्थकार

3. स्थान-नाम*

*उत्खनित स्थल तिरछे टाइप में दिखाये गये हैं।

4. विषयानुक्रमणिका